Digitale Begleitmaterialien

Ihr persönlicher Lizenzschlüssel für die digitalen Begleitmaterialien:

Lizenzschlüssel

LWZWDZNJH

Schritt-für-Schritt-Anleitung

1. Öffnen Sie das Bookshelf unter: **www.bookshelf.verlagskv.ch**
2. Registrieren Sie sich unter **Neu hier?** oder loggen Sie sich mit Ihrem Benutzernamen und Ihrem Passwort ein.
3. Geben Sie unter **Medien hinzufügen** den Lizenzschlüssel ein und klicken Sie auf **Senden**.
4. Klicken Sie in **My Bookshelf** neben dem gewünschten Buchcover auf **Öffnen**, um zur Downloadseite Ihrer digitalen Begleitmaterialien zu gelangen.

Die Zusatzmaterialien stehen Ihnen nach Aktivierung des Lizenzschlüssels 36 Monate lang zur Verfügung.

Support-Hotline: Unsere Mitarbeitenden sind gerne für Sie da.
Telefon: +41 44 283 45 21. E-Mail: support@verlagskv.ch

Rechtlicher Hinweis: Es gelten unsere Vertrags- und Nutzungsbedingungen. Eine Weitergabe der digitalen Begleitmaterialien ist nicht gestattet.

VERLAG:SKV
www.verlagskv.ch

Konzernrechnung

Urs Prochinig
Andreas Winiger
Hansueli von Gunten

Konzernrechnung

VERLAG:SKV

Dr. Urs Prochinig	ist MBA (Master of Business Administration) und MASSHE (Master of Advanced Studies in Secondary and Higher Education). Er betreut Mandate als Unternehmensberater, arbeitet als Dozent in der Erwachsenenbildung und engagiert sich als Aufgabenautor und als Mitglied verschiedener eidgenössischer Prüfungsgremien. Er ist durch zahlreiche auf Deutsch, Französisch und Italienisch erschienene Fachbücher bekannt.
Andreas Winiger	war mehrere Jahre Finanzchef eines internationalen Konzerns und Unternehmensberater in verschiedenen Wirtschaftszweigen. Heute arbeitet er als Dozent für Rechnungswesen und leitet die Ausbildung für Fachleute im Finanz- und Rechnungswesen an der KV Zürich Business School. Er ist Aufgabenautor und Mitglied mehrerer eidgenössischer Prüfungsgremien.
Hansueli von Gunten	ist lic. rer. pol. und mag. rer. pol. sowie Inhaber des Certificate in International Accounting. Er leitet die Controller Akademie in Zürich und Bern. Er ist Dozent für Rechnungswesen, Autor von Prüfungsaufgaben und Mitglied verschiedener eidgenössischer Prüfungskommissionen.

6. Auflage 2018

Urs Prochinig, Andreas Winiger, Hansueli von Gunten: Konzernrechnung

ISBN 978-3-286-33926-2

© Verlag SKV AG, Zürich
www.verlagskv.ch

Alle Rechte vorbehalten.
Ohne Genehmigung des Verlages ist es nicht gestattet, das Buch
oder Teile daraus in irgendeiner Form zu reproduzieren.

Lektorat: Christian Elber
Gestaltung: Peter Heim
Umschlag: Brandl & Schärer AG

Haben Sie Fragen, Anregungen oder Rückmeldungen? Wir nehmen diese gerne
per E-Mail an feedback@verlagskv.ch entgegen.

Vorwort

Konzerne stellen heute die wichtigste Organisationsform für wirtschaftliche Aktivitäten von mittleren und grossen Unternehmungen auf nationaler und internationaler Ebene dar. Nur die Konzernrechnung vermag einen zuverlässigen Einblick in die Vermögens-, Ertrags- und Finanzlage eines Konzerns zu vermitteln.

Dieses Lehrbuch zeigt auf der Basis von Swiss GAAP FER und IFRS, **wie Konzernabschlüsse erstellt und interpretiert werden.** Es setzt gute Kenntnisse im Rechnungswesen voraus und richtet sich an:

▷ Studierende an Universitäten und Fachhochschulen.
▷ Kandidatinnen und Kandidaten von höheren eidgenössischen Prüfungen wie Wirtschaftsprüfer, Expertinnen in Rechnungslegung und Controlling, Treuhandexperten, Steuerexpertinnen oder Fachleute im Finanz- und Rechnungswesen.
▷ Fachleute aus Wirtschaft und Verwaltung.

Das Lehrbuch ist wie folgt aufgebaut:

▷ Der **Theorieteil** vermittelt das Grundwissen zur Konzernrechnung auf anschauliche, übersichtliche Weise.
▷ Der **Aufgabenteil** enthält vielfältige und abwechslungsreiche Übungen zur Vertiefung des Stoffs anhand von Beispielen.
▷ Der separate **Lösungsband** dient der Lernkontrolle (Feedback) und macht dieses Lehrmittel auch für das Selbststudium attraktiv.
▷ Auf unserer Website **www.verlagskv.ch** können unter dem Buchtitel bei Begleitmaterialien gratis **Folienvorlagen** für den Unterricht heruntergeladen werden. Es wird auch ein periodisch nachgeführtes **Korrigendum** veröffentlicht, das auf Änderungen in Gesetzen und Standards sowie Druckfehler hinweist.

Wir danken allen, die mit Rat und Tat bei der Entwicklung dieses Lehrmittels mitgeholfen haben. Fachliche Unterstützung gewährte uns vor allem **Peter Bertschinger,** lic. oec. HSG, dipl. Wirtschaftsprüfer und CPA (Certified Public Accountant). Viele Ratschläge erhielten wir von Partnern der KPMG, besonders von Philipp Hallauer, lic. oec. HSG, dipl. Wirtschaftsprüfer und CPA, Verwaltungsratspräsident, sowie Andrea Zanetti, dipl. Wirtschaftsprüfer und CPA, Leiter Abteilung Konsolidierungssoftware. Einen ganz besonderen Dank aussprechen möchten wir Peter Heim für die herausragende grafische Gestaltung sowie Theres Schwaiger und Christian Elber für das umsichtige Lektorat.

Viel Spass und Erfolg beim Lernen und Lehren.

Zürich, Januar 2018   Die Autoren

Vorwort zur 6. Auflage

Die vorangehende Auflage fand bei der Leserschaft eine sehr gute Aufnahme, weshalb die Neuauflage nicht wesentlich verändert wurde.

Aufgrund des neuen Buchführungs- und Rechnungslegungsrechts des Obligationenrechts wurden folgende Begriffe ersetzt:

Bisherige Bezeichnung	Neue Bezeichnung
Debitoren	Forderungen aus Lieferungen und Leistungen (L+L)
Kreditoren	Verbindlichkeiten aus Lieferungen und Leistungen (L+L)
Transitorische Aktiven	Aktive Rechnungsabgrenzungen
Transitorische Passiven	Passive Rechnungsabgrenzungen

In Kapitel 22 Fremdwährungen wurden die konkreten Währungen wie USD, EUR oder GBP manchmal durch die fiktive Währung FCU (Foreign Currency Unit, ausländische Währungseinheit) ersetzt, um die häufigen und unvorhersehbaren Wechselkursschwankungen auszuschalten.

Die wichtigsten Änderungen sind:

Aufgabe 10.05	Die bisherige Aufgabe wurde ersetzt.
Aufgabe 15.01	Die Quote wurde auf 25% vermindert.
Aufgabe 17.02	Die Aufgabe wurde leicht verändert.
Aufgaben 18.04 bis 18.06	Diese bisherigen Aufgaben wurden entfernt.
Aufgabe 19.11	Die bisherige Aufgabe wurde durch eine neue ersetzt.
Aufgabe 19.14	Die Aufgabe wurde um den Werthaltigkeitstest Ende 20_1 erweitert.
Aufgaben 19.19 und 19.20	Diese zwei Aufgaben sind neu.

Das Lehrmittel erscheint neu als Bundle (Gesamtpaket). Dieses umfasst neben dem gedruckten Theorie-/Aufgaben- und Lösungsbuch zusätzlich die PDF-Ausgaben beider Bücher. Diese können mithilfe des abgedruckten Lizenzschlüssels (siehe vorne im Buch) unter www.bookshelf.verlagskv.ch heruntergeladen werden.

Wir wünschen weiterhin viel Spass und Erfolg beim Lernen und Lehren.

Zürich, Januar 2018 Die Autoren

Inhaltsverzeichnis

		Theorie	Aufgaben
1. Teil	**Grundlagen**	**9**	**167**
10	Einleitung	10	168
11	Erstkonsolidierung	19	172
	a) Kapitalkonsolidierung	19	172
	b) Schulden- und Umsatzkonsolidierung	30	181
	c) Elimination von Zwischengewinnen	32	185
	d) Konzerninterne Gewinnausschüttungen	40	193
12	Folgekonsolidierung	42	195
	a) Kapitalkonsolidierung	42	195
	b) Elimination von Zwischengewinnen	46	199
	c) Konzerninterne Gewinnausschüttungen	50	207
13	Handelsbilanz 1 und 2	52	214
14	Minderheitsanteile	62	234
15	Quotenkonsolidierung	71	248
16	Equity-Methode	76	252
17	Eigenkapitalnachweis	86	263
18	Anhang	88	266
19	Gesamtaufgaben		270
2. Teil	**Vertiefung**	**99**	**307**
20	Geldflussrechnung	101	308
21	Ertragssteuern	113	318
22	Währungsumrechnung	129	330
23	Mehrstufige Konsolidierung	142	340
24	Veränderungen von Beteiligungsquoten	150	352
25	Push-down Accounting	160	358
26	Full Goodwill Accounting	163	360
27	Gesamtaufgaben		362
	Anhang		
1	Literaturverzeichnis		367
2	Stichwortverzeichnis		368

Theorie

1. Teil
Grundlagen

10

Einleitung

Konzernbegriff

Ein **Konzern** ist die Zusammenfassung rechtlich selbstständiger Unternehmen unter einer einheitlichen Leitung.

Diese Definition lässt sich an einem Beispiel veranschaulichen:

Beispiel 1

Einstufiger Konzern

Die Holding AG hält unterschiedlich hohe Beteiligungen an drei anderen Unternehmen:
- Frigo AG (100% der Stimmrechte)
- Mineralwasser AG (80% der Stimmrechte)
- Kaffee AG (51% der Stimmrechte)

Alle vier Aktiengesellschaften sind rechtlich selbstständig, d. h., sie besitzen eine eigene Rechtspersönlichkeit.

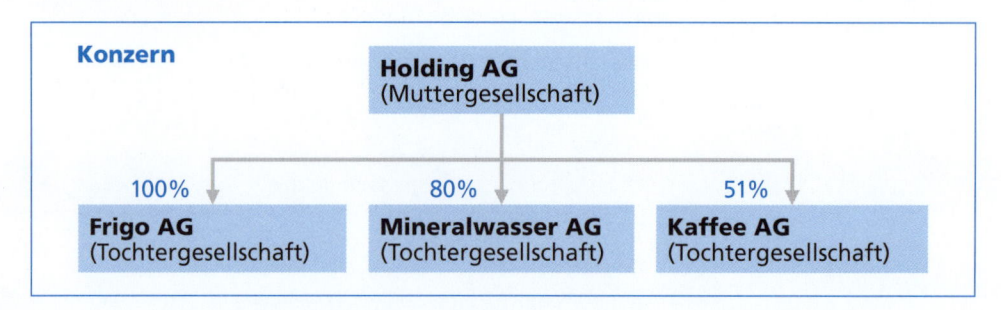

Konzern

```
                    Holding AG
                 (Muttergesellschaft)
                          │
        ┌─────────────────┼─────────────────┐
       100%              80%               51%
        ▼                 ▼                 ▼
    Frigo AG       Mineralwasser AG      Kaffee AG
(Tochtergesellschaft) (Tochtergesellschaft) (Tochtergesellschaft)
```

Die Holdinggesellschaft beherrscht die anderen Gesellschaften durch die Stimmenmehrheit an den jeweiligen Generalversammlungen. Faktisch bilden die vier Gesellschaften zusammen eine einzige, grosse Unternehmung, die Konzern genannt wird.

Aus diesem Beispiel lassen sich die drei Merkmale eines Konzerns ableiten:

1. Ein Konzern besteht aus einer Mutter- und mindestens einer Tochtergesellschaft.[1]

Muttergesellschaft (M)
Eine Muttergesellschaft ist ein Unternehmen mit einer oder mehreren Tochtergesellschaften. Sie steht als Holding an der Spitze des Konzerns und wird auch Obergesellschaft oder Dachgesellschaft genannt. Sie ist entweder

▷ eine reine Holdinggesellschaft, die ihre Tätigkeit auf den Erwerb und die Verwaltung von Beteiligungen beschränkt, oder

▷ eine gemischte Holdinggesellschaft (so genanntes Stammhaus), die zusätzlich eine Handels-, Fabrikations- oder andere Tätigkeit ausübt.

Tochtergesellschaft (T)
Eine Tochtergesellschaft ist ein Unternehmen, das von einer Muttergesellschaft beherrscht wird. Sie wird auch Untergesellschaft genannt.

2. Die Konzerngesellschaften sind rechtlich selbstständig.

Jedes Konzernunternehmen besitzt seine eigene Rechtspersönlichkeit und damit die Fähigkeit, in eigenem Namen Rechte und Pflichten einzugehen. **Folgerichtig führt jede Konzerngesellschaft ihre eigene Buchhaltung.**

Der Konzern besitzt keine eigene Rechtspersönlichkeit.

3. Die Muttergesellschaft beherrscht die Tochtergesellschaften.

Beherrschung ist die Möglichkeit, die Finanz- und Geschäftspolitik eines Unternehmens zu bestimmen, um aus dessen Tätigkeit Nutzen zu ziehen.

Eine Beherrschung liegt normalerweise dann vor, wenn die Muttergesellschaft direkt (oder indirekt über andere Tochtergesellschaften) mehr als die Hälfte der Stimmrechte eines Unternehmens besitzt.

Eine Beherrschung liegt ebenfalls vor, wenn die Muttergesellschaft zwar weniger als die Hälfte der Stimmen hält, aber zum Beispiel

▷ durch Verträge mit anderen Aktionären die Möglichkeit hat, über die Stimmenmehrheit an der Generalversammlung zu verfügen oder die Mehrheit des Verwaltungsrats zu ernennen und abzuberufen.

▷ mittels Wandelrechten oder Optionen die Mehrheit der stimmberechtigten Aktien jederzeit erwerben könnte.

---

[1] In der internationalen Wirtschaftspraxis werden häufig die englischen Ausdrücke verwendet:

Deutsch	Englisch	Definition
Mutter	Parent	A parent is an entity that has one or more subsidiaries.
Tochter	Subsidiary	A subsidiary is an entity that is controlled by another entity (known as parent).
Konzern	Group	A group is a parent and all its subsidiaries.
Beherrschung	Control	Control is the power to govern the financial and operating policies of an entity so as to obtain benefits from its activities.

Beispiel 2 **Mehrstufiger Konzern**

Im Unterschied zu Beispiel 1 hält die Mineralwasser AG zwei Beteiligungen an folgenden Unternehmen:
▷ San Pellegro AG (100% der Stimmrechte)
▷ Vitelli AG (60% der Stimmrechte)

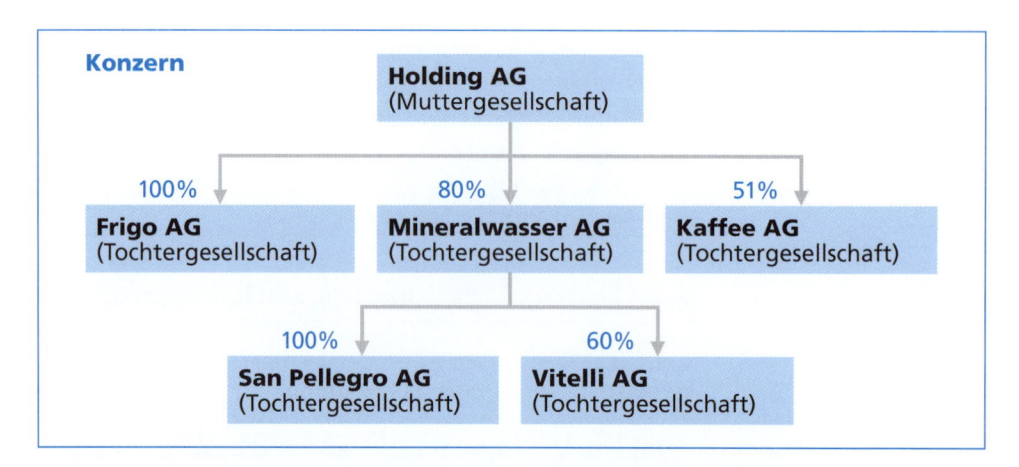

```
Konzern
                        Holding AG
                      (Muttergesellschaft)
         100%              80%              51%
      Frigo AG       Mineralwasser AG    Kaffee AG
   (Tochtergesell-  (Tochtergesell-   (Tochtergesell-
      schaft)          schaft)           schaft)
                         100%             60%
                   San Pellegro AG     Vitelli AG
                   (Tochtergesell-   (Tochtergesell-
                      schaft)           schaft)
```

Dadurch entsteht ein von der Holding AG beherrschter mehrstufiger Konzern:①
▷ Die Mineralwasser AG ist eine so genannte Subholding. Sie ist als Tochtergesellschaft der Holding AG gleichzeitig die Muttergesellschaft von San Pellegro AG und Vitelli AG.
▷ San Pellegro AG und Vitelli AG sind Töchter einer Tochter, weshalb sie manchmal auch Enkel (engl. Subsubsidiaries) genannt werden.

---

① Angenommen, die Stimmenanteile entsprechen den Kapitalanteilen.
   ▷ Dann hält die Holding AG indirekt nur 48% des Kapitals von Vitelli AG (80% von 60%).
   ▷ Da die Holding AG die Mineralwasser AG durch die Stimmenmehrheit von 80% vollständig beherrscht, verfügt sie an der Generalversammlung der Vitelli AG über sämtliche Stimmen der Mineralwasser AG, d.h. 60% der Stimmen. Somit beherrscht die Holding indirekt auch die Vitelli AG.

Konzernrechnung

Jedes einzelne Konzernunternehmen ist rechtlich selbstständig und führt eine eigene Buchhaltung, die auf den handels- und steuerrechtlichen Grundlagen des jeweiligen Landes basiert. Dies führt am Ende einer Periode bei jeder Gesellschaft zum so genannten **Einzelabschluss** (engl. Individual Financial Statements). Der Einzelabschluss ist in der Schweiz massgeblich für

- die Gewinnausschüttungen
- die Unternehmensbesteuerung

Die Beurteilung der finanziellen Lage der einzelnen Konzerngesellschaften ist aufgrund der Einzelabschlüsse nur beschränkt möglich, da die Einzelabschlüsse durch konzerninterne Transaktionen (engl. Intercompany Transactions) erheblich beeinflusst werden können und die wirtschaftliche Selbstständigkeit der einzelnen Konzerngesellschaften nicht gegeben ist.

Typische Beispiele sind:
- Die Transferpreise für Lieferungen und Leistungen zwischen den Konzerngesellschaften werden durch die Holding bestimmt, was zu Gewinnverschiebungen unter den Konzerngesellschaften führt.
- Es ist möglich, Scheingewinne zu erzielen, indem die Holding eine Konzerngesellschaft anweist, von einer anderen Konzerngesellschaft Anlagevermögen zu überhöhten, marktunüblichen Preisen zu kaufen.
- Ausserdem kann die Holding die Finanzstruktur der Tochtergesellschaften bestimmen und die Höhe von Verzinsung und Gewinnausschüttung festlegen.

Besonders augenfällig ist die Problematik des Einzelabschlusses bei der Holdinggesellschaft:
- Die Dividendenausschüttung basiert auf dem Einzelabschluss der Holding AG. Dieser ist durch konzerninterne Transaktionen beeinflusst.
- Der Wert der Aktien der Holding AG hängt ausschliesslich von der wirtschaftlichen Entwicklung der Tochtergesellschaften ab, und ein Aktionär beteiligt sich durch den Kauf einer Aktie der Holding AG faktisch am ganzen Konzern.

Deshalb sind die Einzelabschlüsse durch eine Konzernrechnung (engl. Consolidated Financial Statement) zusammenzufassen:

> Die **Konzernrechnung** ist der Abschluss eines Konzerns, der die Konzernunternehmen so darstellt, als ob es sich um ein einziges Unternehmen handeln würde.[1]

Alle in der Konzernrechnung zusammengefassten Unternehmen bilden zusammen den **Konsolidierungskreis** (engl. Scope of Consolidation).

---

[1] In der Konzernrechnung tut man gedanklich dergleichen, als ob nicht nur wirtschaftlich, sondern auch rechtlich nur eine Unternehmung vorliegen würde (so genannte Fiktion der rechtlichen Einheit).

Die Jahresrechnung eines Konzerns umfasst nach Swiss GAAP FER fünf Teile:

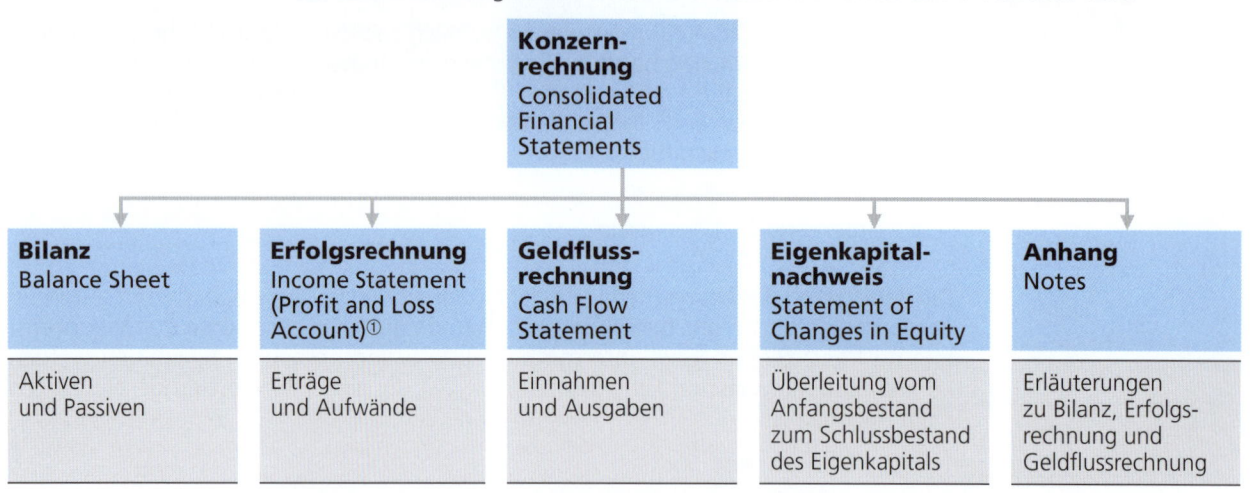

		Konzern-rechnung Consolidated Financial Statements		
Bilanz Balance Sheet	**Erfolgsrechnung** Income Statement (Profit and Loss Account)[1]	**Geldfluss-rechnung** Cash Flow Statement	**Eigenkapital-nachweis** Statement of Changes in Equity	**Anhang** Notes
Aktiven und Passiven	Erträge und Aufwände	Einnahmen und Ausgaben	Überleitung vom Anfangsbestand zum Schlussbestand des Eigenkapitals	Erläuterungen zu Bilanz, Erfolgs-rechnung und Geldflussrechnung

Die Zusammenfassung der Einzelabschlüsse zur Konzernrechnung erfolgt mittels Konsolidierung (engl. Consolidation):

Konsolidierung ist das Verfahren zur Erstellung der Konzernrechnung aus den Einzelabschlüssen unter Eliminierung der konzerninternen Beziehungen.

Der Konsolidierungsprozess besteht aus zwei Stufen:

▷ Zuerst sind die Einzelabschlüsse der Konzerngesellschaften in einer Summenbilanz zu addieren (alle Aktiven, Passiven, Aufwände und Erträge der Einzelabschlüsse werden zusammengezählt).

▷ Anschliessend müssen mittels Konsolidierungsbuchungen alle konzerninternen Beziehungen eliminiert werden.

Die Konsolidierung wird in den folgenden Kapiteln ausführlich erklärt.

---

[1] Nach IFRS wird die klassische Erfolgsrechnung durch eine **Gesamtergebnisrechnung** (engl. Comprehensive Income Statement) ergänzt: Nebst dem Ausweis von Gewinn oder Verlust gemäss Erfolgsrechnung wird durch Darstellung des sonstigen Ergebnisses (engl. Other Comprehensive Income) auf das Gesamtergebnis übergeleitet. Zum sonstigen Ergebnis zählen zum Beispiel erfolgsneutral erfasste Währungsdifferenzen (vgl. Kapitel 22 dieses Lehrbuchs).

Gesetzliche Grundlagen für die Konzernrechnung

Basis für die Konzernrechnung in der Schweiz bilden hauptsächlich die Buchführungs- und Rechnungslegungsvorschriften des **Obligationenrechts** (32. Titel):

Buchführungs- und Rechnungslegungsvorschriften			
Allgemein gültige Vorschriften (OR 957)	**Rechnungslegung für grössere Unternehmen** (OR 961)	**Abschluss nach anerkanntem Standard** (OR 962)	**Konzernrechnung** (OR 963)
Diese Vorschriften sind anwendbar auf ▷ alle Einzelunternehmen und Personengesellschaften ab einem jährlichen Umsatzerlös von Fr. 500 000.–.[1] ▷ juristische Personen wie AG oder GmbH.	Besondere Vorschriften gelten für Unternehmen, die zu einer ordentlichen Revision verpflichtet sind. Das sind grundsätzlich Unternehmen, die folgende Grössen überschreiten: ▷ Bilanzsumme 20 Mio. ▷ Umsatzerlös 40 Mio. ▷ 250 Vollzeitstellen.	Börsenkotierte Unternehmen müssen *zusätzlich* einen Abschluss nach einem anerkannten Standard zur Rechnungslegung erstellen.[2]	Kontrolliert eine juristische Person ein oder mehrere Unternehmen, muss sie eine konsolidierte Jahresrechnung (Konzernrechnung) erstellen.
Zu den allgemeinen Vorschriften gehören ▷ die anzuwendenden **Grundsätze** ordnungsmässiger Buchführung und Rechnungslegung. ▷ Inhalt und Aufbau der im Geschäftsbericht enthaltenen Jahresrechnung, bestehend aus **Bilanz, Erfolgsrechnung und Anhang.** ▷ die **Bewertung** der Aktiven und Verbindlichkeiten.	Diese Unternehmen müssen zusätzlich ▷ als Teil der Jahresrechnung eine **Geldflussrechnung** erstellen. ▷ einen **Lagebericht** verfassen, der den vergangenen und künftig erwarteten Geschäftsverlauf und die wirtschaftliche Lage des Unternehmens darstellt.	Der Abschluss soll ein den tatsächlichen Verhältnissen entsprechendes Bild der Vermögens-, Finanzierungs- und Ertragslage der Unternehmung vermitteln, die so genannte **True-and-Fair-View.** Die Anforderungen an Buchführung und Rechnungslegung sind sehr hoch. Anerkannte Standards sind die Swiss GAAP FER, die IFRS[3] und ausnahmsweise die US GAAP.[4]	**Genaue Vorschriften, wie die Konzernrechnung erstellt werden soll, fehlen.** Von der Konsolidierungspflicht befreit sind juristische Personen, wenn sie zusammen mit den kontrollierten Unternehmen zwei der nachstehenden Grössen in zwei aufeinanderfolgenden Geschäftsjahren nicht überschreiten (OR 963a): ▷ Bilanzsumme 20 Mio. ▷ Umsatzerlös 40 Mio. ▷ 250 Vollzeitstellen.

Unabhängig von den obligationenrechtlichen Vorschriften verlangt die Schweizer Börse (SIX Swiss Exchange) für börsenkotierte Unternehmen immer einen Abschluss nach anerkanntem Standard. Die rechtliche Grundlage bildet das **Börsengesetz** (Bundesgesetz über die Börsen und den Effektenhandel, BEHG).

---

[1] Einzelunternehmen und Personengesellschaften mit weniger als 500 000 Franken Umsatzerlös müssen rechtlich gesehen lediglich eine einfache Buchhaltung führen (mit Einnahmen und Ausgaben sowie einer Vermögensübersicht; so genanntes «Milchbüchlein»).

[2] Bei nicht börsenkotierten Unternehmen muss in einigen Fällen ebenfalls ein Abschluss nach anerkanntem Standard erstellt werden. Zum Beispiel auf Verlangen der Gesellschafter, die mindestens 20% des Grundkapitals vertreten. Auch grosse Genossenschaften (ab 2000 Genossenschaftern) sind zu einem Abschluss nach anerkanntem Standard verpflichtet.

[3] Die IFRS for SMEs (Small and Medium-sized Entities) – eine verkürzte Version der IFRS – gelten auch als anerkannter Standard.

[4] Gemäss Verordnung des Bundesrates über die anerkannten Standards zur Rechnungslegung (VASR). In der Fussnote auf der nächsten Seite werden die Standards kurz charakterisiert.

Einleitung 10

Die Hauptunterschiede zwischen dem obligationenrechtlichen Buchführungsrecht und den anerkannten Standards lassen sich tabellarisch wie folgt darstellen:

Merkmale	Obligationenrecht	Swiss GAAP FER, IFRS und US GAAP [1]
Welche Unternehmungen müssen die Vorschriften anwenden?	Alle buchführungspflichtigen Unternehmungen in der Schweiz.	Die anerkannten Standards sind hauptsächlich für börsenkotierte Gesellschaften anwendbar.
Welches ist der zentrale Grundsatz ordnungsmässiger Rechnungslegung?	Die **Vorsicht** ist der dominierende Grundsatz: Der Adressat des Geschäftsberichts soll sich darauf verlassen können, dass die wirtschaftliche Lage der Gesellschaft mindestens so gut ist, wie in der Jahresrechnung dargestellt.	Die **Wahrheit** ist der wichtigste Grundsatz. Der Abschluss soll ein den tatsächlichen Verhältnissen entsprechendes Bild der Vermögens-, Finanzierungs- und Ertragslage der Unternehmung vermitteln **(True-and-Fair-View)**.
Wer steht im Zentrum der Betrachtungen, der Gläubiger oder der Investor?	Der **Gläubigerschutz** hat Priorität: Ein Kreditgeber soll sich darauf verlassen können, dass es der Unternehmung wirtschaftlich mindestens so gut geht, wie in der Jahresrechnung dargestellt. Die korrekte Information der Eigentümer (der Aktionäre) ist zweitrangig.	Die **Investoren** (die Aktionäre) sollen über die wirtschaftliche Lage ihrer Unternehmung wahrheitsgetreu informiert werden.
Sind stille Willkürreserven gestattet?	Die auf der Bilanzvorsicht basierenden Bewertungsvorschriften des Obligationenrechts ermöglichen die Bildung von **stillen Willkürreserven**.	Es ist der Geschäftsleitung nicht erlaubt, willkürlich stille Reserven zu bilden.

---

[1] Die vom Obligationenrecht genannten anerkannten Standards zur Rechnungslegung können im Überblick wie folgt beschrieben werden:

Standards zur Rechnungslegung

Swiss GAAP FER Swiss Generally Accepted Accounting Principles, Fachempfehlungen zur Rechnungslegung	IFRS International Financial Reporting Standards	US GAAP United States Generally Accepted Accounting Principles
Die Swiss GAAP FER werden nur in der Schweiz angewandt.	Die IFRS sind weltweit in über 100 Ländern anerkannt.	Die US GAAP werden hauptsächlich in den USA angewandt.
Hauptstärke: Die Regeln sind kurz, bündig und allgemein verständlich formuliert.	Hauptstärke: Die IFRS sind ein umfassendes Regelwerk, das vor allem auf Regeln (Prinzipien, Grundsätzen) beruht.	Hauptstärke: Die vielen Einzelvorschriften in den US GAAP sind meist sehr genau und lassen wenig Spielraum.
Hauptschwäche: Die Regeln sind manchmal large und lassen viele alternative Methoden zu.	Hauptschwäche: Der Umfang ist beträchtlich, was den Einsatz von (teuren) Spezialisten notwendig macht.	Hauptschwächen: Der Mangel an übergeordneten Prinzipien führt dazu, dass Schlupflöcher vorhanden sind. Hohe Komplexität.
Dieses Regelwerk umfasst etwa 250 Seiten.	Dieses Regelwerk umfasst etwa 3000 Seiten.	Dieses Regelwerk umfasst über 30000 Seiten.

Einleitung **10**

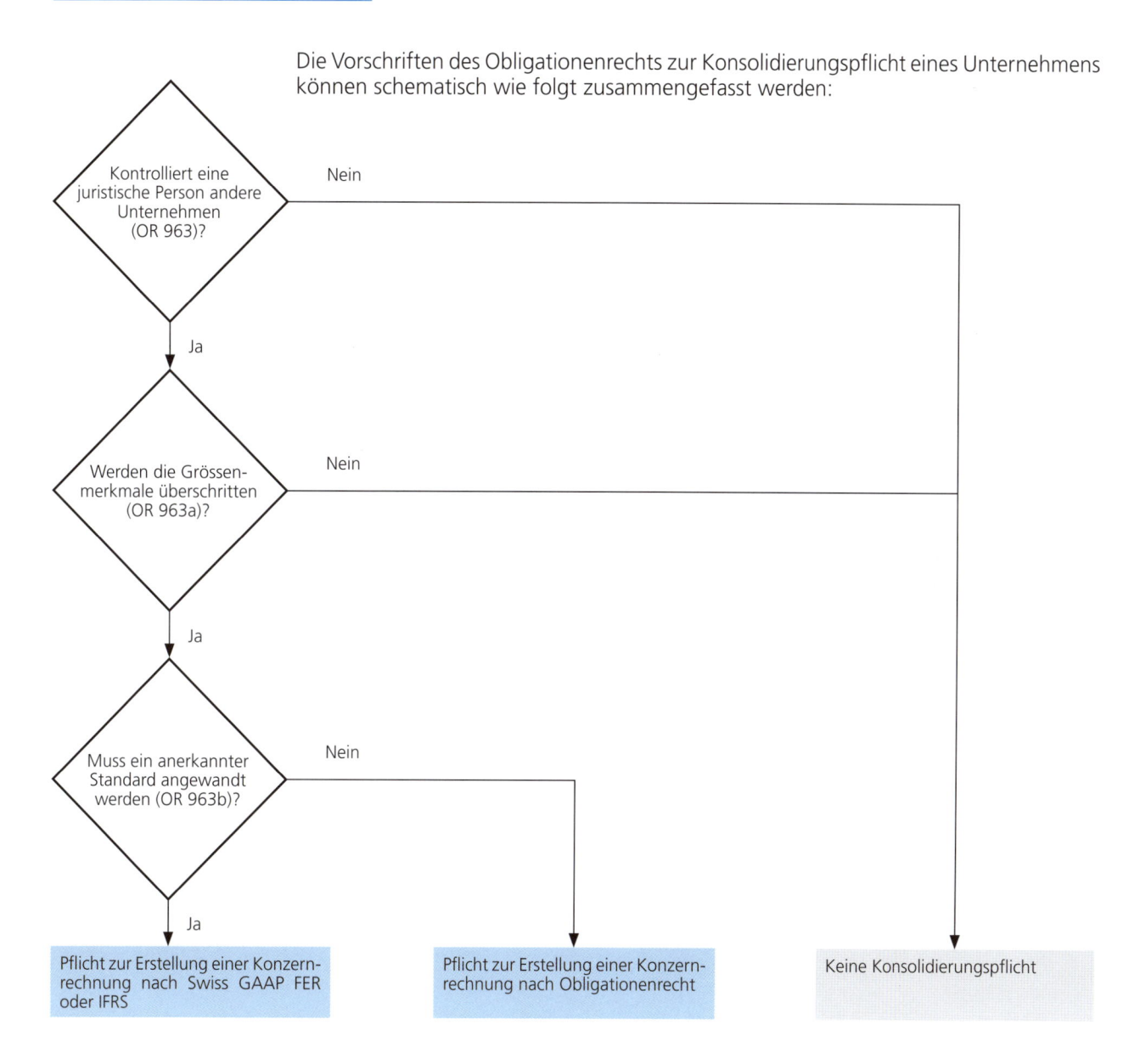

Die Vorschriften des Obligationenrechts zur Konsolidierungspflicht eines Unternehmens können schematisch wie folgt zusammengefasst werden:

- Kontrolliert eine juristische Person andere Unternehmen (OR 963)? — Nein → **Keine Konsolidierungspflicht**
- Ja ↓
- Werden die Grössenmerkmale überschritten (OR 963a)? — Nein → **Keine Konsolidierungspflicht**
- Ja ↓
- Muss ein anerkannter Standard angewandt werden (OR 963b)? — Nein → **Pflicht zur Erstellung einer Konzernrechnung nach Obligationenrecht**
- Ja ↓
- **Pflicht zur Erstellung einer Konzernrechnung nach Swiss GAAP FER oder IFRS**

Weil das Obligationenrecht keine konkreten Vorschriften zur Konsolidierung enthält und die Buchwerte ausserdem durch stille Reserven verfälscht sind, wird eine Konzernrechnung nach Obligationenrecht den Ansprüchen einer True-and-Fair-View in keiner Weise gerecht.[1]

Deshalb wird in diesem Lehrbuch hauptsächlich auf Konzernabschlüsse nach anerkanntem Standard eingegangen. Im Vordergrund stehen dabei die Swiss GAAP FER, ergänzend kommen die IFRS zur Anwendung.

---

[1] Der Bundesrat präsentierte am 28. November 2014 einen Vorentwurf zur Revision des Aktienrechts: Neu sollen sämtliche Konzernabschlüsse nach einem anerkannten Standard erstellt werden müssen. Gleichzeitig würden die Grössenmerkmale für die Befreiung von der Konsolidierungspflicht verdoppelt.

11

Erstkonsolidierung

a) Kapitalkonsolidierung

In der Konzernrechnung werden die Einzelabschlüsse der Konzerngesellschaften durch Konsolidierung so zusammengefasst, als ob es sich um ein einziges Unternehmen handeln würde. Die erstmalige Konsolidierung nach Erwerb einer Tochter wird **Erstkonsolidierung** genannt.

Die Konsolidierung erfolgt in zwei Schritten: Zuerst sind die Einzelabschlüsse aller Konzerngesellschaften zu summieren und anschliessend die konzerninternen Beziehungen zu eliminieren.

Eine wichtige konzerninterne Beziehung, welche in allen Konzernen besteht, ist die Beteiligung der Mutter an der Tochter. Diese wird durch die Kapitalkonsolidierung eliminiert.

> **Kapitalkonsolidierung** ist die Verrechnung des Erwerbspreises der Mutter mit dem Eigenkapital der Tochter im Erwerbszeitpunkt.

Der Ablauf der Kapitalkonsolidierung wird anhand der folgenden Beispiele aufgezeigt. In der Regel stimmt die Höhe des Kaufpreises der Mutter nicht mit dem tatsächlichen Wert der Nettoaktiven (Eigenkapital) der Tochter überein.

Es sind deshalb drei Fälle zu unterscheiden:

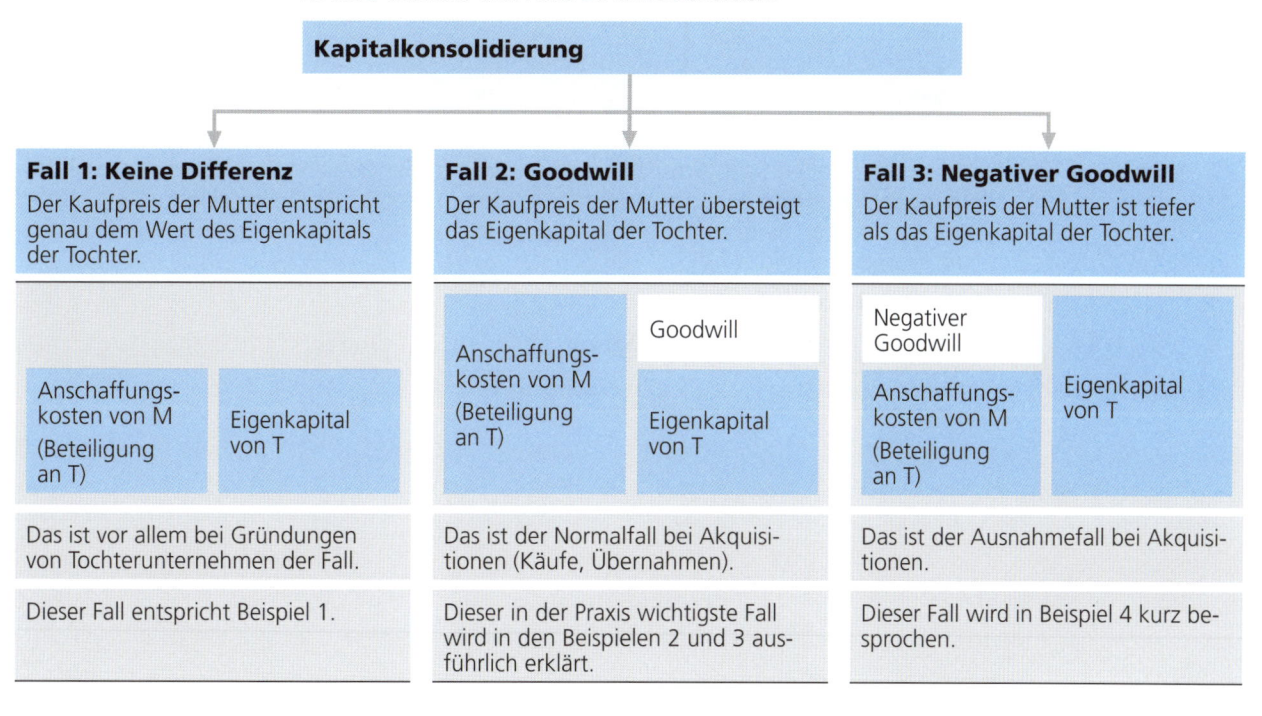

Kapitalkonsolidierung

Fall 1: Keine Differenz	Fall 2: Goodwill	Fall 3: Negativer Goodwill
Der Kaufpreis der Mutter entspricht genau dem Wert des Eigenkapitals der Tochter.	Der Kaufpreis der Mutter übersteigt das Eigenkapital der Tochter.	Der Kaufpreis der Mutter ist tiefer als das Eigenkapital der Tochter.
Anschaffungskosten von M (Beteiligung an T) / Eigenkapital von T	Anschaffungskosten von M (Beteiligung an T) / Goodwill + Eigenkapital von T	Anschaffungskosten von M (Beteiligung an T) / Negativer Goodwill + Eigenkapital von T
Das ist vor allem bei Gründungen von Tochterunternehmen der Fall.	Das ist der Normalfall bei Akquisitionen (Käufe, Übernahmen).	Das ist der Ausnahmefall bei Akquisitionen.
Dieser Fall entspricht Beispiel 1.	Dieser in der Praxis wichtigste Fall wird in den Beispielen 2 und 3 ausführlich erklärt.	Dieser Fall wird in Beispiel 4 kurz besprochen.

Erstkonsolidierung 11

Beispiel 1

Kapitalkonsolidierung

M erwarb Ende Jahr alle Aktien von T für 10. Im Erwerbszeitpunkt liegen die Einzelabschlüsse von M und T vor:

Bilanz M

Aktiven		Passiven	
Diverse Aktiven	50	Fremdkapital	25
Beteiligung an T	10	Eigenkapital	35

Bilanz T

Aktiven		Passiven	
Diverse Aktiven	30	Fremdkapital	20
		Eigenkapital	10

Zur Erstellung der Konzernrechnung müssen in einem ersten Schritt die Einzelabschlüsse von M und T zusammengezählt werden. Dies ergibt die **Summenbilanz**.①

Summenbilanz

Aktiven		Passiven	
Diverse Aktiven	80	Fremdkapital	45
		Eigenkapital M	35
Beteiligung an T	10	Eigenkapital T	10

In einem zweiten Schritt müssen die konzerninternen Beziehungen durch **Konsolidierungsbuchungen** eliminiert werden. In diesem Beispiel ist die Beteiligung der Mutter an der Tochter die einzige konzerninterne Beziehung, was zu folgender Kapitalkonsolidierungsbuchung führt:

Konsolidierungsbuchung

Soll	Haben	Betrag
Eigenkapital (T)	Beteiligung an T	10

---

① Die Grössenkriterien von OR 963a beziehen sich auf die Summenbilanz.

Erstkonsolidierung 11

Für die Kapitalkonsolidierung gibt es zwei Erklärungen:

▷ Die Konzernbilanz ist so darzustellen, als ob ein einziges Unternehmen vorliegen würde. Bei der Beteiligung der Mutter an der Tochter handelt es sich aus Konzernsicht um eine Beteiligung an sich selbst. Um diese konzerninterne Beziehung zu eliminieren, muss die Beteiligung der Mutter mit den Nettoaktiven[1] der Tochter verrechnet werden.

▷ Durch die Summierung der Einzelabschlüsse ergibt sich eine Doppelzählung, indem der Wert der Tochter ein erstes Mal im Konto Beteiligung an T und ein zweites Mal durch das Eigenkapital der Tochter erfasst wird. Durch die Aufrechnung der Beteiligung der Mutter mit dem Eigenkapital der Tochter wird diese Doppelerfassung eliminiert.

Nach der Konsolidierung ergibt sich die **Konzernbilanz**, welche M und T so darstellt, als ob es sich um ein einziges Unternehmen handeln würde.

Konzernbilanz

Aktiven		Passiven	
Diverse Aktiven	80	Fremdkapital	45
		Eigenkapital	35

In Schulbeispielen wird die Konsolidierung am einfachsten mithilfe eines **Konsolidierungsbogens** durchgeführt. Diese Technik lässt sich auch in der Praxis bei kleineren Unternehmen in MS-Excel umsetzen. Für komplexere Fälle ist der Einsatz einer speziellen Konsolidierungssoftware nötig.

Konsolidierungsbogen

Bilanz	Einzelabschluss M		Einzelabschluss T		Summenbilanz		Konsolidierungs-buchungen		Konzern	
	Aktiven	Passiven	Aktiven	Passiven	Aktiven	Passiven	Soll	Haben	Aktiven	Passiven
Diverse Aktiven	50		30		80				80	
Beteiligung an T	10				10			10	–	
Fremdkapital		25		20		45				45
Eigenkapital		35		10		45	10			35
	60	60	30	30	90	90	10	10	80	80

---

[1] Die Nettoaktiven ergeben sich aus den Aktiven abzüglich Fremdkapital. Als Saldo entsprechen die Nettoaktiven dem Eigenkapital.

Erstkonsolidierung 11

Beispiel 2 **Kapitalkonsolidierung mit Goodwill**

M erwarb Ende Jahr alle Aktien der T für 15. Im Erwerbszeitpunkt liegen die Einzelabschlüsse vor:

Bilanz M

Aktiven		Passiven	
Diverse Aktiven	45	Fremdkapital	25
		Eigenkapital	35
Beteiligung an T	15		

Bilanz T

Aktiven		Passiven	
Diverse Aktiven	30	Fremdkapital	20
		Eigenkapital	10

Zur Erstellung der Konzernrechnung müssen in einem ersten Schritt die Einzelabschlüsse von M und T zusammengezählt werden. Dies ergibt die Summenbilanz.

Summenbilanz

Aktiven		Passiven	
Diverse Aktiven	75	Fremdkapital	45
		Eigenkapital M	35
Beteiligung an T	15	Eigenkapital T	10

In Beispiel 2 übersteigt der bezahlte Kaufpreis den Wert der Nettoaktiven von T. Der Käufer war bereit, mehr für den Kauf der Tochter zu bezahlen, als in der Bilanz der Tochter als Eigenkapital ausgewiesen wurde. Als Gründe können aufgeführt werden:

▷ Der Käufer erhoffte sich Synergien[1] oder erwartete eine überdurchschnittlich positive wirtschaftliche Entwicklung der Tochter.

▷ Ausschaltung der Konkurrenz.

▷ Bei der Tochter bestanden Werte, die nicht aktiviert werden durften, zum Beispiel das Know-how von Mitarbeitenden.

Der bezahlte Aufpreis wird Goodwill genannt:

> Der **Goodwill** ist der Teil des Kaufpreises einer Beteiligung, welcher den tatsächlichen Wert der Nettoaktiven der Tochter übersteigt.
>
> Der Goodwill stellt in der Konzernbilanz immaterielles Anlagevermögen dar.

---

[1] **Synergie** (aus griechisch synergia = Mitarbeit) ist ein positives wirtschaftliches Potenzial, das sich aus der Zusammenarbeit der im Konzern verbundenen Unternehmen ergeben kann, zum Beispiel in Form von grösserer Effizienz in Forschung und Entwicklung, Produktion oder Marketing.

Erstkonsolidierung 11

In einem zweiten Schritt erfolgt die Kapitalkonsolidierung durch Verrechnung der Beteiligung der Mutter mit dem Eigenkapital der Tochter. Die sich dabei ergebende Differenz wird in der Konzernbilanz als Goodwill ausgewiesen.

Konsolidierungsbuchungen[1]

Soll	Haben	Betrag
Eigenkapital	Beteiligung an T	10
Goodwill	Beteiligung an T	5

Nach der Konsolidierung ergibt sich die Konzernbilanz, welche M und T so darstellt, als ob es sich um ein einziges Unternehmen handeln würde.

Konzernbilanz

Aktiven		Passiven	
Diverse Aktiven	75	Fremdkapital	45
		Eigenkapital	35
Goodwill	5		

---

[1] Die folgenden Buchungsvarianten führen zum selben Ergebnis, weisen aber Nachteile auf, sodass sie in diesem Lehrbuch nicht verwendet werden:

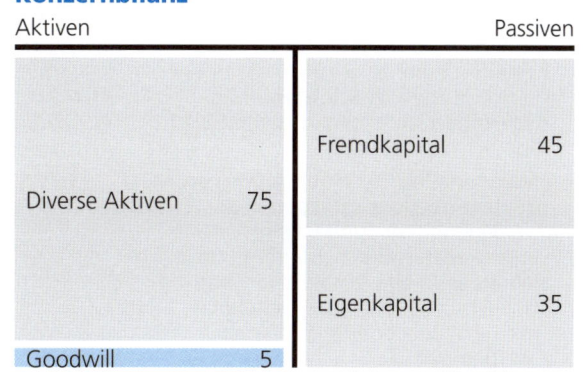

▷ Die Kapitalkonsolidierung wird über das Konto Goodwill abgewickelt:

Soll	Haben	Betrag
Goodwill	Beteiligung an T	15
Eigenkapital	Goodwill	10

Diese Variante ist in der Praxis unüblich, da sich ein Goodwill erst nach der Verrechnung als Saldo ergibt.

▷ Die Kapitalkonsolidierung wird als Sammelbuchung ausgeführt:

Soll	Haben	Betrag
Eigenkapital		10
Goodwill		5
	Beteiligung an T	15

Diese Variante ist unübersichtlich und erschwert die Fehlersuche bei Differenzen.

▷ Die Kapitalkonsolidierung wird über ein Abwicklungskonto verbucht:

Soll	Haben	Betrag
Kapitalaufrechnungsdifferenz	Beteiligung an T	15
Eigenkapital	Kapitalaufrechnungsdifferenz	10
Goodwill	Kapitalaufrechnungsdifferenz	5

Das Buchen über Kapitalaufrechnungsdifferenz ist ein unnötiger Umweg mit Mehraufwand ohne zusätzlichen Nutzen.

11 Erstkonsolidierung

Bei den Vorschriften zur Erfassung und Abschreibung des Goodwills unterscheiden sich die anerkannten Standards zur Rechnungslegung deutlich:

Erfassung und Bewertung des Goodwills

IFRS

Der Goodwill ist bei Erwerb zu **aktivieren**.

Da es sich beim Goodwill um ein immaterielles Aktivum ohne bestimmte Nutzungsdauer handelt, kann dieser aus Sicht von IFRS **nicht systematisch abgeschrieben** werden.

Stattdessen ist der Goodwill einmal jährlich einem **Werthaltigkeitstest** (engl. Impairment Test) zu unterziehen. Dabei festgestellte Wertverminderungen[1] sind sofort als Goodwill-Abschreibung zu erfassen.

Durchgeführte Goodwill-Abschreibungen können in späteren Perioden nicht mehr rückgängig gemacht werden, auch wenn die Wert vermindernden Faktoren nicht mehr vorhanden sind.

Die von IFRS gewählte Lösung ist betriebswirtschaftlich logisch.

Die Durchführung des jährlichen Werthaltigkeitstests ist allerdings sehr aufwendig und kompliziert.

Ausserdem besteht bei den Berechnungen ein grosser Ermessensspielraum, zum Beispiel bei der Bestimmung der Zahlungsmittel generierenden Einheit (engl. Cash Generating Unit), beim Schätzen der künftigen Cashflows oder bei der Festlegung des Diskontierungszinsfusses.

Swiss GAAP FER

Benchmark (Hauptvariante)

Der Goodwill ist bei Erwerb zu **aktivieren**.

Aus Sicht von Swiss GAAP FER ist der Mehrwert in Form des Goodwills zeitlich begrenzt, weshalb er normalerweise linear in **5 Jahren abzuschreiben** ist (in begründeten Fällen in höchstens 20 Jahren).

Wenn am Bilanzstichtag Anzeichen für eine Wertbeeinträchtigung[1] vorliegen, ist ausserdem ein Werthaltigkeitstest durchzuführen und nötigenfalls eine zusätzliche Goodwill-Abschreibung vorzunehmen, die nicht wieder aufgeschrieben werden darf.

Die von Swiss GAAP FER favorisierte Lösung lässt sich betriebswirtschaftlich vertreten.

Der Ansatz besticht vor allem durch seine Klarheit und Einfachheit.

Ausserdem wird durch die konsequente Abschreibung das bei der IFRS-Lösung latent vorhandene Impairment-Risiko stark verringert.

Alternative (Wahlrecht)

Der Goodwill kann bei Erwerb **mit dem Eigenkapital verrechnet** werden.

In diesem Fall müssen **im Anhang** in Form einer Schattenrechnung die Auswirkungen einer theoretischen Aktivierung mit anschliessender Abschreibung dargestellt werden.

Die von Swiss GAAP FER erlaubte alternative Goodwill-Behandlung ist betriebswirtschaftlich als Verstoss gegen die True-and-Fair-View zu betrachten.

Die Verrechnung stellt eine erfolgsneutrale Abschreibung des Goodwills dar, was zu überhöhten Gewinnausweisen führt. Da gleichzeitig das Eigenkapital reduziert wird, entsteht eine massiv zu hohe Eigenkapitalrendite, was eine fundierte Erfolgsanalyse verunmöglicht.

---

[1] In der Praxis treten Wertverminderungen häufig dann auf, wenn sich das Marktumfeld verschlechtert (zum Beispiel neue Konkurrenten, schlechte Konjunkturlage). Auch technologische Veränderungen (zum Beispiel neue Erfindungen) oder rechtliche Entwicklungen (zum Beispiel Verbote bestimmter Substanzen) können zu einem Impairment führen.

Beispiel 3: Goodwill Accounting nach IFRS und Swiss GAAP FER

M kauft Anfang 20_1 alle Aktien von T für 100. Die Nettoaktiven (Eigenkapital) von T betragen im Erwerbszeitpunkt 60, womit sich unabhängig vom angewandten Standard ein Goodwill von 40 ergibt. Durch die unterschiedliche Behandlung des Goodwills per Ende 20_1 unterscheiden sich das Bilanzbild und die Eigenkapitalrendite deutlich.

IFRS: Der Goodwill wird aktiviert und nicht abgeschrieben (unter Annahme der Werthaltigkeit).

Bilanz Ende 20_1	M Aktiven	M Passiven	T Aktiven	T Passiven	Summenbilanz Aktiven	Summenbilanz Passiven	Konsolidierung Soll	Konsolidierung Haben	Konzern Aktiven	Konzern Passiven
Diverse Aktiven	400		120		520				520	
Beteiligung an T	100				100			60 ♦ 40		
Goodwill							40		40	
Fremdkapital		300		55		355				355
Eigenkapital		180		60		240	60			180
Gewinn		20		5		25				25
	500	500	120	120	620	620	100	100	560	560

Swiss GAAP FER (Benchmark): Der Goodwill wird aktiviert und auf fünf Jahre abgeschrieben.

Bilanz Ende 20_1	M Aktiven	M Passiven	T Aktiven	T Passiven	Summenbilanz Aktiven	Summenbilanz Passiven	Konsolidierung Soll	Konsolidierung Haben	Konzern Aktiven	Konzern Passiven
Diverse Aktiven	400		120		520				520	
Beteiligung an T	100				100			60 ♦ 40		
Goodwill							40	8	32	
Fremdkapital		300		55		355				355
Eigenkapital		180		60		240	60			180
Gewinn		20		5		25	8			17
	500	500	120	120	620	620	108	108	552	552

Swiss GAAP FER (Wahlrecht): Der Goodwill wird mit dem Eigenkapital verrechnet.

Bilanz Ende 20_1	M Aktiven	M Passiven	T Aktiven	T Passiven	Summenbilanz Aktiven	Summenbilanz Passiven	Konsolidierung Soll	Konsolidierung Haben	Konzern Aktiven	Konzern Passiven
Diverse Aktiven	400		120		520				520	
Beteiligung an T	100				100			60 ♦ 40		
Goodwill							40	40		
Fremdkapital		300		55		355				355
Eigenkapital		180		60		240	60 ♦ 40			140
Gewinn		20		5		25				25
	500	500	120	120	620	620	140	140	520	520

Eigenkapitalrendite (Gewinn in % des Eigenkapitals per Ende Jahr)

IFRS	Swiss GAAP FER (Benchmark)	Swiss GAAP FER (Wahlrecht)
25 : 205 = **12,2%**	17 : 197 = **8,6%**	25 : 165 = **15,2%**

Erstkonsolidierung 11

Beispiel 4 **Kapitalkonsolidierung mit negativem Goodwill (Badwill)**

Die M erwarb Ende Jahr alle Aktien von T für 6. Im Erwerbszeitpunkt liegen die Einzelabschlüsse vor:

Bilanz M

Aktiven		Passiven	
Diverse Aktiven	54	Fremdkapital	25
Beteiligung an T	6	Eigenkapital	35

Bilanz T

Aktiven		Passiven	
Diverse Aktiven	30	Fremdkapital	20
		Eigenkapital	10

In einem ersten Schritt werden die Einzelabschlüsse von M und T zusammengezählt. Dies ergibt die Summenbilanz.

Summenbilanz

Aktiven		Passiven	
Diverse Aktiven	84	Fremdkapital	45
		Eigenkapital M	35
Beteiligung an T	6	Eigenkapital T	10

Der von der Mutter bezahlte Kaufpreis ist geringer als das in der Bilanz der Tochter ausgewiesene Eigenkapital.

In diesem seltenen Fall müssen die Nettoaktiven der Tochter nochmals neu bewertet werden, um allfälligen Wertverminderungen infolge von Ertragsschwäche oder ungünstigen wirtschaftlichen Perspektiven Rechnung zu tragen.

Ist danach der Kaufpreis immer noch tiefer als das Eigenkapital der Tochter, liegt ein negativer Goodwill vor. Das heisst, **für die Tochter wurde weniger bezahlt, als sie Wert ist.**

In der Praxis kommt ein solcher **Bargain Purchase** (auf Deutsch ein Gelegenheitskauf, Schnäppchen) vor allem dann vor, wenn der Verkäufer der Aktien der Tochter unter Verkaufsdruck stand.

Nach IFRS ist ein negativer Goodwill beim Kauf erfolgswirksam als Gewinn aus Beteiligungserwerb (engl. Gain from a Bargain Purchase) zu verbuchen.

> Ein **negativer Goodwill** ist die Differenz zwischen dem tieferen Kaufpreis der Mutter und dem höheren tatsächlichen Wert der Nettoaktiven der Tochter.
>
> Er ist beim Kauf als Gewinn aus Beteiligungserwerb zu erfassen.

In einem zweiten Schritt erfolgt die Kapitalkonsolidierung durch Verrechnung der Beteiligung an T mit dem Eigenkapital von T. Die Differenz ist als Gewinn aus Beteiligungserwerb zu erfassen.

Konsolidierungsbuchungen

Soll	Haben	Betrag
Eigenkapital	Beteiligung an T	6
Eigenkapital	Gewinn aus Beteiligungserwerb[1]	4

Nach der Konsolidierung ergibt sich die Konzernbilanz, welche M und T so darstellt, als ob es sich um ein einziges Unternehmen handeln würde.

Der zusätzliche Gewinn aus der erfolgswirksamen Erfassung des negativen Goodwills führt zu einer Erhöhung des Konzerneigenkapitals.

Konzernbilanz

Aktiven		Passiven	
Diverse Aktiven	84	Fremdkapital	45
		Eigenkapital	39

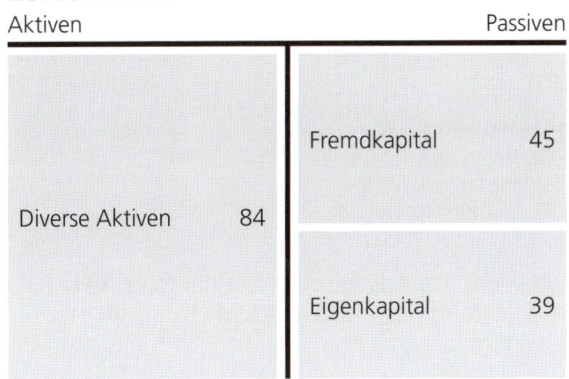

Die Swiss GAAP FER äussern sich nicht explizit zum negativen Goodwill. Nach Ansicht der Buchautoren kann ein negativer Goodwill auf drei Arten erfasst werden:
▷ als Gewinn aus Beteiligungserwerb (wie IFRS)
▷ als Rückstellung, die in den Folgeperioden erfolgswirksam aufgelöst wird
▷ erfolgsneutral im Eigenkapital (als Kapitalreserven)

---

[1] Vereinfachend wird in diesem Beispiel auf das Führen der Erfolgsrechnung verzichtet.

11 Erstkonsolidierung

Gliederung des Eigenkapitals

Um das Prinzip der Kapitalkonsolidierung übersichtlich darzustellen, wurde das Eigenkapital in den vier Einführungsbeispielen nicht weiter unterteilt. Bei Aktiengesellschaften ist in der Praxis das Aktienkapital (engl. Share Capital) gesondert auszuweisen, und die Reserven sind in verschiedene Gruppen aufzuteilen.

Zwischen der Reservengliederung nach Obligationenrecht und nach anerkannten Standards bestehen Unterschiede:

Reserven	
Gliederung nach Obligationenrecht[1]	**Gliederung nach Swiss GAAP FER und IFRS**[2]
Gesetzliche Kapitalreserve Der gesetzlichen Kapitalreserve sind hauptsächlich die Erlöse zuzuweisen, die bei der Ausgabe von Aktien über den Nennwert hinaus erzielt wurden (Agio, Aufgeld).	**Kapitalreserven** (Share Premium, Capital Surplus) Kapitalreserven entstehen wie nach Obligationenrecht durch Einzahlung der Aktionäre bei Kapitalerhöhungen (Agio, Aufgeld). Für die Konzernrechnung gelten ausserdem sämtliche im Erwerbszeitpunkt bei der Tochter vorhandenen Gewinnreserven als Kapitalreserven, weil sie aus Konzernsicht gekauft und nicht durch Gewinne erwirtschaftet wurden.
Gesetzliche Gewinnreserve Der gesetzlichen Gewinnreserve sind 5% des Jahresgewinns zuzuweisen, bis sie 50% des Aktienkapitals beträgt.	**Gewinnreserven** (Retained Earnings) Gewinnreserven sind erarbeitetes Eigenkapital in Form zurückbehaltener (nicht ausgeschütteter) Gewinne. Es wird nicht zwischen gesetzlichen und freiwilligen Gewinnreserven unterschieden.
Freiwillige Gewinnreserven Durch Generalversammlungsbeschluss können aus dem Jahresgewinn weitere Gewinnreserven gebildet werden.	

Zum Abschluss des Kapitels folgt auf der nächsten Seite ein vollständiges Beispiel einer Kapitalkonsolidierung nach Swiss GAAP FER.

---

[1] Das revidierte Buchführungs- und Rechnungslegungsrecht (32. Titel des Obligationenrechts) trat per 1. Januar 2013 in Kraft, die Revision des Aktienrechts (26. Titel des Obligationenrechts) wurde indes von National- und Ständerat noch nicht verabschiedet, weshalb zurzeit der Drucklegung dieses Lehrbuchs Unklarheiten bzw. Widersprüche bestehen. Die obigen Ausführungen zum Aktienrecht stützen sich teilweise auf die Botschaft des Bundesrates zur Revision des Aktienrechts vom 23. November 2016.

[2] In allen Beispielen der Kapitel 11 und 12 sind die Reserven bereits korrekt nach anerkanntem Standard in Kapital- und Gewinnreserven gegliedert. Die Überleitung von Reservengliederung nach Obligationenrecht zur Reservengliederung nach anerkanntem Standard wird in Kapitel 13 gezeigt.

Erstkonsolidierung 11

Beispiel 5 **Kapitalkonsolidierung**

M erwarb Anfang 20_1 alle Aktien von T für 60. Der Goodwill wird nach Swiss GAAP FER aktiviert und auf fünf Jahre abgeschrieben.

Konsolidierungsjournal 20_1

Text	Soll	Haben	Betrag
Kapitalkonsolidierung	Aktienkapital	Beteiligung an T	30
	Kapitalreserven	Beteiligung an T	20
	Goodwill	Beteiligung an T	10
Goodwill-Abschreibung	Gewinn Bilanz[1]	Goodwill	2
	Goodwill-Abschreibung	Gewinn Erfolgsrechnung[1]	2

Konsolidierungsbogen 20_1

Bilanz	Einzelabschluss M		Einzelabschluss T		Summenbilanz		Konsolidierungs-buchungen		Konzern	
	Aktiven	Passiven	Aktiven	Passiven	Aktiven	Passiven	Soll	Haben	Aktiven	Passiven
Diverse Aktiven	240		110		350				350	
Beteiligung an T	60				60			30+20+10		
Goodwill							10	2	8	
Fremdkapital		140		55		195				195
Aktienkapital		100		30		130	30			100
Kapitalreserven		8		20		28	20			8
Gewinnreserven		42				42				42
Gewinn Bilanz[1]		10		5		15	2			13
	300	300	110	110	410	410	62	62	358	358

Erfolgsrechnung	Einzelabschluss M		Einzelabschluss T		Summenbilanz		Konsolidierungs-buchungen		Konzern	
	Aufwand	Ertrag	Aufwand	Ertrag	Aufwand	Ertrag	Soll	Haben	Aufwand	Ertrag
Warenertrag		600		200		800				800
Warenaufwand	400		150		550				550	
Goodwill-Abschreibung							2		2	
Diverser Aufwand	190		45		235				235	
Gewinn ER[1]	10		5		15			2	13	
	600	600	200	200	800	800	2	2	800	800

---

[1] Weil die Konzernrechnung nicht laufend geführt wird, sondern am Ende einer Periode durch die Addition von Bilanzen und Erfolgsrechnungen der Einzelabschlüsse von Mutter und Töchtern entsteht, bilden Bilanz und Erfolgsrechnung zwei getrennte, in sich geschlossene Kreise.

Deshalb müssen erfolgswirksame Tatbestände in Bilanz und Erfolgsrechnung separat über die Konten **Gewinn Bilanz** und **Gewinn Erfolgsrechnung** verbucht werden.

b) Schulden- und Umsatzkonsolidierung

Aus der Verflechtung der Konzerngesellschaften entstehen diverse konzerninterne Beziehungen.

Die Konzernrechnung stellt die Konzerngesellschaften dar, als ob es sich um ein einziges Unternehmen handeln würde. Da es innerhalb eines Unternehmens keine Schulden und Umsätze gibt, müssen diese durch Konsolidierungsbuchungen beseitigt werden.

Konzerninterne Beziehungen
Intercompany (IC) Transactions

Schulden und Forderungen	Umsätze
Konzerninterne Schulden und Forderungen sind bilanzierte gegenseitige Forderungen und Verpflichtungen, die im Rahmen der Konsolidierung eliminiert werden müssen.	Konzerninterne Umsätze sind zwischen den Konzerngesellschaften getätigte Umsätze, die im Rahmen der Konsolidierung eliminiert werden müssen.
Die häufigsten Schuld- und Forderungsverhältnisse sind: ▷ **Darlehen** zur Finanzierung einer Tochter. Dadurch optimiert die Holding die Rendite, und die Unabhängigkeit der Tochter gegenüber Drittgläubigern wird gefördert. ▷ Die Konzerngesellschaften leisten konzerninterne **Anzahlungen** zur Vorfinanzierung künftiger Leistungen. ▷ Aus konzerninternen Umsätzen entstehen **Forderungen und Verpflichtungen aus Lieferungen und Leistungen (L+L)**. ▷ Für ausstehende Rechnungen oder andere Periodenabgrenzungen werden **aktive und passive Rechnungsabgrenzungsposten** gebucht. ▷ Im Einzelabschluss kann es notwendig sein, dass gegenüber anderen Gruppengesellschaften **Wertberichtigungen auf Forderungen** oder **Rückstellungen** gebildet werden müssen.	Je nach Struktur eines Konzerns kommen folgende konzerninterne Umsätze vor: ▷ Umsätze aus Lieferungen: Ein Produktionsbetrieb liefert **Fabrikate** an andere Konzerngesellschaften zwecks Weiterverarbeitung, Weiterverkauf oder zur Aktivierung im Anlagevermögen. **Handelswaren** werden innerhalb des Konzerns verschoben. ▷ Umsätze aus Dienstleistungen: Für übergeordnete Koordinationsaufgaben werden den Gesellschaften **Management-Fees** belastet. Konzerngesellschaften stellen sich gegenseitig Know-how in Bezug auf Beschaffung, Vertrieb, Marketing oder Produktionstechnologie zur Verfügung und fakturieren dafür **Know-how-Fees**. Für die Überlassung von Patent- oder Markenrechten werden **Lizenzgebühren** belastet. ▷ Erträge aus Finanzierung: Das sind **Zinsen** auf konzerninternen Forderungen.

Beispiel 1 zeigt, wie konzerninterne Schulden und Forderungen sowie konzerninterne Umsätze konsolidiert werden. Der Goodwill wird nicht abgeschrieben (IFRS).

Erstkonsolidierung 11

Beispiel 1 — Konsolidierung von Schulden, Forderungen und Umsätzen

M erwarb Anfang 20_1 sämtliche Aktien von T für 75.

Die konzerninternen Beziehungen sind durch die Konsolidierung zu eliminieren:

Konsolidierungsjournal 31. 12. 20_1

Konzerninterne Beziehungen	Soll	Haben	Betrag
Kapitalkonsolidierung	Aktienkapital	Beteiligung an T	40
	Kapitalreserven	Beteiligung an T	26
	Goodwill	Beteiligung an T	9
Das konzerninterne Darlehen wurde zu 5% verzinst.	Passivdarlehen v. M	Aktivdarlehen an T	20
	Finanzertrag	Finanzaufwand	1
T lieferte M Waren für 50, die M an Dritte weiterverkaufte.	Warenertrag	Warenaufwand	50
M belastete T Management-Fees von 4.	Dienstleistungsertrag	Diverser Aufwand	4
Die Kontokorrentsaldi sind zu verrechnen.	Kontokorrent mit M	Kontokorrent mit T	10

Konsolidierungsbogen 31. 12. 20_1

Bilanz	Einzelabschluss M		Einzelabschluss T		Summenbilanz		Konsolidierungs-buchungen		Konzern	
	Aktiven	Passiven	Aktiven	Passiven	Aktiven	Passiven	Soll	Haben	Aktiven	Passiven
Diverse Aktiven	300		155		455				455	
Kontokorrent mit T	10				10			10		
Aktivdarlehen an T	20				20			20		
Beteiligung an T	75				75			40◆26◆9		
Goodwill							9		9	
Diverses Fremdkapital		190		54		244				244
Kontokorrent mit M				10		10	10			
Passivdarlehen von M				20		20	20			
Aktienkapital		120		40		160	40			120
Kapitalreserven		22		26		48	26			22
Gewinnreserven		58				58				58
Gewinn		15		5		20				20
	405	405	155	155	560	560	105	105	464	464

Erfolgsrechnung	Einzelabschluss M		Einzelabschluss T		Summenbilanz		Konsolidierungs-buchungen		Konzern	
	Aufwand	Ertrag	Aufwand	Ertrag	Aufwand	Ertrag	Soll	Haben	Aufwand	Ertrag
Warenertrag		800		300		1 100	50			1 050
Dienstleistungsertrag		4				4	4			
Finanzertrag		8				8	1			7
Warenaufwand	500		200		700			50	650	
Diverser Aufwand	294		93		387			4	383	
Finanzaufwand	3		2		5			1	4	
Gewinn ER	15		5		20				20	
	812	812	300	300	1 112	1 112	55	55	1 057	1 057

c) Elimination von Zwischengewinnen

Konzerninterne Lieferungen und Leistungen erfolgen grundsätzlich zu Marktpreisen, die nebst den Selbstkosten einen Gewinn beinhalten.

Aus Sicht der einzelnen Unternehmung ist der Gewinn realisiert, sobald die Leistung erbracht wurde. Aus Sicht des Konzerns ist der Gewinn jedoch erst dann realisiert, wenn der Gegenstand der Lieferung den Konsolidierungskreis verlassen hat oder verbraucht ist. Eine konzerninterne Lieferung ist aus Konzernsicht eine interne Verschiebung, und der erzielte Gewinn auf dieser Lieferung gilt nicht als realisiert (engl. Unrealised Profits resulting from Intragroup Transactions oder Interim Profits).

Im Einzelabschluss führen die konzerninternen Lieferungen zu Umsatzsteigerungen und Ergebnisverbesserungen, die im Rahmen der Konsolidierung rückgängig gemacht werden müssen. Die Elimination der konzerninternen Umsätze ist erfolgsneutral, die Elimination der nicht realisierten Zwischengewinne führt jedoch zu einer Veränderung des Konzernergebnisses.

> **Zwischengewinne** sind Gewinne, die auf Lieferungen zwischen den Konzerngesellschaften erzielt werden.
>
> Sofern der Liefergegenstand den Konsolidierungskreis nicht verlassen hat oder nicht verbraucht wurde, muss dieser nicht realisierte Zwischengewinn eliminiert werden.[1]

Die häufigsten konzerninternen Transaktionen, die zu nicht realisierten Zwischengewinnen führen können, sind:

▷ **Zwischengewinne auf Lieferungen von Waren und Fabrikaten**

Die Vorräte aus konzerninternen Lieferungen werden im Einzelabschluss zu Einstandspreisen des Empfängers bewertet. Aus Konzernsicht müssen diese zu Konzerneinstandspreisen oder Konzernherstellkosten[2] bewertet werden.

▷ **Zwischengewinne auf Lieferungen von Anlagevermögen**

Der Käufer einer konzernintern gelieferten Produktionsmaschine aktiviert diese zu seinen Anschaffungskosten. Aus Sicht des Konzerns handelt es sich um eine Eigenleistung, die zu Konzernherstellkosten aktiviert werden muss.

---

[1] Im ersten Teil des Buches wird auf die Ausscheidung von **latenten (aufgeschobenen) Steuern** (engl. Deferred Taxes) verzichtet; sie werden in Kapitel 21 ausführlich erläutert.
Der Vollständigkeit halber sei kurz auf das Wesen von latenten Steuern bei Zwischengewinnen hingewiesen:
  ▷ Im Einzelabschluss gilt der auf einer konzerninternen Lieferung erzielte Gewinn als realisiert, was die entsprechenden Gewinnsteuern (Ertragssteuern) auslöst.
  ▷ Aus Konzernsicht sind diese (Zwischen-)Gewinne noch nicht realisiert, weshalb die damit verbundenen Gewinnsteuern aus betriebswirtschaftlicher Sicht aufgeschoben und deshalb im Konzernabschluss als latente Steuer abgegrenzt werden.

[2] Die Konzerneinstandspreise und Konzernherstellkosten beinhalten auch die Bezugskosten des Empfängers (Transport, Verpackung, Zoll, an Dritte bezahlte Verkaufsprovisionen, Lizenzgebühren und übrige Abgaben) und können somit von den Einstandspreisen und Herstellkosten der Liefergesellschaft abweichen.
In den Übungsaufgaben werden normalerweise die Einstandspreise bzw. Herstellkosten der Liefergesellschaft mit den Einstandspreisen bzw. Herstellkosten des Konzerns gleichgesetzt.

Erstkonsolidierung 11

Zwischengewinne in den Vorräten

Zwischengewinne entstehen, falls der Käufer die konzernintern gelieferten Handelswaren oder Fabrikate nicht an Dritte veräussert, sondern im Einzelabschluss als Vorräte zu seinem Einstandswert aktiviert und dieser über dem Konzerneinstandswert bzw. den Konzernherstellkosten liegt.[1]

Die Konsolidierungsbuchungen hängen von der Art der konzerninternen Lieferung ab:

Konzerninterne Lieferung von Handelswaren
Eine Konzerngesellschaft kauft von Dritten Handelswaren ein und verkauft diese an eine andere Konzerngesellschaft zur Weiterveräusserung.

Im Konzernabschluss ergeben sich aus diesen Lieferungen folgende Probleme:

▷ **Konzerninterner Umsatz**
Dieser wird im Rahmen der Umsatzkonsolidierung mit folgender Buchung eliminiert.

> Warenertrag / Warenaufwand

▷ **Weiterveräusserung an Dritte**
Der konzerninterne Empfänger der Ware hat den Umsatz gegenüber Dritten als Warenertrag verbucht. Aus Konzernsicht handelt es sich dabei ebenfalls um einen Warenertrag, weshalb keine Umbuchung notwendig ist.

> Keine Buchung

▷ **Aktivierung im Konto Warenvorrat**
Beim Empfänger der Ware werden die Bestände im Konto Warenvorrat zu Einstandspreisen aktiviert. Aus Sicht des Konzerns handelt es sich ebenfalls um einen Warenvorrat, jedoch muss der Zwischengewinn eliminiert werden.

> Warenaufwand / Warenvorrat[2]

Konzerninterne Lieferung von Fabrikaten
Eine Konzerngesellschaft stellt selbst Fabrikate her und verkauft diese an eine andere Konzerngesellschaft zur Weiterveräusserung als Waren.

Im Konzernabschluss ergeben sich aus diesen Lieferungen folgende Probleme:

▷ **Konzerninterner Umsatz**
Dieser wird im Rahmen der Umsatzkonsolidierung mit folgender Buchung eliminiert.

> Fabrikateertrag / Warenaufwand

▷ **Weiterveräusserung an Dritte**
Der konzerninterne Empfänger der Ware hat den Umsatz gegenüber Dritten als Warenertrag verbucht. Aus Konzernsicht handelt es sich jedoch um einen Fabrikateertrag, weshalb umgebucht werden muss:

> Warenertrag / Fabrikateertrag

▷ **Aktivierung im Konto Warenvorrat**
Beim Empfänger der Ware werden die Bestände im Konto Warenvorrat zu Einstandspreisen aktiviert. Weil es sich aus Konzernsicht um einen Fabrikatevorrat handelt, ist nebst der Zwischengewinnelimination eine Umbuchung der Vorräte notwendig.

Storno Zunahme Warenvorrat:

> Warenaufwand / Warenvorrat[2]

Bestandeszunahme von Fabrikatevorräten:

> Fabrikatevorrat / Bestandesänderung Fabrikate[2]

In den Beispielen 1 und 2 werden diese Zwischengewinneliminationen gezeigt.

---

[1] In der Praxis ist die Berechnung dieser Zwischengewinne sehr anspruchsvoll und oftmals nur mit Schätzungen möglich.

[2] Formell muss die Verbuchung über *Gewinn Bilanz* und *Gewinn Erfolgsrechnung* erfolgen. Siehe Beispiel auf der nächsten Seite.

Erstkonsolidierung 11

Beispiel 1   **Zwischengewinne auf Warenlieferungen**

M erwarb Anfang 20_1 sämtliche Aktien der T für 140. Die Kapitalkonsolidierung ist im Konsolidierungsbogen mit weissen Zahlen auf schwarzem Grund bereits ausgeführt.

Zum Warenverkehr liegen folgende Informationen vor:

Nr.	Tatbestand
1	T kaufte von Dritten Handelswaren für 480 auf Kredit.
2	T verkaufte die Hälfte davon an M gegen Bankzahlung von 300.
3	M verkaufte davon Waren im Einstandswert von 200 für 280 an Dritte auf Kredit weiter.
4	M aktivierte die unverkauften Waren aus konzerninterner Lieferung mit 100.

Die Konsolidierungsbuchungen für den Warenverkehr werden in drei Schritten hergeleitet:

1. Schritt   In den Einzelabschlüssen von M und T führte der beschriebene Warenverkehr zu diesen Buchungen. Die konzerninternen Transaktionen sind blau hervorgehoben.

Buchungen bei M

Nr.	Soll	Haben	Betrag
1	–	–	–
2	Warenaufwand	Bank	300
3	Forderungen L+L	Warenertrag	280
4	Warenvorrat	Warenaufwand	100

Buchungen bei T

Nr.	Soll	Haben	Betrag
1	Warenaufwand	Verbindlichkeiten L+L	480
2	Bank	Warenertrag	300
3	–	–	–
4	–	–	–

2. Schritt   Der Zwischengewinn ist zu ermitteln: T fakturierte für die gelieferten Waren 300, der Einstand betrug 240. T erzielte einen Bruttogewinn von 60, was einer Bruttogewinnmarge von 20% entspricht.

Der Warenvorrat im Einzelabschluss von M betrug 100, was aus Konzernsicht um den Zwischengewinn von 20 zu hoch ist (20% von 100).

Bewertung des Warenvorrats

	Bewertung bei M 100%	Bewertung Konzern 80%	Zwischengewinn 20%
Bestand Eröffnungsbilanz	0	0	0
Bestand Schlussbilanz	100	80	20
Veränderung	+100	+80	+20

3. Schritt   Zu konsolidieren sind der konzerninterne Warenumsatz sowie der Zwischengewinn auf den Vorräten aus konzerninternen Warenlieferungen.

Konsolidierungsjournal (ohne Kapitalkonsolidierung)

Text	Soll	Haben	Betrag
Elimination konzerninterner Umsätze	Warenertrag	Warenaufwand	300
Zwischengewinnelimination	Gewinn Bilanz[1]	Warenvorrat	20
	Warenaufwand	Gewinn ER[1]	20

---

[1] Die Verbuchung über **Gewinn Bilanz** und **Gewinn Erfolgsrechnung** ergibt sich aus dem Aufbau des Konsolidierungsbogens: Die Bilanz und die Erfolgsrechnung bilden zwei getrennte, in sich geschlossene Kreise.

11 Erstkonsolidierung

Konsolidierungsbogen per 31. 12. 20_1

Bilanz	Einzelabschluss M		Einzelabschluss T		Summenbilanz		Konsolidierungs-buchungen		Konzern	
	Aktiven	Passiven	Aktiven	Passiven	Aktiven	Passiven	Soll	Haben	Aktiven	Passiven
Diverse Aktiven	240		255		495				495	
Warenvorrat	100				100			20	80	
Beteiligung an T	140				140			80 ♦ 50		
								10		
Goodwill[1]							10		10	
Diverses Fremdkapital		228		112		340				340
Aktienkapital		150		80		230	80			150
Kapitalreserven		35		50		85	50			35
Gewinnreserven		65				65				65
Gewinn (Verlust) Bilanz		2		13		15	20			–5
	480	480	255	255	735	735	160	160	585	585

Erfolgsrechnung	Einzelabschluss M		Einzelabschluss T		Summenbilanz		Konsolidierungs-buchungen		Konzern	
	Aufwand	Ertrag	Aufwand	Ertrag	Aufwand	Ertrag	Soll	Haben	Aufwand	Ertrag
Warenertrag		280		600		880	300			580
Warenaufwand	200		480		680		20	300	400	
Übriger Aufwand	78		107		185				185	
Gewinn (Verlust) ER	2		13		15			20	–5	
	280	280	600	600	880	880	320	320	580	580

Das Beispiel macht deutlich, dass die Einzelabschlüsse einer Konzerngesellschaft nur beschränkt aussagekräftig sind:

▷ Die Einzelabschlüsse weisen Gewinne aus: M 2 und T 13, was in der Summenbilanz 15 ergibt.

Die Konzernrechnung zeigt, dass im Verkehr mit Dritten ein Verlust von 5 realisiert wurde. Die Differenz zu den Einzelabschlüssen erklärt sich durch den aus Konzernsicht nicht realisierten Zwischengewinn von 20.

▷ Die Muttergesellschaft kann durch die Festsetzung der **Transferpreise** (das sind die Preise für konzerninterne Lieferungen) die Gewinne und Umsätze der einzelnen Gesellschaften beeinflussen.

Im Beispiel erfolgte die Verrechnung der konzerninternen Warenlieferungen zu Marktpreisen, was betriebswirtschaftlich sinnvoll und aus Sicht der einzelnen Gesellschaften sowie der lokalen Steuerbehörden wünschbar ist, aber in der Praxis aus Gründen der Steueroptimierung für den Gesamtkonzern nicht immer umgesetzt wird.

---

[1] Keine Goodwill-Abschreibung (IFRS)

Erstkonsolidierung 11

Beispiel 2 **Zwischengewinne auf Fabrikatelieferungen**

M erwarb Anfang 20_1 sämtliche Aktien der T zu 140. Die Kapitalkonsolidierung ist im Konsolidierungsbogen mit schwarzen Zahlen ausgeführt.

Zum Verkehr mit Fabrikaten (Erzeugnissen) und Waren liegen folgende Informationen vor:

Nr.	Tatbestand
1	T verkaufte M Fabrikate für 400 (Herstellkosten 280) gegen Bankzahlung.
2	M verkaufte drei Viertel davon als Handelswaren für 380 auf Kredit an Dritte.
3	M aktivierte die unverkauften Waren aus konzerninterner Lieferung mit 100.

1. Schritt In den Einzelabschlüssen von M und T führten die beschriebenen Geschäftsfälle zu diesen Buchungen. Die konzerninternen Transaktionen sind blau hervorgehoben.

Buchungen bei M

Nr.	Soll	Haben	Betrag
1	Warenaufwand	Bank	400
2	Forderungen L+L	Warenertrag	380
3	Warenvorrat	Warenaufwand	100

Buchungen bei T

Nr.	Soll	Haben	Betrag
1	Bank	Fabrikateertrag	400
2	–	–	–
3	–	–	–

2. Schritt Der Zwischengewinn ist zu ermitteln: T fakturierte für die gelieferten Fabrikate 400. Die Herstellkosten betrugen 280. Daraus resultierte ein Bruttogewinn von 120, was einer Bruttogewinnmarge von 30% (30% von 400) entspricht.

Bewertung und Bezeichnung der Vorräte

	Warenvorrat bei M 100%	Fabrikatevorrat Konzern 70%	Zwischengewinn 30%
Bestand Eröffnungsbilanz	0	0	0
Bestand Schlussbilanz	100	70	30
Veränderung	+ 100	+ 70	+ 30

3. Schritt Bei der Konsolidierung sind zwei Überlegungen neu im Vergleich zum reinen Handelskonzern von Beispiel 1:

▷ Der von M gegenüber Dritten erzielte Warenertrag von 380 ist aus Konzernsicht ein Fabrikateertrag.

▷ Die Warenbestandskorrektur von M ist aus Konzernsicht doppelt falsch: Erstens handelt es sich um eine Bestandsänderung an Fabrikaten, und zweitens enthält der Betrag einen Zwischengewinn. Die Konsolidierung erfolgt am einfachsten durch Stornierung und Richtigbuchung.

Konsolidierungsjournal (ohne Kapitalkonsolidierung)

Text	Soll	Haben	Betrag
Elimination konzerninterner Umsätze	Fabrikateertrag	Warenaufwand	400
Umbuchung der Erträge	Warenertrag	Fabrikateertrag	380
Storno Warenbestandskorrektur	Gewinn Bilanz	Warenvorrat	100
	Warenaufwand	Gewinn ER	100
Bestandeszunahme Fabrikate	Fabrikatevorrat	Gewinn Bilanz	70
	Gewinn ER	Bestandesänderung	70

Erstkonsolidierung 11

Konsolidierungsbogen per 31. 12. 20_1

Bilanz	Einzelabschluss M		Einzelabschluss T		Summenbilanz		Konsolidierungs-buchungen		Konzern	
	Aktiven	Passiven	Aktiven	Passiven	Aktiven	Passiven	Soll	Haben	Aktiven	Passiven
Diverse Aktiven	240		250		490				490	
Warenvorrat	100				100			100		
Fabrikatevorrat	60		90		150		70		220	
Beteiligung an T	140				140			80 ◆ 50 / 10		
Goodwill①							10		10	
Diverses Fremdkapital		255		190		445				445
Aktienkapital		150		80		230	80			150
Kapitalreserven		35		50		85	50			35
Gewinnreserven		65				65				65
Gewinn Bilanz		35		20		55	100	70		25
	540	540	340	340	880	880	310	310	720	720

Erfolgsrechnung	Einzelabschluss M		Einzelabschluss T		Summenbilanz		Konsolidierungs-buchungen		Konzern	
	Aufwand	Ertrag	Aufwand	Ertrag	Aufwand	Ertrag	Soll	Haben	Aufwand	Ertrag
Warenertrag		380				380	380			
Fabrikateertrag		300		610		910	400	380		890
Bestandesänderung								70		70
Warenaufwand	300				300		100	400		
Materialaufwand	125		275		400				400	
Übriger Aufwand	220		315		535				535	
Gewinn ER	35		20		55		70	100	25	
	680	680	610	610	1 290	1 290	950	950	960	960

In einigen Konzernrechnungen wird die Handels- und Fabrikationstätigkeit nicht getrennt ausgewiesen:

▷ Sämtliche Verkaufserträge werden über das Konto Ertrag aus Lieferungen und Leistungen gebucht.

▷ Alle Waren- und Materialverbräuche werden im Konto Waren- und Materialaufwand zusammengefasst.

▷ Die Waren- und Fabrikatevorräte werden im Konto Vorräte zusammengezogen.

---

① Keine Goodwill-Abschreibung (IFRS)

Erstkonsolidierung 11

> **Zwischengewinne auf Lieferungen von Anlagevermögen**
>
> Bei der konzerninternen Lieferung von Anlagen verrechnet der Lieferant nebst den Herstellkosten meist noch anteilige Overheadkosten[1] und einen Gewinn. Weil der Käufer die Anlage zu Anschaffungskosten aktiviert, entsteht ein Zwischengewinn.
>
> Aus Konzernsicht ist diese Transaktion zu Konzernherstellkosten als Eigenleistung zu erfassen, was zu folgenden Konsolidierungsbuchungen führt:
>
> ▷ **Konzerninterner Umsatz**
> Dieser wird im Rahmen der Umsatzkonsolidierung eliminiert.
>
> Fabrikateertrag / Sachanlagen[2]
>
> ▷ **Aktivierung als Eigenleistung**
> Die Lieferung wird als aktivierte Eigenleistung zu Herstellkosten erfasst.
>
> Sachanlagen / Ertrag aus Eigenleistung[2]
>
> ▷ **Korrektur der Abschreibungen**
> Im Einzelabschluss wird die Anlage zu Anschaffungswerten aktiviert, im Konzern zu Herstellkosten. Dies führt im Einzelabschluss zu höheren Abschreibungen als im Konzernabschluss, weshalb der Abschreibungsbetrag zu korrigieren ist.
>
> Wertberichtigung (WB) auf Sachanlagen / Abschreibungen[2]

Beispiel 3 illustriert diese Sachverhalte.

Beispiel 3 **Zwischengewinne auf Lieferungen von Anlagevermögen**

M besitzt seit Anfang Jahr sämtliche Aktien der T. Über die konzerninterne Lieferung einer Sachanlage liegen folgende Informationen vor:

Nr.	Tatbestand
1	T verkaufte M Anfang Jahr eine selbst hergestellte Produktionsmaschine für 200 (Herstellkosten 160) gegen Bankzahlung. M aktivierte diese Maschine zu Anschaffungskosten.
2	M schreibt die Maschine linear über die Nutzungsdauer von 4 Jahren indirekt ab.

1. Schritt

Die Lieferung führte in den Einzelabschlüssen zu diesen Buchungen. Die konzerninternen Transaktionen sind blau hervorgehoben.

Buchungen bei M

Nr.	Soll	Haben	Betrag
1	Sachanlagen	Bank	200
2	Abschreibungen	WB Sachanlagen	50

Buchungen bei T

Nr.	Soll	Haben	Betrag
1	Bank	Fabrikateertrag	200
2	–	–	–

---

[1] Das sind Kosten für administrative, d. h. nicht unmittelbar produktive Unternehmensteile wie beispielsweise die Geschäftsleitung, die Verwaltung oder das Rechnungswesen.

[2] Formell muss die Verbuchung über *Gewinn Bilanz* und *Gewinn Erfolgsrechnung* erfolgen.

Erstkonsolidierung 11

2. Schritt   Der Zwischengewinn und die Abschreibungsdifferenz sind zu ermitteln: T lieferte die Produktionsmaschine mit einem Bruttogewinn von 40, der aus Konzernsicht nicht realisiert ist. Diese Bewertungsdifferenz vermindert sich im Verlaufe der Nutzungsdauer durch die unterschiedlichen Abschreibungen.

Zwischengewinn und Abschreibungsdifferenz

	Anschaffungswert		Wertberichtigung		Zwischengewinn
	M	Konzern	M	Konzern	
Bei Lieferung	200	160	0	0	40
Abschreibung 1. Jahr			50	40	– 10
Schlussbilanz	200	160	50	40	30

3. Schritt   Da die konzerninterne Lieferung aus Konzernsicht zum falschen Betrag und teilweise auf falschen Konten erfasst wurde, erfolgt die Konsolidierung am einfachsten durch Stornierung und Richtigbuchung.

Der Abschreibungsbetrag von 50 gemäss Einzelabschluss ist um 10 zu vermindern, damit sich im Konzernabschluss ein Abschreibungsbetrag von 40 ergibt.

Konsolidierungsjournal

Text	Soll	Haben	Betrag
Storno konzerninterne Lieferung①	Gewinn Bilanz	Sachanlagen	200
	Fabrikateertrag	Gewinn ER	200
Aktivierung als Eigenleistung①	Sachanlagen	Gewinn Bilanz	160
	Gewinn ER	Ertrag Eigenleistung	160
Reduktion Abschreibung	WB Sachanlagen②	Gewinn Bilanz	10
	Gewinn ER	Abschreibungen	10

---

① Zum gleichen Ergebnis führen alternativ diese drei Buchungen:

Geschäftsfälle	Soll	Haben	Betrag
Umbuchung Umsatz	Fabrikateertrag	Ertrag Eigenleistung	160
Elimination Zwischengewinn	Fabrikateertrag	Gewinn ER	40
	Gewinn Bilanz	Sachanlagen	40

Wir empfehlen die Verbuchung mit Storno, weil diese einfacher und übersichtlicher ist, obwohl die alternative Methode eine Buchung weniger aufweist.

② Im Rahmen von Konzernrechnungen wird in der Regel indirekt abgeschrieben. Bei direkter Abschreibung wäre die Sollbuchung auf den Sachanlagen vorzunehmen.

Die Buchwerte und Zwischengewinne lassen sich bei **direkter Abschreibung** wie folgt darstellen:

	Buchwert		Zwischengewinn
	M	Konzern	
Bei Lieferung	200	160	40
Abschreibung 1. Jahr	– 50	– 40	– 10
Schlussbilanz	150	120	30

d) Konzerninterne Gewinnausschüttungen

Die Ausschüttungen von Dividenden durch Tochtergesellschaften an ihre Mutter werden als konzerninterne Gewinnausschüttungen bezeichnet.

Eine Elimination ist aus drei Gründen notwendig:

▷ Da die Konzernrechnung die Konzernunternehmen so darstellt, als ob es sich um ein einziges Unternehmen handeln würde, müssen konzerninterne Dividendenzahlungen als Gewinnausschüttungen an sich selbst betrachtet werden.

▷ Die konzerninternen Dividendenzahlungen stellen eine Doppelzählung dar: Die Mutter zeigt in ihrem Einzelabschluss einen Beteiligungsertrag, der schon in einer Vorperiode als Gewinn der Tochter ausgewiesen wurde.

▷ Der Gewinn muss in der Konzernrechnung in jenem Jahr ausgewiesen werden, in welchem er erzielt wird. Die Gewinnausschüttung erfolgt in einer späteren Periode, und die Erfassung als Beteiligungsertrag widerspricht dem Prinzip der periodengerechten Erfolgsermittlung.

> Durch die erfolgswirksame Konsolidierungsbuchung wird der Beteiligungsertrag der Mutter eliminiert und die Gewinnreserven der Tochter wieder auf den Stand vor der Gewinnausschüttung zurückgesetzt:
>
> Beteiligungsertrag / Gewinnreserven[1]

Dieser Sachverhalt wird im Beispiel auf der nächsten Seite erläutert.

---

[1] Formell muss die Verbuchung über *Gewinn Bilanz* und *Gewinn Erfolgsrechnung* erfolgen.

Erstkonsolidierung 11

Beispiel

Konzerninterne Dividendenausschüttungen

M besitzt alle Aktien von T. Diese schüttete zulasten ihres Gewinnvortrags eine Dividende von 12 aus. Verrechnungssteuerliche Aspekte sind zu vernachlässigen.

Nr.	Tatbestand
1	T schüttete durch Bankzahlung eine Dividende von 12 an die Mutter aus.

Die Konsolidierungsbuchungen lassen sich in drei Schritten entwickeln:

1. Schritt Die Dividendenauszahlung führte bei M und T zu folgenden Buchungen:

Buchungen bei M

Nr.	Soll	Haben	Betrag
1	Bank	Beteiligungsertrag[1]	12

Buchungen bei T

Nr.	Soll	Haben	Betrag
1	Gewinnvortrag	Bank	12

2. Schritt Wie würden sich die Einzelabschlüsse durch das Weglassen der Gewinnausschüttung verändern?

	Einzelabschluss M	Einzelabschluss T
Konto Bank	Der Saldo wäre um 12 tiefer.	Der Saldo wäre um 12 höher.
Konto Gewinnvortrag (gehört zu den Gewinnreserven)	Keine Veränderung	Die Gewinnreserven wären um 12 höher.
Konto Beteiligungsertrag	Der Beteiligungsertrag wäre um 12 tiefer, was zu einem tieferen Erfolg geführt hätte.	Das Konto Beteiligungsertrag ist kein Konto von T. Der Erfolg von T bleibt unverändert.

3. Schritt Im Rahmen der Konsolidierung müssen die im 2. Schritt blau hervorgehobenen Auswirkungen eliminiert werden, d.h., die Konten Beteiligungsertrag und Gewinnreserven sind zu korrigieren, und das Konzernergebnis verschlechtert sich um 12. Die Veränderungen der Banksaldi heben sich gegenseitig auf.

Konsolidierungsjournal

Geschäftsfälle	Soll	Haben	Betrag
Elimination Dividendenauszahlung	Gewinn Bilanz	Gewinnreserven	12
	Beteiligungsertrag	Gewinn ER	12

---

[1] Der Beteiligungsertrag wird im Einzelabschluss meist nicht separat ausgewiesen, sondern mit dem übrigen Finanzertrag zusammengefasst.

12

Folgekonsolidierung

Der erstmalige Einbezug einer Tochtergesellschaft in den Konzernabschluss wird als Erstkonsolidierung bezeichnet; alle darauf folgenden Konsolidierungen sind **Folgekonsolidierungen**.

a) Kapitalkonsolidierung

Bei der Kapitalkonsolidierung unterscheidet sich die Folgekonsolidierung grundsätzlich nicht von der Erstkonsolidierung. Dies bedeutet:

▷ Der Erwerbspreis der Mutter ist mit dem Eigenkapital der Tochter **im Erwerbszeitpunkt** zu verrechnen.

▷ Bei einer späteren Kapitalerhöhung der Tochter durch Bar- oder Sacheinlagen der Mutter muss das zusätzlich gebildete Eigenkapital der Tochter (Aktienkapital und in den Kapitalreserven erfasste Agio-Einzahlungen) mit dem erhöhten Beteiligungswert der Mutter verrechnet werden.

Der Goodwill verändert sich dabei nicht.

Die Beispiele 1 bis 3 zeigen die Kapitalkonsolidierung für die ersten drei Jahre.

12 Folgekonsolidierung

Beispiel 1 **Erstkonsolidierung**

M erwarb Anfang 20_1 alle Aktien von T für 200.

Der Goodwill wird im Erwerbszeitpunkt aktiviert und in der Folge als werthaltig erachtet, weshalb nach IFRS keine Abschreibung erfolgt.

Beide Gesellschaften thesaurieren (zurückbehalten) ihre Gewinne, was als Zuwachs bei den Gewinnreserven sichtbar wird.

Konsolidierungsjournal Ende 20_1

Text	Soll	Haben	Betrag
Kapitalkonsolidierung	Aktienkapital	Beteiligung an T	100
	Kapitalreserven	Beteiligung an T	70
	Goodwill[1]	Beteiligung an T	30

Konsolidierungsbogen Ende 20_1[2]

Bilanz	M Aktiven	M Passiven	T Aktiven	T Passiven	Konsolidierung Soll	Konsolidierung Haben	Konzern Aktiven	Konzern Passiven
Diverse Aktiven	700		300				1 000	
Beteiligung an T	200					100 ♦ 70 ♦ 30		
Goodwill					30		30	
Fremdkapital		400		120				520
Aktienkapital		300		100	100			300
Kapitalreserven		60		70	70			60
Gewinnreserven		120						120
Gewinn		20		10				30
	900	900	300	300	200	200	1 030	1 030

---

[1] Sofern der Goodwill nach Swiss GAAP FER linear auf fünf Jahre abgeschrieben würde, ergäben sich zusätzlich folgende Konsolidierungsbuchungen:

Goodwill-Abschreibung nach Swiss GAAP FER

Text	Soll	Haben	Betrag
Goodwill-Abschreibung	Gewinn Bilanz	Goodwill	6
	Goodwill-Abschreibung	Gewinn ER	6

[2] Im Konsolidierungsjournal wird künftig auf den Ausweis der Summenbilanz verzichtet, um mehr Platz für die Konsolidierungsbuchungen zu schaffen.

Beispiel 2 **Folgekonsolidierung ohne Kapitalerhöhung**

Die Kapitalkonsolidierung des Jahres 20_2 unterscheidet sich nicht gegenüber der Erstkonsolidierung.

Konsolidierungsjournal Ende 20_2

Text	Soll	Haben	Betrag
Kapitalkonsolidierung	Aktienkapital	Beteiligung an T	100
	Kapitalreserven	Beteiligung an T	70
	Goodwill①	Beteiligung an T	30

Konsolidierungsbogen Ende 20_2

Bilanz	M Aktiven	M Passiven	T Aktiven	T Passiven	Konsolidierung Soll	Konsolidierung Haben	Konzern Aktiven	Konzern Passiven
Diverse Aktiven	745		322				1 067	
Beteiligung an T	200					100 ♦ 70 ♦ 30		
Goodwill					30		30	
Fremdkapital		420		130				550
Aktienkapital		300		100	100			300
Kapitalreserven		60		70	70			60
Gewinnreserven		140		10				150
Gewinn		25		12				37
	945	945	322	322	200	200	1 097	1 097

---

① Sofern der Goodwill nach Swiss GAAP FER linear auf fünf Jahre abgeschrieben würde, ergäben sich Ende 20_2 zusätzlich folgende Konsolidierungsbuchungen:

▷ Da die Konzernrechnung nicht laufend geführt wird, sondern auf der Addition der Einzelabschlüsse per Ende 20_2 basiert, müssen zuerst die erfolgswirksamen Buchungen der Vorperiode über die Gewinnreserven **erfolgsneutral** nachgeführt werden. (Die erfolgswirksame Goodwill-Abschreibung des Vorjahres führte zu einer Verminderung des Konzerngewinns des Vorjahres und damit zu einer Abnahme der Gewinnreserven.)

▷ Die Goodwill-Abschreibung des laufenden Jahres ist **erfolgswirksam** über die Gewinnkonten zu erfassen.

Goodwill-Abschreibung nach Swiss GAAP FER

Text	Soll	Haben	Betrag
Goodwill-Abschreibung	Gewinnreserven	Goodwill	6
	Gewinn Bilanz	Goodwill	6
	Goodwill-Abschreibung	Gewinn ER	6

Folgekonsolidierung 12

Beispiel 3 **Folgekonsolidierung mit Kapitalerhöhung**

Im Jahr 20_3 wird bei T eine Aktienkapitalerhöhung von nominal 50 mit einem Agio von 20 durchgeführt. Dazu zahlt M den Betrag von 70 ein, wodurch sich ihre Beteiligung auf 270 erhöht. Der im Erwerbszeitpunkt bezahlte Goodwill verändert sich dadurch nicht.

Diese Aktienkapitalerhöhung mit Agio muss im Rahmen der Kapitalkonsolidierung zusätzlich eliminiert werden. Technisch kann dies nach zwei Varianten erfolgen:

Konsolidierungsjournal Ende 20_3 (Variante 1)

Text	Soll	Haben	Betrag
Kapitalkonsolidierung	Aktienkapital	Beteiligung an T	100
im Erwerbszeitpunkt	Kapitalreserven	Beteiligung an T	70
	Goodwill	Beteiligung an T	30
Kapitalkonsolidierung der	Aktienkapital	Beteiligung an T	50
Aktienkapitalerhöhung mit Agio	Kapitalreserven	Beteiligung an T	20

Konsolidierungsjournal Ende 20_3 (Variante 2)

Text	Soll	Haben	Betrag
Kapitalkonsolidierung	Aktienkapital	Beteiligung an T	150
	Kapitalreserven	Beteiligung an T	90
	Goodwill	Beteiligung an T	30

Im Konsolidierungsbogen wurde Variante 2 erfasst.

Konsolidierungsbogen Ende 20_3

Bilanz	M Aktiven	M Passiven	T Aktiven	T Passiven	Konsolidierung Soll	Konsolidierung Haben	Konzern Aktiven	Konzern Passiven
Diverse Aktiven	715		390				1 105	
Beteiligung an T	270					150 ♦ 90 ♦ 30		
Goodwill					30		30	
Fremdkapital		430		110				540
Aktienkapital		300		150	150			300
Kapitalreserven		60		90	90			60
Gewinnreserven		165		22				187
Gewinn		30		18				48
	985	985	390	390	270	270	1 135	1 135

Folgekonsolidierung 12

b) Elimination von Zwischengewinnen

Auf Konzernebene erfolgt in der Regel keine laufende Buchführung; die Konzernrechnung basiert auf den Einzelabschlüssen der Konzerngesellschaften.

> Weil aus den Einzelabschlüssen die vergangenen Konsolidierungsbuchungen nicht ersichtlich sind, müssen bei Folgekonsolidierungen alle in Vorperioden auf Konzernebene durchgeführten Wertanpassungen von Bilanzpositionen erfolgsneutral eingebucht werden.[1]

Die Konsolidierungsbuchungen des laufenden Jahres erfolgen nach dem gleichen Prinzip wie bei der Erstkonsolidierung.

Die folgenden drei Beispiele zeigen die Konsolidierungsbuchungen für verschiedene konzerninterne Transaktionen. M besitzt jeweils seit Anfang 20_1 alle Aktien von T.

Beispiel 1 **Konzerninterne Warenlieferungen**

T lieferte an M Waren mit einer Bruttogewinnmarge von 25%.

	20_1	20_2	20_3
Konzerninterne Lieferungen zu Verkaufspreisen von T	82	120	160
Warenvorrat Ende Jahr bei M gemäss Einzelabschluss von M (100%)	20	24	28
Warenvorrat Ende Jahr bei M gemäss Bewertung Konzern (75%)	15	18	21
Nicht realisierte Zwischengewinne Ende Jahr (25%)	5	6	7

Die Konsolidierung per Ende 20_3 erfolgt in drei Schritten:

1. Zuerst wird der konzerninterne Umsatz des laufenden Jahres eliminiert. Die Umsatzkonsolidierung hat keinen Einfluss auf das Konzernergebnis.

2. Die im letzten Konzernabschluss Ende 20_2 bestehenden Zwischengewinne von 6 sind erfolgsneutral nachzubuchen.

    Diese Zwischengewinne wurden schon in den Vorperioden erfolgswirksam erfasst und führten damals zu einer Abnahme des Konzerngewinns und damit der kumulierten Gewinnreserven.

3. Die Veränderung des Zwischengewinns um 1 (von 6 auf 7) wird erfolgswirksam eliminiert.

Konsolidierungsjournal 31.12. 20_3

Text	Soll	Haben	Betrag
Konzerninterner Umsatz 20_3	Warenertrag	Warenaufwand	160
Kumulierte Zwischengewinne per 31.12. 20_2	Gewinnreserven	Warenvorrat	6
Erhöhung des Zwischengewinns 20_3	Gewinn Bilanz	Warenvorrat	1
	Warenaufwand	Gewinn ER	1

---

[1] Die zurückliegenden Bilanzanpassungen werden bei Einsatz einer Konsolidierungssoftware automatisch nachgeführt.

Folgekonsolidierung 12

Beispiel 2 **Konzerninterne Fabrikatelieferungen zur Weiterveräusserung**

Der Fabrikationsbetrieb T lieferte an den Handelsbetrieb M Fabrikate mit einer Bruttogewinnmarge von 20%. M verkauft diese an Dritte weiter mit einem Bruttogewinnzuschlag von 30%.

	20_1	20_2	20_3
Konzerninterne Lieferungen zu Verkaufspreisen von T	180	210	240
Warenvorrat Ende Jahr bei M gemäss Einzelabschluss von M (100%)	30	60	100
Fabrikatevorrat Ende Jahr bei M gemäss Bewertung Konzern (80%)	24	48	80
Nicht realisierte Zwischengewinne Ende Jahr (20%)	6	12	20

Die Konsolidierung per Ende 20_3 erfolgt in vier Schritten:

1. Der konzerninterne Umsatz des laufenden Jahres wird eliminiert. Die Umsatzkonsolidierung hat keinen Einfluss auf das Konzernergebnis.

2. Der Warenertrag von M gegenüber Dritten muss berechnet und umgebucht werden, da es sich aus Konzernsicht um einen Fabrikateertrag handelt.

   Aus der Bestandeszunahme von 60 (Anfang 20_3) auf 100 (Ende 20_3) im Einzelabschluss von M ist ersichtlich, dass gegenüber dem Einkauf 40 weniger verbraucht wurden. Der Einstandswert der verkauften Produkte betrug somit 200, was bei einem Bruttogewinnzuschlag von 30% einen Umsatz von 260 ergab.

3. Die per Ende 20_2 auf Konzernebene vorgenommenen Konsolidierungsbuchungen bei den Vorräten müssen erfolgsneutral nachgebucht werden: Der Warenvorrat bei M von 60 war aus Konzernsicht ein Fabrikatevorrat von 48.

4. Die Warenvorratszunahme von 40 wird storniert, und als Bestandesänderung werden Fabrikate von 32 verbucht.

   Diese Buchungen führen zu einer Verschlechterung des Konzernergebnisses um 8, was der Zunahme des nicht realisierten Zwischengewinnes entspricht.

Konsolidierungsjournal 31.12.20_3

Text	Soll	Haben	Betrag
Konzerninterner Umsatz 20_3	Fabrikateertrag	Warenaufwand	240
Umbuchung Drittumsatz von M 20_3	Warenertrag	Fabrikateertrag	260
Ausbuchung Warenvorrat	Gewinnreserven	Warenvorrat	60
Einbuchung Fabrikatevorrat	Fabrikatevorrat	Gewinnreserven	48
Storno Warenbestandkorrektur	Gewinn Bilanz	Warenvorrat	40
	Warenaufwand	Gewinn ER	40
Bestandeszunahme Fabrikate	Fabrikatevorrat	Gewinn Bilanz	32
	Gewinn ER	Bestandesänderung	32

Folgekonsolidierung 12

Beispiel 3 — **Konzerninterne Fabrikatelieferungen als Investition**

T lieferte M Anfang 20_1 eine selbst hergestellte Produktionsmaschine zum Verkaufspreis von 120 (Konzernherstellkosten 90), die über 5 Jahre abgeschrieben wird.

Variante 1: indirekte Abschreibung

	Anschaffungswert		Wertberichtigung		Zwischengewinn
	M	Konzern	M	Konzern	
Beträge bei Lieferung	120	90	0	0	30
Abschreibung 20_1			24	18	– 6
Schlussbilanz 20_1	120	90	24	18	24
Abschreibung 20_2			24	18	– 6
Schlussbilanz 20_2	120	90	48	36	18
Abschreibung 20_3			24	18	– 6
Schlussbilanz 20_3	120	90	72	54	12

Die Konsolidierung per Ende 20_3 erfolgt bei indirekter Abschreibung in drei Schritten:

1. Der Anschaffungswert der Sachanlage beträgt aus Konzernsicht nur 90. Da M in ihrem Einzelabschluss 120 bilanziert, ist eine erfolgsneutrale Korrektur von 30 notwendig.[1]

2. Im Einzelabschluss von M ist per Ende 20_2 eine Wertberichtigung von 48 bilanziert, die aus Konzernsicht nur 36 beträgt. Deshalb ist die Wertberichtigung erfolgsneutral um 12 zu korrigieren.

   Aus der Korrektur des Zwischengewinns von 30 durch die erste Buchung und von 12 durch die zweite Buchung ergibt sich der Zwischengewinn per Ende 20_2 von 18.

3. Im Einzelabschluss von M wurden die Abschreibungen mit 24 erfasst. Aus Konzernsicht betragen sie nur 18. Die Abschreibungsdifferenz von 6 ist erfolgswirksam zu korrigieren.

Konsolidierungsjournal 31. 12. 20_3

Text	Soll	Haben	Betrag
Anschaffungswert der Sachanlagen korrigieren	Gewinnreserven	Sachanlagen	30
Wertberichtigungen per Ende 20_2 anpassen	WB Sachanlagen	Gewinnreserven	12
Korrektur der Abschreibung	WB Sachanlagen	Gewinn Bilanz	6
	Gewinn ER	Abschreibungen	6

Variante 2: direkte Abschreibung

	Buchwerte		Zwischen-gewinn
	M	Konzern	
Beträge bei Lieferung	120	90	30
./. Abschreibung 20_1	− 24	−18	− 6
= Schlussbilanz 20_1	96	72	24
./. Abschreibung 20_2	− 24	−18	− 6
= Schlussbilanz 20_2	72	54	18
./. Abschreibung 20_3	− 24	−18	− 6
= Schlussbilanz 20_3	48	36	12

Die Konsolidierung per Ende 20_3 erfolgt bei direkter Abschreibung in zwei Schritten:

1. Der Zwischengewinn per Ende 20_2 wird mit einer einzigen Buchung eliminiert.
2. Bei der Korrektur des Abschreibungsbetrags wird im Soll auf Sachanlagen (statt auf Wertberichtigung Sachanlagen) gebucht.

Konsolidierungsjournal 31. 12. 20_3

Text	Soll	Haben	Betrag
Zwischengewinn per Ende 20_2 eliminieren	Gewinnreserven	Sachanlagen	18
Korrektur der Abschreibung	Sachanlagen	Gewinn Bilanz	6
	Gewinn ER	Abschreibungen	6

Für Schulbeispiele ist die direkte Abschreibung einfacher; allerdings wird in der Praxis meist indirekt abgeschrieben.

c) Konzerninterne Gewinnausschüttungen

Bei einer Folgekonsolidierung muss nur die Gewinnausschüttung des laufenden Jahres eliminiert werden; Gewinnausschüttungen von früheren Jahren lösen keine Konsolidierungsbuchungen aus.[1]

Beispiel

Konzerninterne Gewinnausschüttung

M besitzt seit Anfang 20_1 alle Aktien von T. Zu erstellen ist der Konzernabschluss per Ende 20_3.

M und T zahlten aufgrund der jeweiligen Vorjahresgewinne folgende Dividenden aus:

	20_1	20_2	20_3
Gewinnausschüttungen von T	10	12	15
Gewinnausschüttungen von M	40	50	60

Die Dividendenzahlung von T an M ist eine konzerninterne Gewinnausschüttung und muss per Ende 20_3 eliminiert werden:

▷ Bei M ist der Beteiligungsertrag um die konzerninterne Dividendenzahlung von T zu vermindern.

▷ Der Gewinnvortrag von T (der zu den Gewinnreserven gehört) steigt um 15, wenn die Dividendenzahlung rückgängig gemacht wird.

Die Gewinnausschüttung von M erfolgte gegenüber Dritten und ist auch aus Sicht des Konzerns realisiert, weshalb keine Konsolidierungsbuchungen notwendig sind.

Konsolidierungsjournal 31. 12. 20_3

Text	Soll	Haben	Betrag
Elimination konzerninterne Gewinnausschüttung	Gewinn Bilanz	Gewinnreserven	15
	Beteiligungsertrag	Gewinn ER	15

---

[1] Die konzerninternen Gewinnausschüttungen der Vorjahre führen zu keinen Konsolidierungsbuchungen:
Die Gewinnausschüttungen verminderten die Gewinnreserven von T und erhöhten die Gewinnreserven von M. Da M und T für die Konzernrechnung summiert werden, kompensiert sich der Fehler.

13

Handelsbilanz 1 und 2

In den vorangegangenen Kapiteln wurde vorausgesetzt, dass die Zahlen der Einzelabschlüsse den tatsächlichen Werten entsprechen und die Gliederung der Einzelabschlüsse identisch ist mit der Gliederung des Konzernabschlusses.

In der Praxis unterscheiden sich die Gliederungs- und Bewertungsvorschriften des Konzerns oft gegenüber der lokalen Gesetzgebung. Die lokalen Einzelabschlüsse (Handelsbilanz 1) müssen deshalb bereinigt werden, was die Handelsbilanz 2 ergibt.

Einzelabschlüsse

Handelsbilanz 1 (HB 1)

Dieser Abschluss basiert auf der im betreffenden Land geltenden Steuer- und Handelsgesetzgebung.

Dieser Abschluss wird der Generalversammlung zur Genehmigung vorgelegt und ist Basis für die Gewinnverwendung.

→ **Bereinigung** →

Handelsbilanz 2 (HB 2)

Dieser Abschluss entspricht den einheitlichen Gliederungs- und Bewertungsvorschriften des Konzerns.

Die HB 2 bildet die Grundlage für die Konzernrechnung.

Damit diese Bereinigung von sämtlichen Konzerngesellschaften nach einheitlichen Kriterien erfolgen kann, erstellt die Konsolidierungsstelle[1] – meist in Zusammenarbeit mit den Konzernprüfern – ein **Konsolidierungshandbuch** (engl. Accounting Manual) mit detaillierten Anweisungen zum zeitlichen Ablauf der Konsolidierung sowie zur Gliederung und Bewertung.

Konsolidierungshandbuch

Abschlussstichtag

Grundsätzlich ist für alle Konzerngesellschaften ein einheitlicher Abschlussstichtag festzulegen.

Falls der Einzelabschluss ausnahmsweise einen anderen Abschlussstichtag aufweist, wird für diese Konzerngesellschaft am besten ein Zwischenabschluss erstellt, oder es sind zumindest die wesentlichen Geschäftsfälle nachzuführen. Auf keinen Fall dürfen die rapportierten Zahlen mehr als drei Monate vom Konzernabschlussstichtag abweichen.

Kontenrahmen und Kontierungsrichtlinien

Oft sind die einzelnen Konzerngesellschaften in unterschiedlichen Branchen oder Ländern tätig und wenden deshalb für die lokale Buchhaltung unterschiedliche Kontenrahmen an.

Für die Rapportierung an die Konsolidierungsstelle wird ein für alle Konzerngesellschaften verbindlicher, einheitlicher Konzernkontenrahmen mit detaillierten Kontierungsrichtlinien vorgegeben, damit gleichartige Geschäftsfälle konzernweit in denselben Konten erfasst werden.

Bewertung

Der Konzernabschluss muss den tatsächlichen Verhältnissen entsprechen (True-and-fair-View), was eine einheitliche Bewertung sämtlicher Bilanzpositionen erfordert.

Durch die Bereinigung der Einzelabschlüsse wird sichergestellt, dass im ganzen Konzern nach den gleichen Grundsätzen und Massstäben bewertet wird.

---

[1] Die **Konsolidierungsstelle** befindet sich grundsätzlich bei der Holdinggesellschaft.

Handelsbilanz 1 und 2   13

Es bestehen grundsätzlich zwei Möglichkeiten, die **laufende Buchhaltung** zu führen:

▷ Traditionellerweise erfolgt die laufende Buchführung in den einzelnen Konzerngesellschaften nach den Grundsätzen der HB 1.

Für den Konzernabschluss müssen diese Zahlen zuerst bereinigt werden: Durch Umbewertungen und Umgliederungen wird in der Regel von jeder Konzerngesellschaft die HB 2 erstellt und mithilfe eines Reporting-Packages an die Konsolidierungsstelle des Konzerns gesandt.[1]

▷ In vielen Unternehmen wurde festgestellt, dass die bereinigten Zahlen als Führungsgrössen besser geeignet sind als die lokalen Werte. Aus diesem Grund erfolgt in diesen Unternehmen die laufende Buchführung nach den Konzernrichtlinien.

Die HB 2 wird somit zuerst erstellt, und erst in einem zweiten Schritt erfolgt die Umbewertung und Umgliederung gemäss der lokalen Gesetzgebung auf die HB 1.

Die **Bereinigung** ist ein Teil des Konsolidierungsprozesses, der sich schematisch wie folgt darstellen lässt:

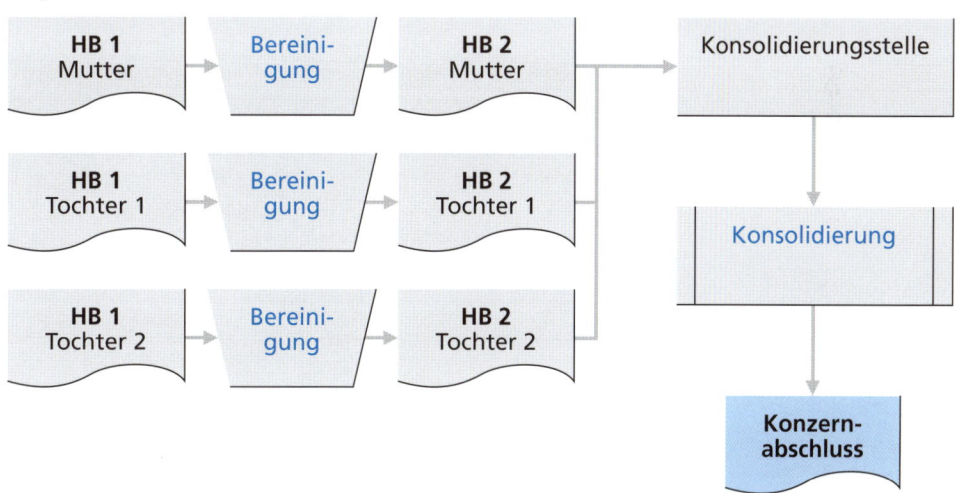

```
HB 1          Bereini-        HB 2              Konsolidierungsstelle
Mutter   →    gung       →    Mutter      →
                                                        ↓
HB 1          Bereini-        HB 2
Tochter 1 →   gung       →    Tochter 1   →     Konsolidierung
                                                        ↓
HB 1          Bereini-        HB 2
Tochter 2 →   gung       →    Tochter 2   →
                                                        ↓
                                                  Konzern-
                                                  abschluss
```

Die Bereinigung umfasst folgende Tätigkeiten, die in den nächsten drei Abschnitten erläutert werden:

▷ Elimination der **Abstimmdifferenzen** zwischen den Konzerngesellschaften
▷ Beseitigung der **Gliederungsunterschiede** in der Darstellung der Jahresrechnung
▷ **Bewertung** der einzelnen Bilanzpositionen nach einheitlichen Richtlinien

---

[1] Das **Reporting-Package** umfasst nebst der bereinigten Jahresrechnung auch Detailinformationen über konzerninterne Transaktionen und über die einzelnen Bilanzpositionen.

Eine Bereinigung der Einzelabschlüsse durch die Konsolidierungsstelle ist zwar möglich, aber oft weniger zweckmässig, weil die notwendigen Informationen bei den Tochtergesellschaften besser verfügbar sind.

Abstimmdifferenzen

Aufgrund von konzerninternen Lieferungen und Leistungen entstehen gegenseitige Forderungs- und Schuldverhältnisse. Diese müssen bei der Erstellung des Jahresabschlusses zwischen den Konzerngesellschaften abgestimmt werden (Abstimmung = engl. Reconciliation), d.h., die Beträge in der Buchhaltung der Gläubigerin müssen mit jenen der Schuldnerin übereinstimmen. Allfällige Differenzen sind zu bereinigen.

Nachfolgend werden drei häufige Ursachen für Abstimmdifferenzen genannt und ihre Problemlösungen skizziert:

Ursache 1: Buchungen wurden einseitig vergessen.

Meistens handelt es sich um Ausgangsrechnungen, welche beim Empfänger nicht eingetroffen oder nicht korrekt eingebucht worden sind. Durch regelmässige Saldoabstimmungen unter dem Jahr werden derartige Differenzen erkannt und können aufgrund des Buchungsbeleges in der HB 1 nachgebucht werden.[1]

In einigen Konzernen werden sämtliche konzerninternen Verrechnungen über eine Zentralstelle erfasst, wodurch die vollständige, beidseitige Verbuchung sichergestellt wird.

Ursache 2: Kurz vor dem Abschlussstichtag werden Transaktionen getätigt.

Kurz vor Abschlussstichtag getätigte Transaktionen führen zu Differenzen, sofern diese nur einseitig erfasst werden. Die daraus resultierende einseitige Korrektur erfolgt grundsätzlich erfolgsneutral in der HB 1[1]. Dazu zwei Beispiele:

▷ T führt am letzten Arbeitstag eine **Geldüberweisung** von 20 an M aus. Diese wird T von der Bank in der Berichtsperiode belastet, die Gutschrift bei M erfolgt jedoch erst in der neuen Periode.

Die Korrekturbuchung bei M lautet:

| Geld in Transit | / | Forderungen L+L | 20 |

Das Konto Geld in Transit ist ein Unterkonto der liquiden Mittel.

▷ T macht kurz vor Jahresende eine **Warenlieferung** an M im Wert von 10. Da die Waren jedoch bei M noch nicht eingetroffen sind, muss M folgende Korrekturbuchung vornehmen:

| Waren in Transit | / | Verbindlichkeiten L+L | 10 |

Das Konto Waren in Transit ist ein Unterkonto zu den Vorräten.

Um solche Differenzen so gering wie möglich zu halten, gibt die Konzernzentrale Anweisung, bis wann und wie interne Transaktionen durchgeführt werden dürfen.

---

[1] Falls die Abstimmdifferenzen erst bei der Konsolidierung aufgedeckt werden, erfolgt die Korrektur mittels Konsolidierungsbuchungen auf Konzernstufe.

Ursache 3: Wertberichtigungen auf konzerninternen Forderungen

Aus wirtschaftlichen Gründen kann es in den Einzelabschlüssen (HB 1) der Konzerngesellschaften notwendig sein, auf Forderungen gegenüber einer anderen Konzerngesellschaft oder auf der Beteiligung selbst Wertberichtigungen zu bilden. Da aus Konzernsicht keine gegenseitigen Forderungen und Verpflichtungen bestehen, müssen diese Wertberichtigungen und Rückstellungen korrigiert werden.

Die Bereinigung kann erst in der HB 2 oder auf Konsolidierungsebene erfolgen:

▷ **M bildete in einer Vorperiode auf einem konzerninternen Darlehen eine Wertberichtigung von 5.**

Da sich die Wertberichtigung in der Berichtsperiode nicht verändert hat, lautet die erfolgsneutrale Korrekturbuchung:

| WB Aktivdarlehen | / | Gewinnreserven | 5 |

▷ **M erhöhte die Wertberichtigung auf einem konzerninternen Darlehen von 5 auf 8.**

Die zu Beginn der Periode bestehende Wertberichtigung wird erfolgsneutral korrigiert:

| WB Aktivdarlehen | / | Gewinnreserven | 5 |

Die Erhöhung der Wertberichtigung muss erfolgswirksam storniert werden:

| WB Aktivdarlehen | / | Gewinn Bilanz | 3 |
| Gewinn ER | / | Finanzaufwand | 3 |

Gliederungsunterschiede

Ein wichtiges Beispiel für Gliederungsunterschiede ist die Umbuchung von gesetzlichen und freien Reserven in **Kapital- und Gewinnreserven,** wie dies schematisch auf Seite 26 erläutert wurde.

Zur Veranschaulichung weiterer Gliederungsunterschiede dient das folgende Beispiel, welches die Umgliederung von Erträgen zeigt; sinngemäss gelten die Überlegungen für alle Kontenklassen.

Beispiel 1 **Einheitliche Gliederung des Ertrags**

Die HB 1 basiert auf dem Kontenrahmen nach Käfer. Auf Konzernebene wird für das Reporting (HB 2) ein einheitlicher Kontenrahmen vorgegeben, welcher auf dem Kontenrahmen KMU aufbaut.

Die Erträge gemäss HB 1 sind für die HB 2 u. a. aufgrund der folgenden Zusatzinformationen umzugliedern:

	Dritte	Konzern	Nahestehende	Summe
Fabrikateertrag	1 430	110	60	1 600
Handelsertrag	280	0	20	300

HB 1: Kontenrahmen Käfer

Konto	Bezeichnung	S/H	Betrag
6000	Handelswarenertrag	H	300
6210	Fabrikateertrag	H	1 600
6320	Bestandesänderung Fabrikate	S/H	60
6920	Ertrag aus Eigenleistung	H	120

HB 2: Kontenrahmen KMU

Konto	Bezeichnung	S/H	Betrag
3000	Fabrikateertrag Dritte	H	1 430
3050	Fabrikateertrag Konzern	H	110
3060	Fabrikateertrag Nahestehende	H	60
3070	Ertrag aus Eigenleistung	H	120
3080	Bestandesänderung Fabrikate	S/H	60
3200	Handelsertrag Dritte	H	280
3250	Handelsertrag Konzern	H	0
3260	Handelsertrag Nahestehende	H	20

Nach der Umgliederung sind in der HB 2 die Empfängergruppen sichtbar:

▷ Der Ertrag gegenüber Dritten ist aus Konzernsicht realisiert, und die Summe dieser Erträge wird im Konzernabschluss ausgewiesen.

▷ Der Ertrag gegenüber Konzerngesellschaften wird bei der Konsolidierung als konzerninterner Umsatz eliminiert.

▷ Der Ertrag gegenüber nahe stehenden Personen ist aus Konzernsicht realisiert; er ist im Konzernabschluss separat auszuweisen.[1]

Um diese Aufteilung zu automatisieren, wird bereits bei der Verbuchung der Faktura und der übrigen Belege eine entsprechende Codierung mitgegeben. Es ist zu empfehlen, schon in der HB 1 auf konzerninterne Konten zu buchen.

---

[1] IAS 24 und Swiss GAAP FER 15 verlangen die Offenlegung (engl. Disclosure) sämtlicher Verbindungen und Transaktionen zu natürlichen und juristischen Personen, die aufgrund ihrer Beziehung zum betreffenden Unternehmen die Möglichkeit haben, Geschäfte zu tätigen, die ein Dritter nicht könnte oder würde (engl. **Related Party Disclosures**).

Zu den nahe stehenden Personen gehören zum Beispiel die Mehrheitsaktionäre und die Aktionäre mit massgeblichem Einfluss, Geschäftsleitungsmitglieder der Unternehmung und der Muttergesellschaft sowie die engeren Familienmitglieder der Genannten.

Die Offenlegung erfolgt in der Regel im Anhang (engl. Notes).

Bewertung im Erwerbszeitpunkt

Auf den Erwerbszeitpunkt ist eine bereinigte Handelsbilanz 2 nach True-and-fair-View zu erstellen, welche die aus Konzernsicht **tatsächlichen Werte** (engl. Fair Values) ausweist. Die HB 2 bildet den Ausgangspunkt für die Goodwill-Berechnung und für spätere Konsolidierungen.

Diese Neubewertung auf den Erwerbszeitpunkt wird auch **Purchase Price Allocation** genannt, weil es sich um eine gedankliche Zurechnung des Kaufpreises der Mutter auf die erworbenen Nettoaktiven (Vermögenswerte und Schulden) der Tochter handelt. Mit anderen Worten soll der Erwerber gezwungen werden, detailliert Rechenschaft darüber abzulegen, wofür er den Erwerbspreis bezahlt hat.

Beim Festlegen der Fair Values besteht ein grosser Ermessensspielraum. Grundsätzlich gilt folgende Bewertungshierarchie (von links nach rechts):

Festlegung der tatsächlichen Werte Fair Value Measurement		
Marktwert-Ansatz Market Approach	**Ertragswert-Ansatz** Income Approach	**Kostenwert-Ansatz** Cost Approach
Der Fair Value entspricht dem **Marktwert.** Das ist derjenige Betrag, der in einem aktiven Markt aus dem Verkauf eines Vermögenswerts erzielt werden könnte oder der für einen entsprechenden Erwerb zu zahlen wäre. Fehlt ein aktiver Markt, dienen vergleichbare Transaktionen als Bewertungsgrundlage.	Der Fair Value entspricht dem **Nutzungswert** (Value in Use). Das ist der Barwert der geschätzten künftigen Cashflows, die aus der fortgeführten Nutzung eines Vermögenswerts und seinem Abgang am Ende seiner Nutzungsdauer erwartet werden. Dieser Ansatz wird auch DCF-Methode genannt (Discounted Cash Flow). Sinngemäss lässt sich dieser Ansatz auch bei Geldabflüssen für Schuldentilgungen anwenden.	Der Fair Value entspricht den historischen Kosten. Das sind die **Anschaffungskosten** oder die **Herstellungskosten** unter Abzug planmässiger Abschreibungen und ausserplanmässiger Wertbeeinträchtigungen (Impairment). Gemäss der Absicht der Standard-Setzer sollen historische Werte nur dann eingesetzt werden, wenn Markt- und Ertragswerte fehlen.
Marktwerte entsprechen dem tatsächlichen Wert am ehesten; sie kommen in der Bewertungspraxis indes eher selten vor. Als Beispiele können genannt werden: ▷ Börsenkotierte Wertschriften ▷ Gebrauchsgüter (Commodities) ▷ Fahrzeuge ▷ Grundstücke	Ertragswert-Ansätze gelangen in der Praxis häufig zum Einsatz, wobei die Erwerber oft Bewertungsgutachten von Fachleuten einholen. Beispiele sind: ▷ Immaterielle Vermögenswerte wie Patente, Lizenzen, Entwicklungsprojekte, Handelsmarken, Kundenbeziehungen, Auftragsbestände, Technologien, Datenbanken ▷ Gebäude ▷ Rückstellungen zum Erwartungswert	In der Praxis erfolgt die Bewertung dann zu historischen Werten, wenn die erworbene Unternehmung in der Vergangenheit eine betriebswirtschaftlich sinnvolle Aktivierungs- und Abschreibungspraxis angewandt hat, zum Beispiel: ▷ Sachanlagen ▷ Forderungen und Verbindlichkeiten L+L ▷ Aktiv- und Passivdarlehen

Handelsbilanz 1 und 2   **13**

Beispiel 1   **Bereinigung im Erwerbszeitpunkt**

Anfang 20_1[1] erwarb M alle Aktien von T für 440.

Auf den Erwerbszeitpunkt ist die Bilanz der Tochter zu bereinigen. Dabei werden die Nettoaktiven (Vermögenswerte und Schulden) neu bewertet und die Reserven umgegliedert.

Die Bereinigungstabelle ist auf der nächsten Seite abgebildet.

Bereinigung

Neubewertung

Bereits bilanzierte Nettoaktiven

Die von T in der HB 1 bereits bilanzierten Nettoaktiven sind auf den Erwerbszeitpunkt zu tatsächlichen Werten (Fair Values) zu bewerten. Aus didaktischen Gründen werden die Wertanpassungen im Beispiel auf drei Bilanzpositionen beschränkt:

▷ Aus steuerlichen Überlegungen bilanziert T die **Warenvorräte** in der HB 1 stets um einen Drittel unter dem Einstandswert, der als Fair Value zu betrachten ist.

▷ Der geschätzte Verkehrswert der **Immobilien** beträgt 240. Immobilien, welche im Rahmen einer Akquisition übernommen werden, sind wie ein Immobilienkauf zu betrachten. Die bisherigen kumulierten Abschreibungen sind deshalb aufzulösen. Vereinfachend wird im Beispiel von einer neu geschätzten linearen Abschreibung über eine Restnutzungsdauer von 30 Jahren ausgegangen.[2]

▷ Bei der Tochter bestehen Verträge, die den Geschäftsleitungsmitgliedern Abfindungszahlungen zusichern, die bei Entlassungen nach einer Übernahme fällig werden. Da T bisher keine Übernahme erwartete, wurden keine Rückstellungen gebildet. Durch die Einbindung der Tochter in den Konzern ist ein teilweiser Abbau der Geschäftsleitung geplant, weshalb eine **Rückstellung** von 10 gebildet werden muss (im Beispiel als Fremdkapital erfasst).

Noch nicht bilanzierte immaterielle Vermögenswerte

Von T in der HB 1 noch nicht bilanzierte immaterielle Vermögenswerte sind zu identifizieren und aus Konzernsicht zu tatsächlichen Werten zu bilanzieren. Im vorliegenden Fall besteht bei T ein **Patent,** dessen Nutzungswert auf 20 geschätzt wird. Das Patent ist linear über die geschätzte Restnutzungsdauer von 5 Jahren abzuschreiben.

Reservenumgliederung

Alle zum Erwerbszeitpunkt in der HB 1 ausgewiesenen Reserven sind aus Sicht des Konzerns gekauft und müssen deshalb in **Kapitalreserven** umgegliedert werden.

---

[1] In der Praxis erfolgen Akquisitionen unter dem Jahr, weshalb jeweils ein Zwischenabschluss auf den tatsächlichen Erwerbszeitpunkt zu erstellen ist. Damit in Schulbeispielen auf einen Zwischenabschluss verzichtet werden kann, werden die Akquisitionen meist auf Anfang Jahr getätigt.

[2] Liegenschaften werden in der Praxis differenziert abgeschrieben: Im einfachsten Fall wird zwischen dem Land und dem darauf stehenden Gebäude unterschieden. Abzuschreiben ist grundsätzlich nur das Gebäude.

Bereinigungstabelle für T per Anfang 20_1 (Erwerbszeitpunkt)

	HB 1		Bereinigung		HB 2	
	Soll	Haben	Soll	Haben	Soll	Haben
Diverse Aktiven	190				190	
Warenvorrat	60		30		90	
Immobilien	200		40		240	
./. WB Immobilien		80	80			
Patente			20		20	
Fremdkapital		130		10		140
Aktienkapital		100				100
Gesetzliche Gewinnreserve		50	50			
Freiwillige Gewinnreserven		90	90			
Kapitalreserven				① 160		300
				140		
	450	450	310	310	540	540

Aufgrund der bereinigten Bilanz (HB 2) lässt sich der von M bezahlte Goodwill berechnen:②

Goodwill

Aktienkapital von T	– 100
Kapitalreserven von T	– 300
Eigenkapital von T	– 400
Kaufpreis von M	440
Goodwill	**40**

Auf den nächsten beiden Seiten werden die Bereinigungen per Ende 20_1 und Ende 20_2 dargestellt.

---

① Aus Platzgründen wurden die Kapitalreserven als Sammelbuchungen erfasst:
  ▷ Neubewertungen = 30 + 40 + 80 + 20 – 10 = 160
  ▷ Reservenumgliederungen = 50 + 90 = 140

② Ohne die Neubewertung wäre das Eigenkapital der Tochter um 160 tiefer, sodass der Goodwill 200 betrüge. Damit wird die Absicht der Standard-Setzer sichtbar: Durch die Neubewertung im Rahmen der Purchase Price Allocation soll der Goodwill als nicht fassbare, schwer erklärbare Saldogrösse auf ein Minimum reduziert werden.

Handelsbilanz 1 und 2

Als Grundlage für die Konzernrechnung des Jahres 20_1 (Erstkonsolidierung) ist die HB 1 der Tochter zu bereinigen. Dabei sind folgende Schritte durchzuführen:

1. Die Bereinigungen per Erwerbszeitpunkt sind über die **Kapitalreserven** nachzuführen.
2. Die Bereinigungen des laufenden Jahres sind erfolgswirksam über die **Gewinnkonten** zu erfassen.

Bereinigungstabelle für T per Ende 20_1

Bilanz	HB 1 Soll	HB 1 Haben	Bereinigung im Erwerbszeitpunkt Soll	Bereinigung im Erwerbszeitpunkt Haben	Bereinigung 20_1 Soll	Bereinigung 20_1 Haben	HB 2 Soll	HB 2 Haben
Diverse Aktiven	210						210	
Warenvorrat	70		30			5	105	
Immobilien	200		40				240	
./. WB Immobilien		85	80			3		8
Patente			20			4	16	
Fremdkapital①		130		10	10			130
Aktienkapital		100						100
Gesetzliche Gewinnreserve		50	50					
Freiwillige Gewinnreserven		90	90					
Kapitalreserven				160				300
				140				
Gewinn Bilanz		25			3◆4	5◆10		33
	480	480	310	310	22	22	571	571

Erfolgsrechnung	HB 1 Soll	HB 1 Haben	Bereinigung 20_1 Soll	Bereinigung 20_1 Haben	HB 2 Soll	HB 2 Haben
Warenertrag		1 500				1 500
Warenaufwand	1 000			5	995	
Personalaufwand	300			10	290	
Abschreibungen	35		3◆4		42	
Diverser Aufwand	140				140	
Gewinn ER	25		5◆10	3◆4	33	
	1 500	1 500	22	22	1 500	1 500

---

① Die Tochter leistete im Jahr 20_1 Abfindungszahlungen wegen Entlassungen im Umfang des im Erwerbszeitpunkt geschätzten Betrags. Die Verbuchung in der HB 1 erfolgte zulasten des Personalaufwands. Aus Konzernsicht ist dieser Vorgang erfolgsneutral über die Rückstellungen zu erfassen.

Handelsbilanz 1 und 2

Als Grundlage für die Konzernrechnung des Jahres 20_2 (Folgekonsolidierung) ist die HB 1 der Tochter zu bereinigen. Dabei sind folgende Schritte durchzuführen:

1. Die Bereinigungen per Erwerbszeitpunkt sind über die **Kapitalreserven** nachzuführen.
2. Die Bereinigungen des Vorjahres sind erfolgsneutral über **Gewinnreserven** aufzubuchen.
3. Die Bereinigungen des laufenden Jahres sind erfolgswirksam über die **Gewinnkonten** zu erfassen.

Bereinigungstabelle für T per 20_2

Bilanz	HB 1 Soll	HB 1 Haben	Bereinigung im Erwerbszeitpunkt Soll	Bereinigung im Erwerbszeitpunkt Haben	Bereinigung 20_1 (Vorjahr) Soll	Bereinigung 20_1 (Vorjahr) Haben	Bereinigung 20_2 Soll	Bereinigung 20_2 Haben	HB 2 Soll	HB 2 Haben
Diverse Aktiven	270								270	
Warenvorrat	40		30		5			15	60	
Immobilien	200		40						240	
./. WB Immobilien		90	80			3		3		16
Patente			20			4		4	12	
Fremdkapital		120		10	10					120
Aktienkapital		100								100
Gesetzliche Gewinnreserve		50	50							
Freiwillige Gewinnreserven		①115	90					25		
Kapitalreserven				160						300
				140						
Gewinnreserven								25		33
					②3♦4	5♦10				
Gewinn Bilanz		35					15♦3♦4			13
	510	510	310	310	47	47	22	22	582	582

Erfolgsrechnung	HB 1 Soll	HB 1 Haben					Bereinigung 20_2 Soll	Bereinigung 20_2 Haben	HB 2 Soll	HB 2 Haben
Warenertrag		1 800								1 800
Warenaufwand	1 200						15		1 215	
Personalaufwand	360								360	
Abschreibungen	40						3♦4		47	
Diverser Aufwand	165								165	
Gewinn ER	35						15♦3♦4		13	
	1 800	1 800					22	22	1 800	1 800

① Der von der Tochter thesaurierte (zurückbehaltene) Gewinn von 25 führte in der HB 1 zur Bildung von freiwilligen Gewinnreserven. Aus Konzernsicht handelt es sich um Gewinnreserven.

② Die im Vorjahr erfolgswirksamen Bereinigungen von insgesamt 8 (5 + 10 − 4 − 3) sind für das laufende Jahr erfolgsneutral über die Gewinnreserven nachzuführen.

14

Minderheitsanteile

In vielen Fällen besitzt die Holdinggesellschaft alle Aktien einer Tochtergesellschaft, weil sie entweder die Tochter selbst gründete oder später alle Aktien kaufte.

Manchmal erwirbt die Holding nicht alle Aktien einer Tochter, verfügt jedoch mittels Stimmenmehrheit oder Verträgen über die Kontrollmöglichkeit. Die übrigen Aktionäre einer solchen Tochter werden aus Sicht der Holding als **Minderheiten** (oder Minderheitsaktionäre) bezeichnet.

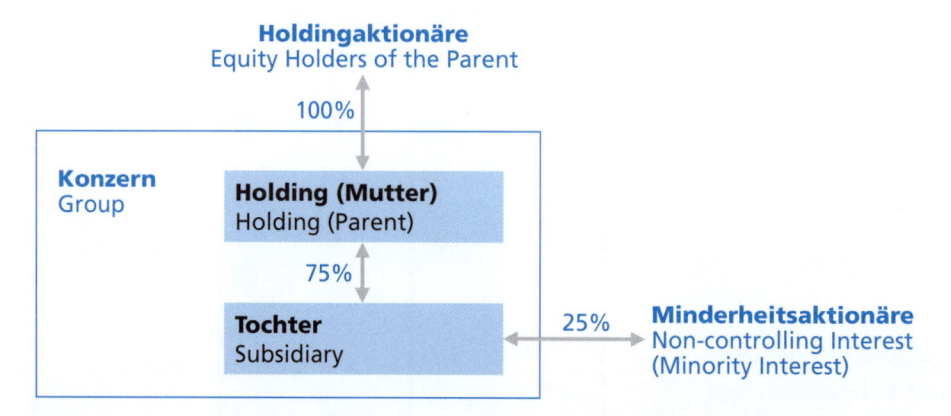

Holdingaktionäre
Equity Holders of the Parent

100%

Konzern
Group

Holding (Mutter)
Holding (Parent)

75%

Tochter
Subsidiary

25% → **Minderheitsaktionäre**
Non-controlling Interest
(Minority Interest)

Wie die Holdingaktionäre stellen auch die Minderheitsaktionäre dem Konzern Eigenkapital zur Verfügung und sind Miteigentümer im Konzern; ihre Beteiligung beschränkt sich jedoch auf eine bestimmte Tochtergesellschaft. Die Konzernrechnung hat für diese Minderheiten insofern keine Bedeutung, als sie ausschliesslich am Erfolg der Tochter partizipieren.

Die Holdingaktionäre sind zwar formal auch nur an einem einzelnen Konzernunternehmen beteiligt, nämlich an der Holdinggesellschaft. Da die Holding aber alle anderen Konzerngesellschaften beherrscht, partizipieren die Holdingaktionäre am wirtschaftlichen Erfolg des ganzen Konzerns.

14 Minderheitsanteile

Weil durch die Vollkonsolidierung[1] die Aktiven, Schulden, Aufwände und Erträge der Tochter **vollumfänglich** in den Konzernabschluss einbezogen werden, müssen die Minderheitsanteile in der Konzernrechnung gesondert ausgewiesen werden:

> **Minderheitsanteile** sind Anteile an den Nettoaktiven und am Ergebnis einer Tochtergesellschaft, die weder direkt noch indirekt im Besitz der Mutter sind.

Die Minderheitsanteile sind im Konzernabschluss wie folgt darzustellen (die verwendeten Zahlen sind rein fiktiv):

Minderheitsanteile

Minderheitsanteile am Eigenkapital (MAK)

In der Konzernbilanz umfasst das Eigenkapital die Anteile der Holdingaktionäre sowie die Minderheitsanteile:

Konzernbilanz (Ausschnitt)

	Aktienkapital der Holding	400
+	Kapitalreserven der Holding	130
+	Gewinnreserven der Holding	170
=	**Den Holdingaktionären zurechenbares Eigenkapital**	**700**
+	Minderheitsanteile am Eigenkapital[2]	50
=	**Total Eigenkapital des Konzerns**	**750**

Minderheitsanteile am Gewinn (MAG)

Die Konzern-Erfolgsrechnung zeigt den Konzerngewinn. Dieser wird unterhalb der Erfolgsrechnung aufgeteilt in einen Anteil der Holdingaktionäre und einen Minderheitsanteil:

Konzern-Erfolgsrechnung (verkürzt)

	Diverse Erträge	1 000
./.	Diverse Aufwände	– 870
=	Konzerngewinn vor Steuern	130
./.	Steuern	– 30
=	**Konzerngewinn**	**100**
	Davon:	
	▷ Anteil Holdingaktionäre	92
	▷ Anteil Minderheitsaktionäre von Tochtergesellschaften	8

Um die Minderheitsanteile am Eigenkapital und die Minderheitsanteile am Gewinn der Tochter zu ermitteln, müssen bei der Konsolidierung folgende Grössen im Verhältnis zu den Kapitalanteilen auf die Holding- und die Minderheitsaktionäre aufgeteilt werden:
▷ das Eigenkapital und der Gewinn der Tochter (Beispiel 1)
▷ die Zwischengewinne auf Beständen bei der Tochter (Beispiel 2)

---

[1] Die gewöhnliche Konsolidierung wird in der Praxis auch **Vollkonsolidierung** genannt, weil alle Konzerngesellschaften *vollumfänglich* in die Konzernrechnung einbezogen werden. Dies zur Abgrenzung gegenüber der (in Kapitel 15 behandelten) Quotenkonsolidierung.

[2] In der Bilanz werden die Minderheitsanteile am Aktienkapital, an den Kapital- und Gewinnreserven sowie am Jahresergebnis in einem einzigen Posten zusammengefasst.

Minderheitsanteile 14

Kapitalkonsolidierung mit Minderheitsanteilen

Im Grundsatz unterscheidet sich die Kapitalkonsolidierung mit Minderheitsanteilen nicht gegenüber den bisherigen Beispielen. Insbesondere muss im Erwerbszeitpunkt eine Neubewertung vorgenommen werden, und auf jeden Konsolidierungsstichtag ist eine bereinigte Handelsbilanz 2 zu erstellen. Neu sind hingegen:

▷ Der Beteiligungswert der Mutter wird nur mit dem **anteiligen** Eigenkapital der Tochter **im Erwerbszeitpunkt** verrechnet.

▷ Die Minderheitsanteile am Eigenkapital und am Gewinn **am Bilanzstichtag** müssen ausgesondert werden.

Beispiel 1   **Kapitalkonsolidierung mit Minderheitsaktionären**

Anfang 20_1 erwarb M einen Anteil von 75% der Aktien von T für 145. Ende Jahr liegen die bereinigten Einzelabschlüsse (HB 2) von M und T vor.

Das Eigenkapital von T betrug im Erwerbszeitpunkt 180. Ende 20_1 ergibt sich folgende Übersicht:

Aufteilung des Eigenkapitals der Tochter per 31.12. 20_1

	Total 100%	Holding 75%	Minderheiten 25%
Aktienkapital	100	75	25
Kapitalreserven	80	60	20
Gewinn Bilanz	20	15	5
Total	200	150	50

Im Konsolidierungsjournal wird der Ablauf der Konsolidierung sichtbar:

▷ Der Kaufpreis für die Beteiligung von 145 wird mit dem anteiligen Eigenkapital der Tochter im Erwerbszeitpunkt von total 135 (Aktienkapital 75 + Kapitalreserven 60) verrechnet. Als Differenz ergibt sich ein Goodwill von 10, der nach IFRS nicht abgeschrieben wird.

▷ Die Minderheitsanteile von 25% am Eigenkapital per Bilanzstichtag und am Gewinn der Tochter werden als Minderheitsanteile separat erfasst.

Konsolidierungsjournal 31.12. 20_1

Text	Soll	Haben	Betrag
Kapitalkonsolidierung Holding (75%)	Aktienkapital	Beteiligung an T	75
	Kapitalreserven	Beteiligung an T	60
	Goodwill	Beteiligung an T	10
Minderheitsanteile am EK (25%)	Aktienkapital	MAK	25
	Kapitalreserven	MAK	20
Minderheitsanteile am Ergebnis (25%)	Gewinn Bilanz	MAG Bilanz	5
	MAG ER	Gewinn ER	5

MAK = Minderheitsanteile am Eigenkapital
MAG = Minderheitsanteile am Gewinn resp. Verlust (gemäss Bilanz bzw. gemäss ER)

14 Minderheitsanteile

Konsolidierungsbogen Ende 20_1

Bilanzen	M Aktiven	M Passiven	T Aktiven	T Passiven	Konsolidierungsbuchungen Soll	Konsolidierungsbuchungen Haben	Konzern Aktiven	Konzern Passiven
Diverse Aktiven	520		310				830	
Beteiligung an T	145					75 ♦ 60 ♦ 10		
Goodwill					10		10	
Fremdkapital		240		110				350
Aktienkapital		250		100	75 ♦ 25			250
Kapitalreserven		60		80	60 ♦ 20			60
Gewinnreserven		90						90
MAK						25 ♦ 20		45
Gewinn Bilanz		25		20	5			40
MAG Bilanz[1]						5		5
	665	665	310	310	195	195	840	840

Erfolgsrechnungen	M Aufwand	M Ertrag	T Aufwand	T Ertrag	Konsolidierungsbuchungen Soll	Konsolidierungsbuchungen Haben	Konzern Aufwand	Konzern Ertrag
Ertrag		900		600				1 500
Warenaufwand	600		400				1 000	
Übriger Aufwand	275		180				455	
Gewinn ER	25		20			5	40	
MAG ER[1]					5		5	
	900	900	600	600	5	5	1 500	1 500

[1] Die Umbuchung der Minderheitsanteile am Gewinn auf das Konto MAG ist technischer Natur; sie dient der Ermittlung der Beträge. Im Geschäftsbericht erfolgt die Darstellung in einer übersichtlicheren Form:
  ▷ In der Konzernbilanz wird der Gewinnanteil der Holdingaktionäre zu den Gewinnreserven hinzugerechnet, und die Minderheitsanteile am Gewinn werden mit den Minderheitsanteilen am Kapital zusammengefasst. Das Jahresergebnis ist dadurch aus der Bilanz nicht mehr ersichtlich.
  ▷ Die Konzern-Erfolgsrechnung zeigt den nicht aufgeteilten Konzerngewinn. Unterhalb der Erfolgsrechnung werden die Gewinnanteile der Holding- und der Minderheitsaktionäre separat gezeigt.

Darstellung des Eigenkapitals in der Konzernbilanz (nach Gewinnverbuchung)

	Aktienkapital	250
+	Kapitalreserven	60
+	Gewinnreserven (90 + 40)	130
=	Den Holdingaktionären zurechenbares Eigenkapital	440
+	Minderheitsanteile am Eigenkapital von Tochtergesellschaften (45 + 5)	50
=	**Total Eigenkapital**	**490**

Darstellung der Konzern-Erfolgsrechnung

	Ertrag	1 500
./.	Warenaufwand	−1 000
./.	Übriger Aufwand	− 455
=	**Konzerngewinn**	**45**
	Davon:	
	▷ Anteil Holdingaktionäre	40
	▷ Anteil Minderheitsaktionäre von Tochtergesellschaften	5

Elimination von Zwischengewinnen

Im Grundsatz ist die Zwischengewinnelimination unbestritten:

> Bei einer Tochtergesellschaft anfallende Zwischengewinne müssen zwischen den Holding- und den Minderheitsaktionären im Verhältnis ihrer Kapitalanteile aufgeteilt werden.

In der Praxis besteht eine gewisse Unsicherheit darüber, ob die Aufteilung der Zwischengewinne auf der Aktionärsstruktur des Lieferanten oder des Empfängers der konzerninternen Lieferung basieren soll, weil sich die Standards nicht ausdrücklich zu diesem Problem äussern. Eine Nachfrage beim IASB (International Accounting Standards Board) in London ergab, dass die **Aktionärsstruktur des Empfängers massgeblich** ist, was aus folgenden Gründen auch aus Sicht der Buchautoren vernünftig erscheint:

▷ Der Zwischengewinn ist nicht auf der Lieferung, sondern auf der **Bilanzposition** beim Empfänger zu eliminieren. Diese Betrachtungsweise deckt sich mit dem den meisten Standards zugrunde liegenden **bilanzorientierten Ansatz** (Balance Sheet-oriented Approach).

▷ Die künftige Gewinnrealisierung erfolgt beim Empfänger.

▷ Für die Ermittlung der latenten Steuern auf Zwischengewinnen ist der Steuersatz des Empfängers relevant (vgl. Kapitel 21).

▷ Der Empfänger weiss, ob und wie viele der konzernintern gelieferten Güter noch bei ihm an Lager sind oder an Dritte weiter veräussert wurden. Die Verfügungsgewalt über den Liefergegenstand liegt grundsätzlich beim Empfänger.

▷ Bei der liefernden Gesellschaft ist die Transaktion nach der Lieferung abgeschlossen. Für sie ist die weitere Verwendung des Liefergegenstandes durch den Empfänger nicht von Bedeutung.

> Da der Gegenstand der Lieferung beim Empfänger bilanziert wird, muss der Zwischengewinn im Verhältnis zur Aktionärsstruktur des Empfängers auf die Holding- und die Minderheitsaktionäre aufgeteilt werden.

Die Aufteilung der Zwischengewinne in Abhängigkeit von der Aktionärsstruktur wird in Beispiel 2 illustriert.

Minderheitsanteile 14

Beispiel 2 **Zwischengewinnelimination**

Die folgenden Überlegungen erfolgen aus Sicht des Konzerns mit der Holding H als Muttergesellschaft.

Der Minderheitsaktionär MA wird nicht konsolidiert, da er nicht von H beherrscht wird. Als Eigenkapitalgeber von T2 gehört er jedoch zu den Aktionären des Konzerns, weshalb seine Anteile am Eigenkapital und am Ergebnis von T2 – getrennt von den Anteilen der Holding – auszuweisen sind.

```
                    Holding H                              Minderheitsaktionär MA
        Beteiligung 100%    Beteiligung 80%   Beteiligung 20%
    Tochter T1 (100%)              Tochter T2 (80%)
```

Dem Beispiel liegt eine erstmalige Warenlieferung von 100 (Konzerneinstandswert 60) zugrunde, die vom Empfänger nicht verkauft und deshalb zu 100 aktiviert wurde.

Für die Aufteilung des aus Konzernsicht nicht realisierten Zwischengewinns von 40 ist massgeblich, wo sich der Gegenstand der Lieferung (hier die Ware) befindet:

Aufteilung der Zwischengewinne

Ware befindet sich bei H oder T1	Ware befindet sich bei T2
Der Gegenstand der Lieferung (hier die Ware) wird bei H oder T1 inkl. Zwischengewinn aktiviert.	Der Gegenstand der Lieferung (hier die Ware) wird bei T2 inkl. Zwischengewinn aktiviert.
Weil sich H und T1 direkt bzw. indirekt zu 100% im Besitz der Holdingaktionäre befinden, erfolgt die Zwischengewinnelimination vollständig zulasten der Holdingaktionäre:	Infolge der Minderheitsbeteiligung an T2 muss die Zwischengewinnelimination im Verhältnis der Kapitalanteile zwischen den Holdingaktionären (80%) und den Minderheitsaktionären (20%) aufgeteilt werden:
Gewinn Bilanz / Warenvorrat 40 Warenaufwand / Gewinn ER 40	Gewinn Bilanz / Warenvorrat 32 Warenaufwand / Gewinn ER 32 MAG Bilanz / Warenvorrat 8 Warenaufwand / MAG ER 8

Minderheitsanteile 14

In Beispiel 3 werden alle wesentlichen Aspekte der Konsolidierung mit Minderheitsanteilen zusammenfassend dargestellt.

Beispiel 3 **Minderheitsanteile**

Anfang 20_1 erwarb M 80% der Aktien von T für 290. Im Erwerbszeitpunkt betrug das neu bewertete Eigenkapital von T 350 (Aktienkapital 250 und Kapitalreserven 100).

Ende 20_3 liegen die bereinigten Einzelabschlüsse (HB 2) von M und T sowie diese zusätzlichen Angaben vor:

▷ M liefert Waren an T mit einer Bruttogewinnmarge von 25%:

	20_1	20_2	20_3
Konzerninterne Lieferungen zu Verkaufspreisen von T	220	240	180
Warenvorrat Ende Jahr bei T gemäss Einzelabschluss von T	20	60	40
Warenvorrat Ende Jahr bei T gemäss Bewertung Konzern	15	45	30
Nicht realisierte Zwischengewinne Ende Jahr	5	15	10
Holdinganteile an nicht realisierten Zwischengewinnen (80%)	4	12	8
Minderheitsanteile an nicht realisierten Zwischengewinnen (20%)	1	3	2

▷ T schüttete im Jahr 20_3 eine Dividende von 10% aus.

Per Ende 20_3 wird die Konzernrechnung mithilfe von Konsolidierungsjournal und Konsolidierungsbogen erstellt.

Konsolidierungsjournal 31.12. 20_3

Text	Soll	Haben	Betrag
Kapitalkonsolidierung Holding (80%)	Aktienkapital	Beteiligung an T	200
	Kapitalreserven	Beteiligung an T	80
	Goodwill	Beteiligung an T	10
Minderheitsanteil am Eigenkapital (20%)	Aktienkapital	MAK	50
	Kapitalreserven	MAK	20
	Gewinnreserven	MAK	8
Minderheitsanteil am Ergebnis (20%)	Gewinn Bilanz	MAG Bilanz	2
	MAG ER	Gewinn ER	2
Der Goodwill wird nach Swiss GAAP FER linear auf 5 Jahre abgeschrieben.	Gewinnreserven	Goodwill	4
	Gewinn Bilanz	Goodwill	2
	Goodwill-Abschreibung	Gewinn ER	2
Umsatzkonsolidierung	Warenertrag	Warenaufwand	180
Anfangsbestand Zwischengewinn (80%)	Gewinnreserven	Warenvorräte	12
(20%)	MAK	Warenvorräte	3
Verminderung Zwischengewinn (80%)	Warenvorräte	Gewinn Bilanz	4
	Gewinn ER	Warenaufwand	4
(20%)	Warenvorräte	MAG Bilanz	1
	MAG ER	Warenaufwand	1
Elimination konzerninterne Gewinnausschüttung (80%)	Gewinn Bilanz	Gewinnreserven	20
	Beteiligungsertrag	Gewinn ER	20

Minderheitsanteile 14

Konsolidierungsbogen Ende 20_3

Bilanzen	M Aktiven	M Passiven	T Aktiven	T Passiven	Konsolidierungsbuchungen Soll	Konsolidierungsbuchungen Haben	Konzern Aktiven	Konzern Passiven
Diverse Aktiven	570		470				1 040	
Warenvorräte	70		50		4 ♦ 1	12 ♦ 3	110	
Beteiligung an T	290					200 ♦ 80 ♦ 10		
Goodwill					10	4 ♦ 2	4	
Fremdkapital		332		120				452
Aktienkapital		400		250	200 ♦ 50			400
Kapitalreserven		90		100	80 ♦ 20			90
Gewinnreserven		70		40	4 ♦ 8 ♦ 12	20		106
MAK				3		50 ♦ 20 ♦ 8		75
Gewinn Bilanz		38		10	2 ♦ 2 ♦ 20	4		28
MAG Bilanz						2 ♦ 1		3
	930	930	520	520	416	416	1 154	1 154

Erfolgsrechnungen	M Aufwand	M Ertrag	T Aufwand	T Ertrag	Konsolidierungsbuchungen Soll	Konsolidierungsbuchungen Haben	Konzern Aufwand	Konzern Ertrag
Warenertrag		1 180		600	180			1 600
Beteiligungsertrag		20			20			
Warenaufwand	905		480			180 ♦ 4 ♦ 1	1 200	
Goodwill-Abschreibung					2		2	
Übriger Aufwand	257		110				367	
Gewinn ER	38		10		4	2 ♦ 2 ♦ 20	28	
MAG ER					2 ♦ 1		3	
	1 200	1 200	600	600	209	209	1 600	1 600

15

Quotenkonsolidierung

In den bisherigen Kapiteln lag immer eine einheitliche Leitung vor, d. h., die Obergesellschaft (Mutter) beherrschte durch die finanzielle Beteiligung oder auf andere Weise die Untergesellschaft (Tochter) *alleine und vollständig.* Deshalb wurde die Tochter nach der Methode der Vollkonsolidierung in den Konzernabschluss einbezogen.

Gemeinschaftsorganisationen (Joint Ventures)

Bei Gemeinschaftsorganisationen wird die Leitung von mehreren Partnern gemeinsam ausgeübt.

> Eine **Gemeinschaftsorganisation** (engl. **Joint Venture)** ist eine vertragliche Vereinbarung, in der zwei oder mehr Parteien eine wirtschaftliche Tätigkeit durchführen, die einer gemeinschaftlichen Führung unterliegt. Dabei verfügt keine Partei über die Möglichkeit der Beherrschung der Gemeinschaftsorganisation.

Grafisch lässt sich ein Joint Venture wie folgt veranschaulichen (die Quoten entsprechen den prozentualen Anteilen der Partner am Aktienkapital des Gemeinschaftsunternehmens):

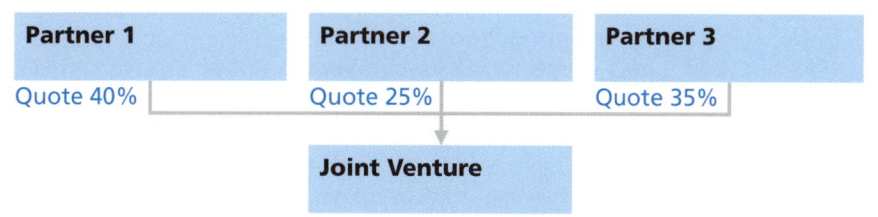

Partner 1	Partner 2	Partner 3
Quote 40%	Quote 25%	Quote 35%

Joint Venture

Nach Swiss GAAP FER werden Joint Ventures nach der Quotenkonsolidierung oder der Equity-Methode in den Konzernabschluss einbezogen. Die Equity-Methode wird in Kapitel 16 erklärt.[1]

---

[1] Die Quotenkonsolidierung ist nach IFRS (und US GAAP) nicht mehr erlaubt. Nach IFRS werden folgende gemeinschaftlichen Aktivitäten unterschieden:

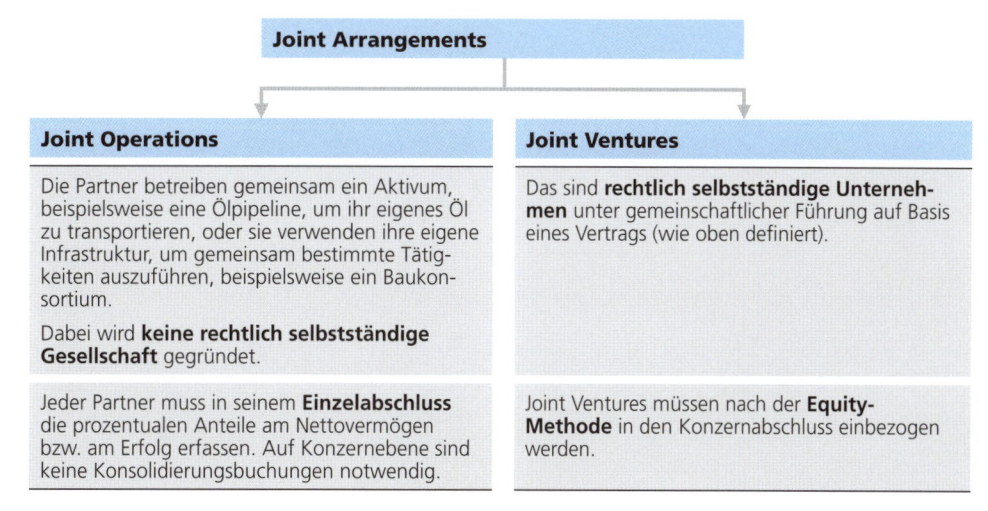

Joint Arrangements	
Joint Operations	**Joint Ventures**
Die Partner betreiben gemeinsam ein Aktivum, beispielsweise eine Ölpipeline, um ihr eigenes Öl zu transportieren, oder sie verwenden ihre eigene Infrastruktur, um gemeinsam bestimmte Tätigkeiten auszuführen, beispielsweise ein Baukonsortium.	Das sind **rechtlich selbstständige Unternehmen** unter gemeinschaftlicher Führung auf Basis eines Vertrags (wie oben definiert).
Dabei wird **keine rechtlich selbstständige Gesellschaft** gegründet.	
Jeder Partner muss in seinem **Einzelabschluss** die prozentualen Anteile am Nettovermögen bzw. am Erfolg erfassen. Auf Konzernebene sind keine Konsolidierungsbuchungen notwendig.	Joint Ventures müssen nach der **Equity-Methode** in den Konzernabschluss einbezogen werden.

Quotenkonsolidierung

Für die Quotenkonsolidierung gelten folgende Regeln:

> Bei der **Quotenkonsolidierung** wird nur der eigene prozentuale Anteil (die eigene Quote) der Bilanz- und Erfolgsrechnungspositionen in die Konzernrechnung einbezogen.
>
> Ein Ausweis von Minderheiten entfällt, da die Anteile anderer Partner nicht konsolidiert werden.

Viele bei der Vollkonsolidierung angewandte Konsolidierungsprinzipien gelten auch bei der Quotenkonsolidierung. Hervorzuheben sind die folgenden Unterschiede:

1. Summenbilanz

Bei der Konsolidierung werden nur die **anteilsmässigen Bilanz- und Erfolgsrechnungspositionen des Gemeinschaftsunternehmens** erfasst und in die Summenbilanz einbezogen.

Dadurch entfällt der Ausweis der Minderheiten.

2. Elimination von Zwischengewinnen

Für die Zwischengewinnelimination gilt:

▷ Bei einer Lieferung zwischen Konzerngesellschaften und der gemeinsam beherrschten Gesellschaft müssen allfällige Zwischengewinne beim Empfänger **im Verhältnis zur Beteiligungsquote eliminiert** werden, unabhängig davon, ob es sich aus der Sicht des Gemeinschaftsunternehmens um eine Upstream-Lieferung (von dem Gemeinschaftsunternehmen weg) oder eine Downstream-Lieferung (auf das Gemeinschaftsunternehmen zu) handelt.

▷ Lieferungen zwischen der gemeinsam beherrschten Gesellschaft und den übrigen Partnern sind aus Konzernsicht als Lieferungen zwischen Dritten zu betrachten, weshalb keine Zwischengewinne vorliegen.

Dieser Sachverhalt wird anhand von Beispiel 1 illustriert.

Quotenkonsolidierung 15

Beispiel 1   **Zwischengewinnelimination**

Die Gesellschaften H, P_1 und P_2 sind die drei Partner am Joint Venture JV. Die Überlegungen erfolgen aus Sicht des Konzerns mit der Holding H als Dachgesellschaft. Die Partner P_1 und P_2 gehören nicht zum Konzern.

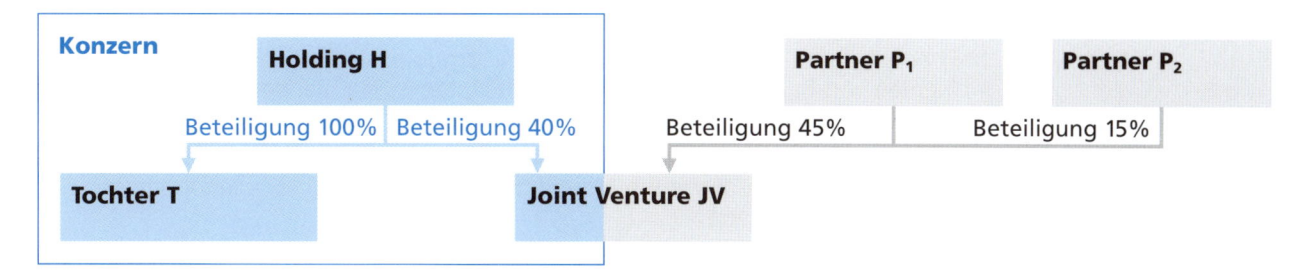

```
Konzern
    Holding H
     Beteiligung 100%    Beteiligung 40%         Partner P₁           Partner P₂
            ↓                    ↓            Beteiligung 45%      Beteiligung 15%
       Tochter T          Joint Venture JV
```

Bei der folgenden Zwischengewinnelimination liegen Warenlieferungen zugrunde, die vom Empfänger nicht verkauft und deshalb zum Einstandspreis aktiviert wurden.

Es sind drei Fälle zu unterscheiden:

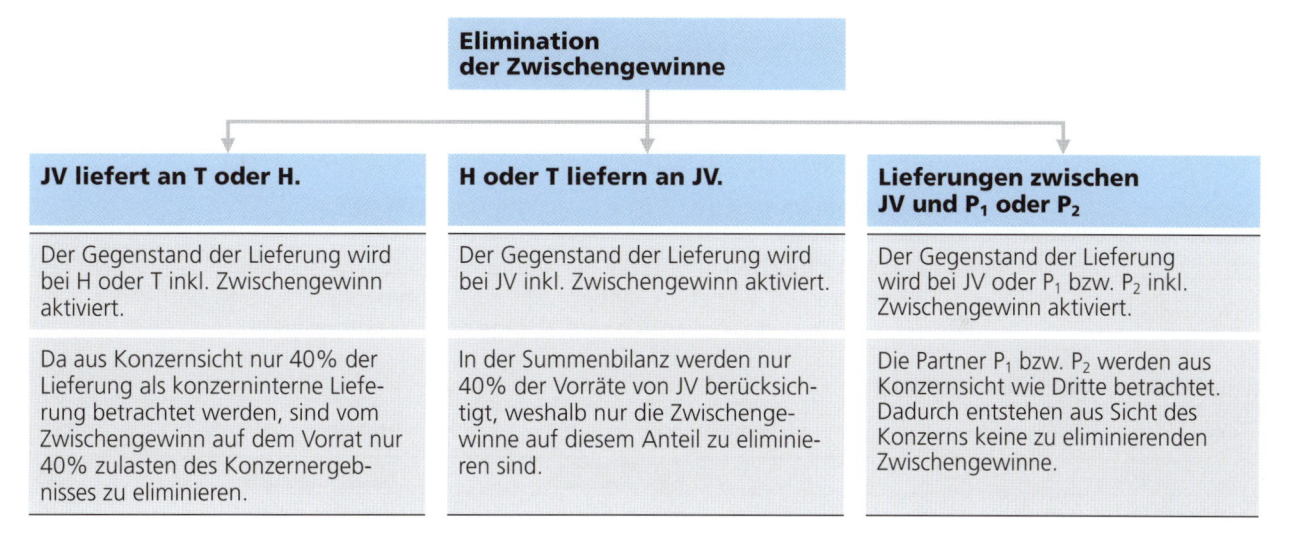

Elimination der Zwischengewinne

JV liefert an T oder H.	H oder T liefern an JV.	Lieferungen zwischen JV und P_1 oder P_2
Der Gegenstand der Lieferung wird bei H oder T inkl. Zwischengewinn aktiviert.	Der Gegenstand der Lieferung wird bei JV inkl. Zwischengewinn aktiviert.	Der Gegenstand der Lieferung wird bei JV oder P_1 bzw. P_2 inkl. Zwischengewinn aktiviert.
Da aus Konzernsicht nur 40% der Lieferung als konzerninterne Lieferung betrachtet werden, sind vom Zwischengewinn auf dem Vorrat nur 40% zulasten des Konzernergebnisses zu eliminieren.	In der Summenbilanz werden nur 40% der Vorräte von JV berücksichtigt, weshalb nur die Zwischengewinne auf diesem Anteil zu eliminieren sind.	Die Partner P_1 bzw. P_2 werden aus Konzernsicht wie Dritte betrachtet. Dadurch entstehen aus Sicht des Konzerns keine zu eliminierenden Zwischengewinne.

3. Bereinigung

Ein Joint Venture wird in den meisten Fällen von den Partnern gemeinsam gegründet, weshalb eine Neubewertung im Erwerbszeitpunkt und die Ermittlung eines Goodwills in der Regel entfallen.

Da keine alleinige Beherrschung vorliegt, dürfte es oft nicht möglich sein, die für den restlichen Konzern bestehenden Gliederungs- und Bewertungsvorschriften durchzusetzen; die HB 2 wird allenfalls auf Konzernstufe erstellt.

Quotenkonsolidierung 15

Beispiel 2 vermittelt einen Überblick über die Technik der Quotenkonsolidierung.

Beispiel 2 **Quotenkonsolidierung im Jahr 20_3**

Die Holding H eines Pharmakonzerns[1] gründete Anfang 20_1 zusammen mit zwei konzernexternen Partnern P_1 und P_2 das Joint Venture JV.

▷ H beteiligt sich mit einer Quote von 40% am Joint Venture; die restlichen Anteile werden von P_1 und P_2 übernommen. Das Aktienkapital bei der Gründung beträgt 100.

▷ JV liefert H konzernintern Waren mit einer Bruttogewinnmarge von 25%. Im Hinblick auf die Quotenkonsolidierung enthält die folgende Tabelle bei allen Positionen nur den Konzernanteil von 40%:

	20_1	20_2	20_3
Lieferungen zu Verkaufspreisen	160	100	120
Vorrat an Waren, die von JV geliefert wurden, gemäss Einzelabschluss von H (Ende Jahr)	40	20	32
Vorrat an Waren, die von JV geliefert wurden, gemäss Konzernbewertung (Ende Jahr)	30	15	24
Nicht realisierte Zwischengewinne (Ende Jahr)	10	5	8

▷ Partner P_1 lieferte JV im Jahr 20_3 Waren für 200 mit einer Bruttogewinnmarge von 20%.

▷ JV schüttete im Jahr 20_3 eine Dividende von 15% aus.

Im Konsolidierungsbogen sind die bereinigten Einzelabschlüsse von H und JV per Ende 20_3 eingetragen, wobei im Hinblick auf die Quotenkonsolidierung bei JV nur 40% der Aktiven, Passiven, Aufwände und Erträge erfasst wurden.

Konsolidierungsjournal Ende 20_3

Text	Soll	Haben	Betrag
Kapitalkonsolidierung	Aktienkapital	Beteiligung an T	40
Konzerninterner Umsatz	Warenertrag	Warenaufwand	120
Anfangsbestand Zwischengewinn	Gewinnreserven	Warenvorrat	5
Zunahme Zwischengewinn	Gewinn Bilanz	Warenvorrat	3
	Warenaufwand	Gewinn ER	3
Warenlieferung von P_1	Keine Buchung		
Konzerninterne Gewinnausschüttung	Gewinn Bilanz	Gewinnreserven	6
	Beteiligungsertrag	Gewinn ER	6

---

[1] Um die Technik der Quotenkonsolidierung isoliert aufzuzeigen, werden die übrigen Konzerngesellschaften im Beispiel vernachlässigt.

15 Quotenkonsolidierung

Konsolidierungsbogen Ende 20_3

Bilanz	H Aktiven	H Passiven	40% von JV Aktiven	40% von JV Passiven	Konsolidierung Soll	Konsolidierung Haben	Konzern Aktiven	Konzern Passiven
Diverse Aktiven	1 500		170				1 670	
Warenvorrat	520		30			5 ◆ 3	542	
Beteiligung an T	40					40		
Fremdkapital		1 000		130				1 130
Aktienkapital		400		40	40			400
Kapitalreserven		80						80
Gewinnreserven		430		16	5	6		447
Gewinn		150		14	3 ◆ 6			155
	2 060	2 060	200	200	54	54	2 212	2 212

Erfolgsrechnung	H Aufwand	H Ertrag	40% von JV Aufwand	40% von JV Ertrag	Konsolidierung Soll	Konsolidierung Haben	Konzern Aufwand	Konzern Ertrag
Warenertrag		5 000		400	120			5 280
Beteiligungsertrag		6			6			
Warenaufwand	3 000		250		3	120	3 133	
Übriger Aufwand	1 856		136				1 992	
Gewinn	150		14			3 ◆ 6	155	
	5 006	5 006	400	400	129	129	5 280	5 280

Beurteilung

Gegen die Methode der Quotenkonsolidierung werden hauptsächlich zwei **kritische Einwände** vorgebracht:

▷ Der anteilige Einbezug von Aktiven, Fremdkapital, Aufwand und Ertrag führt dazu, dass physisch untrennbare Bilanzpositionen wie beispielsweise eine Produktionsmaschine wertmässig auf die beteiligten Parteien aufgeteilt wird, was der Fiktion der wirtschaftlichen Einheit widerspricht.

▷ Gemäss Definition im Rahmenkonzept (Framework) von Swiss GAAP FER und IFRS ist ein Aktivum ein Wirtschaftsgut in der Verfügungsmacht (Control) des Konzerns, das voraussichtlich über die Berichtsperiode hinaus Nutzen bringt. Bei der Quotenkonsolidierung werden die Aktiven des Gemeinschaftsunternehmens proportional in der Konzernrechnung erfasst, obwohl dem Konzern die (alleinige) Verfügungsmacht über diese fehlt.

16

Equity-Methode

Die Equity-Methode ist ein **Bewertungsverfahren**, das hauptsächlich für die Bewertung von Beteiligungen an assoziierten Unternehmen und bei Joint Ventures angewandt wird.

Anwendung der Equity-Methode	
Assoziiertes Unternehmen	**Joint Venture (Gemeinschaftsunternehmen)**
Ein assoziiertes Unternehmen (engl. Associate) ist ein Unternehmen, auf welches der Investor einen **massgeblichen Einfluss**[1] ausüben kann und welches weder ein Tochterunternehmen noch ein Joint Venture darstellt.	Ein Joint Venture ist eine vertragliche Vereinbarung, in der zwei oder mehr Partner eine wirtschaftliche Tätigkeit durchführen, die einer gemeinschaftlichen Beherrschung unterliegt.
Assoziierte Unternehmen müssen zwingend nach der Equity-Methode in die Konzernrechnung einbezogen werden.	Bei Joint Ventures besteht nach Swiss GAAP FER ein Wahlrecht: Entweder wird die Quotenkonsolidierung angewandt (siehe Kapitel 15) oder die Equity-Methode.

Im Folgenden wird die Anwendung der Equity-Methode am Beispiel von assoziierten Unternehmen dargestellt.

Weil in den Swiss GAAP FER die Anwendung der Equity-Methode zwar vorgeschrieben wird, aber eine Beschreibung dieser Methode fehlt, basieren die Erklärungen in Kapitel 16 auf den IFRS.[2]

---

[1] Ein **massgeblicher Einfluss** (engl. Significant Influence) ist die Möglichkeit, an den finanz- und geschäftspolitischen Entscheidungsprozessen des Unternehmens mitzuwirken, ohne diese beherrschen zu können.

Ein massgeblicher Einfluss wird vermutet, wenn der Investor **zwischen 20 und 50% der Stimmrechte** hält. Auf die Existenz eines massgeblichen Einflusses kann in der Regel geschlossen werden, wenn eines oder mehrere der folgenden Merkmale vorliegen:
▷ Der Investor wird durch einen Sitz im Verwaltungsrat vertreten.
▷ Der Investor wirkt bei der Festlegung der strategischen Ausrichtung mit.
▷ Zwischen den Gesellschaften finden wesentliche Transaktionen statt.
▷ Zwischen den Gesellschaften findet ein Austausch von Kaderleuten statt.
▷ Bedeutende technische Informationen werden bereitgestellt.

[2] Nach Swiss GAAP FER ist insbesondere die Behandlung eines beim Kauf bezahlten **Goodwills** unklar:
▷ Wird der Goodwill wie bei IFRS aktiviert? Wird er im Equity-Wert eingeschlossen oder separat ausgewiesen?
▷ Kann der Goodwill analog zur Vollkonsolidierung mit dem Eigenkapital verrechnet werden?
▷ Muss der Goodwill bei der Equity-Methode wie bei der Vollkonsolidierung planmässig (in der Regel auf fünf Jahre) abgeschrieben werden? Wenn ja: Handelt es sich dabei um einen operativen oder einen finanziellen Aufwand?

Die Equity-Methode

Die Equity-Methode (engl. Equity Method) ist keine Konsolidierung, sondern ein Verfahren zur Bewertung der Beteiligung und zur Bestimmung des anteiligen Erfolgs:

> Bei der **Equity-Methode** werden die Anteile des Investors an einem assoziierten Unternehmen
> ▷ im Erwerbszeitpunkt zum Kaufpreis als Beteiligung erfasst
> ▷ in der Folge um die anteiligen Eigenkapitalveränderungen beim assoziierten Unternehmen berichtigt.
>
> Die Erfolgsrechnung zeigt den Anteil des Investors am Erfolg des Unternehmens.

Aus dieser Definition ergibt sich für die Equity-Methode eine **zweifache Zielsetzung**:

▷ In der Konzernbilanz soll die Beteiligung zum Equity-Wert ausgewiesen werden, d.h. zum anteiligen Eigenkapital der assoziierten Gesellschaft zuzüglich Goodwill.

▷ Der Anteil am Erfolg der assoziierten Gesellschaft soll periodengerecht erfasst werden.

Das Prinzip der Equity-Methode wird in Beispiel 1 veranschaulicht.[1]

---

[1] Um die Technik der Equity-Bewertung isoliert aufzuzeigen, werden die übrigen Konzerngesellschaften im Beispiel vernachlässigt.

16 Equity-Methode

Beispiel 1 — **Das Grundprinzip der Equity-Methode**

Die Holding H (= Investor) erwarb Anfang 20_1 einen Anteil von 40% an der assoziierten Gesellschaft A zum Preis von 49. Im Kaufpreis enthalten war ein Goodwill von 9, der sich in den Folgejahren als werthaltig erweist.

Die (bereinigten) Bilanzen der assoziierten Gesellschaft A lauten:

Bilanzen von A für das Jahr 20_1

Aktiven	01.01.	31.12.	Passiven	01.01.	31.12.
Diverse Aktiven	100	120	Aktienkapital	70	70
			Reserven	30	20
			Gewinn		30
	100	120		100	120

A schüttete im April 20_1 aufgrund des Vorjahresgewinns eine Dividende von 10 aus, die H in ihrem Einzelabschluss (anteilsmässig) wie folgt verbuchte:

Soll	Haben	Betrag
Liquide Mittel	Ertrag aus assoziierter Gesellschaft	4

Für den Konzernabschluss per 31.12.20_1 wird der Equity-Wert der assoziierten Gesellschaft A mithilfe einer Staffel ermittelt:

Fortschreibung der Beteiligung an A per 31.12.20_1

Anteiliges Eigenkapital per 01.01.20_1		40% von 100	40
+ Goodwill			9
= **Equity-Wert der Beteiligung per 01.01.20_1**			**49**
./. Anteilige Dividendenausschüttung 20_1		40% von 10	− 4
+ Anteiliger Gewinn 20_1		40% von 30	12
= **Equity-Wert der Beteiligung per 31.12.20_1**			**57**

In der Fortschreibungstabelle lassen sich folgende Grundregeln erkennen:

▷ Der Equity-Wert im Erwerbszeitpunkt entspricht dem Kaufpreis der Beteiligung. Er beinhaltet das anteilige Eigenkapital der assoziierten Gesellschaft sowie den bezahlten Goodwill.

▷ Der Equity-Wert vermindert sich durch Dividendenausschüttungen der assoziierten Gesellschaft, weil ihr Eigenkapital abnimmt.

▷ Der Equity-Wert erhöht sich durch die Gewinne der assoziierten Gesellschaft, weil ihr Eigenkapital zunimmt.

Assoziierte Gesellschaften werden im Einzelabschluss des Investors und im Konzernabschluss per Ende 20_1 unterschiedlich erfasst:

	Einzelabschluss H (Investor)	Konzernabschluss
Beteiligung an assoziierter Gesellschaft	Höchstens zum Anschaffungswert von 49	Zum Equity-Wert von 57
Ertrag aus assoziierter Gesellschaft	Anteilige Dividendenausschüttung der assoziierten Gesellschaft an H von 4	Anteiliger Gewinn von H an der assoziierten Gesellschaft von 12

16 Equity-Methode

Die Überleitung vom Einzelabschluss H zum Konzernabschluss erfolgt mithilfe der folgenden Konsolidierungsbuchungen:①

Konsolidierungsjournal Ende 20_1

Text	Soll	Haben		Betrag
Elimination des durch H gebuchten Dividendenertrags	Gewinn Bilanz	Beteiligung assoz. Gesellschaft	②	4
	Ertrag assoz. Gesellschaft	Gewinn ER		4
Verbuchung des anteiligen Periodengewinns von A	Beteiligung assoz. Gesellschaft	Gewinn Bilanz	②	12
	Gewinn ER	Ertrag assoz. Gesellschaft		12

Konsolidierungsbogen Ende 20_1

Bilanz	H		Konsolidierung		Konzern	
	Aktiven	Passiven	Soll	Haben	Aktiven	Passiven
Beteiligung an assoziierter Gesellschaft	49		12	4	57	

Erfolgsrechnung	H		Konsolidierung		Konzern	
	Aufwand	Ertrag	Soll	Haben	Aufwand	Ertrag
Ertrag aus assoziierter Gesellschaft		4	4	12		12

Nach den Konsolidierungsbuchungen entspricht

▷ der Beteiligungswert von 57 dem anteiligen Eigenkapital von A zuzüglich Goodwill.③

▷ der Ertrag aus assoziierter Gesellschaft von 12 dem Anteil von 40% am Gewinn, den A im **laufenden** Jahr erwirtschaftete, was dem Grundsatz der periodengerechten Erfassung von Aufwand und Ertrag gerecht wird.

Auf den nächsten Seiten werden folgende Tatbestände erläutert:

▷ Beispiel 2: Anwendung der Equity-Methode über mehrere Jahre und Kapitalerhöhungen bei der assoziierten Gesellschaft

▷ Beispiel 3: Neubewertung des Eigenkapitals der assoziierten Gesellschaft im Erwerbszeitpunkt und Auswirkungen in den Folgeperioden

▷ Exkurs: Elimination von unrealisierten Zwischengewinnen aus Lieferungen zwischen dem Investor bzw. seinen Tochtergesellschaften und der assoziierten Gesellschaft.

---

① Obwohl es sich bei der Equity-Methode nicht um eine Konsolidierung handelt, sondern um ein Bewertungsverfahren im Rahmen der Konzernrechnung, werden die beim Erstellen des Konzernabschlusses notwendigen Buchungen «Konsolidierungsbuchungen» genannt.

② Im Beispiel wurden die Veränderungen des Equity-Werts zum besseren Verständnis einzeln verbucht. In der Praxis wird die Überleitung meist in einem Schritt vorgenommen, indem nur der Differenzbetrag verbucht wird:

Text	Soll	Haben	Betrag
Anpassung des Equity-Werts	Beteiligung assoz. Gesellschaft	Gewinn Bilanz	8
	Gewinn ER	Ertrag assoz. Gesellschaft	8

③ Der Equity-Wert lässt sich wie folgt überprüfen:

Text	Betrag	Berechnung
Eigenkapital gemäss Einzelabschluss A	48	40% von 120
+ Goodwill	9	
= Equity-Wert per 31.12. 20_1	57	

Beispiel 2   Equity-Methode über mehrere Jahre

Das Beispiel zeigt die Anwendung der Equity-Methode über drei Jahre:

▷ **Kauf per 1. 1. 20_1**

Anfang 20_1 erwarb die Holding H für einen Kaufpreis von 107 einen Anteil von 25% an der assoziierten Gesellschaft A. Das gesamte Eigenkapital von A betrug im Erwerbszeitpunkt 400 (Aktienkapital 250, Reserven 150).

▷ **Dividendenausschüttung und Gewinnerzielung von A**

	20_1	20_2	20_3
Dividendenausschüttung aus dem Vorjahresgewinn	16	24	28
Gewinn des laufenden Jahres	36	40	60

▷ **Aktienkapitalerhöhung Mitte 20_3**

Das Aktienkapital von A wurde um nominell 150 mit einem Agio von 50 erhöht. H beteiligte sich im Umfang ihrer Quote von 25%.

Aus diesen Informationen lassen sich die Equity-Werte in Form einer Staffel ermitteln:

Fortschreibung der Equity-Werte von A

Text	Ausrechnung	Betrag
Anteiliges Eigenkapital im Erwerbszeitpunkt	25% von 400	100
+ Goodwill	107 – 100	7
= **Equity-Wert am 1. 1. 20_1 (= Kaufpreis)**		**107**
./. Dividende 20_1	25% von 16	– 4
+ Gewinn 20_1	25% von 36	9
= **Equity-Wert am 31. 12. 20_1**		**112**
./. Dividende 20_2	25% von 24	– 6
+ Gewinn 20_2	25% von 40	10
= **Equity-Wert am 31. 12. 20_2**		**116**
+ Aktienkapitalerhöhung 20_3	25% von (150 + 50)	50
./. Dividende 20_3	25% von 28	– 7
+ Gewinn 20_3	25% von 60	15
= **Equity-Wert am 31. 12. 20_3**		**174**

Im **Einzelabschluss** bilanziert die Holding H ihre Beteiligung an der assoziierten Gesellschaft A nach OR 960a und 960d zum Anschaffungswert. Der Anschaffungswert beträgt in den ersten beiden Jahren 107. Im Jahr 20_3 erhöht sich der Anschaffungswert von H wegen der Kapitalerhöhung von A um 50 auf 157.

Im **Konzernabschluss** wird die Beteiligung an A zum Equity-Wert erfasst.

Die unterschiedliche Bewertung der Beteiligung an A führt zu folgenden Konsolidierungsbuchungen:

Equity-Methode 16

Konsolidierungsjournal Ende 20_1

Text	Soll	Haben	Betrag
Anpassung Equity-Wert 20_1	Beteiligung an assoz. Gesellschaft	Gewinn Bilanz	5
	Gewinn ER	Ertrag assoz. Gesellschaft	5

Konsolidierungsbogen Ende 20_1

Bilanz	H Aktiven	Passiven	Konsolidierung Soll	Haben	Konzern Aktiven	Passiven
Beteiligung an assoz. Gesellschaft	107		5		112	

Erfolgsrechnung	H Aufwand	Ertrag	Konsolidierung Soll	Haben	Konzern Aufwand	Ertrag
Ertrag aus assoziierter Gesellschaft		4		5		9

Konsolidierungsjournal Ende 20_2

Text	Soll	Haben	Betrag
Aufdeckung der früheren Anpassungen des Equity-Werts	Beteiligung an assoz. Gesellschaft	Gewinnreserven	5
Anpassung Equity-Wert 20_2	Beteiligung an assoz. Gesellschaft	Gewinn Bilanz	4
	Gewinn ER	Ertrag assoz. Gesellschaft	4

Konsolidierungsbogen Ende 20_2

Bilanz	H Aktiven	Passiven	Konsolidierung Soll	Haben	Konzern Aktiven	Passiven
Beteiligung an assoz. Gesellschaft	107		5 ♦ 4		116	

Erfolgsrechnung	H Aufwand	Ertrag	Konsolidierung Soll	Haben	Konzern Aufwand	Ertrag
Ertrag aus assoziierter Gesellschaft		6		4		10

Konsolidierungsjournal Ende 20_3

Text	Soll	Haben	Betrag
Aufdeckung der früheren Anpassungen des Equity-Werts	Beteiligung an assoz. Gesellschaft	Gewinnreserven	9
Anpassung Equity-Wert 20_3	Beteiligung an assoz. Gesellschaft	Gewinn Bilanz	8
	Gewinn ER	Ertrag assoz. Gesellschaft	8

Konsolidierungsbogen Ende 20_3

Bilanz	H Aktiven	Passiven	Konsolidierung Soll	Haben	Konzern Aktiven	Passiven
Beteiligung an assoz. Gesellschaft	157		9 ♦ 8		174	

Erfolgsrechnung	H Aufwand	Ertrag	Konsolidierung Soll	Haben	Konzern Aufwand	Ertrag
Ertrag aus assoziierter Gesellschaft		7		8		15

Equity-Methode

Beispiel 3 — **Equity-Methode mit Neubewertung**

Auf den Erwerbszeitpunkt der Beteiligung an einer assoziierten Gesellschaft ist wie bei der Vollkonsolidierung eine Neubewertung (Purchase Price Allocation) durchzuführen.

▷ **Kauf per 1. 1. 20_1**

Die Holding H erwarb Anfang 20_1 für einen Kaufpreis von 80 einen Anteil von 20% an der assoziierten Gesellschaft A. Das unbereinigte Eigenkapital von A betrug im Erwerbszeitpunkt 300 (Aktienkapital 200, Reserven 100).

A besitzt ein im Einzelabschluss nicht bilanziertes Patent, dessen Wert nach der DCF-Methode (Discounted Cash Flow) auf 60 geschätzt wird. Für die Equity-Bewertung wird das Patent aktiviert und linear über die Restlaufzeit von 6 Jahren abgeschrieben.

▷ **Dividendenausschüttung und Gewinnerzielung von A**

	20_1	20_2
Dividendenausschüttung aus dem Vorjahresgewinn	5	15
Von A ausgewiesener Gewinn des laufenden Jahres	25	45

Aus diesen Informationen lassen sich die Equity-Werte in Form einer Staffel ermitteln:

Fortschreibung der Equity-Werte von A

Text	Ausrechnung	Betrag
Ausgewiesenes Eigenkapital im Erwerbszeitpunkt	20% von 300	60
+ Bewertung Patent	20% von 60	12
+ Goodwill	80 – 60 – 12	8
= **Equity-Wert am 1. 1. 20_1 (= Kaufpreis)**		**80**
./. Dividende 20_1	20% von 5	– 1
+ Ausgewiesener Gewinn 20_1	20% von 25	5
./. Abschreibung Patent 20_1	20% von (60 : 6)	– 2
= **Equity-Wert am 31. 12. 20_1**		**82**
./. Dividende 20_2	20% von 15	– 3
+ Ausgewiesener Gewinn 20_2	20% von 45	9
./. Abschreibung Patent 20_2	20% von (60 : 6)	– 2
= **Equity-Wert am 31. 12. 20_2**		**86**

Effektiver Gewinn 20_1 = 3
Effektiver Gewinn 20_2 = 7

Im **Einzelabschluss** bilanziert die Holding H ihre Beteiligung an der assoziierten Gesellschaft A nach OR 960a und 960d zum Anschaffungswert von 80.

Im **Konzernabschluss** wird die Beteiligung an A zum Equity-Wert erfasst.

Die unterschiedliche Bewertung der Beteiligung an A führt zu folgenden Konsolidierungsbuchungen:

Equity-Methode 16

Konsolidierungsjournal Ende 20_1

Text	Soll	Haben	Betrag
Anpassung Equity-Wert 20_1	Beteiligung an assoz. Gesellschaft	Gewinn Bilanz	2
	Gewinn ER	Ertrag assoz. Gesellschaft	2

Konsolidierungsbogen Ende 20_1

Bilanz	H Aktiven	Passiven	Konsolidierung Soll	Haben	Konzern Aktiven	Passiven
Beteiligung an assoz. Gesellschaft	80		2		82	

Erfolgsrechnung	H Aufwand	Ertrag	Konsolidierung Soll	Haben	Konzern Aufwand	Ertrag
Ertrag aus assoziierter Gesellschaft		1		2		3

Konsolidierungsjournal Ende 20_2

Text	Soll	Haben	Betrag
Aufdeckung der früheren Anpassungen des Equity-Werts	Beteiligung an assoz. Gesellschaft	Gewinnreserven	2
Anpassung Equity-Wert 20_2	Beteiligung an assoz. Gesellschaft	Gewinn Bilanz	4
	Gewinn ER	Ertrag assoz. Gesellschaft	4

Konsolidierungsbogen Ende 20_2

Bilanz	H Aktiven	Passiven	Konsolidierung Soll	Haben	Konzern Aktiven	Passiven
Beteiligung an assoz. Gesellschaft	80		2 ♦ 4		86	

Erfolgsrechnung	H Aufwand	Ertrag	Konsolidierung Soll	Haben	Konzern Aufwand	Ertrag
Ertrag aus assoziierter Gesellschaft		3		4		7

Zusammenfassung

Die Equity-Methode kann am Beispiel der assoziierten Gesellschaft wie folgt charakterisiert werden:

	Einzelabschluss der Holding gemäss Obligationenrecht	Konzernabschluss gemäss IFRS bzw. Swiss GAAP FER
Bilanz	Die Beteiligung an einer assoziierten Gesellschaft darf höchstens zum **Anschaffungswert** bilanziert werden.	Die Beteiligung an einer assoziierten Gesellschaft wird zum **Equity-Wert** bewertet, das ist das (neubewertete) anteilige Eigenkapital von A zuzüglich Goodwill.
Erfolgsrechnung	Die aus dem Gewinn früherer Perioden ausgeschüttete **Dividende** wird als Ertrag erfasst.	Der anteilige **Gewinn** der laufenden Periode wird als Ertrag erfasst.

Diese Regeln gelten auch für Joint Ventures, sofern diese in der Konzernrechnung mittels Equity-Methode erfasst werden.

Equity-Methode 16

Exkurs — **Zwischengewinnelimination**

Dem Beispiel liegt eine Warenlieferung zum Verkaufspreis von 90 zwischen der assoziierten Gesellschaft A und der Tochter T zugrunde. Der Konzerneinstandspreis beträgt 60; die Ware liegt noch beim Empfänger.

Konzern

- Holding H
  - Beteiligung 100% → Tochter T (100%)
  - Beteiligung 20% → Assoziierte Gesellschaft A
- Konzernexterne Aktionäre
  - Beteiligung 80% → Assoziierte Gesellschaft A

Im Gegensatz zur Voll- und Quotenkonsolidierung werden bei der Equity-Methode die Aufwände und Erträge von A nicht in die Konzernrechnung einbezogen, weshalb die Umsatzelimination entfällt.

Nicht realisierte Zwischengewinne aus Lieferungen zwischen Konzern und assoziierter Gesellschaft sind grundsätzlich im Verhältnis zur Beteiligungsquote der Holding an der assoziierten Gesellschaft zu eliminieren. Bezüglich der Verbuchung sind zwei Fälle zu unterscheiden:

Elimination der Zwischengewinne

Upstream-Lieferung
A liefert an T (in den Konzern hinein).

Die Ware wird bei T zu 90 (inkl. Zwischengewinn 30) aktiviert.

Da H nur zu 20% an A beteiligt ist, werden nur 20% des Zwischengewinns auf dem Vorrat als aus konzerninterner Lieferung stammend betrachtet. Die Zwischengewinnelimination von 6 (20% von 30) erfolgt im Beispiel zulasten der Holdingaktionäre, weil an T keine Minderheitsaktionäre beteiligt sind.

Gewinn Bilanz	/ Warenvorrat	6
Warenaufwand	/ Gewinn ER	6

Da die Holding die assoziierte Gesellschaft nicht beherrscht, fehlen in der Praxis oftmals Informationen über die Gewinnmargen von A.

Downstream-Lieferung
T liefert an A (aus dem Konzern hinaus).

Die Ware wird bei A zu 90 (inkl. Zwischengewinn 30) aktiviert.

Aus Konzernsicht sind die Vorräte von A um 30 überbewertet, was per Saldo ein um 30 zu hohes Eigenkapital zur Folge hat. Da die Holding einen Anteil von 20% des Eigenkapitals von A hält, muss der Equity-Wert der Beteiligung um 6 (20% von 30) vermindert werden.

Gewinn Bilanz	/ Beteiligung an A	6
Ertrag assoz. Gesellschaft	/ Gewinn ER	6

Da die Holding die assoziierte Gesellschaft nicht beherrscht, fehlen in der Praxis oftmals Informationen über die weitere Verwendung des Liefergegenstandes bei A.

In der Praxis wird im Zusammenhang mit assoziierten Unternehmen oft auf eine Elimination von Zwischengewinnen verzichtet, weil

▷ der Holding die notwendigen Informationen nicht zur Verfügung stehen und/oder
▷ die Zwischengewinne aus Konzernsicht unwesentlich sind.

Equity-Methode 16

Übersicht über die Konsolidierungs- und Bewertungsmethoden

Die buchhalterische Behandlung einer Beteiligung im Rahmen des Konzernabschlusses nach Swiss GAAP FER hängt vom Umfang der Einflussmöglichkeit der Holding auf die Finanz- und Geschäftspolitik eines Unternehmens ab:

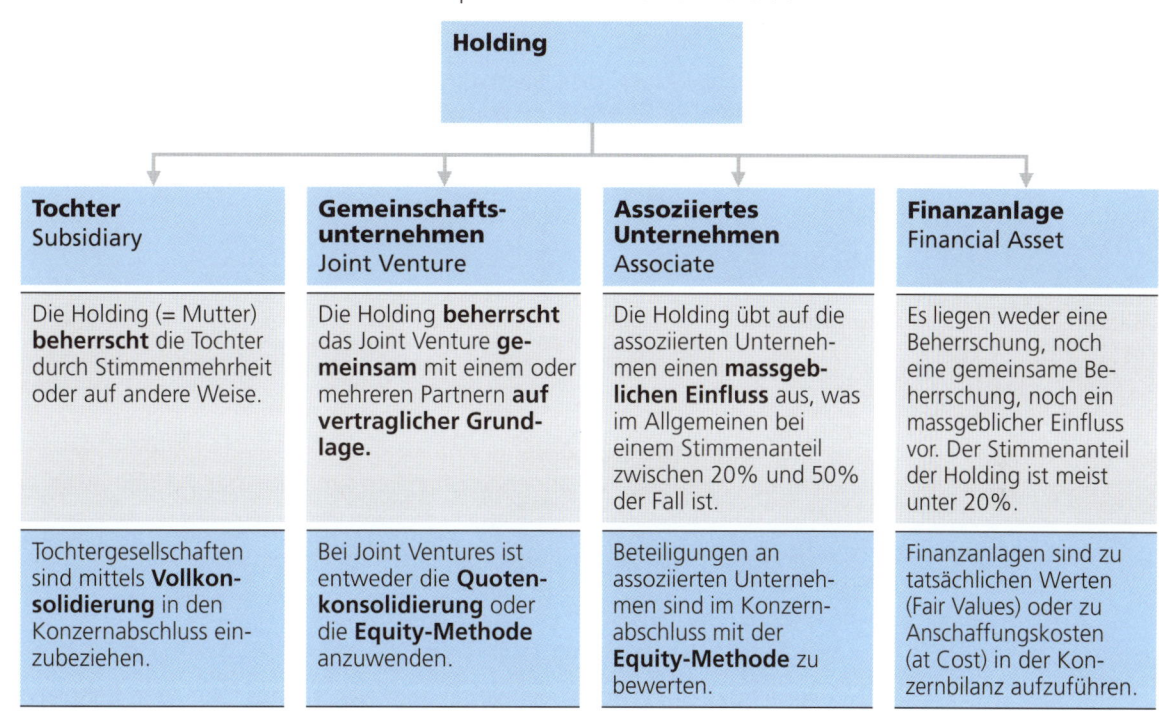

Tochter Subsidiary	**Gemeinschafts-unternehmen** Joint Venture	**Assoziiertes Unternehmen** Associate	**Finanzanlage** Financial Asset
Die Holding (= Mutter) **beherrscht** die Tochter durch Stimmenmehrheit oder auf andere Weise.	Die Holding **beherrscht** das Joint Venture **gemeinsam** mit einem oder mehreren Partnern **auf vertraglicher Grundlage.**	Die Holding übt auf die assoziierten Unternehmen einen **massgeblichen Einfluss** aus, was im Allgemeinen bei einem Stimmenanteil zwischen 20% und 50% der Fall ist.	Es liegen weder eine Beherrschung, noch eine gemeinsame Beherrschung, noch ein massgeblicher Einfluss vor. Der Stimmenanteil der Holding ist meist unter 20%.
Tochtergesellschaften sind mittels **Vollkonsolidierung** in den Konzernabschluss einzubeziehen.	Bei Joint Ventures ist entweder die **Quotenkonsolidierung** oder die **Equity-Methode** anzuwenden.	Beteiligungen an assoziierten Unternehmen sind im Konzernabschluss mit der **Equity-Methode** zu bewerten.	Finanzanlagen sind zu tatsächlichen Werten (Fair Values) oder zu Anschaffungskosten (at Cost) in der Konzernbilanz aufzuführen.

Holding

17

Eigenkapitalnachweis

Zum Konzernabschluss nach Swiss GAAP FER gehört auch ein Eigenkapitalnachweis (engl. Statement of Changes in Equity):

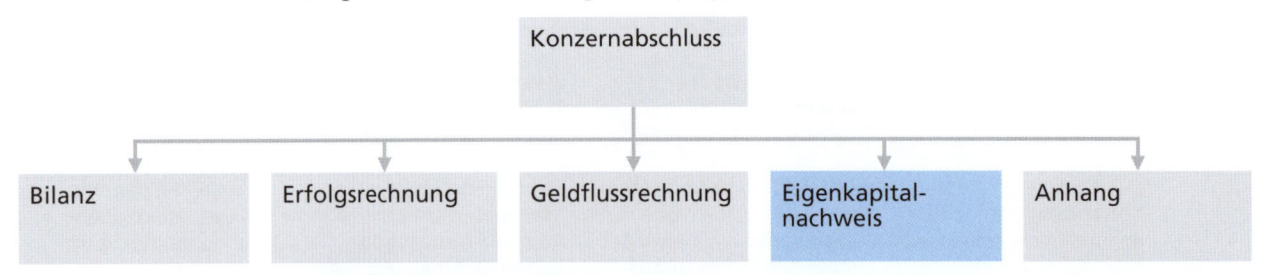

```
                         Konzernabschluss
                                │
    ┌──────────┬────────────────┼────────────────┬──────────┐
  Bilanz   Erfolgsrechnung  Geldflussrechnung  Eigenkapital- Anhang
                                               nachweis
```

> Der **Eigenkapitalnachweis** ist eine rechnerische Verknüpfung zwischen dem zu Beginn einer Periode vorhandenen und dem am Ende der Periode ausgewiesenen Eigenkapital.
>
> Ziel ist ein lückenloser Nachweis der Ursachen für die Entwicklung des Eigenkapitals.

Das Wesen des Eigenkapitalnachweises wird anhand des folgenden Beispiels erklärt.

Beispiel **Eigenkapitalnachweis**

Für die Erstellung des Eigenkapitalnachweises auf der nächsten Seite liegen diese Informationen vor:

Eigenkapital

		01.01.20_1	31.12.20_1
	Aktienkapital	200	240
+	Kapitalreserven	50	70
+	Gewinnreserven	120	150
=	Den Holdingaktionären zurechenbares Eigenkapital	370	460
+	Minderheitsanteile am Eigenkapital	40	50
=	**Total Eigenkapital**	**410**	**510**

Gewinn

	Den Holdingaktionären zurechenbarer Gewinn		75
+	Minderheitsanteile am Gewinn		12
=	Konzerngewinn		87

Gewinnausschüttungen

Dividendenauszahlung der Holding an die Holdingaktionäre	45
Dividendenauszahlungen von Tochtergesellschaften an die Holding	5
Dividendenauszahlungen von Tochtergesellschaften an Dritte	2

Eigenkapitalnachweis

	Aktien-kapital	Kapital-reserven	Gewinn-reserven	Total Holding-aktionäre	Minder-heiten	Total Eigen-kapital
Anfangsbestand	200	50	120	370	40	410
+ Kapitalerhöhung	40	20		60		60
./. Dividendenauszahlungen①			– 45	– 45	– 2	– 47
+ Gewinn			75	75	12	87
= Schlussbestand	240	70	150	460	50	510

Dieser Eigenkapitalnachweis ist als Grundmuster zu betrachten. In Form von separaten Kolonnen und Zeilen sind beispielsweise bei Bedarf zusätzlich folgende Tatbestände aufzuführen:

▷ Änderungen des Eigenkapitals durch Veränderungen im Konsolidierungskreis (Kauf oder Verkauf von Gesellschaften).

▷ die bei der Umrechnung von **Fremdwährungen** erfolgsneutral verbuchten kumulierten Umrechnungsdifferenzen (engl. Cumulative Translation Differences).②

▷ Bestände und Transaktionen mit **eigenen Aktien** (engl. Treasury Shares).

▷ erfolgsneutral verbuchte Wertanpassungen auf zur Veräusserung verfügbaren finanziellen Vermögenswerten (engl. Available-for-Sale Financial Assets) und auf Cash Flow Hedges.

---

① Die Dividendenausschüttungen von Tochtergesellschaften an die Holding erscheinen nicht im Eigenkapitalnachweis, weil sie bei der Konsolidierung mit den Gewinnreserven verrechnet wurden.

② Die Umrechnung von Einzelabschlüssen in Fremdwährung in die Konzernwährung wird in Kapitel 22 dieses Lehrbuchs behandelt.

18 Anhang

Der Anhang (engl. Notes) ist ein Bestandteil des Konzernabschlusses. Er ergänzt und erläutert Bilanz, Erfolgsrechnung, Geldflussrechnung und Eigenkapitalnachweis.

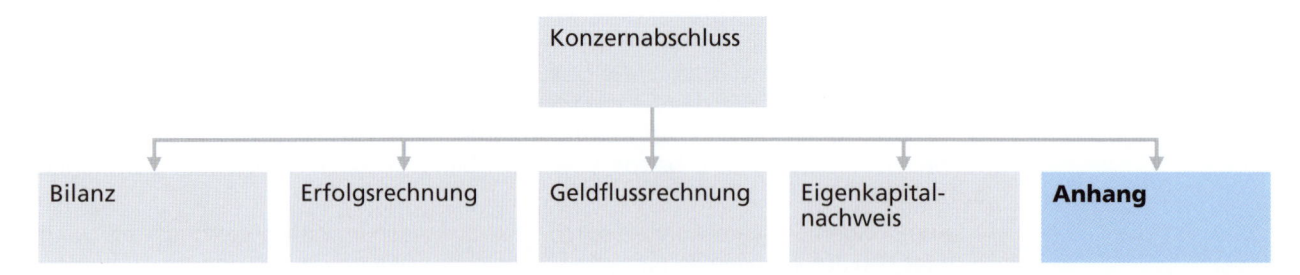

```
                        Konzernabschluss
    ┌──────────┬──────────────┬──────────────┬──────────┐
  Bilanz   Erfolgsrechnung Geldflussrechnung Eigenkapital- Anhang
                                              nachweis
```

Der Inhalt des Anhangs ist im Einzelnen abhängig vom gewählten Rechnungslegungsstandard (IFRS, US GAAP oder Swiss GAAP FER), enthält aber immer Angaben zu folgenden Punkten:

▷ Ausführungen zu den angewendeten Rechnungslegungsgrundsätzen

▷ Erläuterungen zu den einzelnen Positionen von Bilanz, Erfolgsrechnung und Geldflussrechnung

▷ zusätzliche Informationen über nicht bilanzierte Tatbestände wie z.B. Eventualverbindlichkeiten

Die wichtigsten Inhalte des Anhangs werden auf den nächsten Seiten erläutert.

18 Anhang

Rechnungslegungsgrundsätze

Als Erstes ist im Anhang der verwendete **Rechnungslegungsstandard** zu nennen, zum Beispiel mit folgenden Worten:

> Die Konzernrechnung erfolgt in Übereinstimmung mit den International Financial Reporting Standards (IFRS).

Sofern die Standards dem Anwender **Wahlrechte** (engl. Allowed Alternatives) gewähren, muss im Anhang Auskunft über deren Ausübung gegeben werden:

Ein Wahlrecht besteht nach Swiss GAAP FER zum Beispiel bei der Behandlung des Goodwills: Er kann aktiviert und in 5 bis 20 Jahren abgeschrieben werden oder im Erwerbszeitpunkt mit dem Eigenkapital verrechnet werden. Oder ein Joint Venture kann quotenkonsolidiert werden oder nach der Equity-Methode in den Konzernabschluss einbezogen werden.

Die gewählten **Bilanzierungs- und Bewertungsmethoden** vermögen Bilanz, Erfolgs- und Geldflussrechnung massgeblich zu beeinflussen, zum Beispiel:

▷ Bewertung von Bestand und Verbrauch der Vorräte
▷ Bewertung und Abschreibungsmethoden bei Sachanlagen
▷ Erfassung und Bewertung von Forschungs- und Entwicklungskosten
▷ Umrechnungsmethoden für Fremdwährungen
▷ Behandlung von Finanzinstrumenten
▷ Abgrenzung von latenten Steuern
▷ Umsatzerfassung

Im Zusammenhang mit den Rechnungslegungsgrundsätzen muss auch die Methode der **Zwischengewinnelimination** offen gelegt werden.

Konsolidierungskreis

In einer Tabelle werden alle **Konzerngesellschaften** aufgeführt mit ihrem Namen (Firma gemäss Handelsregister), dem Geschäftssitz (rechtliches Domizil gemäss Handelsregister), dem nominellen Grundkapital (gemäss Handelsregister) sowie den Stimm- und Kapitalanteilen. Für die einzelnen Gesellschaften wird offen gelegt, nach welcher Methode sie in die Konzernrechnung einbezogen werden, zum Beispiel nach folgendem Muster:

Konsolidierungskreis[1]

Gesellschaft	Grundkapital		Kapitalanteil	Stimmenanteil	Vollkonsolidierung	Quotenkonsolidierung	Equity-Methode
BioPharma Ltd., Toronto	CAD	500 000	30%	30%		✓	
NeoPharma AG, Basel	CHF	5 000 000	100%	100%	✓		
Nutrition and Health Inc., New York	USD	2 000 000	40%	60%	✓		
Pharmaloges SA, Madrid	EUR	1 000 000	55%	20%			✓
UniPharma AG, Biel	CHF	200 000	100%	100%	✓		

Die Auswirkungen von **Veränderungen des Konsolidierungskreises** müssen ebenfalls im Anhang offen gelegt werden, damit der Vorjahresvergleich an Aussagekraft gewinnt.

Zum Beispiel ist bei der erstmaligen Konsolidierung der akquirierten UniPharma AG eine Aufstellung mit den übernommenen Bilanzpositionen, dem Kaufpreis und dem Goodwill verlangt:

Kauf der Unipharma AG (in CHF 1000.–)

	Flüssige Mittel	70
+	Forderungen	250
+	Vorräte	210
+	Anlagevermögen	90
./.	Kurzfristige Verbindlichkeiten	– 60
./.	Langfristige Finanzverbindlichkeiten	–200
./.	Rückstellungen	– 40
=	**Übernommene Nettoaktiven**	**320**
+	Goodwill	20
=	**Total Kaufpreis**	**340**
./.	Übernomme flüssige Mittel	– 70
=	**Geldabfluss netto**	**270**

---

[1] Zum Konsolidierungskreis gehören
  ▷ **im engeren Sinne** alle voll- oder quotenkonsolidierten Gesellschaften,
  ▷ **im weiteren Sinne** auch die nach der Equity-Methode in die Konzernrechnung einbezogenen Gesellschaften.

Anhang 18

Erläuterungen zu einzelnen Bilanzpositionen

Zur besseren Übersichtlichkeit werden in Bilanz, Erfolgs- und Geldflussrechnung viele Positionen zu Sammelposten zusammengefasst. Diese sind im Anhang aufzuschlüsseln.

Beispiel — **Bilanz und Erfolgsrechnung**

Das Beispiel zeigt schematisch anhand von ausgewählten Positionen und ohne Ausweis der Vorjahreszahlen, wie in den Abschlussrechnungen mithilfe von Nummern (zum Beispiel 1) auf die Erläuterungen im Anhang verwiesen (referenziert) wird.

Bilanz 31. 12. 20_2
Aktiven

Flüssige Mittel		80
Wertschriften und Finanzderivate	1	110
Forderungen		290
Vorräte	2	310
Sachanlagen	4	1 100
Finanzanlagen	1	240
Latente Steuern	3	90
Immaterielle Anlagen	4	180
		2 400

Passiven

Kurzfristige operative Verbindlichkeiten		180
Kurzfristige Finanzverbindlichkeiten	1	300
Langfristige Finanzverbindlichkeiten	1	500
Latente Steuern	3	130
Rückstellungen	7	160
Aktienkapital	6	500
Reserven		630
		2 400

Erfolgsrechnung 20_2

	Erlös aus Lieferungen und Leistungen	5	3 000
./.	Herstellkosten		–1 300
=	**Bruttogewinn**		**1 700**
./.	Marketing und Verkauf		– 900
./.	Forschung und Entwicklung		– 400
./.	Verwaltungsaufwand		– 250
=	**Operatives Ergebnis (EBIT)**	5	**150**
+	Nettofinanzergebnis		40
=	**Gewinn vor Steuern**		**190**
./.	Steuern	3	– 30
=	**Gewinn nach Steuern**		**160**

1 Finanzinstrumente

Die Finanzaktiven und -verbindlichkeiten sind im Anhang detailliert mit Angaben zu Zinsfüssen, Fälligkeiten, Währungen und Risiken aufzulisten.

Von besonderer Bedeutung sind die derivativen Finanzinstrumente wie Forwards, Swaps, Optionen oder Futures. Sie sind tabellarisch aufzuschlüsseln nach Art der Derivate (zum Beispiel Währungsinstrumente, Zinsinstrumente, Optionen auf Wertpapiere oder Rohstoffe) sowie nach Währungen. Aufzuführen sind sowohl die Kontrakt- als auch die Marktwerte.

Zusätzlich müssen Angaben zu den verschiedenen Risiken gemacht werden, denen der Konzern im Zusammenhang mit Finanzinstrumenten ausgesetzt ist, zum Beispiel Fremdwährungsschwankungen, Zinssatzänderungen, Rohstoffpreisveränderungen oder Bonitätsrisiken von Gegenparteien.

2 Vorräte

Im Anhang ist die Zusammensetzung der Vorräte offen zu legen, zum Beispiel in folgender Form:

Vorräte

	20_1	20_2
Handelswaren	70	**90**
Rohmaterial	60	**45**
Fabrikate in Arbeit	30	**25**
Fertigfabrikate	90	**150**
Total	250	**310**

3 Ertragssteuern (Gewinnsteuern)

Die Bewertung der Bilanzpositionen im Konzernabschluss unterscheidet sich gegenüber den lokalen Einzelabschlüssen (HB 1), was zu steuerlichen Differenzen führt.

Einzelabschluss (HB 1)	Differenzen	Konzernabschluss
Die Bewertung der Bilanzpositionen basiert auf der lokalen Steuergesetzgebung.	Es bestehen zeitlich befristete Bewertungsdifferenzen zwischen dem Einzel- und dem Konzernabschluss.	Die Bewertung der Bilanzpositionen erfolgt nach betriebswirtschaftlichen Grundsätzen und basiert auf Regelwerken wie IFRS oder Swiss GAAP FER.
Die dem Fiskus abzuliefernden **laufenden Gewinnsteuern** (engl. Current Taxes) werden aufgrund des Einzelabschlusses veranlagt.	Die Bewertungsdifferenzen führen zu Steuerdifferenzen, die in Form von **latenten Steuern** (engl. Deferred Taxes) erfasst werden.①	Die **gesamten Gewinnsteuern** des Konzerns setzen sich aus den laufenden Gewinnsteuern und den latenten Steuerabgrenzungen zusammen.

Die Steuern im Konzernabschluss und die damit verbundenen Offenlegungspflichten werden in Kapitel 21 dieses Lehrbuchs ausführlich behandelt.

---

① Je nach Vorzeichen der Differenzen entstehen latente Steueraktiven oder -passiven.

Anhang 18

4 Anlagenspiegel

Der Anlagenspiegel zeigt die Zusammensetzung und die Entwicklung der Sachanlagen sowie der immateriellen Anlagen brutto, d.h., die Anschaffungswerte und die kumulierten Abschreibungen werden separat dargestellt.

Anlagenspiegel 20_2

	Grundstücke und Bauten	Anlagen und Einrichtungen	Anlagen im Bau	Übrige Sachanlagen	Total Sachanlagen	Goodwill	Patente	Übrige immaterielle Anlagen	Total immaterielle Anlagen
Anschaffungswerte									
Anfangsbestand	950	350	200	100	**1 600**	120	50	80	**250**
Investitionen	170	110	40	30	**350**			10	**10**
Abgänge①	−100	− 40		− 10	**− 150**			−20	**− 20**
Veränderung Konsolidierungskreis②	145	30	20	35	**230**	44	30	30	**104**
Umklassierungen③		10	− 10		**−**				**−**
Währungsumrechnungsdifferenzen④	− 15	− 10		− 5	**− 30**	− 4			**− 4**
Schlussbestand	**1 150**	**450**	**250**	**150**	**2 000**	**160**	**80**	**100**	**340**
Kumulierte Abschreibungen									
Anfangsbestand	−450	−200		− 50	**− 700**	− 20	−20	−60	**−100**
Abschreibungen	−115	− 75		− 45	**− 235**		−10	−15	**− 25**
Impairment-Verluste					**−**	− 35	−10		**− 45**
Abgänge①		5			**5**			5	**5**
Veränderung Konsolidierungskreis②		10			**10**	4			**4**
Währungsumrechnungsdifferenzen④	5	10		5	**20**	1			**1**
Schlussbestand	**−560**	**−250**	**0**	**− 90**	**− 900**	**− 50**	**−40**	**−70**	**−160**
Nettobuchwerte									
Anfangsbestand	500	150	200	50	**900**	100	30	20	**150**
Schlussbestand	**590**	**200**	**250**	**60**	**1 100**	**110**	**40**	**30**	**180**

---

① Das sind Abgänge aus Veräusserung oder Entsorgung von Anlagevermögen.
② Dabei handelt es sich um den Erwerb oder die Veräusserung von Anlagevermögen im Zusammenhang mit einem Beteiligungserwerb bzw. dem Verkauf einer Beteiligung.
③ Das sind hier Umgliederungen bei Fertigstellung von im Bau befindlichen Anlagen.
④ Fremdwährungen im Konzernabschluss werden in Kapitel 22 behandelt.

5 Segmentberichterstattung

Die im Konzernabschluss für den Konzern als Ganzes ausgewiesenen Zahlen müssen im Anhang nach **Geschäftssegmenten** (engl. Operating Segments) aufgeschlüsselt werden.

Geschäftssegmente sind **separat geführte Teilaktivitäten eines Unternehmens.** Das sind in der Regel Gruppen von ähnlichen Produkten oder Dienstleistungen, die sich voneinander unterscheiden. Geschäftssegmente eines Nahrungsmittelkonzerns sind zum Beispiel Kaffee, Schokolade, Wasser, Tiefkühlprodukte und Tiernahrung. Sofern die Geschäftsführung nach örtlich voneinander abgegrenzten Märkten erfolgt, können auch geografische Segmente gebildet werden, zum Beispiel Europa, Nordamerika und Asien.[1]

Die Segmentberichterstattung ist ein sehr wichtiger Teil des Anhangs:

▷ Durch das Konsolidieren der Konzerngesellschaften werden oftmals Gesellschaften aus völlig unterschiedlichen Branchen zusammengezählt, wodurch wichtige Informationen über die teilweise sehr unterschiedlichen Umsätze, Margen, Wachstumsaussichten oder Gewinnpotenziale der einzelnen Gesellschaften verloren gehen.

▷ Ein anschauliches Beispiel liefert der Konzernabschluss von Migros, wo ein Detailhandels- und Industriekonzern mit einer Bank sowie einem Reisebüro addiert wird. Eine Analyse aufgrund der konsolidierten Zahlen ist praktisch unmöglich.

▷ Die Konsolidierung hat eine ausgleichende Wirkung, indem schlechte Ergebnisse von einzelnen Tochtergesellschaften bzw. Geschäftssparten durch Glanzresultate in anderen Bereichen kompensiert und verdeckt werden können.

Die Swiss GAAP FER verlangen lediglich eine Aufgliederung der Nettoerlöse aus Lieferungen und Leistungen nach geografischen Märkten und Geschäftsbereichen.

Nach IFRS gehen die Offenlegungspflichten wesentlich weiter: Im Grundsatz sollen die Segment-Informationen die Leser des Anhangs befähigen, das Wesen der Geschäftsaktivitäten zu verstehen und ihre finanziellen Auswirkungen in Abhängigkeit vom ökonomischen Umfeld des Unternehmens beurteilen zu können.

Um diesem Anspruch gerecht zu werden, sind in den meisten Fällen folgende Informationen über die einzelnen Segmente zu publizieren:

▷ Gewinn oder Verlust
▷ Vermögenswerte und Schulden
▷ Erträge aus Lieferungen und Leistungen gegenüber Dritten
▷ Erträge aus konzerninternen Lieferungen und Leistungen
▷ Zinserträge und Zinsaufwände
▷ Abschreibungen von materiellem und immateriellem Anlagevermögen
▷ Erträge aus assoziierten Gesellschaften
▷ Steueraufwand (Gewinnsteuern)
▷ Investitionen in Joint Ventures und assoziierte Gesellschaften

---

[1] Basis für diese Überlegungen bildet der **Full Management Approach:** Den Adressaten der externen Rechnung soll ermöglicht werden, die Segmente des Unternehmens aus der gleichen Perspektive wie die Entscheidungsträger zu sehen.

Anhang

18

Die Segmentberichterstattung kann schematisch am Beispiel eines Detailhandelskonzerns wie folgt dargestellt werden:

Segmentberichterstattung

	Lebensmittel		Non-Food		Diverses		Eliminationen und Hauptsitz		Konzern	
	20_1	20_2	20_1	20_2	20_1	20_2	20_1	20_2	20_1	20_2
Umsätze mit Dritten	1 500	1 600	850	900	450	500			2 800	3 000
Umsätze mit anderen Segmenten	250	300	150	150	50	50	–450	–500	–	–
Ertrag aus assoziierten Gesellschaften	10	20	5	15					15	35
Zinsertrag	8	6	3	2	5	4	4	3	20	15
Abschreibungen	80	85	70	90	55	70	15	15	220	260
Andere nicht liquiditätswirksame Aufwendungen	10	15	5	5	15	20			30	40
Zinsaufwand	6	4	2	1	4	3	3	2	15	10
Ergebnis vor Steuern	75	80	55	95	25	20	– 10	①– 5	145	190
Ertragssteuern	13	13	9	14	5	4	– 2	– 1	25	30
Ergebnis nach Steuern	62	67	46	81	20	16	– 8	– 4	120	160
Vermögen	860	900	450	500	650	700	220	300	2 180	2 400
Verbindlichkeiten	590	600	150	200	350	370	30	100	1 120	1 270
Investitionen	90	80	130	160	55	60	5	60	280	360

Segmentinformationen — Überleitung zur Konzernrechnung

6 Aktienkapital

Im Anhang sind statistische Angaben zur Anzahl ausstehender Aktien, zur Entwicklung des Eigenkapitals sowie zu den eigenen Aktien (engl. Treasury Shares) zu machen, zum Beispiel in folgender Form:

Aktienkapital (in Mio. CHF)

	20_1	20_2
Nominelles Aktienkapital	520	550
./. Eigene Aktien	– 60	– 50
= Ausstehendes Aktienkapital	460	500

Anzahl Aktien (zu nominal CHF 100.–/Aktie)

	20_1	20_2
Total Aktien	5 200 000	5 500 000
./. Eigene Aktien	– 600 000	– 500 000
= Ausstehende Aktien	4 600 000	5 000 000

---

① Zwischengewinne werden auf Segmentebene nicht eliminiert.

7 Rückstellungen

Der Rückstellungsspiegel zeigt für jede wesentliche Kategorie von Rückstellungen die erfolgswirksame Bildung, die erfolgswirksame Auflösung sowie die erfolgsneutrale Verwendung der Rechenperiode. Die Zu- und Abgänge aufgrund von Veränderungen im Konsolidierungskreis sind separat aufzuführen.

Die mit jeder Kategorie von Rückstellungen verbundenen Unsicherheiten sowie der erwartete Zeitpunkt von Geldabflüssen sind separat zu erläutern. Wesentliche Auflösungen lassen auf frühere Ungenauigkeiten oder Fehleinschätzungen der Zukunft schliessen und sollten ebenfalls gesondert erklärt werden.

Rückstellungsspiegel 20_2

	Garantierückstellungen	Prozessrückstellungen[1]	Übrige Rückstellungen	Total Rückstellungen
Anfangsbestand	70	100	30	200
+ Bildung	40	60	15	115
./. Auflösung		− 20	−10	− 30
./. Verwendung	−45	− 80	−20	−145
± Diskontierungseffekte[2]			− 5	− 5
± Veränderung Konsolidierungskreis	22		6	28
± Währungsumrechnungsdifferenzen	− 2		− 1	− 3
= **Schlussbestand**	**85**	**60**	**15**	**160**

Ausserbilanzgeschäfte

Zu den Ausserbilanzgeschäften zählen nach Swiss GAAP FER

▷ Eventualverpflichtungen wie Bürgschaften, Garantieverpflichtungen und Pfandbestellungen zugunsten Dritter.

▷ Zahlungsverpflichtungen aus nicht passivierungspflichtigen langfristigen Verträgen und anderen festen Lieferungs- und Abnahmeverpflichtungen.

Ausserbilanzgeschäfte werden nicht in der Bilanz erfasst; sie sind im **Anhang** nach Gruppen aufgeteilt mit Beträgen und Bewertungsgrundsätzen auszuweisen.

Sofern als Folge von Ausserbilanzgeschäften ein künftiger Mittelabfluss wahrscheinlich und abschätzbar ist, muss eine **Rückstellung** gebildet werden.

---

[1] In begründeten Fällen kann auf den separaten Ausweis von Prozessrückstellungen verzichtet werden, um die eigene Verhandlungsposition gegenüber dem Prozessgegner nicht zu schwächen.

[2] Rückstellungsbeträge werden grundsätzlich diskontiert, da sie erst in späteren Perioden zahlbar sind. Durch den Zeitablauf bis zur Fälligkeit (engl. Unwinding of Discount) und bei Anpassungen der Zinssätze ändern sich die Barwerte, was als Diskontierungseffekt gezeigt wird.

Transaktionen mit nahe stehenden Personen

Zu den nahe stehenden Personen gehören juristische und natürliche Personen, welche direkt oder indirekt bedeutenden Einfluss auf finanzielle oder operative Entscheidungen des Unternehmens ausüben können. Das sind beispielsweise die Mehrheitsaktionäre und die Aktionäre mit massgeblichem Einfluss, Geschäftsleitungsmitglieder und Verwaltungsräte der Unternehmung und der Muttergesellschaft sowie die engeren Familienmitglieder der Genannten. Auch die Pensionskassen gehören zu den nahe stehenden Personen.

Unter Transaktionen werden der Transfer von Aktiven oder Schulden sowie das Erbringen von Leistungen und das Eingehen von Verpflichtungen und Eventualverpflichtungen verstanden.

Transaktionen mit nahe stehenden Personen (engl. Related Party Transactions) werden oftmals nicht zu denselben Bedingungen oder im selben Umfang getätigt, wie dies gegenüber unbeteiligten Dritten der Fall wäre. Aus diesem Grund müssen offen gelegt werden:

▷ Personen oder Gesellschaften, welche als nahe stehende Personen definiert wurden **und** mit denen Transaktionen stattgefunden haben. Bei Beherrschung müssen nahe stehende Personen genannt werden, auch wenn keine Transaktionen stattgefunden haben.

▷ Alle wesentlichen Transaktionen sowie daraus resultierende Guthaben oder Schulden gegenüber den nahe stehenden Personen. Dabei sind die Transaktionen und deren Volumen (z.B. der Betrag) und die wesentlichen Konditionen (z.B. der Zinssatz) zu beschreiben. Häufige Transaktionen sind:
   - Käufe und Verkäufe (Waren, Liegenschaften, Fahrzeuge)
   - Erbringung oder Bezug von Dienstleistungen
   - Leasingverträge
   - Kommissionen und Lizenzvereinbarungen
   - Finanzierungen
   - Garantien und Sicherheiten
   - Managementverträge

Vergünstigungen gegenüber dem Management sind ebenfalls als Transaktionen mit nahe stehenden Personen offen zu legen, zum Beispiel Beteiligungspläne in Form von Aktien oder Optionen (engl. Share-based Payments), Zuweisungen für zusätzliche Altersrenten sowie Abgangsentschädigungen.

Ereignisse nach dem Bilanzstichtag

Ereignisse nach dem Bilanzstichtag sind

> Ereignisse zwischen dem Bilanzstichtag und dem Tag, an dem der Abschluss durch den Verwaltungsrat genehmigt bzw. zur Veröffentlichung freigegeben wird.

Es gibt zwei Arten von Ereignissen:

Ereignisse nach dem Bilanzstichtag
Events After the Balance Sheet Date

Berücksichtigungspflichtige Ereignisse
Adjusting Events

Das sind Ereignisse, die weitere substanzielle Hinweise zu Gegebenheiten liefern, die bereits am Abschlussstichtag vorgelegen haben.

Die betroffenen Positionen in **Bilanz und Erfolgsrechnung** sind nachträglich anzupassen.

Beispiele:
- Ein Gerichtsurteil bestätigt, dass die Unternehmung am Bilanzstichtag eine bestimmte Verpflichtung hatte. Als Folge müssen entweder neue Rückstellungen gebildet werden oder bestehende Rückstellungen angepasst werden.
- Der Konkurs eines Kunden, dessen Schulden aus Geschäften vor dem Bilanzstichtag rühren, führt zur Anpassung des Delkredere.
- Die Entdeckung eines Betrugs oder Fehlers, die zeigt, dass der Abschluss falsch war.

Nicht zu berücksichtigende Ereignisse
Non-adjusting Events

Ereignisse, die Gegebenheiten anzeigen, die nach dem Bilanzstichtag eingetreten sind.

Die betroffenen Positionen der Konzernrechnung dürfen nicht angepasst werden.

Sofern die Ereignisse wesentlich sind, müssen sie im **Anhang** offen gelegt werden:
- Die Art des Ereignisses muss genannt werden.
- Die finanziellen Auswirkungen müssen geschätzt werden, oder es muss begründet werden, warum keine zuverlässige Schätzung möglich ist.

Beispiele:
- sinkende Börsenkurse von Finanzanlagen (Aktien) nach dem Bilanzstichtag
- Wechselkursänderungen nach dem Bilanzstichtag
- Nach dem Bilanzstichtag wurde eine Akquisition getätigt.
- Zerstörung einer Produktionsstätte durch Brand oder Erdbeben
- neu eingetretene Rechtsstreitigkeiten

2. Teil
Vertiefung

20

Geldflussrechnung

Der Konzernabschluss informiert über die **Vermögens-, Ertrags- und Finanzlage** einer Unternehmung. Er besteht aus fünf Elementen:

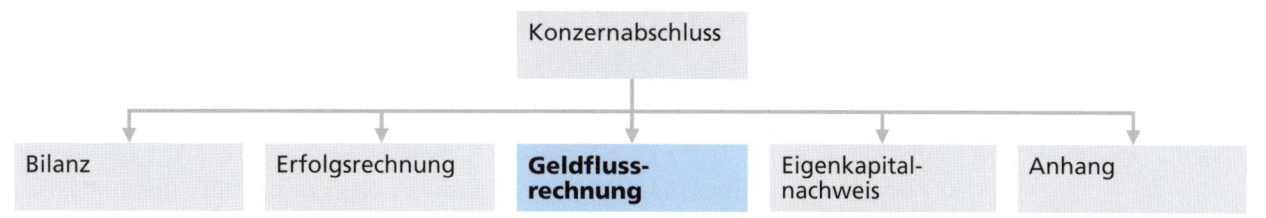

```
                        Konzernabschluss
       ┌────────────┬──────────┬──────────┬────────────┐
     Bilanz   Erfolgsrechnung  Geldfluss-  Eigenkapital-  Anhang
                                rechnung    nachweis
```

Die Geldflussrechnung[1] gibt hauptsächlich **Aufschluss über die Finanzlage,** indem sie

▷ die Liquiditätsentwicklung,

▷ die Investierungsvorgänge und

▷ die Finanzierungsmassnahmen

innerhalb vergangener (oder künftiger) Perioden in **einer** Rechnung zusammenfasst.

Der Begriff **Geldflussrechnung** (engl. Cash Flow Statement) rührt daher, dass diese Rechnung die Geldzuflüsse und Geldabflüsse einer Periode zeigt.[2]

Dabei wird der Geldbegriff weit gefasst: Er schliesst nicht nur das Bargeld in der Kasse und die sofort verfügbaren Gelder auf Bank- und Postkonten ein, sondern auch andere hochliquide Geldanlagen, die nur einem geringen Wertschwankungsrisiko unterliegen und kurzfristig in Geld umgewandelt werden können.

Am einfachsten lässt sich dieser **erweiterte Geldbegriff** durch flüssige (oder liquide) Mittel wiedergeben:

---

[1] In diesem Kapitel werden Grundkenntnisse der Geldflussrechnung vorausgesetzt, wie sie in folgenden Lehrmitteln vermittelt werden:
  ▷ Prochinig: Mittelflussrechnung – Geldflussrechnung, Kapitel 2 und 3, Verlag SKV, Zürich
  ▷ Leimgruber/Prochinig: Das Rechnungswesen als Führungsinstrument, 1. Teil, Verlag SKV, Zürich

[2] Die in der Schweiz gebräuchliche Bezeichnung Geldflussrechnung gibt den Inhalt der Rechnung besser wieder und liegt näher beim englischen Originalbegriff als der in Deutschland (und der offiziellen IFRS-Übersetzung) verwendete Begriff **Kapitalflussrechnung**.

Geldflussrechnung 20

Flüssige Mittel

	Geld (engl. Cash)	Diese Zahlungsmittel umfassen das Bargeld in der Kasse sowie die Sichtguthaben bei Bank und Post.
+	Geldnahe Mittel (engl. Cash Equivalents)	Geldnahe Mittel (oder Zahlungsmitteläquivalente) sind rasch liquidierbare Finanzanlagen mit geringem Wertschwankungsrisiko bis maximal 90 Tage Restlaufzeit wie Festgelder oder Geldmarktanlagen.
=	Flüssige Mittel (engl. Cash and Cash Equivalents)	

Nicht zu den flüssigen Mitteln gezählt werden grundsätzlich:

▷ Wertschriften in Form von Aktien, weil sie zu grossen Wertschwankungen unterliegen.

Wertschriften in Form von Obligationen sind nur dann zu den flüssigen Mitteln zu rechnen, wenn sie schon bei Erwerb eine Restlaufzeit von 90 Tagen oder kürzer aufweisen.

▷ Bankguthaben, deren Verwendung eingeschränkt ist (engl. Restricted Cash).

▷ Kurz- und langfristige Bankschulden.

Eine Ausnahme bilden nach IFRS und Swiss GAAP FER Bankkonten mit wechselndem Kreditverhältnis, die einen integralen Bestandteil des Cash-Managements bilden: Kurzfristige Bankhabensalden (engl. Bank Overdrafts) können in einem solchen Fall in den Fonds einbezogen werden, was formell den Fondstypus **Netto-flüssige Mittel** ergibt.

Bei der **Gliederung der Geldflussrechnung** sind folgende drei Bereiche zu unterscheiden:

▷ Geschäfts- oder Betriebstätigkeit
▷ Vorgänge im Investitionsbereich
▷ Vorgänge im Finanzierungsbereich

Der Saldo der Geldflussrechnung zeigt die Zu- oder Abnahme der flüssigen Mittel.

Am Fusse der Geldflussrechnung wird oft aus dem Anfangs- auf den Schlussbestand an flüssigen Mitteln gemäss Bilanz übergeleitet.

Schematisch kann die Gliederung wie folgt dargestellt werden:

Geldflussrechnung

	Geldflüsse aus Betriebstätigkeit
±	Geldflüsse aus Investitionstätigkeit
±	Geldflüsse aus Finanzierungstätigkeit
=	**Zunahme/Abnahme flüssige Mittel**
+	Anfangsbestand an flüssigen Mitteln
=	**Endbestand an flüssigen Mitteln**

Cash Flow Statement

	Cash flows from operating activities
±	Cash flows from investing activities
±	Cash flows from financing activities
=	**Increase/Decrease of Cash and Cash Equivalents**
+	Cash and cash equivalents at beginning of period
=	**Cash and Cash Equivalents at End of Period**

Geldflussrechnung 20

Die aus der Geschäftstätigkeit erwirtschaftete Liquidität wird in der Schweiz in Anlehnung an die englische Terminologie auch **Cashflow** genannt; zutreffender wäre indes die Bezeichnung **operativer Cashflow**.

Der operative Cashflow lässt sich direkt oder indirekt berechnen:

Operativer Cashflow

Direkte Berechnung	Indirekte Berechnung
Der operative Cashflow ergibt sich als Differenz zwischen den Einnahmen und Ausgaben aus der Betriebstätigkeit.	Der operative Cashflow wird durch eine Überleitungsrechnung ermittelt, die vom Gewinn ausgeht und alle Differenzen zwischen Erfolgsrechnung und operativen Einnahmen und Ausgaben aufführt.
Einnahmen aus Betriebstätigkeit ./. Ausgaben aus Betriebstätigkeit = Operativer Cashflow	Gewinn ± Differenzen zwischen Gewinn und Cashflow = Operativer Cashflow

Der operative Cashflow stellt die wichtigste Finanzierungsquelle einer Unternehmung dar und ist deshalb eine unverzichtbare Grösse bei der Beurteilung der finanziellen Situation. Er vermittelt Informationen über die Fähigkeit einer Unternehmung,

> ▷ Ersatz- und Erweiterungsinvestitionen aus dem Geschäftsumsatz zu finanzieren (ohne Aufnahme von Fremd- und Eigenkapital als externe Geldquellen)
> ▷ Dividenden auszuschütten
> ▷ Schulden zu verzinsen und zurückzuzahlen.

Es bestehen in Theorie und Praxis zwei gleichwertige Möglichkeiten, die konsolidierte Geldflussrechnung herzuleiten:

Erstellung der Konzern-Geldflussrechnung

Variante 1: Basis ist der Konzernabschluss.	Variante 2: Basis sind die Einzelabschlüsse.
Die Konzern-Geldflussrechnung wird auf der Grundlage von Konzernbilanz und Konzern-Erfolgsrechnung erstellt.	Die Konzern-Geldflussrechnung wird durch Konsolidierung der Geldflussrechnungen gemäss Einzelabschlüssen hergeleitet.
Diese Methode wird in **Beispiel 1** veranschaulicht.	Diese Methode wird in **Beispiel 2** veranschaulicht.

Geldflussrechnung 20

Beispiel 1 **Herleitung der Geldflussrechnung aus dem Konzernabschluss**

M besitzt seit 01. 01. 20_1 alle Aktien von T. Über das Jahr 20_4 sind die konsolidierte Anfangs- und Schlussbilanz, die konsolidierte Erfolgsrechnung sowie einige zusätzliche Informationen bekannt:

Konzernschlussbilanzen

Aktiven / Passiven

	20_3	20_4		20_3	20_4
Umlaufvermögen			**Fremdkapital**		
Flüssige Mittel	11	8	Verbindlichkeiten L+L	160	180
Forderungen L+L	150	190	Bankdarlehen	230	265
Warenvorrat	110	140	Aufgelaufene Zinsen	4	5
			Steuerrückstellungen	22	19
Anlagevermögen			**Eigenkapital**		
Sachanlagen	500	621	Aktienkapital	200	275
Goodwill	30	18	Kapitalreserven	60	85
Patente	54	49	Gewinnreserven	155	165
			Konzerngewinn	24	32
	855	1 026		855	1 026

Konzern-Erfolgsrechnung 20_4

Warenertrag	2 000
./. Warenaufwand	−1 100
./. Personalaufwand (= Ausgaben)	− 500
./. Diverser Aufwand (= Ausgaben)	− 286
= Operatives Ergebnis vor Abschreibungen (EBITDA)	**114**
+ Veräusserungsgewinn	6
./. Abschreibung Sachanlagen	− 53
./. Abschreibung Patente	− 5
./. Goodwill-Impairment	− 12
= Ergebnis vor Zinsen und Steuern (EBIT)	**50**
./. Zinsaufwand	− 10
= Gewinn vor Steuern	**40**
./. Steueraufwand	− 8
= Konzerngewinn	**32**

Zusätzliche Angaben über das Jahr 20_4

▷ Es wurden Sachanlagen im Buchwert von 65 gegen Bezahlung von 71 veräussert. Die Anschaffungswerte der gekauften (und bezahlten) Sachanlagen betrug 239.
▷ M schüttete eine Dividende von 14 aus.

Geldflussrechnung 20

Konzern-Geldflussrechnung 20_4

Betriebstätigkeit (direkt)[1]

	Zahlungen von Kunden[3]	1 960
./.	Zahlungen an Lieferanten[4]	−1 110
./.	Zahlungen ans Personal	− 500
./.	Zahlungen für diversen Aufwand	− 286
./.	Bezahlte Zinsen[5]	− 9
./.	Bezahlte Steuern[6]	− 11
=	Geldfluss aus Betriebstätigkeit	44

Investitionstätigkeit

./.	Käufe von Sachanlagen	− 239
+	Verkäufe von Sachanlagen	71
=	Geldfluss aus Investitionstätigkeit	−168

Finanzierungstätigkeit

+	Aktienkapitalerhöhung (nominal)	75
+	Agio bei Aktienkapitalerhöhung	25
+	Aufnahme Bankdarlehen	35
./.	Dividendenausschüttung	− 14
=	Geldfluss aus Finanzierungstätigkeit	121
=	**Abnahme flüssige Mittel**	**− 3**
+	Anfangsbestand flüssige Mittel	11
=	Schlussbestand flüssige Mittel	8

Betriebstätigkeit (indirekt)[1]

	Konzerngewinn	32
+	Abschreibung Sachanlagen	53
+	Abschreibung Patente	5
+	Goodwill-Impairment	12
./.	Veräusserungsgewinn	− 6
./.	Zunahme Forderungen L+L	−40
./.	Zunahme Warenvorrat	−30
+	Zunahme Verbindlichkeiten L+L	20
+	Zunahme aufgelaufene Zinsen	1
./.	Abnahme Steuerrückstellungen	− 3
=	Geldfluss aus Betriebstätigkeit	44

(Differenzen)

Betriebstätigkeit (indirekt)[2]

	EBIT	50
+	Abschreibung Sachanlagen	53
+	Abschreibung Patente	5
+	Goodwill-Impairment	12
./.	Veräusserungsgewinn	− 6
./.	Zunahme Forderungen L+L	−40
./.	Zunahme Warenvorrat	−30
+	Zunahme Verbindlichkeiten L+L	20
./.	Bezahlte Zinsen	− 9
./.	Bezahlte Steuern	−11
=	Geldfluss aus Betriebstätigkeit	44

(Differenzen)

---

[1] Der Geldfluss aus Betriebstätigkeit (operativer Cashflow) kann in Geschäftsberichten nach direkter oder indirekter Methode dargestellt werden.

In der Praxis wird – entgegen der Empfehlung von IFRS – meist der indirekte Ausweis gewählt, weil er vor allem bei der Absatz-Erfolgsrechnung (wie sie in den Geschäftsberichten üblich ist) einfacher ist.

[2] Es ist auch möglich, beim indirekten Nachweis mit EBIT statt dem Gewinn zu beginnen, was den Vorteil hat, dass die bezahlten Zinsen und Steuern in der Geldflussrechnung trotz indirekter Methode sichtbar werden.

[3]
	Warenertrag	2 000
./.	Zunahme Forderungen L+L	− 40
=	**Zahlungen von Kunden**	**1 960**

[4]
	Warenaufwand	1 100
+	Zunahme Warenvorrat	30
=	Wareneinkauf	1 130
./.	Zunahme Verbindlichkeiten L+L	− 20
=	**Zahlungen an Lieferanten**	**1 110**

[5]
	Zinsaufwand	10
./.	Zunahme aufgelaufene Zinsen	− 1
=	**Bezahlte Zinsen**	**9**

[6]
	Steueraufwand	8
+	Abnahme Steuerrückstellungen	3
=	**Bezahlte Steuern**	**11**

Die latenten Steuern werden in Kapitel 21 erklärt.

Geldflussrechnung 20

Beispiel 2 **Herleitung der Konzern-Geldflussrechnung aus den Geldflussrechnungen gemäss Einzelabschlüssen**

M besitzt seit 01. 01. 20_1 alle Aktien von T. Beispiel 2 beruht auf denselben Zahlen wie Beispiel 1.

Als Ausgangslage für die Konsolidierung liegen die bereinigten Geldflussrechnungen von M und T vor. Über die konzerninternen Beziehungen sind für das Jahr 20_4 folgende Zusatzangaben verfügbar:

▷ M lieferte T Handelswaren für 202.

Die Warenvorräte aus konzerninternen Lieferungen bei T betrugen Anfang Jahr 28 (Konzerneinstand 17) und Ende Jahr 36 (Konzerneinstand 24), d. h., der Zwischengewinn erhöhte sich in der Berichtsperiode um 1.

Die konzerninternen Kundenforderungen bzw. Lieferantenverbindlichkeiten betrugen Anfang Jahr 10 und Ende Jahr 12.

▷ T bezahlte an M eine Management-Gebühr von 11.

▷ T schüttete eine Dividende von 5 aus.

▷ Bei T wurde das Aktienkapital um nominal 20 mit einem Agio von 40% erhöht.

Da die Geldflussrechnung nicht ein Teil der doppelt geführten Buchhaltung ist, erfolgt die Konsolidierung in Tabellenform mit Plus und Minus (nicht mit Soll und Haben).

Die Geldflussrechnung als Ganzes ist auf der rechten Buchseite abgebildet; die unten auf dieser Seite aufgeführte indirekte Berechnung des operativen Cashflows stellt eine Alternative zur direkten Darstellung der Geldflüsse aus Betriebstätigkeit dar.

Konsolidierungsbogen für den indirekten Nachweis des operativen Cashflows 20_4

	M	T	Summen	Konsolidierung	Konzern
Gewinn	34	16	50	−1 ♦ −12 ♦ −5	32
+ Abschreibung Sachanlagen	33	20	53		53
+ Abschreibung Patente	5		5		5
+ Goodwill-Impairment				12	12
./. Zunahme Forderungen L+L	−24	−18	−42	2	−40
./. Zunahme Warenvorrat	−17	−14	−31	1	−30
+ Zunahme Verbindlichkeiten L+L	15	7	22	− 2	20
./. Veräusserungsgewinn	− 6		− 6		− 6
+ Zunahme aufgelaufene Zinsen		1	1		1
./. Abnahme Steuerrückstellungen	− 1	− 2	− 3		− 3
= **Geldfluss aus Betriebstätigkeit**	**39**	**10**	**49**	**− 5**	**44**

Legende

−2 Nicht erfolgswirksame Elimination der konzerninternen Guthaben und Schulden

−1 Erfolgswirksame Zwischengewinn-Elimination auf Warenvorrat

−12 Erfolgswirksame Goodwill-Abschreibung auf Konzernebene

−5 Erfolgswirksame Elimination der Dividendeneinnahmen von M (Die Dividendenauszahlung von T wird als Gegenbuchung im Finanzierungsbereich korrigiert, vgl. Geldflussrechnung auf der rechten Seite.)

Geldflussrechnung 20

Konsolidierungsbogen für die Geldflussrechnung 20_4

	M	T	Summen	Konsolidierung	Konzern
Betriebstätigkeit					
Zahlungen von Kunden	1 500	660	2 160	−200	1 960
+ Dividendeneinnahmen	5		5	−5	
+ Dienstleistungserträge	11		11	−11	
./. Zahlungen an Lieferanten	− 900	−410	−1 310	200	−1 110
./. Zahlungen ans Personal	− 350	−150	− 500		− 500
./. Zahlungen für diversen Aufwand	− 214	− 83	− 297	11	− 286
./. Bezahlte Zinsen	− 6	− 3	− 9		− 9
./. Bezahlte Steuern	− 7	− 4	− 11		− 11
= Geldfluss aus Betriebstätigkeit	**39**	**10**	**49**	**−5**	**44**
Investitionstätigkeit					
./. Käufe von Sachanlagen	− 159	− 80	− 239		− 239
./. Kauf von Beteiligungen	− 28		− 28	20 ♦ 8	
+ Verkäufe von Sachanlagen	41	30	71		71
= Geldfluss aus Investitionstätigkeit	**− 146**	**− 50**	**− 196**	**28**	**− 168**
Finanzierungstätigkeit					
+ Aktienkapitalerhöhung	75	20	95	−20	75
+ Agio bei Aktienkapitalerhöhung	25	8	33	−8	25
+ Aufnahme Bankdarlehen	19	16	35		35
./. Dividendenausschüttung	− 14	− 5	− 19	5	− 14
= Geldfluss aus Finanzierungstätigkeit	**105**	**39**	**144**	**−23**	**121**
= **Abnahme flüssige Mittel**	**− 2**	**− 1**	**− 3**	**0**	**− 3**
+ Anfangsbestand flüssige Mittel	8	3	11	0	11
= Schlussbestand flüssige Mittel	6	2	8	0	8

Legende

−200 Umsatzkonsolidierungen

−5 Elimination der konzerninternen Gewinnausschüttung von T an M

−20 Kapitalerhöhung bei T (nominal 20, Agio 8)

Geldflussrechnung

Im Folgenden wird auf drei Problemstellungen eingegangen, die sich spezifisch bei konsolidierten Geldflussrechnungen ergeben:

1. Veränderungen im Konsolidierungskreis

Zahlungen für den Kauf oder den Verkauf einer Tochtergesellschaft sind **im Investitionsbereich netto auszuweisen**, d.h. nach Abzug der erworbenen bzw. der mitgegebenen flüssigen Mittel. Im Anhang sind die Einzelheiten offen zu legen (vgl. Kapitel 18).

Beispiel 3 — Erwerb und Veräusserung von Tochtergesellschaften

M erwarb am 30. März 20_1 alle Aktien von T2 gegen bar. Am 30. Juni 20_1 wurden sämtliche Aktien von T1 gegen bar veräussert.

Im **Anhang zur Konzernrechnung** per Ende Jahr sind zu diesen Transaktionen folgende Informationen offen zu legen:

Kauf von T2

	Flüssige Mittel	5
+	Forderungen L+L	10
+	Vorräte	1
+	Sachanlagen	30
+	Immaterielle Anlagen	15
./.	Verbindlichkeiten L+L	−13
./.	Hypotheken	−20
=	**Von T übernommene Nettoaktiven**	**28**
+	Goodwill	7
=	**Bezahlter Kaufpreis**	**35**

Verkauf von T1

	Flüssige Mittel	3
+	Forderungen L+L	18
+	Vorräte	22
+	Sachanlagen	74
./.	Verbindlichkeiten L+L	−18
./.	Hypotheken	−30
=	**An T abgegebene Nettoaktiven**	**69**
+	Buchwert Goodwill	4
+	Veräusserungsgewinn	10
=	**Einnahmen aus dem Verkauf**	**83**

In der Geldflussrechnung sind die beiden Transaktionen wie folgt zu erfassen (die blau hervorgehobenen Positionen beziehen sich auf das Beispiel, die übrigen Angaben sind fiktiv):

Konzern-Geldflussrechnung per 31.12. 20_1

	Betriebstätigkeit (indirekte Methode)		
	Gewinn	610	
./.	Veräusserungsgewinn	−10	
+	Übrige Differenzen	300	900
	Investitionstätigkeit		
./.	Käufe von Sachanlagen	−850	
+	Verkäufe von Sachanlagen	100	
./.	Kauf von T2 (Kaufpreis 35 ./. übernommene flüssige Mittel 5)	−30	
+	Verkauf von T1 (Verkaufspreis 83 ./. abgegebene flüssige Mittel 3)	80	−700
	Finanzierungstätigkeit		
+	Aufnahme Hypotheken	200	
./.	Gewinnausschüttung	−350	−150
=	**Zunahme flüssige Mittel**		50

2. Minderheitsanteile am Eigenkapital von Tochtergesellschaften

Bei Konzern-Geldflussrechnungen sind im Zusammenhang mit Minderheitsanteilen am Eigenkapital von Tochterunternehmen hauptsächlich zwei Tatbestände zu untersuchen:

Kapitalerhöhungen bzw. Kapitalrückzahlungen bei der Tochter

▷ Einzahlungen der Mutter (bzw. Rückzahlungen an die Mutter) haben keinen Einfluss auf die Konzernliquidität; sie sind im Rahmen der Konsolidierung zu eliminieren.

▷ Einzahlungen von Minderheiten (bzw. Rückzahlungen an Minderheiten) erhöhen (vermindern) die Konzernliquidität; sie sind im Finanzierungsbereich auszuweisen.

Dividendenauszahlungen der Tochter

▷ Dividenden an die Mutter haben keinen Einfluss auf die Konzernliquidität; sie sind im Rahmen der Konsolidierung zu eliminieren.

▷ Dividenden an Minderheitsaktionäre stellen aus Konzernsicht einen im Finanzierungsbereich auszuweisenden Zahlungsmittelabfluss dar.

Schematisch zusammengefasst ergeben sich diese Regeln für die Konzern-Geldflussrechnung:

	Kapitalerhöhung bei T	Kapitalrückzahlung durch T	Dividendenzahlung von T
Mutter leistet oder erhält Zahlung	Konsolidieren	Konsolidieren	Konsolidieren
Minderheitsaktionäre von T leisten oder erhalten Zahlung	Einnahme im Finanzierungsbereich	Ausgabe im Finanzierungsbereich	Ausgabe im Finanzierungsbereich

3. Equity-Methode

Der Ertrag aus assoziierten Gesellschaften (sowie der Ertrag aus Joint Ventures, die nach der Equity-Methode in die Konzernrechnung einbezogen werden) muss in einen liquiditätswirksamen und einen nicht liquiditätswirksamen Teil aufgespalten werden.

Beispiel 4 **Ertrag aus assoziierten Gesellschaften**

H hält seit 01. 01. 20_1 einen Anteil von 30% am Kapital der assoziierten Gesellschaft A. Der Beteiligungswert wird als Staffel wie folgt fortgeschrieben:

Fortschreibung der Beteiligung an A per 31. 12. 20_3

Text	Betrag
Anfangsbestand am 01. 01. 20_1	120
+ Anpassungen in Vorperioden	+ 30
= Equity-Wert per 01. 01. 20_3	**150**
+ Kapitalerhöhung bei A gegen bar	+ 10
./. Dividendenauszahlung	− 9
+ Jahresgewinn von A	+ 20
./. Zwischengewinnelimination	− 1
./. Abschreibung von Neubewertungen	− 4
= Schlussbestand per 31. 12. 20_3	**166**

(6 umfasst: + 20, − 1, − 4)

Der **Ertrag aus der assoziierten Gesellschaft A** von 15 ist für die Geldflussrechnung in eine liquiditätswirksame und eine nicht liquiditätswirksame Komponente zu zerlegen:[1]

▷ Die von A ausbezahlte Dividende von 9 stellt für den Konzern eine Einnahme aus Betriebstätigkeit dar; sie führt zu einer Erhöhung des operativen Cashflows.

▷ Die Anpassungsbuchung von 6 hat keinen Einfluss auf die flüssigen Mittel: Bei der indirekten Ermittlung des operativen Cashflows ist der Betrag einerseits im Konzerngewinn enthalten und wird anderseits als negativer Differenzbetrag wieder abgezählt.

Die Einzahlung von H für die **Kapitalerhöhung bei A** von 10 ist in der Konzern-Geldflussrechnung als Ausgabe im Investitionsbereich auszuweisen.

---

[1] Der gesamte Ertrag aus der assoziierten Gesellschaft A von 15 und der nicht liquiditätswirksame Teil dieses Ertrags von 6 lassen sich rechnerisch wie folgt nachweisen:

Jahresgewinn von A	20
./. Zwischengewinnelimination	− 1
./. Abschreibung Neubewertung	− 4
= (Gesamter) Ertrag aus der assoziierten Gesellschaft A	**15**
./. Dividendeneinnahmen (= liquiditätswirksamer Ertrag)	− 9
= Nicht liquiditätswirksamer Teil des Ertrags	**6**

Zum Schluss sei auf ein paar Besonderheiten der Geldflussrechnung hingewiesen, die nicht nur bei der Konsolidierung Anwendung finden:

▶ Zinsen

Die Geldflüsse aus Geschäftstätigkeit stammen im Allgemeinen aus den erfolgswirksamen Geschäftsfällen, weshalb die Zinseinnahmen und -ausgaben im Geschäftsbereich auszuweisen sind.

Nach Swiss GAAP FER und IFRS ist es indes im Sinne eines Wahlrechts möglich, die

▷ Zinseinnahmen im Investitionsbereich zu zeigen, weil diese als Rückfluss aus einer Investitionstätigkeit interpretiert werden können.

▷ Zinsausgaben im Finanzierungsbereich offen zu legen, weil diese als Zahlung an externe Finanzierungsquellen ausgelegt werden können.

Vor allem bei Unternehmen mit hohem Fremdkapitalanteil wird durch den Ausweis der Zinsausgaben im Finanzierungsbereich der operative Cashflow überhöht ausgewiesen, weshalb diese Wahlmöglichkeit aus betriebswirtschaftlicher Sicht abzulehnen ist.

▶ Dividenden

Erhaltene Dividenden sind grundsätzlich im Betriebsbereich auszuweisen, können aber auch als Rückfluss aus einer Investition aufgefasst und im Investitionsbereich ausgewiesen werden.

Bezahlte Dividenden werden normalerweise als Definanzierung behandelt, können aber auch im Betriebsbereich aufgeführt werden.

Diese beiden Wahlrechte werden im Allgemeinen nicht benutzt, da sie zu einer unerwünschten Verkleinerung des operativen Cashflows führen.

▶ Selbst hergestellte Anlagen (aktivierte Eigenleistungen)

Selbst hergestellte Anlagen werden in der Bilanz zu Herstellkosten aktiviert und in der Erfolgsrechnung als Ertrag ausgewiesen. In der Geldflussrechnung sind solche Anlagen als **Investitionsausgabe** zu interpretieren. Deshalb müssen die mit der Herstellung der Anlagen verbundenen Geldausgänge[1] vom Geschäftsbereich in den Investitionsbereich umgebucht werden, was zu einer Erhöhung des operativen Cashflows führt.

▶ Nicht liquiditätswirksame Geschäftsvorgänge

Investitions- und Finanzierungsvorgänge, welche nicht zu einer Veränderung der flüssigen Mittel führen (engl. Non-cash Transactions), sind nicht in der Geldflussrechnung aufzuführen, sondern **im Anhang** offen zu legen. Beispiele sind:

▷ Erwerb von Vermögenswerten durch Kapitalerhöhung (z.B. Sacheinlage)
▷ Erwerb von Vermögenswerten durch Finanzleasing
▷ Erwerb von Vermögenswerten gegen Schuldübernahme
▷ Umwandlung von Schulden in Eigenkapital (z.B. Wandelanleihe)
▷ Akquisition einer Unternehmung durch Ausgabe eigener Aktien

---

[1] Die Umbuchung erfolgt im Sinne der Wesentlichkeit meist zu Herstellkosten. Dabei wird vernachlässigt, dass die Herstellkosten nebst den Zahlungen für Material, Löhne und übrigen Aufwand auch nicht liquiditätswirksame Kostenbestandteile wie Abschreibungen enthalten.

21

Ertragssteuern

Unter Ertragssteuern werden alle Steuerfolgen zusammengefasst, die sich aus der Erzielung von Gewinnen oder Verlusten ergeben.

Ertragssteuern
Income Taxes

Tatsächliche (laufende) Ertragssteuern
Current Taxes

Bei den laufenden Ertragssteueraufwendungen handelt es sich um die aufgrund der HB 1 (= lokaler Steuerabschluss) **tatsächlich geschuldeten Ertragssteuern**.

Sie setzen sich zusammen aus den bezahlten Steuern sowie den notwendigen Steuerabgrenzungen gemäss lokaler Gesetzgebung.

In diesem Lehrbuch wird nicht auf die Berechnung der laufenden Ertragssteuern eingegangen.

Latente Ertragssteuern
Deferred Taxes

Die **Steuerfolgen von Differenzen zwischen der Konzernrechnung und dem Steuerabschluss,** welche sich aus der unterschiedlichen Erfassung und Bewertung von Vermögenswerten und Schulden ergeben, werden als latente Steuern bezeichnet.[1]

Latente Steuerschulden und -guthaben
Deferred Tax Liabilities and Assets

Latente Steuerschulden und -guthaben sind aufgeschobene Steuern, die sich aus der unterschiedlichen Bewertung von Vermögenswerten und Schulden zwischen Konzern- und Steuerbilanz ergeben.

Latente Steuerschulden werden als separate Position in den langfristigen Verbindlichkeiten ausgewiesen, latente Steuerguthaben als separate Position im Anlagevermögen.

Latente Steuerguthaben und -schulden dürfen nur miteinander verrechnet werden, falls es sich um dieselbe Steuerhoheit und dasselbe Steuersubjekt handelt.

Latenter Steueraufwand und -ertrag
Deferred Tax Expense and Income

Latente Steueraufwände und -erträge entstehen durch die Anpassung der latenten Steuerschulden und -guthaben.

Die latenten Steueraufwände und -erträge werden in der Konzern-Erfolgsrechnung häufig mit den laufenden Ertragssteuern zusammengefasst.

Es bestehen zahlreiche Offenlegungspflichten für den Anhang.

---

[1] Das lateinische Wort **latent** bedeutet: verborgen; vorhanden, aber (noch) nicht hervortretend.

Ertragssteuern 21

In Beispiel 1 wird der Unterschied zwischen laufenden und latenten Steueraufwendungen veranschaulicht.

Beispiel 1 **Tatsächliche und latente Ertragssteuern**

M kaufte am 01. 01. 20_1 eine Produktionsmaschine für 60. Die Abschreibung erfolgt linear

▷ in der HB 1 aus Steuersicht über zwei Jahre.

▷ in der HB 2 aus Konzernsicht über drei Jahre.

In der Ausgangslage beläuft sich der Gewinn vor Steuern und Abschreibungen gemäss HB 1 und HB 2 auf jeweils 70. Der aktuelle Steuersatz beträgt 40% des Gewinns vor Steuern.

Durch die ungleiche Abschreibung in HB 1 und HB 2 entsteht auf den Sachanlagen per Ende 20_1 ein Unterschiedsbetrag von 10, der **temporäre Differenz** genannt wird (engl. Temporary difference).

Der Name rührt daher, dass sich der Unterschied im Verlaufe der Zeit wieder auflöst, d.h., die Differenz ist zeitlich befristet, weil die Sachanlage nach Ablauf der Nutzungsdauer sowohl in der HB 1 als auch in der HB 2 auf Null abgeschrieben ist.

Berechnung der latenten Steuerabgrenzung per 31.12. 20_1

	HB 1 Steuerwerte	HB 2 Konzernsicht	Temporäre Differenzen
Aktiven			
Diverse Aktiven	80	80	0
Sachanlagen	30	40	10
	110	120	
Passiven			
Diverses Fremdkapital	50	50	0
Latente Steuerschulden	0	4	① –
Eigenkapital	60	66	① –
	110	120	
Temporäre Differenzen			10
Latente Steuerschuld (40% von 10)			4

In der HB 1 beträgt der Steuerwert der Sachanlagen nach erfolgter Abschreibung 30. Dieser Wert kann in zukünftigen Perioden vollumfänglich als steuerlicher Aufwand in Form von Abschreibungen oder der Verrechnung mit einem allfälligen Liquidationserlös geltend gemacht werden.

Durch die tieferen Abschreibungen in der HB 2 beträgt der Buchwert der Sachanlagen 40. Davon können in zukünftigen Perioden nur 30 (Steuerwert gemäss HB 1) als steuerlicher Aufwand geltend gemacht werden. Deshalb müssen für den Differenzbetrag von 10 auf Konzernstufe latente Steuerschulden von 4 (40% von 10) zurückgestellt werden.

---

① Das Eigenkapital als Saldogrösse und die latenten Steuerschulden bzw. -guthaben führen grundsätzlich nicht zu zusätzlichen zeitlichen Differenzen.

Die Bildung der latenten Steuerschuld von 4 ist in der HB 2 erfolgswirksam über den latenten Steueraufwand zu verbuchen:

Soll	Haben	Betrag
Latenter Steueraufwand	Latente Steuerschuld	4

Bilanzen M per 31.12. 20_1

Aktiven   Passiven

	HB 1	HB 2		HB 1	HB 2
Diverse Aktiven	80	80	Diverses Fremdkapital	50	50
Sachanlagen	30	40	Latente Steuerschulden		4
			Eigenkapital	60	66
	110	120		110	120

Erfolgsrechnungen M von 20_1

	HB 1	HB 2
Ertrag	200	200
./. Diverser Aufwand	–130	–130
= Gewinn vor Steuern und Abschreibungen	**70**	**70**
./. Abschreibungen	– 30	– 20
= Gewinn vor Steuern	**40**	**50**
./. Tatsächlicher Steueraufwand	– 16	– 16
./. Latenter Steueraufwand		– 4
= Gewinn nach Steuern	**24**	**30**

Nach der latenten Steuerabgrenzung beträgt im Beispiel der gesamte Steueraufwand auch in der Konzernrechnung 40% des Gewinns vor Steuern (20 = 40% von 50).

Beispiel 2 illustriert anhand der Zahlen von Beispiel 1, wie sich die temporären Differenzen im Verlaufe der Nutzungsdauer von drei Jahren verändern und am Ende auflösen.

Beispiel 2   **Temporäre Differenzen**

Um das Wesen der temporären Differenzen zu verdeutlichen, wird für alle Jahre vereinfachend ein Gewinn vor Abschreibungen und Steuern von je 70 unterstellt. Der Steuersatz beträgt jeweils 40% des Gewinns vor Steuern.

Die verschiedenen tabellarischen Berechnungen zeigen:

▷ Die latente Steuerschuld steigt, solange die temporären Differenzen zwischen HB 1 und HB 2 zunehmen.

▷ Am Ende der Nutzungsdauer lösen sich die Bewertungsunterschiede auf, sodass die latente Steuerschuld ebenfalls auf Null sinkt.

▷ Die Anpassungen der latenten Steuerschuld werden erfolgswirksam über latenten Steueraufwand bzw. latenten Steuerertrag verbucht.

Steuerliche Auswirkungen von temporären Differenzen

	20_1	20_2	20_3
Schlussbestand der Sachanlagen gemäss HB 2	40	20	0
./. Schlussbestand der Sachanlagen gemäss HB 1	−30	− 0	−0
= **Schlussbestand der temporären Differenzen auf Sachanlagen**	10	20	0
Schlussbestand der latenten Steuerschuld (= 40% auf dem Schlussbestand der temporären Differenzen)	4	8	0
./. Eröffnungsbestand der latenten Steuerschuld	0	− 4	−8
= **Latenter Steueraufwand / latenter Steuerertrag**	4	4	−8

▷ Der Gesamtsteueraufwand beträgt in beiden Erfolgsrechnungen jeweils 60. Indes wird durch die Bildung und Auflösung der latenten Steuerschuld im Konzernabschluss die ungleiche Bewertung der Sachanlagen – und damit der unterschiedliche zeitliche Anfall des Abschreibungsaufwands – berücksichtigt.

Erfolgsrechnung gemäss Steuerabschluss (HB 1)

	20_1	20_2	20_3	
Gewinn vor Steuern und Abschreibungen	70	70	70	
./. Abschreibungen	−30	−30	− 0	
= **Gewinn vor Steuern**	40	40	70	
./. Tatsächlicher Steueraufwand (40% vom Gewinn vor Steuern)	−16	−16	−28	} 60
= **Gewinn nach Steuern**	24	24	42	

Erfolgsrechnung aus Konzernsicht (HB 2)

	20_1	20_2	20_3	
Gewinn vor Steuern und Abschreibungen	70	70	70	
./. Abschreibungen	−20	−20	−20	
= **Gewinn vor Steuern**	50	50	50	
./. Tatsächlicher Steueraufwand aus HB 1	−16	−16	−28	
./. Latenter Steueraufwand	− 4	− 4		} 60
+ Latenter Steuerertrag			8	
= **Gewinn nach Steuern**	30	30	30	

Stufen der latenten Steuerabgrenzung

Latente Steuerabgrenzungen entstehen aufgrund von temporären Bewertungsunterschieden zwischen Steuer- und Konzernbilanz sowohl auf Stufe Einzelabschluss als auch bei der Konsolidierung:

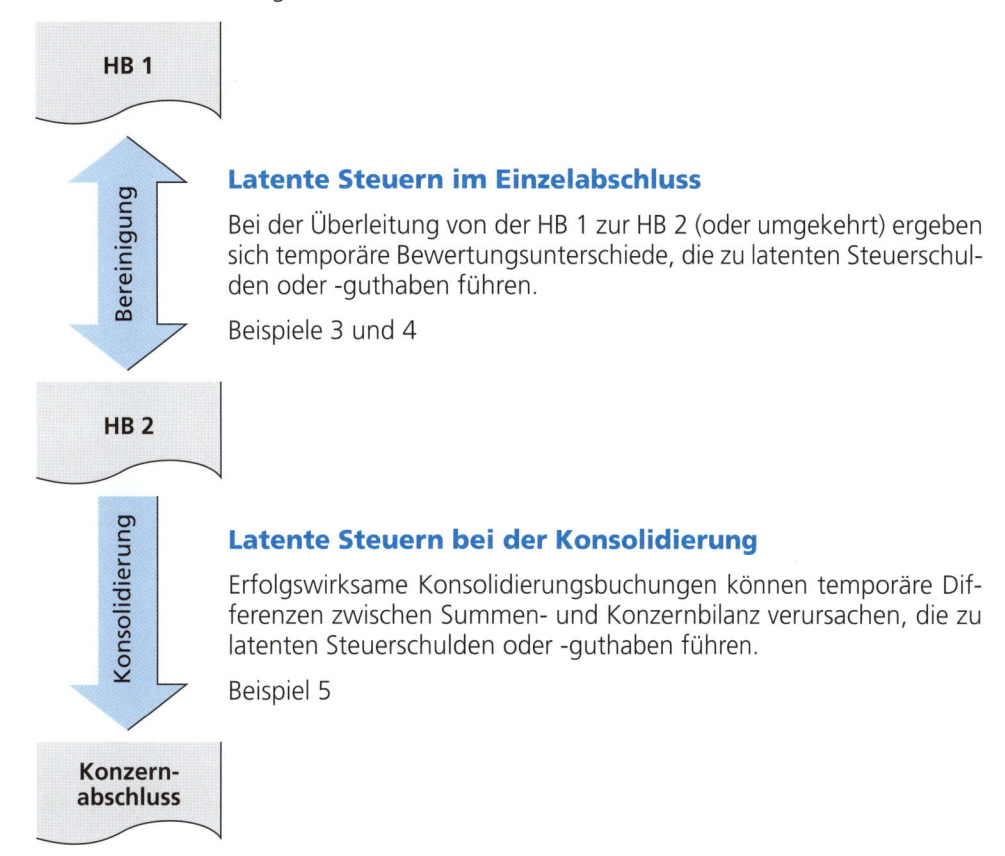

HB 1

Bereinigung

Latente Steuern im Einzelabschluss

Bei der Überleitung von der HB 1 zur HB 2 (oder umgekehrt) ergeben sich temporäre Bewertungsunterschiede, die zu latenten Steuerschulden oder -guthaben führen.

Beispiele 3 und 4

HB 2

Konsolidierung

Latente Steuern bei der Konsolidierung

Erfolgswirksame Konsolidierungsbuchungen können temporäre Differenzen zwischen Summen- und Konzernbilanz verursachen, die zu latenten Steuerschulden oder -guthaben führen.

Beispiel 5

Konzernabschluss

21 Ertragssteuern

Latente Steuern im Einzelabschluss

Die im Erwerbszeitpunkt entstehenden temporären Bewertungsdifferenzen aus der Zuweisung des Kaufpreises auf die Nettoaktiven der akquirierten Gesellschaft (Purchase Price Allocation) führen zu latenten Steuern:

Beispiel 3 — **Latente Steuern im Erwerbszeitpunkt**

Anfang 20_1 erwarb M sämtliche Aktien von T zum Kaufpreis von 160. Für die Bereinigung im Erwerbszeitpunkt sind zu berücksichtigen:

▷ Die durch T erarbeiteten Patente gelten aus Konzernsicht als gekauft. Sie werden zum Nutzungswert von 24 aktiviert und über die Restlaufzeit von drei Jahren abgeschrieben.

▷ Die Rückstellungen sind objektiv nicht notwendig.

▷ Die Berechnung der latenten Steuern erfolgt zum lokalen Steuersatz von 25% des Gewinns vor Steuern.

Bereinigungstabelle für T per 01. 01. 20_1 (Erwerb)

Bilanzen	HB 1 Aktiven	HB 1 Passiven	Bereinigung	Soll	Haben	HB 2 Aktiven	HB 2 Passiven
Diverse Aktiven	276					276	
Patente			Durch den Konzern gekauft	24		24	
Diverses Fremdkapital		138					138
Rückstellungen		4	Nicht notwendige Rückstellungen	4			
Latente Steuerschulden					7		7
Aktienkapital		100					100
Gesetzliche Reserven		20	Umgliederung in Kapitalreserven	20			
Gewinnvortrag		14	Umgliederung in Kapitalreserven	14			
Kapitalreserven①			Neubewertung ♦ Steuern		34 ♦ 21		55
	276	276		62	62	300	300

Bereinigungsjournal T

Text	Soll	Haben	Betrag
Neubewertung der Aktiven und des Fremdkapitals	Patente	Kapitalreserven	24
	Rückstellungen	Kapitalreserven	4
Latente Steuerschuld auf der Neubewertung (25% von 24 + 4)	Kapitalreserven	Latente Steuerschulden	7
Umgliederung der gekauften Reserven in Kapitalreserven	Gesetzliche Reserven	Kapitalreserven	20
	Gewinnvortrag	Kapitalreserven	14

---

① Die Kapitalreserven betragen 55. Sie setzen sich zusammen aus:
  ▷ Neubewertung der Patente und Rückstellungen abzüglich latenter Steuern 21 (24 + 4 – 7)
  ▷ Umgliederung aller bei Erwerb durch M gekauften Reserven 34 (20 + 14)

Berechnung der latenten Steuerabgrenzung im Erwerbszeitpunkt

	HB 1 Steuerwerte	HB 2 Konzernsicht	Temporäre Differenzen
Aktiven			
Diverse Aktiven	276	276	0
Patente	0	24	24
	276	300	
Passiven			
Diverses Fremdkapital	138	138	0
Rückstellungen	4	0	4
Latente Steuerschuld	0	7	–
Eigenkapital	134	155	–
	276	300	
Temporäre Differenzen			28
Latente Steuerschuld 01. 01. 20_1 (25% von 28)			7

Die im Erwerbszeitpunkt aus Konzernsicht vorgenommenen Neubewertungen sind aus steuerlicher Sicht nicht erfolgt und stellen temporäre Differenzen dar, die zur Bildung latenter Steuerschulden führen:

▷ **Temporäre Differenz auf Patenten**

Der Steuerwert der Patente beträgt 0, weshalb die aus Konzernsicht später notwendige Abschreibung der Patente nicht als steuerlicher Aufwand geltend gemacht werden kann. Dies führt dazu, dass der zu versteuernde Gewinn in den Folgeperioden höher ausfallen wird als der Gewinn gemäss HB 2. Dieser künftig höheren Steuerbelastung wird durch die Bildung einer latenten Steuerschuld Rechnung getragen.

▷ **Temporäre Differenz auf Rückstellungen**

In der HB 2 wurden diese Rückstellungen nicht bilanziert; der Steuerwert gemäss HB 1 beträgt 4. Eine spätere Auflösung dieser Rückstellungen führt in der HB 1 zu einem steuerbaren Ertrag und einer Erhöhung des steuerbaren Gewinns gegenüber der HB 2. Für diese künftig höhere Steuerbelastung wird eine latente Steuerschuld gebildet.

Ertragssteuern

Auf jeden Bilanzstichtag müssen die Bestände und Veränderungen an temporären Differenzen neu ermittelt werden. Die latenten Steuern sind entsprechend zu erfassen:
▷ Die latenten Steuerschulden aus Vorperioden sind erfolgsneutral einzubuchen.
▷ Die in der Berichtsperiode eingetretenen Veränderungen von latenten Steuerschulden sind erfolgswirksam als latenter Steueraufwand oder -ertrag zu verbuchen.

Beispiel 4 **Latente Steuern im Zeitpunkt der Erstkonsolidierung**

Beispiel 4 ist die Fortsetzung von Beispiel 3. Folgende Tatbestände sind überdies zu berücksichtigen:
▷ Die Rückstellungen wurden in der HB 1 über den diversen Ertrag aufgelöst.
▷ Es erfolgten weder Reservezuweisungen noch Dividendenausschüttungen.

Bereinigungstabelle für T per 31.12. 20_1 (Erstkonsolidierung)

Bilanzen	HB 1 Aktiven	HB 1 Passiven	Bereinigung Erwerb Aktiven	Bereinigung Erwerb Passiven	Bereinigung laufendes Jahr	Soll	Haben	HB 2 Aktiven	HB 2 Passiven
Diverse Aktiven	284							284	
Patente			24		Jahresabschreibung		8	16	
Diverses Fremdkapital		135							1...
Rückstellungen		0	4		Auflösung		4		
Latente Steuerschulden				7	Reduktion	3			
Aktienkapital		100							10...
Gesetzliche Reserven		20	20						
Gewinnvortrag		14	14						
Kapitalreserven			34 ♦ 21						5...
Gewinn Bilanz		15			Gegenbuchungen	8 ♦ 4	3		
	284	284	62	62		15	15	300	30...

Erfolgsrechnungen	HB 1 Aufwand	HB 1 Ertrag			Bereinigung laufendes Jahr	Soll	Haben	HB 2 Aufwand	HB 2 Ertrag
Diverser Ertrag		451			Auflösung Rückstellung	4			4...
Warenaufwand	300							300	
Abschreibungen	22				Abschreibung Patente	8		30	
Diverser Aufwand	109							109	
Tatsächlicher Steueraufwand	5							5	
Latenter Steuerertrag					Reduktion latente Steuern		3		
Gewinn ER	15				Gegenbuchungen	3	8 ♦ 4	6	
	451	451				15	15	450	45...

21 Ertragssteuern

Berechnung der latenten Steuerabgrenzung T per 31.12. 20_1

	HB 1 Steuerwerte	HB 2 Konzernsicht	Temporäre Differenzen
Aktiven			
Diverse Aktiven	284	284	0
Patente	0	16	16
	284	300	
Passiven			
Diverses Fremdkapital	135	135	0
Rückstellungen	0	0	0
Latente Steuerschuld	0	4	–
Eigenkapital	149	161	–
	284	300	
Temporäre Differenzen			16
Latente Steuerschuld per 31.12. 20_1 (25% von 16)			4
./. Latente Steuerschuld per 01.01. 20_1			– 7
Latenter Steuerertrag			– 3

Die nachstehenden Erfolgsrechnungen zeigen, dass der Steuersatz wegen der latenten Steuerabgrenzungen sowohl in der HB 1 als auch in der HB 2 jeweils 25% des Gewinns vor Steuern beträgt:

Erfolgsrechnungen T für 20_1

	HB 1	HB 2
Ertrag	451	447
./. Aufwand	–431	–439
= Gewinn vor Steuern	**20**	**8**
./. Tatsächlicher Steueraufwand	– 5	– 5
+ Latenter Steuerertrag		3
= Gewinn nach Steuern	**15**	**6**

Der Steueraufwand beträgt aus Konzernsicht 2.

Latente Steuern bei der Konsolidierung

Grundsätzlich führen erfolgswirksame Konsolidierungsbuchungen zu Bewertungsdifferenzen in Bilanzpositionen und dadurch auch zu latenten Steuerabgrenzungen.

Da nicht realisierte Zwischengewinne die häufigste Ursache für temporäre Differenzen darstellen, bilden diese den Kernpunkt von Beispiel 5, welches zahlenmässig an Beispiel 4 anknüpft.

Beispiel 5   **Latente Steuern auf Zwischengewinnen**

Die bereinigten Einzelabschlüsse von M und T sind im Konsolidierungsbogen eingetragen. Für die Erstkonsolidierung per Ende 20_1 stehen diese Informationen zur Verfügung:

▷ Der Kaufpreis der Aktien betrug 160.

▷ Der Goodwill ist werthaltig.

▷ M lieferte T Handelswaren im Fakturawert von 80 (Konzerneinstandswert 60). Ende Jahr sind in den Vorräten von T Zwischengewinne von 4 enthalten.

▷ Für die Berechnung der latenten Steuern gilt der Steuersatz des Erwerbers (engl. Buyer's rate) von 25% des Gewinns vor Steuern.

Konsolidierungsjournal per 31. 12. 20_1

Text	Soll	Haben	Betrag
Kapitalkonsolidierung	Aktienkapital	Beteiligung an T	100
	Kapitalreserven	Beteiligung an T	55
	Goodwill	Beteiligung an T	5
Elimination des konzerninternen Umsatzes	Diverser Ertrag	Warenaufwand	80
Nicht realisierter Zwischengewinn auf Vorräten	Gewinn Bilanz	Diverse Aktiven	4
	Warenaufwand	Gewinn ER	4
Latente Steuern auf Zwischengewinn[1]	Latente Steuerschulden	Gewinn Bilanz	1
	Gewinn ER	Latenter Steuerertrag	1

---

[1] Im lokalen Steuerabschluss (HB 1) wurde der Zwischengewinn bereits als realisiert ausgewiesen, was einen tatsächlichen Steueraufwand auslöste.

Aus Konzernsicht wird der Zwischengewinn auf dem Vorrat erst in Zukunft realisiert. Deshalb dürfen auch die daraus resultierenden Steuerfolgen erst zu jenem Zeitpunkt erfasst werden. Bis dahin besteht aus Konzernsicht ein latentes Steuerguthaben.

Dieses latente Steuerguthaben wird im obigen Beispiel nicht als solches ausgewiesen, sondern mit der aus dem bereinigten Abschluss von T ersichtlichen latenten Steuerschuld von 4 verrechnet.

Die wichtigsten Entstehungsgründe für **latente Steuerguthaben** sind:

▷ **Bewertungsdifferenzen** zwischen Konzern- und Steuerbilanz. Die in Beispiel 5 erläuterten nicht realisierten Zwischengewinne führen zu latenten Steuerguthaben. Ein weiteres Beispiel sind Rückstellungen, die aus Konzernsicht gebildet werden müssen, aber steuerlich nicht abzugsberechtigt sind.

▷ Vorhandene **Verlustvorträge** stellen ein Verrechnungspotenzial mit zukünftigen Gewinnen dar und werden aktiviert, sofern es wahrscheinlich ist, dass in den Folgeperioden für eine Verrechnung ausreichende Gewinne erzielt werden können.

Ertragssteuern 21

Konsolidierungsbogen per Ende 20_1

Bilanzen	M (HB 2) Aktiven	M (HB 2) Passiven	T (HB 2) Aktiven	T (HB 2) Passiven	Konsolidierungsbuchungen Soll	Konsolidierungsbuchungen Haben	Konzernbilanz Aktiven	Konzernbilanz Passiven
Diverse Aktiven	404		284			4	684	
Beteiligung an T	160					100 ◆ 55 ◆ 5		
Goodwill					5		5	
Patente			16				16	
Diverses Fremdkapital		215		135				350
Rückstellungen		17						17
Latente Steuerschulden		5		4		1		8
Aktienkapital		200		100	100			200
Kapitalreserven		60		55	55			60
Gewinnreserven		40						40
Gewinn Bilanz		27		6	4	1		30
	564	564	300	300	165	165	705	705

Erfolgsrechnungen	M (HB 2) Aufwand	M (HB 2) Ertrag	T (HB 2) Aufwand	T (HB 2) Ertrag	Konsolidierungsbuchungen Soll	Konsolidierungsbuchungen Haben	Konzern-ER Aufwand	Konzern-ER Ertrag
Diverser Ertrag		533		447	80			900
Warenaufwand	376		300		4	80	600	
Abschreibungen	30		30				60	
Diverser Aufwand	91		109				200	
Tatsächliche Ertragssteuern	7		5				12	
Latenter Steueraufwand	2						2	
Latenter Steuerertrag				3		1		4
Gewinn Erfolgsrechnung	27		6		1	4	30	
	533	533	450	450	85	85	904	904

Darstellung der Konzern-Erfolgsrechnung im Geschäftsbericht

Ertrag	900
./. Warenaufwand	−600
./. Abschreibungen	− 60
./. Diverser Aufwand	−200
= Konzerngewinn vor Steuern	**40**
./. Steueraufwand (12 + 2 − 4)	− 10
= Konzerngewinn nach Steuern	**30**

Auf Konsolidierungsebene sind nebst den in Beispiel 5 gezeigten latenten Steuern auf nicht realisierten Zwischengewinnen folgende Überlegungen erwähnenswert:

▶ Kapitalkonsolidierung

Der Goodwill ergibt sich bei der Verrechnung des Eigenkapitals der Tochter mit dem Beteiligungswert der Mutter als Residualgrösse, weshalb auf dem Goodwill keine latente Steuerschuld abzugrenzen ist.[1]

Ob spätere Wertbeeinträchtigungen des Goodwills zu temporären Differenzen führen, hängt vom Steuersystem des entsprechenden Landes ab.

▶ Umsatz- und Schuldenkonsolidierung

Umsatz- und Schuldenkonsolidierungen führen grundsätzlich nicht zu Bewertungsunterschieden zwischen Konzern- und Steuerbilanz und verursachen deshalb keine latenten Steuerabgrenzungen.

Eine Ausnahme bilden konzerninterne Forderungen, auf welchen in der HB 1 steuerlich abzugsfähige Wertberichtigungen vorgenommen wurden. Da aus Konzernsicht keine solchen Forderungen bestehen, müssen bei der Bereinigung (HB 2) latente Steuerschulden auf der Wertberichtigung gebildet werden.

▶ Konzerninterne Dividendenausschüttungen

Die Elimination der konzerninternen Dividendenausschüttung führt nicht zu einer unterschiedlichen Bewertung von Vermögens- oder Schuldenpositionen, weshalb keine latenten Steuerschulden zu berücksichtigen sind.

▶ Gewinnreserven bei Tochtergesellschaften

Auf frei verfügbaren Reserven von Tochtergesellschaften sind latente Steuern abzugrenzen, sofern eine Ausschüttungsabsicht besteht, die Ausschüttung durch die Mutter erwirkt werden kann und diese Steuerfolgen verursacht.

Für die Ermittlung der latenten Steuerschuld kommt allenfalls ein reduzierter Steuersatz (Holdingprivileg) zur Anwendung. Da sämtliche Steuerfolgen berücksichtigt werden müssen, sind allfällige Sockelsteuern (nicht rückforderbare Quellensteuern) mit zu berücksichtigen.

▶ Equity-Bewertung

Eine Differenz zwischen dem Beteiligungswert gemäss Steuerbilanz (meist Anschaffungswert) und Konzernbilanz (Equity-Wert) stellt eine temporäre Differenz dar, und es müssen grundsätzlich latente Steuern abgegrenzt werden.

Falls eine Vereinbarung besteht, dass Gewinne in absehbarer Zukunft nicht ausgeschüttet werden, ist keine Steuerabgrenzung vorzunehmen. In diesem Fall müssen im Anhang der Betrag der frei verfügbaren Reserven und die steuerlichen Auswirkungen einer allfälligen Ausschüttung gezeigt werden.

▶ Währungsumrechnung der Jahresabschlüsse

Die Währungsumrechnung der Jahresabschlüsse führt zu keinen temporären Unterschieden.

---

[1] Würde auf dem Goodwill als Saldogrösse eine latente Steuerschuld gebildet, vergrösserte sich dadurch der Saldo, d.h. der Wert des Goodwills.

Ertragssteuern 21

Übersicht für die Berechnung latenter Steuerschulden und -guthaben

Latente Ertragssteuern sind nach dem bilanzorientierten Konzept zu bilanzieren, d.h., sie sind grundsätzlich auf allen temporären Unterschieden zwischen den Werten gemäss Konzernbilanz und Steuerbilanz zu erfassen.

Die Auswirkungen von Bewertungsunterschieden lassen sich schematisch wie folgt darstellen:

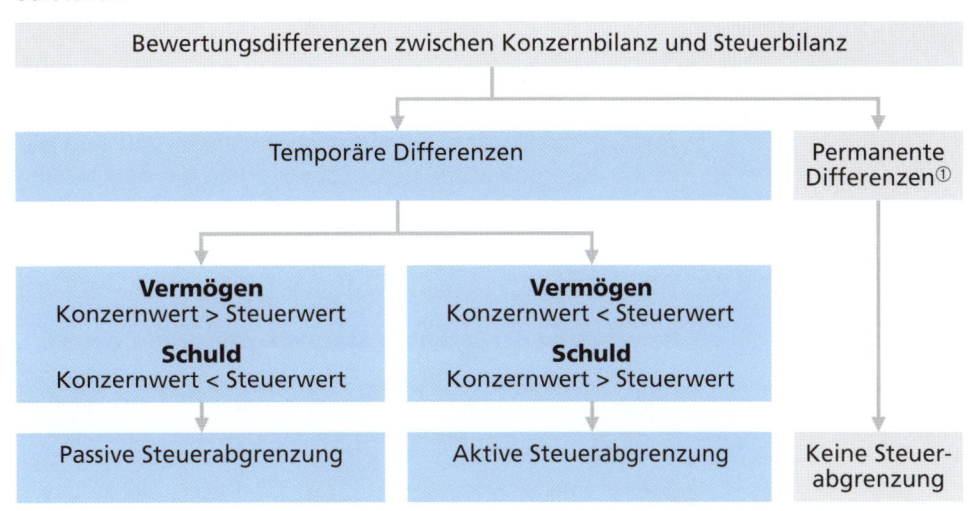

```
                Bewertungsdifferenzen zwischen Konzernbilanz und Steuerbilanz
                                    │
                ┌───────────────────┴───────────────────┐
                │                                       │
        Temporäre Differenzen                   Permanente Differenzen①
                │
        ┌───────┴────────┐
        │                │
    Vermögen         Vermögen
Konzernwert >    Konzernwert <
  Steuerwert       Steuerwert
    Schuld           Schuld
Konzernwert <    Konzernwert >
  Steuerwert       Steuerwert
        │                │                              │
  Passive          Aktive                         Keine Steuer-
Steuerabgrenzung Steuerabgrenzung                 abgrenzung
```

---

① **Permanente** Bewertungsdifferenzen (engl. Permanent differences) sind zeitlich unbefristet, d.h., sie lösen sich im Zeitablauf nicht auf. Deshalb bewirken sie in Folgeperioden keine steuerlichen Unterschiede.

Permanente Bewertungsdifferenzen sind in der Schweiz selten. Ein Beispiel zur Illustration: Die Holding kauft eigene Aktien zurück und erfasst die nach dem Kauf erzielten Kursgewinne im Einzelabschluss als Ertrag, wodurch Gewinnsteuern anfallen. Aus Konzernsicht sind solche Kursdifferenzen erfolgsneutral im Eigenkapital zu erfassen.

21 Ertragssteuern

Offenlegungspflichten im Anhang

Im Zusammenhang mit den latenten Steuern bestehen für den Konzernabschluss umfangreiche Offenlegungspflichten, von denen die Wichtigsten in Beispiel 6 aufgezeigt werden.

Zur Veranschaulichung werden vereinfachend die Zahlen gemäss Einzelabschluss von T statt des Konzerns verwendet.

Beispiel 6   **Latente Steuern im Anhang**

Aus der Tabelle sind die temporären Differenzen und die latente Steuerschuld per 31. 12. 20_2 sowie der latente Steuerertrag des Berichtsjahres ersichtlich.

In der Vergangenheit betrug der Steuersatz 25%. Aus einem Steuererlass geht hervor, dass dieser Steuersatz für Geschäftsabschlüsse ab 01. 01. 20_3 auf 37,5% erhöht wird.

Berechnung der latenten Steuerabgrenzung T per 31. 12. 20_2

	HB 1 Steuerwerte	HB 2 Konzernsicht	Temporäre Differenzen
Aktiven			
Diverse Aktiven	292	292	0
Patente	0	8	8
	292	300	
Passiven			
Diverses Fremdkapital	128	128	0
Latente Steuerschuld	0	3	–
Eigenkapital	164	169	–
	292	300	
Temporäre Differenzen			8
Latente Steuerschuld 31. 12. 20_2 (37,5% von 8)			3
./. Anfangsbestand latente Steuerschuld (25% von 16)			–4
Latenter Steuerertrag			–1

Die temporären Differenzen verminderten sich im Jahr 20_2 von 16 (Anfangsbestand, siehe Beispiel 4) auf 8 (Schlussbestand). Die latente Steuerschuld auf dem Schlussbestand der temporären Differenzen muss zum zukünftig geltenden Steuersatz[1] von 37,5% ermittelt werden, was eine latente Steuerschuld von 3 (37,5% von 8) ergibt.

---

[1] Die temporären Differenzen werden in künftigen Perioden aufgelöst, weshalb der künftig gültige Steuersatz anzuwenden ist.

Ertragssteuern 21

Die latente Steuerschuld nimmt im Jahr 20_2 von 4 (Anfangsbestand) auf 3 (Schlussbestand) ab, was in der Erfolgsrechnung zu einem latenten Steuerertrag von 1 führt:

Erfolgsrechnungen T von 20_2

	HB 1	HB 2
Ertrag	500	500
./. Diverser Aufwand	–440	–440
= Gewinn vor Steuern und Abschreibungen	**60**	**60**
./. Abschreibungen	– 20	– 28
= Gewinn vor Steuern	**40**	**32**
./. Tatsächlicher Steueraufwand	– 10	– 10
+ Latenter Steuerertrag		1
= Gewinn nach Steuern	**30**	**23**

Aufgrund dieser Informationen können die Erläuterungen für den Anhang zusammengestellt werden. Die wichtigsten sind:

▶ **Zusammensetzung der Steueraufwendungen (Steuererträge)**

Die hauptsächlichen Bestandteile der Steueraufwendungen sind einzeln aufzuführen.

Zusammensetzung Steueraufwand

	20_1	20_2
Tatsächlicher Steueraufwand	5	10
./. Latenter Steuerertrag auf Veränderung temporärer Differenzen zum bisherigen Steuersatz von 25%	–3	① – 2
+ Latenter Steueraufwand durch Erhöhung Steuersatz (12,5% von 8)		① 1
= Gesamter Steueraufwand	2	9

▶ **Analyse des Steuersatzes**

Wird der ausgewiesene Gewinn vor Steuern mit dem gemäss Steuergesetzen anwendbaren Steuersatz multipliziert, ergibt sich der erwartete Steueraufwand. Dieser stimmt allerdings meist nicht mit dem effektiv ausgewiesenen Steueraufwand überein.

Die Differenzen sind in einer Überleitungsrechnung aufzuführen. Die Hauptelemente sind:

▷ Verbuchte, aber steuerlich nicht abzugsfähige Aufwendungen

Ein typisches Beispiel sind in der Schweiz Parteispenden, die bei der direkten Bundessteuer nicht abzugsfähig sind, obwohl sie tatsächlich bezahlt wurden.

▷ Auswirkungen von Steuersatzänderungen

Durch eine Veränderung des Steuersatzes ergibt sich auf dem Schlussbestand der vorhandenen temporären Differenzen eine zusätzliche Anpassung.

Ausserdem ist die Konzernsteuerquote zu nennen. Das ist der effektive Steueraufwand in Prozenten des Gewinns vor Steuern.

---

① Durch die Verrechnung dieser beiden Werte ergibt sich der in der Berechnungstabelle und der Erfolgsrechnung genannte latente Steuerertrag von 1.

21 Ertragssteuern

Überleitung von den erwarteten zu den effektiven Steuern

	20_1	20_2
Gewinn vor Steuern	8	32
Erwarteter Steueraufwand gemäss aktuellem Steuersatz 25%	2	8
+ Steuerliche Auswirkung nicht abzugsfähiger Aufwendungen	0	0
+ Latenter Steueraufwand auf Erhöhung Steuersatz per Ende 20_2	0	1
= **Effektiver Steueraufwand**	2	9
Konzernsteuerquote	25,0%	28,1%

▶ **Weitere Offenlegungspflichten**

Es bestehen diverse weitere Offenlegungspflichten mit Begründungen für Abweichungen oder Hinweisen zu nicht bilanzierbaren Unsicherheiten, zum Beispiel:

▷ Erklärungen zur Anwendung unterschiedlicher Steuersätze gegenüber der Vorperiode

▷ Reduktion des Steueraufwandes durch Verrechnung von Verlustvorträgen

▷ Nicht bilanzierte Steuerguthaben, welche aus früheren, noch nicht verrechneten Verlustvorträgen resultieren, mit Angabe des Verfalls der Verrechnungsmöglichkeit

▷ Die steuerlichen Auswirkungen möglicher Dividendenausschüttungen auf frei verfügbaren Reserven durch assoziierte Gesellschaften

▷ Steuerliche Auswirkung von Wertberichtigungen, welche direkt über das Eigenkapital gebucht wurden, zum Beispiel die erfolgsneutrale Aufwertung von Finanzanlagen.

22

Währungsumrechnung

Die meisten schweizerischen und internationalen Konzerne sind mit der Umrechnung von Fremdwährungen konfrontiert.[1]

Währungen im Konzern		
Fremdwährung Foreign Currency	**Funktionale Währung** Functional Currency	**Darstellungswährung** Presentation Currency
Eine fremde Währung ist jede Währung, welche sich von der funktionalen Währung unterscheidet.	Das ist die Währung des primären wirtschaftlichen Umfeldes einer Unternehmung.	Dies ist die Währung, in welcher die Jahresabschlüsse auf Konzernebene dargestellt werden.
Die Umrechnungen von einzelnen **Transaktionen** in einer fremden Währung (engl. Transactions in a Foreign Currency) in die funktionale Währung erfolgt im Einzelabschluss und ist nicht Gegenstand dieses Lehrbuches.	In dieser Währung erfolgt die laufende Buchführung in den einzelnen Konzerngesellschaften. Dabei ist es unerheblich, in welchem Land sich der Gesellschaftssitz befindet.[2]	In einzelnen Gesellschaften innerhalb eines Konzerns entspricht die funktionale Währung des Einzelabschlusses auch der Darstellungswährung des Konzerns.

Währungsumrechnung
(engl. Translation)

Weicht die funktionale Währung des Einzelabschlusses von der Darstellungswährung des Konzerns ab, muss im Rahmen der Bereinigung der **lokale Abschluss in die Darstellungswährung umgerechnet** werden.[3]

Die sich dabei ergebenden Umrechnungsdifferenzen werden **erfolgsneutral als separater Posten im Eigenkapital erfasst.**

---

[1] Für Währungsumrechnungen in hochinflationären Ländern (engl. Hyperinflationary Economies) gelten besondere Vorschriften, auf die in diesem Lehrmittel nicht eingegangen wird. Es wird auf IAS 29 verwiesen.

[2] Die funktionale Währung einer Konzerngesellschaft entspricht in der Praxis meist der offiziellen Währung des Landes, wo die Gesellschaft ihren Sitz hat.

Sofern die funktionale Währung einer Konzerngesellschaft von der offiziellen Landeswährung abweicht, muss die funktionale Währung für den Steuerabschluss in die Landeswährung umgerechnet werden, wobei die Kursdifferenzen im Einzelabschluss erfolgswirksam zu erfassen sind (im Unterschied zur erfolgsneutralen Erfassung von Kursdifferenzen in der Konzernrechnung).

[3] Es ist möglich, die Fremdwährungsumrechnung erst im Rahmen der Konsolidierung durchzuführen. Allerdings besteht in internationalen Konzernen der Trend, alle vorbereitenden Arbeiten (zum Beispiel Umgliederungen, Abstimmungen, Umbewertungen, Führen des Goodwills und Fremdwährungsumrechnung) vom Konzern an die einzelnen Gesellschaften hinunterzustossen (engl. **Push-Down Accounting**), siehe Kapitel 25.

Währungsumrechnung 22

Bei der Währungsumrechnung wird die **Stichtagsmethode** (engl. Current Rate Method) angewandt. Grundsätzlich sind die Vermögens- und Schuldenpositionen zum Kurs am Bilanzstichtag umzurechnen, die Positionen von Erfolgs- und Geldflussrechnung zum Durchschnittskurs der Periode:[1]

Währungsumrechnung mit der Stichtagsmethode

Vermögenswerte und Schulden (Bilanz)	Aufwendungen und Erträge (Erfolgsrechnung) Ausgaben und Einnahmen (Geldflussrechnung)
Die Umrechnung erfolgt zum **Kurs am Bilanzstichtag**. Auch die Verwendung eines Durchschnittskurses der letzten Woche oder des letzten Monats vor dem Bilanzstichtag ist erlaubt. Zu diesen Bilanzpositionen gehört auch der Goodwill, nicht aber das Eigenkapital.	Die Umrechnung erfolgt grundsätzlich zum Kurs der Transaktion. In den meisten Fällen wird jedoch vereinfachend der systematisch ermittelte **Durchschnittskurs** einer Periode angewandt.

Die Umrechnung des **Eigenkapitals** als Saldogrösse der Bilanz ist in den Standards nicht geregelt. In der Praxis wird das Eigenkapital meist zu **historischen Kursen** umgerechnet, was sich bei den einzelnen Eigenkapitalpositionen wie folgt auswirkt:

▷ **Aktienkapital und Kapitalreserven** werden zum Kurs im Erwerbszeitpunkt bzw. im Zeitpunkt späterer Kapitalerhöhungen umgerechnet. Dadurch beschränken sich die Umrechnungsdifferenzen bei der Kapitalkonsolidierung auf den Goodwill.

▷ Die Umrechnung der **Gewinnreserven** erfolgt ebenfalls zu historischen Kursen, was oft aufwändig ist, weil sich die Gewinnreserven wegen der jährlichen Reservenzuweisungen und Gewinnausschüttungen laufend verändern. Zur Vereinfachung ist deshalb auch eine Umrechnung zum Durchschnittskurs möglich.[2]

---

[1] Swiss GAAP FER erlaubt alternative Umrechnungsverfahren, wobei die meisten Konzerne die Stichtagsmethode anwenden.

[2] Die Wahl des Umrechnungskurses hat hier insofern keine Bedeutung, als die Umrechnungsdifferenzen eigentlich einen gesondert ausgewiesenen Teil der gesamten Gewinnreserven verkörpern.

Währungsumrechnung 22

Beispiel 1 zeigt die Grundproblematik der Währungsumrechnung beim Konzernabschluss:

Beispiel 1   **Grundprinzip der Währungsumrechnung**

Anfang 20_1 erwarb M sämtliche Anteile an der ausländischen T zum Preis von FCU 70[1]. Es wurde kein Goodwill bezahlt. Es fanden keine weiteren konzerninternen Transaktionen statt. Andere Investitionen wurden nicht vorgenommen.

Für die Währungsumrechnung gelten folgende Kurse:

	Eröffnung	Durchschnitt	Schluss
Kurse in CHF/FCU	2.00	2.50	3.00

Bei M ist der CHF sowohl funktionale Währung als auch Darstellungswährung, sodass keine Umrechnungen notwendig sind.

Schlussbilanz M 20_0

	CHF
Aktiven	
Flüssige Mittel	204
Forderungen L+L	56
Sachanlagen	190
	450
Passiven	
Bankdarlehen	90
Aktienkapital	200
Reserven	130
Gewinn	30
	450

Schlussbilanz M 20_1

	CHF
Aktiven	
Flüssige Mittel	64
Forderungen L+L	66
Sachanlagen	170
Beteiligung an T	140
	440
Passiven	
Bankdarlehen	40
Aktienkapital	200
Reserven	160
Gewinn Bilanz	40
	440

Erfolgsrechnung M 20_1

	CHF
Ertrag	550
Abschreibungen	− 20
Diverser Baraufwand	−490
Gewinn ER	**40**

---

[1] Da die Wechselkurse über die Zeit stark schwanken, wird in diesem Lehrbuch stellvertretend für alle Fremdwährungen wie EUR, USD oder GBP oft die fiktive Währung **FCU (Foreign Currency Unit)** verwendet.

Währungsumrechnung 22

Die funktionale Währung von T ist die FCU. Der Einzelabschluss ist in die Darstellungswährung CHF umzurechnen.

Eröffnungsbilanz T 20_1

	FCU	Kurs	CHF
Aktiven			
Flüssige Mittel	10	2.00	20
Forderungen L+L	20	2.00	40
Sachanlagen	40	2.00	80
	70		140
Passiven			
Aktienkapital	50	2.00	100
Reserven	20	2.00	40
	70		140

Schlussbilanz T 20_1

	FCU	Kurs	CHF
Aktiven			
Flüssige Mittel	12	3.00	36
Forderungen L+L	38	3.00	114
Sachanlagen	30	3.00	90
	80		240
Passiven			
Aktienkapital	50	2.00	100
Reserven	20	2.00	40
Umrechnungsdifferenzen			① 75
Gewinn Bilanz	10	2.50	25
	80		240

Erfolgsrechnung T 20_1

	FCU	Kurs	CHF
Ertrag	140	2.50	350
Abschreibungen	– 10	2.50	– 25
Diverser Baraufwand	–120	2.50	–300
Gewinn ER	**10**	**2.50**	**25**

---

① Der Bestand an **Umrechnungsdifferenzen** (engl. Cumulative Translation Differences) kann wie folgt nachgewiesen werden:

Währungsgewinn auf dem Anfangsbestand der Nettoaktien	FCU 70 • (3.00 – 2.00)	70
+ Währungsgewinn auf dem Jahresgewinn	FCU 10 • (3.00 – 2.50)	5
= Schlussbestand der Umrechnungsdifferenz		75

Der Jahresgewinn von FCU 10 wurde in der Erfolgsrechnung zu CHF 2.50/GBP umgerechnet. Die Gegenbuchungen der Aufwände und Erträge in den Nettoaktiven wurden zum Schlusskurs von CHF 3.00/FCU bilanziert.

Währungsumrechnung 22

Aufgrund der vorliegenden Einzelabschlüsse wird der Konzernabschluss in der Darstellungswährung CHF erstellt.

Bei der Konzern-Geldflussrechnung ist zu beachten, dass Währungsdifferenzen keine Geldflüsse darstellen.

Konzern-Schlussbilanzen

	20_0	20_1
Aktiven		
Flüssige Mittel	204	100
Forderungen L+L	56	180
Sachanlagen	190	260
	450	540
Passiven		
Bankdarlehen	90	40
Aktienkapital	200	200
Reserven	130	160
Umrechnungsdifferenzen		75
Gewinn Bilanz	30	65
	450	540

Konzern-Erfolgsrechnung 20_1

Ertrag	900
./. Abschreibungen	– 45
./. Diverser Baraufwand	–790
= Gewinn ER	**65**

Konzern-Geldflussrechnung 20_1

Betriebsbereich		
Konzerngewinn		65
+ Abschreibungen		45
./. Zunahme Forderungen L+L	①	– 55
		55

Investitionsbereich		
./. Akquisition von T	②	–120

Finanzierungsbereich		
./. Rückzahlung Darlehen		– 50
+ *Umrechnungsdifferenzen auf den flüssigen Mitteln*	③	11
= Abnahme flüssige Mittel		**–104**
+ Anfangsbestand flüssige Mittel		204
= Schlussbestand flüssige Mittel		100

---

①
Zunahme der Forderungen L+L gemäss Konzernbilanz	CHF 180 – CHF 56	124
./. Übernommene Forderungen L+L von T	FCU 20 • 2.00	– 40
./. Kursgewinn auf übernommenen Forderungen L+L	FCU 20 • (3.00 – 2.00)	– 20
./. Kursgewinn auf Veränderung Forderungen L+L	FCU 18 • (3.00 – 2.50)	– 9
= Zunahme der Forderungen L+L aus der Geschäftstätigkeit		55

②
Kaufpreis der Nettoaktiven von T	FCU 70 • 2.00	140
./. Übernommene flüssige Mittel	FCU 10 • 2.00	– 20
= Kaufpreis netto		120

③ Die Kursgewinne auf den flüssigen Mitteln von T sind als separate Zeile in der Geldflussrechnung auszuweisen. Diese Kursgewinne stellen keinen Geldfluss dar, sondern zeigen die von der Geldflussrechnung nicht erklärte Restdifferenz zwischen dem Anfangs- und Schlussbestand der flüssigen Mittel:

Kursgewinn auf übernommenen flüssigen Mitteln von T	FCU 10 • (3.00 – 2.00)	10
+ Kursgewinn auf Zunahme der flüssigen Mittel von T	FCU 2 • (3.00 – 2.50)	1
= Total Kursgewinne auf den flüssigen Mitteln von T		11

Währungsumrechnung

Beispiel 2 zeigt die Währungsumrechnung anhand ausgewählter Teile des Konzernabschlusses.

Beispiel 2

Währungsumrechnung im Konzernabschluss

Anfang 20_1 kaufte die Holding H

▷ sämtliche Anteile an der Tochter T für EUR 320 (Kurs CHF 1.60/EUR). Das Eigenkapital von T betrug im Erwerbszeitpunkt EUR 300, der Goodwill somit EUR 20. T schüttete im Jahr 20_2 eine Dividende von EUR 40 aus.

▷ 20% der Anteile an der assoziierten Gesellschaft A für USD 160 (Kurs CHF 1.20/USD). Das Eigenkapital von A betrug im Erwerbszeitpunkt USD 750 (20% = USD 150), der Goodwill somit USD 10.

Die Darstellungswährung des Konzerns ist der CHF; die funktionalen Währungen der Konzerngesellschaften sind im Schaubild eingetragen:

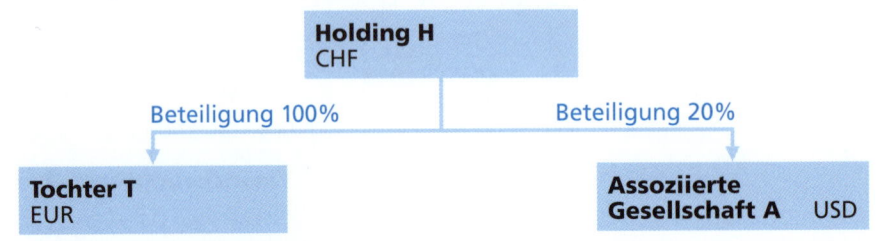

```
                    Holding H
                      CHF
         Beteiligung 100%   Beteiligung 20%
    Tochter T              Assoziierte
      EUR                  Gesellschaft A   USD
```

▶ **Währungsumrechnung bei T im Jahr 20_2**

Im Rahmen der Bereinigung (HB 2) ist der lokale Abschluss in die Darstellungswährung umzurechnen. Es gelten folgende Kurse:

	20_1	20_2
Durchschnittskurse in CHF/EUR	1.40	1.50
Schlusskurse in CHF/EUR	1.55	1.45

1. Schritt — Die Positionen der **Erfolgsrechnung** sind zum Durchschnittskurs von CHF 1.50/EUR umzurechnen.

2. Schritt — Das **Vermögen** und die **Schulden** sind zum Schlusskurs von CHF 1.45/EUR umzurechnen.

3. Schritt — Das **Eigenkapital** ergibt sich insgesamt als Saldo; es lässt sich in diese Bestandteile unterteilen:

▷ Aktienkapital und Kapitalreserven werden zum historischen Kaufkurs von CHF 1.60/EUR umgerechnet.

▷ Die Gewinnreserven werden zum historischen Entstehungskurs von 1.40/EUR (Gewinnerzielung 20_1 zum Durchschnittskurs) umgerechnet.

▷ Der Gewinn wird zum Durchschnittskurs von CHF 1.50/EUR umgerechnet.

▷ Die verbleibende **Umrechnungsdifferenz** ist detailliert nachzuweisen (vgl. Fussnoten auf der nächsten Seite).

Währungsumrechnung 22

Bilanz T (HB 2) per 31.12. 20_1

	EUR	Kurs	CHF
Aktiven			
Diverse Aktiven	260	1.55	403
Warenvorrat	40	1.55	62
Sachanlagen	400	1.55	620
Wertberichtigung SA	−100	1.55	−155
	600		930
Passiven			
Diverses Fremdkapital	200	1.55	310
Rückstellungen	40	1.55	62
Aktienkapital	200	1.60	320
Kapitalreserven	100	1.60	160
Gewinnreserven			
Umrechnungsdifferenzen			① − 6
Gewinn Bilanz	60	1.40	84
	600		930

Bilanz T (HB 2) per 31.12. 20_2

	EUR	Kurs	CHF
Aktiven			
Diverse Aktiven	240	1.45	348
Warenvorrat	40	1.45	58
Sachanlagen	440	1.45	638
Wertberichtigung SA	−120	1.45	−174
	600		870
Passiven			
Diverses Fremdkapital	160	1.45	232
Rückstellungen	60	1.45	87
Aktienkapital	200	1.60	320
Kapitalreserven	100	1.60	160
Gewinnreserven	20	1.40	28
Umrechnungsdifferenzen			② − 47
Gewinn Bilanz	60	1.50	90
	600		870

Erfolgsrechnung T (HB 2) von 20_2

	EUR	Kurs	CHF
Warenertrag	1 000	1.50	1 500
./. Warenaufwand	− 600	1.50	− 900
./. Abschreibungen	− 20	1.50	− 30
./. Diverser Aufwand	− 320	1.50	− 480
= Gewinn ER	60	1.50	90

① **Nachweis der Umrechnungsdifferenz per Ende 20_1**

./. Kursverlust auf Anfangsbestand der Nettoaktiven	EUR 300 • CHF −0.05/EUR	−15
+ Kursgewinn auf Umrechnung Jahresgewinn (laut ER zum Durchschnittskurs von 1.40 erzielt, jedoch zum Kurs von 1.55 bilanziert.)	EUR 60 • CHF 0.15/EUR	9
= Umrechnungsdifferenzen am 31.12. 20_1		− 6

② **Nachweis der Umrechnungsdifferenz per Ende 20_2**

Umrechnungsdifferenz Anfang 20_2		− 6
./. Kursverlust auf Anfangsbestand der Nettoaktiven	EUR 360 • CHF −0.10/EUR	−36
./. Kursverlust auf Jahresgewinn (laut ER zum Durchschnittskurs von 1.50 erzielt, jedoch zum Kurs 1.45 bilanziert)	EUR 60 • CHF −0.05/EUR	− 3
./. Kursverlust Dividendenauszahlung (im Vorjahr als Gewinn zum Durchschnittskurs von 1.40 umgerechnet, dieses Jahr bei den flüssigen Mitteln zum Schlusskurs 1.45 abgebucht)	EUR 40 • CHF −0.05/EUR	− 2
= Umrechnungsdifferenzen am 31.12. 20_2		−47

▶ Equity-Bewertung mit Fremdwährungen am 31. 12. 20_2

Anfang 20_1 kaufte die Holding H 20% der Anteile an der assoziierten Gesellschaft A für USD 160 (Kurs CHF 1.20/USD).

Für die Equity-Bewertung von A per 31. 12. 20_2 stehen folgende Informationen zur Verfügung:

▷ Für die Währungsumrechnungen gelten diese Kurse:

	20_1	20_2
Durchschnittskurse in CHF/USD	1.10	1.20
Schlusskurse in CHF/USD	1.00	1.10

▷ Im Jahr 20_2 erzielte A einen Gewinn von USD 100 (Vorjahr USD 50).

▷ Im Jahr 20_2 erfolgte eine Dividendenausschüttung von USD 50 (Vorjahr 0) zum Transaktionskurs von CHF 1.40/USD.

Bilanz von A per 31. 12. 20_2 (in USD)

	Aktiven	Passiven
Diverse Aktiven	1 200	
Fremdkapital		350
Eigenkapital		850
	1 200	1 200

Die Fortschreibungstabelle ist in die Darstellungswährung umzurechnen:

Fortschreibung der Beteiligung an A per 31. 12. 20_2

Text	USD	Kurs		CHF
Kaufpreis am 01. 01. 20_1	160	Kaufkurs der Beteiligung	1.20	192
+ Jahresgewinn (20% von 50)	10	Durchschnittskurs 20_1	1.10	11
+ Umrechnungsdifferenzen 20_1				−33
= **Anfangsbestand am 01. 01. 20_2**	**170**	Schlusskurs 20_1	1.00	**170**
+ Jahresgewinn (20% von 100)	20	Durchschnittskurs 20_2	1.20	10 { 24
./. Dividendenausschüttung (20% von 50)	−10	Transaktionskurs	1.40	−14
./. Umrechnungsdifferenzen 20_2				① 18
= **Schlussbestand per 31. 12. 20_2**	**180**	Schlusskurs 20_2	1.10	**198**

① **Nachweis der Umrechnungsdifferenzen**

+ Kursgewinn des Equity-Werts seit 01. 01. 20_2	USD 170 • CHF 0.10/USD	17
./. Kursverlust auf Jahresgewinn (zum Durchschnittskurs von 1.20 erzielt, im Equity-Wert zu 1.10 bilanziert)	USD 20 • CHF −0.10/USD	− 2
+ Kursgewinn auf anteiliger Dividendenausschüttung (der Geldausgang erfolgte zum Transaktionskurs von 1.40, die Reduktion in den Nettoaktiven erfolgte aber nur zum Bilanzschlusskurs von 1.10)	USD 10 • CHF 0.30/USD	3
= Umrechnungsdifferenzen		18

22 Währungsumrechnung

Aufgrund der Berechnungen in der Fortschreibungstabelle ergeben sich im Rahmen der Konsolidierung folgende Buchungen:

Konsolidierungsjournal per Ende 20_2

Text	Soll	Haben	Betrag
Frühere Anpassungen Equity-Wert	Beteiligung assoz. Gesellschaft	Gewinnreserven	11
	Umrechnungsdifferenzen	Beteiligung assoz. Gesellschaft	33
Erfolgswirksame Anpassung Equity-Wert	Beteiligung assoz. Gesellschaft	Gewinn Bilanz	10
	Gewinn ER	Ertrag assoz. Gesellschaft	10
Erfolgsneutrale Verbuchung der Umrechnungsdifferenzen	Beteiligung assoz. Gesellschaft	Umrechnungsdifferenzen	18

Konsolidierungsbogen per Ende 20_2

Bilanz	Bilanz H Aktiven	Bilanz H Passiven	Konsolidierung Soll	Konsolidierung Haben	Konzern Aktiven	Konzern Passiven
Beteiligung an assoziierter Gesellschaft	192		11 ◆ 10 18	33	① 198	

Erfolgsrechnung	ER H Aufwand	ER H Ertrag	Konsolidierung Soll	Konsolidierung Haben	Konzern Aufwand	Konzern Ertrag
Ertrag aus assoziierter Gesellschaft		14		10		24

Die erfolgswirksame Anpassung des Beteiligungswerts von 10 ergibt zusammen mit der verbuchten Dividende von 14 (USD 10 zum Transaktionskurs von 1.40) den Ertrag aus assoziierter Gesellschaft von 24. Dieser Betrag entspricht einem Anteil von 20% am Gewinn, den A im laufenden Jahr erwirtschaftete (20% von USD 100 = USD 20), was dem Grundsatz der periodengerechten Erfassung von Aufwand und Ertrag entspricht.

① **Nachweis des Equity-Werts per 31. 12. 20_2**

Text	Betrag in USD	Kurs	Betrag in CHF
Eigenkapital gemäss Einzelabschluss A	(20% von 850) 170	1.10	187
+ Aktivierbarer Goodwill	+ 10	1.10	+ 11
= Equity-Wert per 31. 12. 20_2	180		198

Währungsumrechnung 22

▶ Konsolidierung mit Fremdwährungsumrechnung

Die bereinigten Abschlüsse von H und T bilden die Ausgangslage. Folgende Konsolidierungstatbestände sind noch zu berücksichtigen:

▷ Erfassung der Beteiligung an A nach der Equity-Methode (die Buchungen wurden auf der vorherigen Seite erklärt).

▷ T lieferte im Jahr 20_2 erstmals Handelswaren an H im Wert von EUR 200 (Konzerneinstandswert EUR 160). Die Hälfte davon veräusserte H für CHF 210 an Dritte.

▷ Die konzerninterne Dividendenzahlung von T wurde zum Transaktionskurs von CHF 1.65/EUR auf dem Bankkonto von H gutgeschrieben.

Konsolidierungsbogen per Ende 20_2 in CHF

Bilanzen	H Soll	H Haben	T Soll	T Haben	Konsolidierung Soll	Konsolidierung Haben	Konzern Soll	Konzern Haben
Diverse Aktiven	658		348				1 006	
Warenvorrat	72		58			① 30	100	
Sachanlagen	1 362		638				2 000	
Wertberichtigungen SA		426		174				600
Beteiligung an A	192				[11] ◆ [10] ◆ [18]	[33]	198	
Beteiligung an T	512					320 ◆ 160 ◆ 32		
Goodwill					32	② [3]	29	
Fremdkapital		668		232				900
Rückstellungen		113		87				200
Aktienkapital		600		320	320			600
Kapitalreserven		300		160	160			300
Gewinnreserven		517		28		[11] ◆ 66		622
Umrechnungsdifferenzen			③ 47		[33] ◆ [3]	[18]	65	
Gewinn Bilanz		172		90	30 ◆ 66	[10]		176
	2 796	2 796	1 091	1 091	683	683	3 398	3 398

Erfolgsrechnungen	H Soll	H Haben	T Soll	T Haben	Konsolidierung Soll	Konsolidierung Haben	Konzern Soll	Konzern Haben
Warenertrag		2 500		1 500	300			3 700
Beteiligungsertrag		66			66			
Ertrag assoz. Gesellschaft		14				[10]		24
Abschreibungen	125		30				155	
Warenaufwand	1 500		900		30	300	2 130	
Diverser Aufwand	783		480				1 263	
Gewinn ER	172		90		[10]	30 ◆ 66	176	
	2 580	2 580	1 500	1 500	406	406	3 724	3 724

---

① Der Einkauf der Handelswaren von EUR 200 wurde bei H zu 1.50 bewertet und lokal mit CHF 300 verbucht. Die Hälfte davon (CHF 150) ist am Jahresende in den Vorräten von H enthalten. Aus Konzernsicht beträgt der Einstandswert dieser Waren CHF 120 (EUR 80 zum Durchschnittskurs von 1.50). Dies ergibt einen nicht realisierten Zwischengewinn von 30.

② Im Erwerbszeitpunkt wurde der Goodwill von EUR 20 zum Kurs von 1.60 gekauft, was CHF 32 ergab. Ende 20_2 dürfen diese EUR 20 nur noch zum Kurs von 1.45 (Bilanzkurs) aktiviert werden. Die Umrechnungsdifferenz von CHF 3 (EUR 20 • CHF 0.15/EUR) ist erfolgsneutral auszubuchen.

③ Falls an T Minderheiten beteiligt wären, müsste der Anteil der Minderheiten an den Umrechnungsdifferenzen auf den Minderheitenanteil am Kapital umgebucht werden.

Währungsumrechnung 22

▶ Eigenkapitalnachweis mit Fremdwährungsumrechnung

Da die Umrechnungsdifferenzen einen gesondert auszuweisenden Teil der Gewinnreserven darstellen, muss der Eigenkapitalnachweis um je eine Spalte und eine Zeile erweitert werden.

Für die Erstellung des Eigenkapitalnachweises liegen diese zusätzlichen Informationen vor:

▷ Im Jahr 20_2 fand bei H eine Kapitalerhöhung statt (Nominal 100, Agio 40).

▷ H schüttete im Jahr 20_2 eine Dividende von 80 aus.

Eigenkapitalnachweis 20_2

	Aktienkapital	Kapitalreserven	Gewinnreserven	Umrechnungs-differenzen	Total Eigenkapital
Anfangsbestand 01. 01. 20_2	500	260	702	① −40	1 422
+ Kapitalerhöhung	+100	+ 40			+ 140
./. Dividendenauszahlungen			− 80		− 80
+ Gewinn			+176		+ 176
+ Umrechnungsdifferenzen				② −25	− 25
= Schlussbestand	600	300	798	−65	1 633

---

① Die Umrechnungsdifferenzen per Anfang 20_2 setzen sich wie folgt zusammen:

Umrechnungsdifferenz von T per Ende 20_1	Gemäss Bilanz 20_1	− 6
./. Kursverlust auf Bewertung von A per Ende 20_1	Gemäss Fortschreibung	−33
./. Kursverlust auf Goodwill von T per Ende 20_1	EUR 20 • CHF −0.05/EUR	− 1
= Umrechnungsdifferenzen per Ende 20_1 = Anfang 20_2		−40

② Die Zunahme der Umrechnungsdifferenzen lässt sich rechnerisch wie folgt nachweisen:

Differenz zwischen Anfangs- und Schlussbilanzen von T	CHF 6 − CHF 47	−41
+ Kursgewinn auf Bewertung von A	Gemäss Fortschreibung	+18
./. Kursverlust auf Goodwill 20_2 von T	EUR 20 • CHF −0.10/EUR	− 2
= Zunahme Umrechnungsdifferenzen 20_2		−25

Währungsumrechnung 22

▶ Anlagenspiegel mit Fremdwährungsumrechnung

Das Beispiel zeigt die Auswirkungen von Fremdwährungsumrechnungen auf den Anlagenspiegel.

Als grundsätzliche Regel gilt, dass die Anfangs- und Schlussbestände zu Stichtagskursen und die Veränderungen zu Durchschnittskursen umzurechnen sind.

Folgende zusätzliche Informationen sind verfügbar:
▷ Anfangsbestand zu Anschaffungswerten bei H = CHF 1 302
▷ Anfangsbestand der kumulierten Abschreibungen bei H = CHF 361
▷ Investitionen durch H = CHF 140, durch T = EUR 40
▷ Verkäufe von Sachanlagen durch H für CHF 20 (Anschaffungswerte 80, kumulierte Abschreibungen 60, keine Veräusserungsgewinne)

Anlagenspiegel (Sachanlagen) 20_2

Anschaffungswerte		Ausrechnungen		
Anfangsbestand	1 922	H 1 302 + T 620	EUR 400 • CHF 1.55/EUR = CHF 620	
+ Investitionen	+ 200	H 140 + T 60	EUR 40 • CHF 1.50/EUR = CHF 60	
./. Abgänge	− 80			
./. Umrechnungsdifferenzen ①	− 42			
= Schlussbestand	2 000	H 1 362 + T 638	EUR 440 • CHF 1.45/EUR = CHF 638	
Kumulierte Abschreibungen				
Anfangsbestand	516	H 361 + T 155	EUR 100 • CHF 1.55/EUR = CHF 155	
+ Abschreibungen	+ 155	H 125 + T 30	EUR 20 • CHF 1.50/EUR = CHF 30	
./. Abgänge	− 60			
./. Umrechnungsdifferenzen ②	− 11			
= Schlussbestand	600	H 426 + T 174	EUR 120 • CHF 1.45/EUR = CHF 174	
Nettobuchwerte				
Anfangsbestand	1 406			
= Schlussbestand	1 400			

---

① **Nachweis der Umrechnungsdifferenzen auf den Anschaffungswerten**

./. Kursrückgang von 1.55 auf 1.45 auf dem Anfangsbestand	EUR 400 • CHF −0.10/EUR	−40
./. Kursrückgang von 1.50 bei Investition auf 1.45 bei Bilanzierung	EUR 40 • CHF −0.05/EUR	− 2
= Umrechnungsdifferenzen auf Anschaffungswerten		−42

② **Nachweis der Umrechnungsdifferenzen auf den kumulierten Abschreibungen**

./. Kursrückgang von 1.55 auf 1.45 auf dem Anfangsbestand	EUR 100 • CHF −0.10/EUR	−10
./. Kursrückgang von 1.50 bei Abschreibung auf 1.45 bei Bilanzierung	EUR 20 • CHF −0.05/EUR	− 1
= Umrechnungsdifferenzen auf kumulierten Abschreibungen		−11

Währungsumrechnung 22

▶ Rückstellungsspiegel mit Fremdwährungsumrechnung

Das Beispiel zeigt die Auswirkungen von Fremdwährungsumrechnungen auf den Rückstellungsspiegel.

Als grundsätzliche Regel gilt, dass die Anfangs- und Schlussbestände zu Stichtagskursen und die Veränderungen zu Durchschnittskursen umzurechnen sind.

Folgende zusätzliche Informationen sind verfügbar:
▷ Anfangsbestand der Rückstellungen bei H = CHF 102, bei T = EUR 40
▷ Bildung von Rückstellungen bei H = CHF 40, bei T = EUR 40
▷ Verbrauch von Rückstellungen bei H = CHF 29, bei T = EUR 20.

Rückstellungsspiegel 20_2

		Ausrechnungen	
Anfangsbestand	164	H 102 + T 62	EUR 40 • CHF 1.55/EUR = CHF 62
+ Bildung	100	H 40 + T 60	EUR 40 • CHF 1.50/EUR = CHF 60
./. Verbrauch (Verwendung)	− 59	H 29 + T 30	EUR 20 • CHF 1.50/EUR = CHF 30
./. Umrechnungsdifferenzen	① − 5		
= **Schlussbestand**	**200**	H 113 + T 87	EUR 60 • CHF 1.45/EUR = CHF 87

---

① **Nachweis der Umrechnungsdifferenzen auf Rückstellungen**

./. Kursrückgang von 1.55 auf 1.45 auf dem Anfangsbestand	EUR 40 • CHF −0.10/EUR	−4
./. Kursrückgang von 1.50 bei der Bildung auf 1.45 bei der Bilanzierung	EUR 40 • CHF −0.05/EUR	−2
+ Kursrückgang von 1.50 beim Verbrauch auf 1.45 bei der Bilanzierung	EUR 20 • CHF 0.05/EUR	+1
= Umrechnungsdifferenzen auf Rückstellungen		−5

23

Mehrstufige Konsolidierung

In vielen Konzernen besteht die Konzernstruktur aus mehreren Stufen.

Die wichtigsten Gründe sind:

▷ Sofern in einem Land die Konzernrechnung als Besteuerungsgrundlage gilt, werden die Gesellschaften unter einer Subholding als Länderkonzern zusammengefasst.

▷ In gemischten Konzernen werden die Gesellschaften derselben Branche in einem Branchenkonzern zusammengefasst.

▷ Beim Erwerb von Konzernen oder Teilkonzernen werden deren Strukturen übernommen.

Die folgende Struktur eines **mehrstufigen Konzerns** bildet die Grundlage für die späteren Rechenbeispiele.

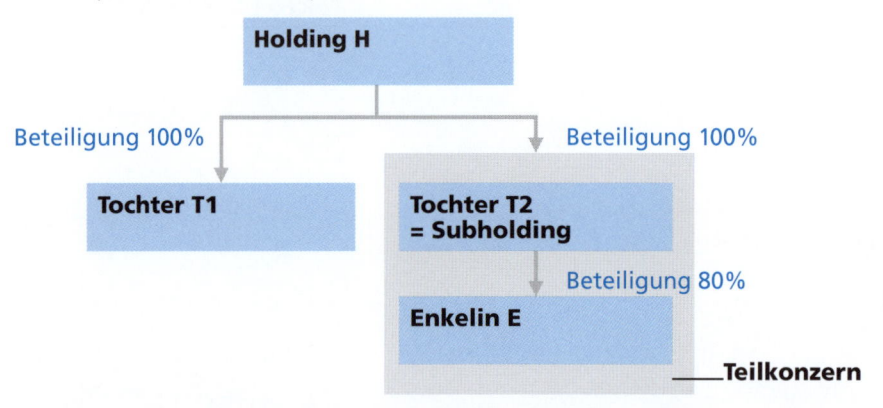

```
                    Holding H
        Beteiligung 100%    Beteiligung 100%
           Tochter T1          Tochter T2
                              = Subholding
                                   │
                              Beteiligung 80%
                                Enkelin E
                                           Teilkonzern
```

23 Mehrstufige Konsolidierung

Für die Konsolidierung von mehrstufigen Konzernen bestehen zwei Verfahren:

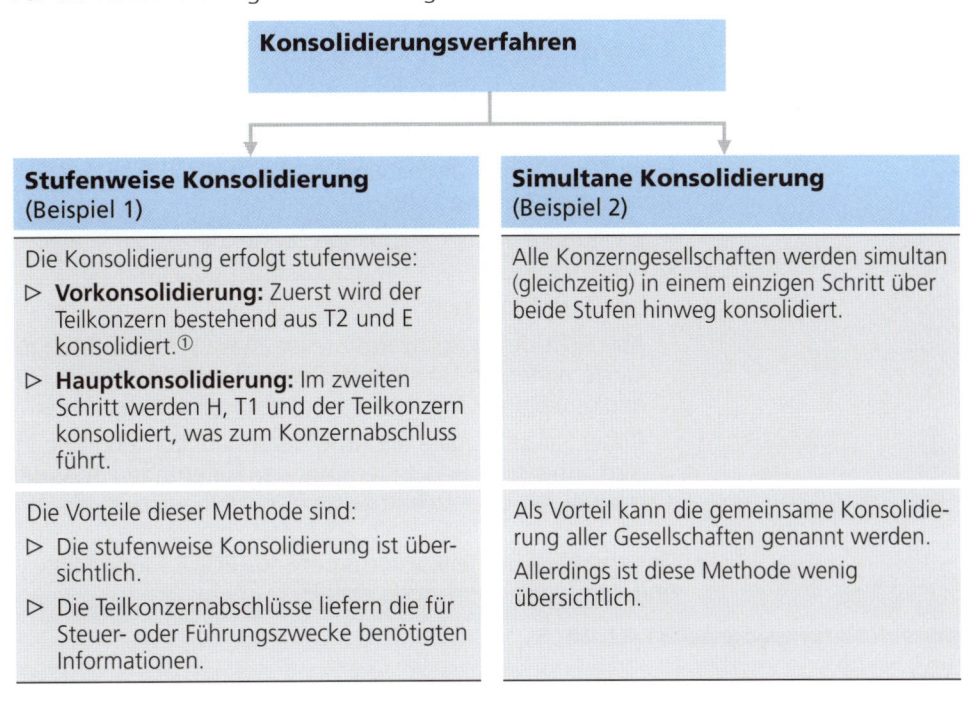

Konsolidierungsverfahren

Stufenweise Konsolidierung (Beispiel 1)	Simultane Konsolidierung (Beispiel 2)
Die Konsolidierung erfolgt stufenweise: ▷ **Vorkonsolidierung:** Zuerst wird der Teilkonzern bestehend aus T2 und E konsolidiert.[1] ▷ **Hauptkonsolidierung:** Im zweiten Schritt werden H, T1 und der Teilkonzern konsolidiert, was zum Konzernabschluss führt.	Alle Konzerngesellschaften werden simultan (gleichzeitig) in einem einzigen Schritt über beide Stufen hinweg konsolidiert.
Die Vorteile dieser Methode sind: ▷ Die stufenweise Konsolidierung ist übersichtlich. ▷ Die Teilkonzernabschlüsse liefern die für Steuer- oder Führungszwecke benötigten Informationen.	Als Vorteil kann die gemeinsame Konsolidierung aller Gesellschaften genannt werden. Allerdings ist diese Methode wenig übersichtlich.

Die folgenden zwei Beispiele zeigen die Erstellung des Konzernabschlusses nach beiden Methoden auf der Basis desselben Zahlenmaterials.

Um das Augenmerk auf das Kernproblem dieses Kapitels zu lenken, wird auf den Ausweis latenter Steuern verzichtet.

---

[1] Grundsätzlich werden die Teilkonzerne der untersten Stufe zuerst konsolidiert und anschliessend die nächsthöheren, bis der Prozess mit der Hauptkonsolidierung abgeschlossen wird.

Mehrstufige Konsolidierung 23

Beispiel 1 **Stufenweise Konsolidierung per 31. 12. 20_5**

1. Schritt: Vorkonsolidierung des Teilkonzerns

Anfang 20_3 erwarb T2 80% der Aktien von E für 63. Im Erwerbszeitpunkt betrug das neu bewertete Eigenkapital von E 70 (Aktienkapital 50 und Kapitalreserven 20).

Ende 20_5 liegen die bereinigten Einzelabschlüsse (HB 2) von T2 und E sowie diese zusätzlichen Angaben vor:

▷ E schüttete im Jahr 20_5 eine Dividende von 20% aus.

▷ E lieferte Waren an T1 mit einer Bruttogewinn-Marge von 25%, die teilweise noch bei T1 an Lager sind.

Aus Sicht des Teilkonzerns stellen diese Warenlieferungen keine zu eliminierenden konzerninternen Umsätze dar, weil T1 nicht zum Teilkonzern gehört. Die Elimination erfolgt erst im Rahmen der Hauptkonsolidierung.

Dieser Fall zeigt, dass die Anforderungen ans Reporting in einem mehrstufigen Konzern höher sind: Bei konzerninternen Lieferungen muss detailliert aufgezeigt werden, mit welcher Gesellschaft aus welchem Teilkonzern der Umsatz erzielt wurde.

Der Abschluss des Teilkonzerns per Ende 20_5 wird mithilfe von Konsolidierungsjournal und Konsolidierungsbogen erstellt.

Konsolidierungsjournal 31. 12. 20_5

Text	Soll	Haben	Betrag
Kapitalkonsolidierung Beteiligung T2 an E (80%)	Aktienkapital	Beteiligung an E	40
	Kapitalreserven	Beteiligung an E	16
	Goodwill	Beteiligung an E	7
Minderheitsanteil am Eigenkapital E (20%)	Aktienkapital	MAK	10
	Kapitalreserven	MAK	4
	Gewinnreserven	MAK	2
Minderheitsanteil am Ergebnis E (20%)	Gewinn Bilanz	MAG Bilanz	1
	MAG ER	Gewinn ER	1
Elimination konzerninterne Gewinnausschüttung durch E (80%)	Gewinn Bilanz	Gewinnreserven	8
	Finanzertrag	Gewinn ER	8

Mehrstufige Konsolidierung 23

Konsolidierungsbogen Ende 20_5

Bilanzen	Subholding T2 Aktiven	Subholding T2 Passiven	E Aktiven	E Passiven	Konsolidierung Soll	Konsolidierung Haben	Teilkonzern Aktiven	Teilkonzern Passiven
Diverse Aktiven	195		75				270	
Warenvorräte	18		35				53	
Beteiligung an E	63					40 ◆ 16 ◆ 7		
Goodwill					7		7	
Fremdkapital		155		25				180
Aktienkapital		80		50	40 ◆ 10			80
Kapitalreserven		15		20	16 ◆ 4			15
Gewinnreserven		9		10	2	8		25
MAK						10 ◆ 4 ◆ 2		16
Gewinn Bilanz		17		5	1 ◆ 8			13
MAG Bilanz						1		1
	276	276	110	110	88	88	330	330

Erfolgsrechnungen	Subholding T2 Aufwand	Subholding T2 Ertrag	E Aufwand	E Ertrag	Konsolidierung Soll	Konsolidierung Haben	Teilkonzern Aufwand	Teilkonzern Ertrag
Warenertrag		180		220				400
Finanzertrag		8			8			
Warenaufwand	120		160				280	
Übriger Aufwand	51		55				106	
Gewinn ER	17		5			1 ◆ 8	13	
MAG ER					1		1	
	188	188	220	220	9	9	400	400

2. Schritt: Hauptkonsolidierung

Die Hauptkonsolidierung erfolgt auf Basis der Vorkonsolidierung des Teilkonzerns sowie der bereinigten Abschlüsse von H und T1.

Es liegen folgende Zusatzinformationen vor:

▷ Für die Aktienkäufe von H gelten folgende Angaben im Erwerbszeitpunkt:

Name	Erwerbs-zeitpunkt	Kaufpreis	Eigen-kapital	Aktien-kapital	Kapital-reserven	Goodwill
T1	01.01.20_1	42	40	30	10	2
T2	01.01.20_2	101	95	80	15	6

▷ T2 schüttete 20_5 eine Dividende von 12 aus.
▷ E lieferte Waren an T1 mit einer Bruttogewinn-Marge von 25%.

	20_4	20_5
Konzerninterne Lieferungen zu Verkaufspreisen von E an T1	60	70
Warenvorrat Ende Jahr bei T1 gemäss Bewertung T1	12	12
Warenvorrat Ende Jahr bei T1 gemäss Bewertung Konzern	9	9
Nicht realisierte Zwischengewinne Ende Jahr bei T1	3	3

Der Konzernabschluss 20_5 wird mithilfe von Konsolidierungsjournal und Konsolidierungsbogen erstellt.

Konsolidierungsjournal 31.12.20_5

Text	Soll	Haben	Betrag
Kapitalkonsolidierung Beteiligung H an T1	Aktienkapital	Beteiligung an T1	30
	Kapitalreserven	Beteiligung an T1	10
	Goodwill	Beteiligung an T1	2
Kapitalkonsolidierung Beteiligung H an T2	Aktienkapital	Beteiligung an T2	80
	Kapitalreserven	Beteiligung an T2	15
	Goodwill	Beteiligung an T2	6
Umsatzkonsolidierung	Warenertrag	Warenaufwand	70
Anfangsbestand Zwischengewinn	Gewinnreserven	Warenvorräte	3
Elimination konzerninterne Gewinnausschüttung durch T2	Gewinn Bilanz	Gewinnreserven	12
	Finanzertrag	Gewinn ER	12

Mehrstufige Konsolidierung 23

Konsolidierungsbogen Ende 20_5

Bilanzen	H Aktiven	H Passiven	T1 Aktiven	T1 Passiven	Teilkonzern T2/E Aktiven	Teilkonzern T2/E Passiven	Konsolidierung Soll	Konsolidierung Haben	Konzern Aktiven	Konzern Passiven
Diverse Aktiven	97		73		270				440	
Warenvorräte			30		53			3	80	
Beteiligung an T1	42							30 ◆ 10 ◆ 2		
Beteiligung an T2	101							80 ◆ 15 ◆ 6		
Goodwill					7		2 ◆ 6		15	
Fremdkapital		70		50		180				300
Aktienkapital		100		30		80	30 ◆ 80			100
Kapitalreserven		20		10		15	10 ◆ 15			20
Gewinnreserven		40		6		25	3	12		80
MAK						16				16
Gewinn Bilanz		10		7		13	12			18
MAG Bilanz						1				1
	240	240	103	103	330	330	158	158	535	535

Erfolgs-rechnungen	H Aufwand	H Ertrag	T1 Aufwand	T1 Ertrag	Teilkonzern T2/E Aufwand	Teilkonzern T2/E Ertrag	Konsolidierung Soll	Konsolidierung Haben	Konzern Aufwand	Konzern Ertrag
Warenertrag				170		400	70			500
Finanzertrag		12					12			
Warenaufwand			140		280			70	350	
Übriger Aufwand	2		23		106				131	
Gewinn ER	10		7		13			12	18	
MAG ER					1				1	
	12	12	170	170	400	400	82	82	500	500

Darstellung des Eigenkapitals in der Konzernbilanz per 31.12. 20_5 (nach Gewinnverbuchung)

	Aktienkapital	100
+	Kapitalreserven	20
+	Gewinnreserven (80 + 18)	98
=	Den Holdingaktionären zurechenbares Eigenkapital	218
+	Minderheitsanteile am Eigenkapital (16 + 1)	17
=	**Total Eigenkapital**	**235**

Darstellung der Konzern-Erfolgsrechnung 20_5

	Warenertrag	500
./.	Warenaufwand	−350
./.	Übriger Aufwand	−131
=	**Konzerngewinn**	**19**
	Davon: ▷ Anteil Holdingaktionäre	18
	▷ Anteil Minderheitsaktionäre von Tochtergesellschaften	1

Mehrstufige Konsolidierung 23

Beispiel 2 **Simultane Konsolidierung per 31.12. 20_5**

Ende 20_5 liegen die bereinigten Einzelabschlüsse aller Konzerngesellschaften vor.

Es gelten dieselben Informationen wie in Beispiel 1. Zur besseren Übersicht werden die verschiedenen Beteiligungen nochmals erwähnt:

Beteiligung	Quote	Erwerbszeitpunkt	Kaufpreis	Eigenkapital	Aktienkapital	Kapitalreserven	Goodwill
H an T1	100%	01.01.20_1	42	40	30	10	2
H an T2	100%	01.01.20_2	101	95	80	15	6
T2 an E	80%	01.01.20_3	63	70	50	20	7

Der Konzernabschluss wird mithilfe von Konsolidierungsjournal und Konsolidierungsbogen in einem einzigen Schritt erstellt.

Konsolidierungsjournal 31.12. 20_5

Text	Soll	Haben	Betrag
Kapitalkonsolidierung Beteiligung T2 an E (80%)	Aktienkapital	Beteiligung an E	40
	Kapitalreserven	Beteiligung an E	16
	Goodwill	Beteiligung an E	7
Minderheitsanteil am Eigenkapital E (20%)	Aktienkapital	MAK	10
	Kapitalreserven	MAK	4
	Gewinnreserven	MAK	2
Minderheitsanteil am Ergebnis E (20%)	Gewinn Bilanz	MAG Bilanz	1
	MAG ER	Gewinn ER	1
Kapitalkonsolidierung Beteiligung H an T1	Aktienkapital	Beteiligung an T1	30
	Kapitalreserven	Beteiligung an T1	10
	Goodwill	Beteiligung an T1	2
Kapitalkonsolidierung Beteiligung H an T2	Aktienkapital	Beteiligung an T2	80
	Kapitalreserven	Beteiligung an T2	15
	Goodwill	Beteiligung an T2	6
Umsatzkonsolidierung	Warenertrag	Warenaufwand	70
Anfangsbestand Zwischengewinn	Gewinnreserven	Warenvorräte	3
Elimination konzerninterne Gewinnausschüttung durch E (80%)	Gewinn Bilanz	Gewinnreserven	8
	Finanzertrag	Gewinn ER	8
Elimination konzerninterne Gewinnausschüttung durch T2	Gewinn Bilanz	Gewinnreserven	12
	Finanzertrag	Gewinn ER	12

23 Mehrstufige Konsolidierung

Konsolidierungsbogen Ende 20_5

Bilanzen	H		T1		T2		E		Summe		Konsolidierung		Konzern	
Diverse Aktiven	97		73		195		75		440				440	
Warenvorräte			30		18		35		83			3	80	
Beteiligung an T1	42								42			30 ◆ 10 ◆ 2		
Beteiligung an T2	101								101			80 ◆ 15 ◆ 6		
Beteiligung an E							63		63			40 ◆ 16 ◆ 7		
Goodwill											7 ◆ 2 ◆ 6		15	
Fremdkapital		70		50		155		25		300				300
Aktienkapital		100		30		80		50		260	40 ◆ 10			100
											30 ◆ 80			
Kapitalreserven		20		10		15		20		65	16 ◆ 4			20
											10 ◆ 15			
Gewinnreserven		40		6		9		10		65	2 ◆ 3	8 ◆ 12		80
MAK											10 ◆ 4 ◆ 2			16
Gewinn Bilanz		10		7		17		5		39	1 ◆ 8 ◆ 12			18
MAG Bilanz												1		1
	240	240	103	103	276	276	110	110	729	729	246	246	535	535

Erfolgsrechnungen	H		T1		T2		E		Summe		Konsolidierung		Konzern	
Warenertrag				170		180		220		570	70			500
Finanzertrag				12				8		20	8 ◆ 12			
Warenaufwand			140		120		160		420			70	350	
Übriger Aufwand	2		23		51		55		131				131	
Gewinn ER	10		7		17		5		39			1 ◆ 8 ◆ 12	18	
MAG ER												1		1
	12	12	170	170	188	188	220	220	590	590	91	91	500	500

Die Beispiele zeigen, dass beide Verfahren zu einer identischen Konzernrechnung führen. Allerdings ist die Methode der Simultankonsolidierung schon bei diesem kleinen Konzern recht unübersichtlich.

24

Veränderungen von Beteiligungsquoten

Kauf und Verkauf von Aktien führen oft zu einer Veränderung der Beteiligungsquote eines Unternehmens am Kapital einer anderen Gesellschaft. Von besonderem Interesse sind dabei die im Schaubild schematisch dargestellten Veränderungsschritte.

Veränderungen der Beteiligungsquote

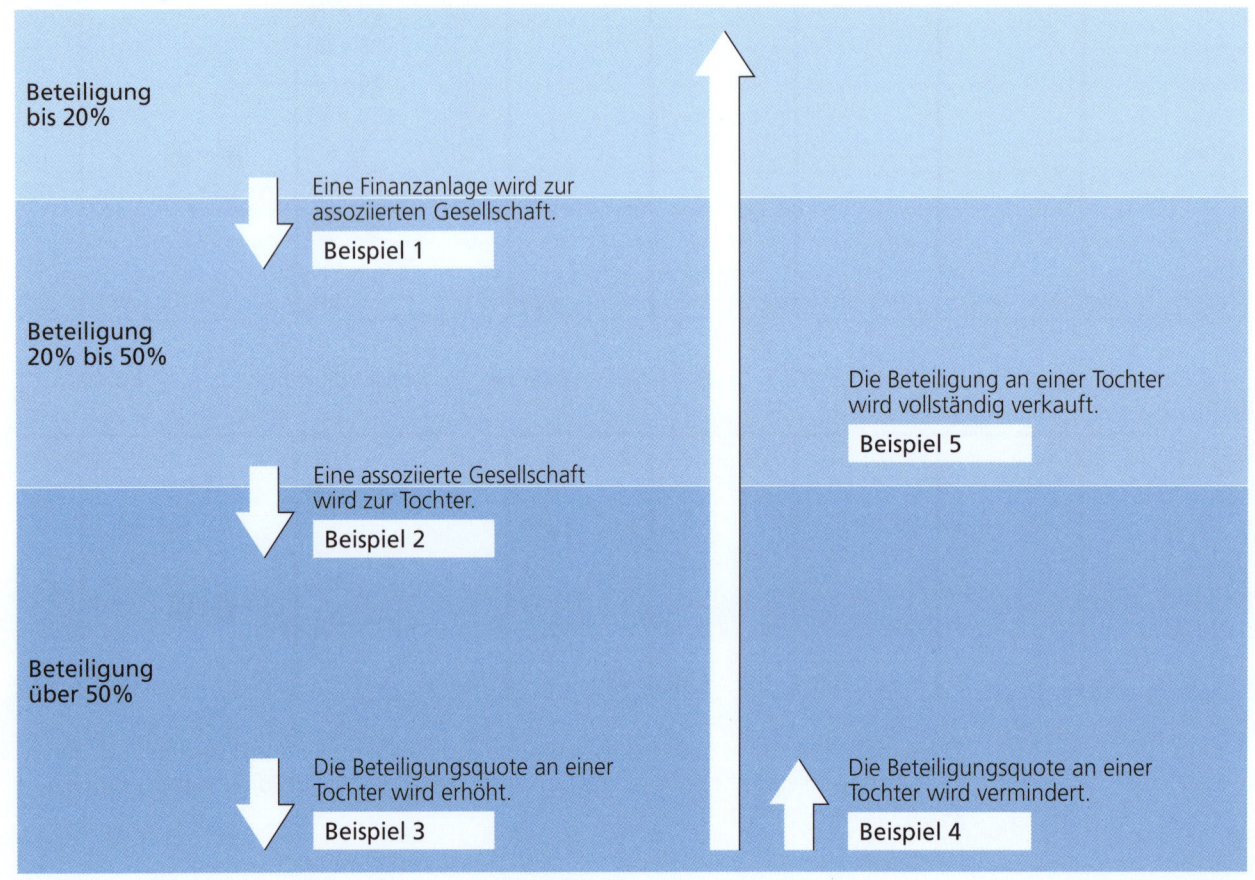

Beteiligung bis 20%

↓ Eine Finanzanlage wird zur assoziierten Gesellschaft.
Beispiel 1

Beteiligung 20% bis 50%

↓ Eine assoziierte Gesellschaft wird zur Tochter.
Beispiel 2

Die Beteiligung an einer Tochter wird vollständig verkauft.
Beispiel 5

Beteiligung über 50%

↓ Die Beteiligungsquote an einer Tochter wird erhöht.
Beispiel 3

↑ Die Beteiligungsquote an einer Tochter wird vermindert.
Beispiel 4

Die Veränderungsschritte werden in diesem Lehrmittel nach der klassischen Erwerbsmethode dargestellt.[1]

---

[1] Nach IFRS – nicht aber nach Swiss GAAP FER – besteht ein Wahlrecht, die Methode des Full Goodwill Accountings (siehe Kapitel 26) anzuwenden. Zwar ist diese Methode theoretisch überzeugend und einfach, sie wird jedoch in der europäischen Rechnungslegungspraxis kaum angewandt. Die Autoren erachten deshalb die klassische Erwerbsmethode für die Studierenden als nützlicher.

Veränderungen von Beteiligungsquoten 24

Übergang von der Finanzanlage zur assoziierten Gesellschaft

Sobald durch den Kauf von Aktien oder auf andere Weise ein massgeblicher Einfluss ausgeübt werden kann, handelt es sich nicht mehr um eine Finanzanlage, sondern um eine Beteiligung an einer assoziierten Gesellschaft.

Beispiel 1 **Erhöhung der Beteiligungsquote von 10% auf 40%**

Die Holding H kaufte im Jahr 20_0 ein Aktienpaket von 10% der Unternehmung X zum Preis von 53 und erfasste diese Beteiligung in der Buchhaltung als **Finanzanlage.** Ende 20_1 betrug der Fair Value dieser Finanzanlage 60.

Ende 20_1 kaufte H weitere 30% der Aktien von X zum Preis von 240. Dadurch erlangte H einen massgeblichen Einfluss auf X, was sich unter anderem durch die Einsitznahme im Verwaltungsrat von X manifestierte. Die Beteiligung an X ist in der Buchhaltung von H neu als **Beteiligung an assoziierter Gesellschaft** zu erfassen.

Ende 20_1 betrugen die Nettoaktiven von X 700.

Das gesamte Entgelt (engl. Consideration) für den Erwerb der Beteiligung von 40% beträgt 300. Es setzt sich zusammen aus dem Fair Value der Finanzanlage von 10% sowie dem Kaufpreis für das Aktienpaket von 30%.

Berechnung des Equity-Werts und des Goodwills per Ende 20_1

Fair Value der Finanzanlage von 10%	60
+ Kaufpreis für das Aktienpaket von 30%	240
= **Equity-Wert der Beteiligung an X** = **Entgelt für den Erwerb von 40%**	**300**
./. Anteilige Nettoaktiven von X (40% von 700)	−280
= **Goodwill**	**20**

24 Veränderungen von Beteiligungsquoten

Übergang von der assoziierten Gesellschaft zur Tochter

Kann durch einen zusätzlichen Aktienkauf oder auf andere Weise eine Beherrschung ausgeübt werden, wird die assoziierte Gesellschaft zur Tochter und künftig mittels Vollkonsolidierung in die Konzernrechnung einbezogen.

Beispiel 2 — **Erhöhung der Beteiligungsquote von 40% auf 60%**

Anfang 20_4 kaufte H zum Preis von 210 ein weiteres Aktienpaket von 20% hinzu. Dadurch erhöht sich die Beteiligungsquote auf 60%, womit H die Beherrschung von X erreicht.

Das Entgelt für den Erwerb von insgesamt 60% der Aktien von X wird auf den Zeitpunkt, an dem H die Kontrolle über X erhält, gemäss IFRS nach folgendem Schema ermittelt:

Entgelt für den Erwerb von X

Kaufpreis für die zusätzliche Tranche von 20%	210
+ Fair Value für gehaltene 40%-Beteiligung[1]	420
= **Entgelt für 60% der Aktien von X**	**630**

Auf der bereits vor Erreichen der Kontrolle gehaltenen Beteiligung von 40% entsteht durch die Umbewertung des Equity-Werts auf den Fair Value eine Differenz (hier ein Gewinn), die erfolgswirksam zu erfassen ist.

Wertanpassung der 40%-Beteiligung

Fair Value der 40%-Tranche	420
./. Equity-Wert der 40%-Tranche[2]	−340
= **Gewinn**	**80**

---

[1] Die Beteiligung an der assoziierten Gesellschaft von 40% wird beim Erreichen der Kontrolle über X nicht mehr nach der Equity-Methode, sondern zum Fair Value bewertet. Dieser wird aus dem Kauf der zur Beherrschung führenden Tranche (hier 20%) abgeleitet:

Fair Value der 40%-Tranche	Kaufpreis für 20%-Tranche • 40% / 20%	210 • 40% / 20%	420

Bei der obigen Berechnung nicht berücksichtigt ist der Umstand, dass zur Erreichung der Kontrollmehrheit oft ein Aufpreis (so genannte Kontrollprämie) bezahlt werden muss.

[2] **Fortschreibung des Equity-Werts von X per 01. 01. 20_4**

Anteiliges Eigenkapital	280
+ Goodwill	20
= **Equity-Wert am 31. 12. 20_1**	**300**
+ Kumulierte Anpassungen des Equity-Werts	40
= **Equity-Wert am 01. 01. 20_4**	**340**

Die kumulierten Anpassungen von 40 sind in diesem Beispiel eine Annahme.

24 Veränderungen von Beteiligungsquoten

Auf den Zeitpunkt, an dem H die Kontrollmehrheit erwirbt, ist eine vollständige Neubewertung der Nettoaktiven von X durchzuführen. Im Beispiel wird der Fair Value der Nettoaktiven mit 900 angenommen.

Berechnung des Goodwills per 01. 01. 20_4

	Entgelt für 60% der Aktien von X	630
./.	Anteiliges Eigenkapital (Nettoaktiven) von X 60% von 900	–540
=	**Goodwill**	**90**

Auf Ende 20_4 wird die Erstkonsolidierung wie folgt durchgeführt.

Konsolidierungsbogen Ende 20_4

Bilanzen	H Aktiven	H Passiven	X Aktiven	X Passiven	Konsolidierung Soll	Konsolidierung Haben	Konzern Aktiven	Konzern Passiven
Diverse Aktiven	780		950				1 730	
Beteiligung an X	①503				7 ♦ 40 ♦ 80	360 ♦ 180 ♦ 90		
Goodwill					90		90	
Aktienkapital		900		600	360 ♦ 240			900
Kapitalreserven		150		300	180 ♦ 120			150
Gewinnreserven		203				7 ♦ 40		250
MAK						240 ♦ 120		360
Gewinn Bilanz		30		50	20	80		140
MAG Bilanz						20		20
	1 283	1 283	950	950	1 137	1 137	1 820	1 820

Legende

7	Erfolgsneutrale Anpassung der Finanzanlage (Beispiel 1) auf den Fair Value Ende 20_1
40	Erfolgsneutrale Anpassung des Equity-Werts per Ende 20_3
80	Erfolgswirksame Anpassung des Equity-Werts an den Fair Value per Anfang 20_4
360	Kapitalkonsolidierung des Holdinganteils von 60%
240	Ausscheiden der Minderheitsanteile von 40%

---

① H erfasste die erworbenen Anteile im Einzelabschluss zu den jeweiligen Anschaffungskosten (53 + 240 + 210).

Veränderungen von Beteiligungsquoten — 24

Erhöhung der Beteiligungsquote an einer Tochter

Da bereits **vor** dem zusätzlichen Kauf eine Beherrschung vorlag, ändert sich die Art des Einbezugs in die Konzernrechnung nicht, und es erfolgt auch keine Neubewertung.

Der Kauf führt im Einzelabschluss des Veräusserers (Minderheit) zu einem Gewinn oder Verlust. Aus Konzernsicht handelt es sich bei dieser Transaktion indes um eine erfolgsneutrale Verschiebung innerhalb des Eigenkapitals, da sowohl Käuferin als auch Verkäuferin Aktionäre des Konzerns sind.

Beispiel 3 **Erhöhung der Beteiligungsquote von 60% auf 90%**

Anfang 20_5 kaufte H zum Preis von 330 ein weiteres Aktienpaket von 30% hinzu. Dadurch erhöht sich die Beteiligungsquote auf 90%.

Beim Kauf der zusätzlichen Tranche von 30% bezahlte H einen Aufpreis gegenüber den erworbenen Minderheitsanteilen an X.

Kaufpreisdifferenz per 01. 01. 20_5

Kaufpreis für zusätzliche Tranche von 30%	330
./. Gekaufte Minderheitsanteile an X[1]	−285
= **Bezahlter Aufpreis**	**45**

Bei diesem Aufpreis handelt es sich um eine Transaktion zwischen Aktionärsgruppen des Konzerns, weshalb die Verbuchung erfolgsneutral über Kapitalreserven erfolgt.

---

[1] Ende 20_4 betrug der Anteil der Minderheiten an X 40%. Anfang 20_5 erwarb H von diesen Minderheiten eine 30%-Tranche.

30% der Nettoaktiven	Minderheitsanteile Ende 20_4 • 30% / 40%	(MAK 360 + MAG 20) • 30% / 40%	285

24 Veränderungen von Beteiligungsquoten

Auf Ende 20_5 wird die Konsolidierung durchgeführt.

Konsolidierungsbogen Ende 20_5

Bilanzen	H Soll	H Haben	X Soll	X Haben	Konsolidierung Soll	Konsolidierung Haben	Konzern Soll	Konzern Haben
Diverse Aktiven	520		990				1 510	
Beteiligung an X	①833				7 ♦ 40 ♦ 80	540 ♦ 270 ♦ 90		
						15 ♦ 45		
Goodwill					90		90	
Aktienkapital		900		600	540 ♦ 60			900
Kapitalreserven		150		300	270 ♦ 30 ♦ 45			105
Gewinnreserven		233		50	15 ♦ 5	7 ♦ 40 ♦ 80		390
MAK						60 ♦ 30 ♦ 5		95
Gewinn Bilanz		70		40		4		106
MAG Bilanz						4		4
	1 353	1 353	990	990	1 186	1 186	1 600	1 600

Legende

7	Erfolgsneutrale Werterhöhung der Finanzanlage auf den Fair Value Ende 20_1
40	Erfolgsneutrale Anpassung des Equity-Werts Ende 20_3
80	Erfolgsneutrale Anpassung des Equity-Werts Anfang 20_4
45	Bezahlter Aufpreis beim Kauf des 30%-Anteils von den Minderheiten
15	Beim Kauf des Anteils von 30% wurden den Minderheitsaktionären auch 30% der Gewinnreserven (30% von 50 = 15) abgekauft, die mit dem Kaufpreis der Beteiligung zu verrechnen sind
540	Kapitalkonsolidierung des Holdinganteils von 90%
60	Ausscheiden der Minderheitsanteile von 10%

Der Eigenkapitalnachweis zeigt die Eigenkapitalveränderungen der Periode:

Eigenkapitalnachweis per 31. 12. 20_5

	Aktien-kapital	Kapital-reserven	Gewinn-reserven	Total Holding-aktionäre	Minder-heiten	Total Eigen-kapital
Anfangsbestand	900	150	390	1 440	380	1 820
./. Kauf 30% Minderheiten					−285	−285
./. Aufpreis für den Kauf von Minderheitsanteilen		−45		−45		−45
+ Gewinn			106	106	4	110
= Schlussbestand	900	105	496	1 501	99	1 600

---

① H erfasste die erworbenen Anteile im Einzelabschluss zu den jeweiligen Anschaffungskosten (53 + 240 + 210 + 330).

24 Veränderungen von Beteiligungsquoten

Verminderung der Beteiligungsquote an einer Tochter

Eine Reduktion der Beteiligungsquote kann in der Wirtschaftspraxis dann Sinn machen, wenn die Mutter zusätzliche Liquidität benötigt, die Beherrschung über die Tochter aber weiterhin ausüben will.

Der Verkauf führt im Einzelabschluss der Mutter zu einem Veräusserungsgewinn oder -verlust. Aus Konzernsicht handelt es sich um eine erfolgsneutrale Verschiebung innerhalb des Eigenkapitals.

Beispiel 4 **Verminderung der Beteiligungsquote von 100% auf 60%**

Anfang 20_1 erwarb M 100% der Aktien von T für 350. Die Nettoaktiven von T betrugen im Erwerbszeitpunkt 300, was einen Goodwill von 50 ergab, der sich später als werthaltig erwies.

Anfang 20_4 verkaufte M 40% der Aktien von T zum Preis von 170. In der HB 1 von M ergibt sich aus diesem Verkauf ein Veräusserungsgewinn von 30 und ein verbleibender Beteiligungswert von 210.[1]

Veräusserungsgewinn gemäss HB 1 von M per Anfang 20_4

Verkaufspreis für 40% der Aktien von T	170
./. Buchwert der verkauften 40%-Beteiligung an T[1]	–140
= Veräusserungsgewinn	**30**

Aus Konzernsicht handelt es sich beim Verkauf lediglich um eine Transaktion zwischen Aktionärsgruppen des Konzerns, weshalb die Verbuchung erfolgsneutral erfolgt. Der zusätzliche Verkaufserlös von 30 wird nicht als Gewinn, sondern als Reserveeinzahlung betrachtet und den Kapitalreserven zugeschrieben.

---

[1] Im Einzelabschluss von M wurde die Beteiligung zum Anschaffungswert von 350 bewertet.

Buchwert der 100%-Beteiligung an T		350
./. Buchwert der verkauften 40%-Tranche	350 • 40%	–140
= Buchwert der verbleibenden 60%		**210**

24 Veränderungen von Beteiligungsquoten

Auf Ende 20_4 wird die Konsolidierung durchgeführt.

Konsolidierungsbogen Ende 20_4

Bilanzen	M Soll	M Haben	T Soll	T Haben	Konsolidierung Soll	Konsolidierung Haben	Konzern Soll	Konzern Haben
Diverse Aktiven	570		370				940	
Beteiligung an T	210				①20	120 ♦ 60 ♦ 50		
Goodwill					50		50	
Aktienkapital		500	200		120 ♦ 80			500
Kapitalreserven		80	100		60 ♦ 40	20 ♦ 30		130
Gewinnreserven		90	40		16			114
MAK						80 ♦ 40 ♦ 16		136
Gewinn Bilanz		110		30	12 ♦ 30			98
MAG Bilanz						12		12
	780	780	370	370	428	428	990	990

Legende

- **30** Der Veräusserungsgewinn aus Sicht von M wird in die Kapitalreserven umgebucht.
- **20** Der im Buchwert der Beteiligung beinhaltete Goodwillanteil wird in die Kapitalreserven umgebucht.
- **120** Kapitalkonsolidierung des Holdinganteils von 60%
- **80** Ausscheiden der Minderheitsanteile von 40%

Der Eigenkapitalnachweis zeigt die Eigenkapitalveränderungen der Periode:

Eigenkapitalnachweis per 31. 12. 20_4

	Aktien-kapital	Kapital-reserven	Gewinn-reserven	Total Holding-aktionäre	Minder-heiten	Total Eigen-kapital
Anfangsbestand	500	80	130	710	0	710
± Verkauf 40% an T		②50	–16	34	136	170
+ Gewinn			98	98	12	110
= Schlussbestand	500	130	212	842	148	990

---

① Im ausgebuchten Anschaffungswert von 140 ist nebst den anteiligen Nettoaktiven auch der anteilige Goodwill von 20 (40% von 50) berücksichtigt. Wie im umgekehrten Fall (Beispiel 3) bleibt der Goodwill als Grösse bestehen. Aus Konzernsicht handelt es sich um eine Transaktion zwischen Aktionärsgruppen, weshalb die Verbuchung erfolgsneutral über die Kapitalreserven erfolgt.

② Die 50 setzen sich aus dem erfolgsneutralen Veräusserungsgewinn von 30 sowie dem umgebuchten Anteil des Goodwills von 20 zusammen.

24 Veränderungen von Beteiligungsquoten

Verkauf einer Tochter (Dekonsolidierung)

Durch den vollständigen Verkauf der Beteiligung veräussert der Konzern alle Aktiven und Verbindlichkeiten der Tochter, weshalb diese zu dekonsolidieren sind.

Beispiel 5

Verkauf einer Tochter

Anfang 20_1 erwarb M 100% der Aktien von T für 350. Die Nettoaktiven von T betrugen im Erwerbszeitpunkt 300, was einen Goodwill von 50 ergab, der auf 5 Jahre abzuschreiben ist.

M verkaufte T im ersten Halbjahr 20_5 Waren für 120. Die unrealisierten Zwischengewinne auf den Vorräten betrugen 4 (per 01. 01. 20_5) bzw. 7 (per 30. 06. 20_5).

Die Beteiligung an T wird am 30. 06. 20_5 zum Preis von 440 verkauft.

Die Dekonsolidierung ist mithilfe eines Abwicklungskontos wie folgt zu erfassen:

- **200** Die Kapitalkonsolidierung erfolgt über das Abwicklungskonto.
- **40** Die Goodwill-Abschreibung der Vorjahre und des ersten Halbjahres wird verbucht.
- 120 Elimination konzerninterner Umsätze erstes Halbjahr sowie Zwischengewinne.
- **40** Die Nettoaktiven von T und der Restwert des Goodwills werden dekonsolidiert.
- **18** Anpassung des Veräusserungsgewinns.

Konsolidierungsbogen Ende 20_5

Bilanzen	M Soll	M Haben	T (30. 06. 20_5) Soll	T Haben	Konsolidierung Soll	Konsolidierung Haben	Konzern Soll	Konzern Haben
Flüssige Mittel	460		40			40	460	
Warenvorrat	50		20			4 ◆ 3 ◆ 13	50	
Abwicklungskonto					40 ◆ 13 ◆ 5 ◆ 340	200 ◆ 100 ◆ 50		
						30 ◆ 18		
Goodwill					50	40 ◆ 5 ◆ 5		
Diverse Aktiven	580		340			340	580	
Verbindlichkeiten		200		30	30			200
Aktienkapital		500		200	200			500
Kapitalreserven		80		100	100			80
Gewinnreserven		120		60	40 ◆ 4			136
Gewinn Bilanz		190		10	5 ◆ 3 ◆ 18			174
	1 090	1 090	400	400	848	848	1 090	1 090

Erfolgsrechnungen	M Soll	M Haben	T (bis 30. 06. 20_5) Soll	T Haben	Konsolidierung Soll	Konsolidierung Haben	Konzern Soll	Konzern Haben
Warenertrag		2 000		700	120			2580
Veräusserungsgewinn		90			18			72
Warenaufwand	1 400		400		3	120	1 683	
Goodwill-Abschreibung					5		5	
Diverser Aufwand	500		290				790	
Gewinn ER	190		10			5 ◆ 3 ◆ 18	174	
	2 090	2 090	700	700	146	146	2 652	2 652

Veränderungen von Beteiligungsquoten — 24

Der aus dem Verkauf entstehende Veräusserungsgewinn von 90 wird von M erfolgswirksam erfasst.

Veräusserungsgewinn aus Sicht von M

Verkaufspreis der Aktien von T	440
./. Buchwert der Beteiligung	−350
= Veräusserungsgewinn bei M	**90**

Aus Konzernsicht wird nicht die Beteiligung an T verkauft, sondern die Nettoaktiven der Tochter zusammen mit dem aktivierten Goodwill.

Veräusserungsgewinn aus Konzernsicht

Verkaufspreis der Aktien von T	440
./. Aktivierter Goodwill (50 − 40 − 5)	− 5
./. Nettoaktiven gemäss Bilanz (40 + 13 + 340 − 30)	−363
= Veräusserungsgewinn Konzern	**72**

Die Differenz zwischen dem Veräusserungsgewinn bei M und beim Konzern von 18 (90 − 72) muss bei der Dekonsolidierung erfolgswirksam ausgebucht werden.

In der Konzernrechnung per Ende 20_5 ist die Veräusserung von T wie folgt sichtbar:

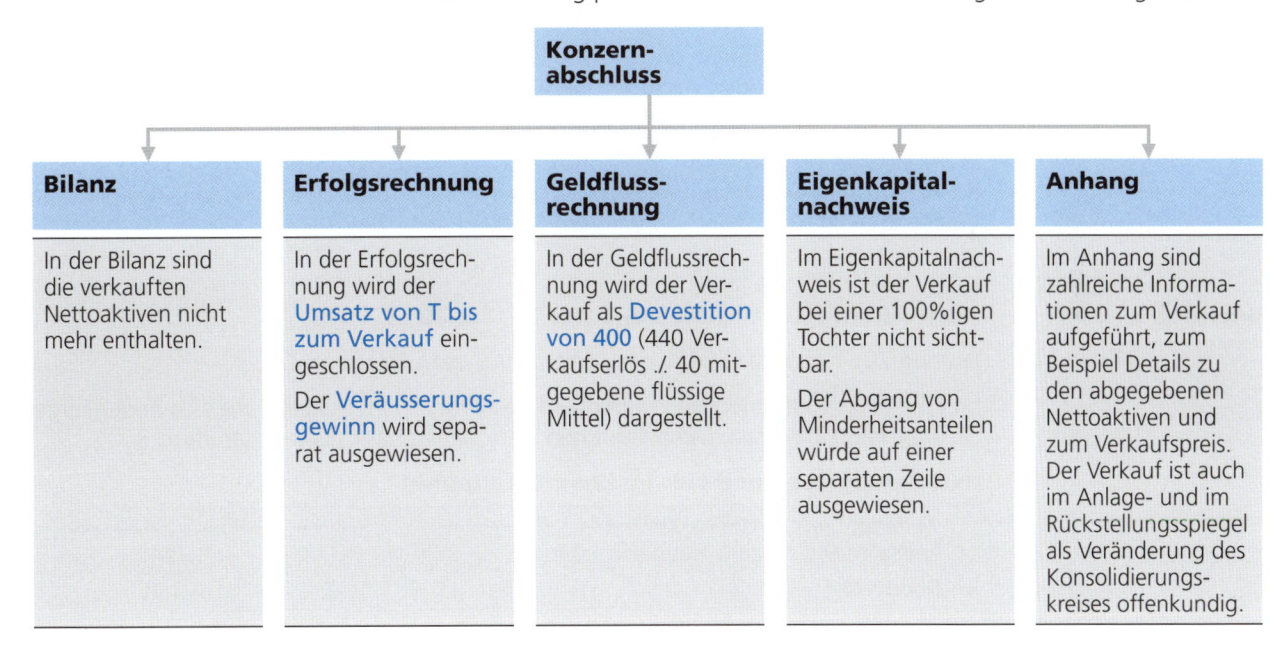

Konzernabschluss

Bilanz	Erfolgsrechnung	Geldflussrechnung	Eigenkapitalnachweis	Anhang
In der Bilanz sind die verkauften Nettoaktiven nicht mehr enthalten.	In der Erfolgsrechnung wird der **Umsatz von T bis zum Verkauf** eingeschlossen. Der **Veräusserungsgewinn** wird separat ausgewiesen.	In der Geldflussrechnung wird der Verkauf als **Devestition von 400** (440 Verkaufserlös ./. 40 mitgegebene flüssige Mittel) dargestellt.	Im Eigenkapitalnachweis ist der Verkauf bei einer 100%igen Tochter nicht sichtbar. Der Abgang von Minderheitsanteilen würde auf einer separaten Zeile ausgewiesen.	Im Anhang sind zahlreiche Informationen zum Verkauf aufgeführt, zum Beispiel Details zu den abgegebenen Nettoaktiven und zum Verkaufspreis. Der Verkauf ist auch im Anlage- und im Rückstellungsspiegel als Veränderung des Konsolidierungskreises offenkundig.

25

Push-down Accounting

Push-down Accounting ist ein moderner Trend in der Konzernrechnung, bei dem möglichst viele Konsolidierungsschritte in die HB 2 der einzelnen Unternehmen hinuntergestossen (engl. to push down) werden.

Auf die Ebene der Einzelabschlüsse hinunterstossen lassen sich nur solche Tatbestände, bei denen ausschliesslich *eine* Gesellschaft betroffen ist, zum Beispiel:

▷ Gliederung und Bewertung
▷ Ermittlung latenter Steuern
▷ Währungsumrechnung von der funktionalen in die Darstellungswährung
▷ Elimination von Zwischengewinnen
▷ Goodwill Accounting
▷ Equity-Bewertung

Hingegen lassen sich die Kapitalkonsolidierung, die Umsatzkonsolidierung oder die Konsolidierung von konzerninternen Dividendenausschüttungen nicht auf Stufe Einzelabschluss durchführen, da jeweils zwei Gesellschaften betroffen sind.

Push-down Accounting ist sinnvoll, da die einzelnen Unternehmen direkt über die notwendigen Informationen verfügen. Dies erhöht die Qualität der Zahlen und vereinfacht die anschliessenden Konsolidierungsarbeiten.

In der Wirtschaftspraxis wird das Push-down Accounting manchmal konsequent in allen Bereichen angewandt, bisweilen nur für einzelne Tatbestände wie zum Beispiel das Goodwill Accounting, und oft wird ganz darauf verzichtet.

Beispiel

Push-down Accounting bei T per 31. 12. 20_3

Anfang 20_1 erwarb H 80% der Aktien von T zum Preis von 275.

Im Erwerbszeitpunkt wurden Marken im Wert von 30 identifiziert, die sich in der Folge als werthaltig erwiesen. Die bereinigten Nettoaktiven betrugen gesamthaft 300.

Berechnung des Goodwills im Erwerbszeitpunkt

	Kaufpreis für 80% der Aktien an T		275
./.	Anteiliges Eigenkapital (Nettoaktiven) von T	80% von 300	–240
=	**Goodwill**		**35**

Der Goodwill von 35 wird nach Swiss GAAP FER linear über 5 Jahre abgeschrieben.

Das Eigenkapital in der HB 1 von T betrug im Erwerbszeitpunkt 270 (Aktienkapital 200, gesetzliche Reserven 60 und freie Reserven 10).

H lieferte T in der Berichtsperiode Waren für 200. Die Zwischengewinne auf dem Warenvorrat von T haben von 10 (Ende 20_2) auf 5 (Ende 20_3) abgenommen.

Zur Vereinfachung wird auf die Ermittlung latenter Steuern verzichtet.

25 Push-down Accounting

Bereinigungstabelle für T per Ende 20_3

Bilanz	HB 1 Soll	HB 1 Haben	Bereinigung im Erwerbszeitpunkt Soll	Bereinigung im Erwerbszeitpunkt Haben	Bereinigung 20_3 Soll	Bereinigung 20_3 Haben	HB 2 Soll	HB 2 Haben
Diverse Aktiven	240						240	
Warenvorrat	90				4♦1	8♦2	85	
Marken			30				30	
Goodwill			35			14♦7	14	
Aktienkapital		200	160♦40					
Gesetzliche Reserven		60	60					
Freie Reserven		55	10		45			
Kapitalreserven			80♦20	30♦60♦10				
HAK im Erwerbszeitpunkt①				160♦80♦35				275
Gewinnreserven					14♦8♦9	45		14
MAK				40♦20	2	9		67
Gewinn Bilanz		15			3♦7	4		9
MAG Bilanz						3♦1		4
	330	330	435	435	93	93	369	369

Erfolgsrechnung	HB 1 Soll	HB 1 Haben			Bereinigung 20_3 Soll	Bereinigung 20_3 Haben	HB 2 Soll	HB 2 Haben
Warenertrag		900						900
Warenaufwand	600					4♦1	595	
Goodwill-Abschreibung					7		7	
Diverser Aufwand	285						285	
Gewinn ER	15				4	3♦7	9	
MAG ER					3♦1		4	
	900	900			15	15	900	900

Legende für die Bereinigung 20_3

8 Erfolgsneutrale Elimination der Zwischengewinne auf Waren per Ende 20_2 (8♦2) und erfolgswirksame Reduktion der Zwischengewinne im Jahr 20_3 (4♦1).

14 Erfolgsneutrale Anpassung der kumulierten Abschreibungen per Ende 20_2 (14) und erfolgswirksame Abschreibung des Goodwills im Jahr 20_3 (7).

45 Zunahme der Gewinnreserven seit Erwerb.

9 Der Minderheitsanteil am Jahresgewinn (20% von 15 = 3) wird auf das Konto MAG und der anteilige Zuwachs der Gewinnreserven (20% von 45 = 9) auf das Konto MAK übertragen.

---

① Beim Push-down Accounting kann die Aufteilung des Eigenkapitals der Tochter bereits auf Stufe Einzelabschluss erfolgen:
  ▷ Der Holdinganteil am Eigenkapital der Tochter *im Erwerbszeitpunkt* wird auf dem Konto **HAK (Holdinganteile am Eigenkapital im Erwerbszeitpunkt)** gesammelt.
  ▷ Die Minderheitsanteile am *aktuellen* Eigenkapital der Tochter werden auf dem Konto MAK gesammelt.

Konsolidierung per 31. 12. 20_3

Auf Konzernebene werden nur noch jene Konsolidierungsbuchungen vorgenommen, die mehr als eine einzelne Gesellschaft betreffen, das sind im Beispiel die

▷ Kapitalkonsolidierung
▷ Umsatzkonsolidierung

Konsolidierungsjournal 31. 12. 20_3

Text	Soll	Haben	Betrag
Kapitalkonsolidierung	HAK im Erwerbszeitpunkt	Beteiligung an T	275
Umsatzkonsolidierung	Warenertrag	Warenaufwand	200

Konsolidierungsbogen Ende 20_3

Bilanzen	H Soll	H Haben	T Soll	T Haben	Konsolidierung Soll	Konsolidierung Haben	Konzern Soll	Konzern Haben
Diverse Aktiven	225		240				465	
Warenvorrat	100		85				185	
Beteiligung an T	275					275		
Marken			30				30	
Goodwill			14				14	
Aktienkapital		400						400
Kapitalreserven		40						40
HAK im Erwerbszeitpunkt				275	275			
Gewinnreserven		110		14				124
MAK				67				67
Gewinn Bilanz		50		9				59
MAG Bilanz				4				4
	600	600	369	369	275	275	694	694

Erfolgsrechnungen	H Soll	H Haben	T Soll	T Haben	Konsolidierung Soll	Konsolidierung Haben	Konzern Soll	Konzern Haben
Warenertrag		1 500		900	200			2 200
Warenaufwand	1 000		595			200	1 395	
Goodwill-Abschreibung			7				7	
Diverser Aufwand	450		285				735	
Gewinn ER	50		9				59	
MAG ER			4				4	
	1 500	1 500	900	900	200	200	2 200	2 200

Das Push-down Accounting vereinfacht die Konsolidierung wesentlich, setzt jedoch hohe Fachkompetenz bei den einzelnen Unternehmungen voraus.

26

Full Goodwill Accounting

Das Goodwill Accounting (Ermittlung, Folgebewertung und Verbuchung des Goodwills) ist eines der umstrittensten Themen in der Konzernrechnung. Mithilfe der Kaufpreiszuteilung (Purchase Price Allocation, siehe Kapitel 13) versuchen die Standardsetzer, die schwer erklärbare Grösse Goodwill auf ein Minimum zu reduzieren.

In diesem Lehrmittel wurde bisher nach der klassischen Erwerbsmethode lediglich den Holdingaktionären ein Goodwill zugerechnet, was nach Swiss GAAP FER einzig richtig ist. Nach IFRS besteht indes ein Wahlrecht, die Methode des Full Goodwill Accountings anzuwenden:

Beim Full Goodwill Accounting wird auch den Minderheitsaktionären ein Goodwill zugerechnet.

Ausgangspunkt für das Full Goodwill Accounting ist folgende Überlegung: Wenn der Mehrheitsaktionär beim Kauf einer Tochter bereit ist, für seinen Anteil mehr als den tatsächlichen Wert der anteiligen Nettoaktiven zu bezahlen, dann ist anzunehmen, dass der Wert der gesamten Unternehmung höher ist als lediglich der Wert der Nettoaktiven. Als Folge steigt auch der Wert der Minderheitsanteile, weshalb den Minderheitsaktionären ebenfalls ein Goodwill zugerechnet werden muss.

Full Goodwill Accounting 26

Die Beispiele 1 und 2 zeigen die Unterschiede zwischen der klassischen Erwerbsmethode und dem Full Goodwill Accounting.

Es gelten für beide Beispiele diese Annahmen:

▷ H erwarb Anfang 20_1 zum Preis von 240 einen Anteil von 60% an T.

▷ Im Erwerbszeitpunkt wurden Marken im Wert von 40 identifiziert, die sich in der Folge als werthaltig erwiesen. Die bereinigten Nettoaktiven betrugen 350.

▷ Das Eigenkapital in der HB 1 von T betrug im Erwerbszeitpunkt 310 (Aktienkapital 200, gesetzliche Reserven 100 und freie Reserven 10).

▷ Der Goodwill wird nach IFRS aktiviert. Ein Werthaltigkeitstest Ende 20_3 ergab, dass die Hälfte des Goodwills abgeschrieben werden muss.

▷ Zur Vereinfachung wird auf die Ermittlung latenter Steuern verzichtet.

Beispiel 1 — Bilanzbereinigung nach der klassischen Erwerbsmethode

Der Goodwill wird nur für die Kauftranche der Holdingaktionäre ermittelt.

Goodwillberechnung nach klassischer Erwerbsmethode

Kaufpreis für 60% der Aktien an T		240
./. Anteiliges Eigenkapital (Nettoaktiven) von T	60% von 350	−210
= **Goodwill der Holdingaktionäre**		**30**

Bilanzbereinigung nach klassischer Erwerbsmethode Ende 20_3

Bilanz	HB 1 Soll	HB 1 Haben	Bereinigung im Erwerbszeitpunkt Soll	Bereinigung im Erwerbszeitpunkt Haben	Bereinigung 20_3 Soll	Bereinigung 20_3 Haben	HB 2 Soll	HB 2 Haben
Diverse Aktiven	400						400	
Marken			40				40	
Goodwill			30			15	15	
Aktienkapital		200	120 ◆ 80					
Gesetzliche Reserven		100	100					
Freie Reserven		60	10		50			
Kapitalreserven			90 ◆ 60	40 ◆ 100 ◆ 10				
HAK im Erwerbszeitpunkt①			120 ◆ 90 ◆ 30					240
Gewinnreserven					20	50		30
MAK				80 ◆ 60		20		160
Gewinn Bilanz		40			16 ◆ 15			9
MAG Bilanz						16		16
	400	400	530	530	101	101	455	455

① HAK = Holdinganteil am Eigenkapital im Erwerbszeitpunkt.

Full Goodwill Accounting 26

Beispiel 2 — **Bilanzbereinigung nach dem Full Goodwill Accounting**

Aus der erworbenen Quote von 60% wird durch proportionales Hochrechnen der theoretische Wert der ganzen Unternehmung bestimmt.[1] Für die Goodwill-Ermittlung wird der so errechnete Unternehmenswert den gesamten Nettoaktiven gegenübergestellt.

Goodwillberechnung nach Full Goodwill Accounting

Errechneter Kaufpreis für 100%	240 : 60% • 100%	400
./. Nettoaktiven von T		–350
= **Goodwill der Unternehmung (Full Goodwill)**		50

Bilanzbereinigung nach Full Goodwill Accounting Ende 20_3

Bilanz	HB 1 Soll	HB 1 Haben	Bereinigung im Erwerbszeitpunkt Soll	Bereinigung im Erwerbszeitpunkt Haben	Bereinigung 20_3 Soll	Bereinigung 20_3 Haben	HB 2 Soll	HB 2 Haben
Diverse Aktiven	400						400	
Marken			40				40	
Goodwill			30 ◆ 20		15 ◆ 10		25	
Aktienkapital		200	120 ◆ 80					
Gesetzliche Reserven		100	100					
Freie Reserven		60	10		50			
Kapitalreserven			90 ◆ 60	40 ◆ 100 ◆ 10				
HAK im Erwerbszeitpunkt				120 ◆ 90 ◆ 30				240
Gewinnreserven					20	50		30
MAK				80 ◆ 60 ◆ 20		20		180
Gewinn Bilanz		40			16 ◆ 15			9
MAG Bilanz					10	16		6
	400	400	550	550	111	111	465	465

---

[1] Vereinfachend wird bei dieser Rechnung vorausgesetzt, dass für den Kauf des Aktienpakets von 60% keine Kontrollprämie bezahlt wurde. Siehe Beurteilung auf der nächsten Seite.

Beurteilung

Aus theoretischer Sicht ist das Full Goodwill Accounting der klassischen Erwerbsmethode vorzuziehen, weil der Unternehmenswert (Nettoaktiven und Goodwill) unabhängig von der Aktionärsstruktur ist: Wenn Minderheiten an der Tochter beteiligt sind, muss der gesamte Goodwill gleich hoch sein, wie wenn die Mutter 100% der Aktien besitzt.

Dem Full Goodwill Accounting liegt die Annahme zugrunde, dass die Minderheitsanteile ebenfalls mehr Wert sind als die anteiligen Nettoaktiven, wenn für den Erwerb der Mehrheit ein Goodwill bezahlt wird. Die Analyse ergibt ein differenziertes Bild:

Gründe für die Bezahlung eines Goodwills		
Erlangung der Kontrolle	**Synergien**	**Positive Zukunftsaussichten**
Zur Erlangung der Kontrolle über das Unternehmen ist die Erwerberin bereit, einen Aufpreis (sogenannte Kontrollprämie) zu bezahlen.	Die Erwerberin erhofft sich Einsparungen durch Synergieeffekte (zum Beispiel in Forschung, Beschaffung, Produktion, Marketing).	Allgemein positive Zukunftsaussichten und das Know-how der Mitarbeitenden stellen Werte dar, die bei T nicht als solche aktiviert werden dürfen.
Für die Minderheitsaktionäre stellt dieser Tatbestand keinen Mehrwert dar.	Diese Synergien erweisen sich teilweise nur für die Erwerberin als Mehrwert.	Diese Tatbestände stellen auch für die Minderheiten einen Zusatznutzen dar.

In der Praxis wird vom Wahlrecht des Goodwill Accountings aus folgenden Gründen kaum Gebrauch gemacht:

▷ Der Wertberichtigungsbetrag bei einem allfälligen Goodwill-Impairment ist beim Full Goodwill Accounting höher und belastet das Konzernergebnis stärker.

▷ Das Eigenkapital beim Full Goodwill Accounting ist höher, weshalb die Eigenkapitalrendite tiefer ist als bei der klassischen Erwerbsmethode.

	Klassische Erwerbsmethode (Beispiel 1)	Full Goodwill Accounting (Beispiel 2)
Gewinn	25	15
Eigenkapital Ende Jahr	455	465
Eigenkapitalrendite	**5,5%**	**3,2%**

Aufgaben

1. Teil
Grundlagen

10

Einleitung

10.01

Die Aktien der Bio-Holding AG sind an der Schweizer Börse kotiert.

Es bestehen die Beteiligungen gemäss Schaubild. Die Prozentwerte entsprechen dem Stimmenanteil der jeweils oberen Gesellschaft an der unteren. Aufgrund eines Aktionärbindungsvertrags ist die Bio-Holding AG ermächtigt, die Mehrheit der Verwaltungsräte der Bio-Gen AG zu ernennen bzw. abzuberufen.

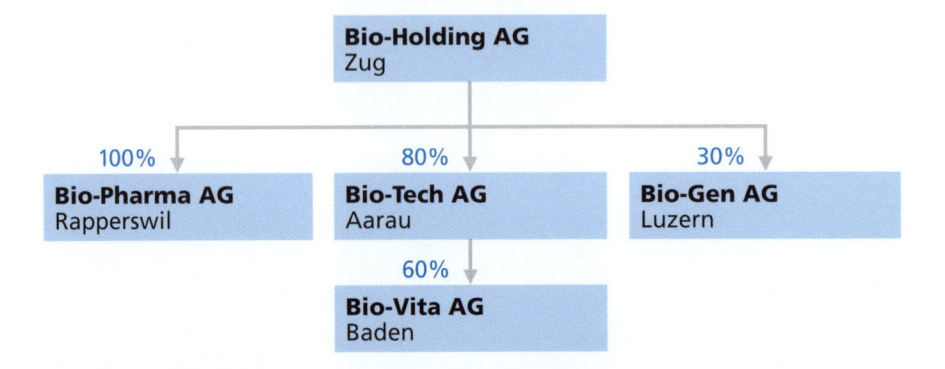

```
                    Bio-Holding AG
                         Zug
          ┌──────────────┼──────────────┐
        100%            80%            30%
          ▼              ▼              ▼
    Bio-Pharma AG   Bio-Tech AG    Bio-Gen AG
    Rapperswil      Aarau          Luzern
                         │
                        60%
                         ▼
                    Bio-Vita AG
                    Baden
```

a) Welche Gesellschaften sind rechtlich selbstständig?

b) Welche Abschlüsse sind für die Gewinnausschüttungen sowie die Gewinn- und Kapitalsteuern relevant?

c) Auf welche Weise beherrscht die Bio-Holding AG die anderen Gesellschaften?

d) Was ist ein Konzern?

e) Erklären Sie die Begriffe Mutter, Tochter und Enkel.

f) Welche Aktien kauft ein Investor formell, wenn er sich am Bio-Konzern beteiligt?

g) Was ist eine Konzernrechnung?

h) Wie wird ein Konzernabschluss erstellt (so genannte Konsolidierung)?

i) Nach welchem Regelwerk wird der Konzernabschluss abgefasst?

j) Warum gibt der Konzernabschluss besser Aufschluss über den Wert einer Aktie der Bio-Holding AG als der Einzelabschluss der Bio-Holding AG.

10

Einleitung

10.02

Kreuzen Sie die Aussagen als richtig an, oder begründen Sie, weshalb diese falsch sind.

Nr.	Aussage	Richtig	Begründung bei falscher Aussage
1	Ein Konzern ist die Zusammenfassung rechtlich selbstständiger Unternehmen unter einheitlicher Leitung.		
2	Ein Konzern besteht aus einer Muttergesellschaft und mindestens einer Tochtergesellschaft.		
3	Eine Konzernrechnung ist der Abschluss eines Konzerns, der die Konzernunternehmen so darstellt, als ob es sich um ein einziges Unternehmen handeln würde.		
4	Eine Konzernrechnung ist grundsätzlich zu erstellen, sobald eine Gesellschaft durch eine andere beherrscht wird.		
5	Die Konzernrechnung ist in der Schweiz zwar massgeblich für die Gewinnausschüttung, nicht aber für die Unternehmensbesteuerung.		
6	Eine Konsolidierung ist lediglich eine Summierung der Einzelabschlüsse.		
7	Solange der Stimmenanteil der Holding an einer anderen Gesellschaft 50% oder weniger beträgt, liegt keine Beherrschung vor.		
8	Im Obligationenrecht ist die True-and-Fair-View der wichtigste Grundsatz ordnungsmässiger Rechnungslegung.		
9	Der Wert der Aktien einer Holdinggesellschaft hängt weitgehend vom wirtschaftlichen Erfolg der Tochtergesellschaften ab, weshalb für die Beurteilung eines Aktienkaufs der Konzernabschluss wichtiger ist als der Einzelabschluss der Holdinggesellschaft.		

10.03

Aus welchen Bestandteilen setzt sich ein Konzernabschluss nach Swiss GAAP FER zusammen?

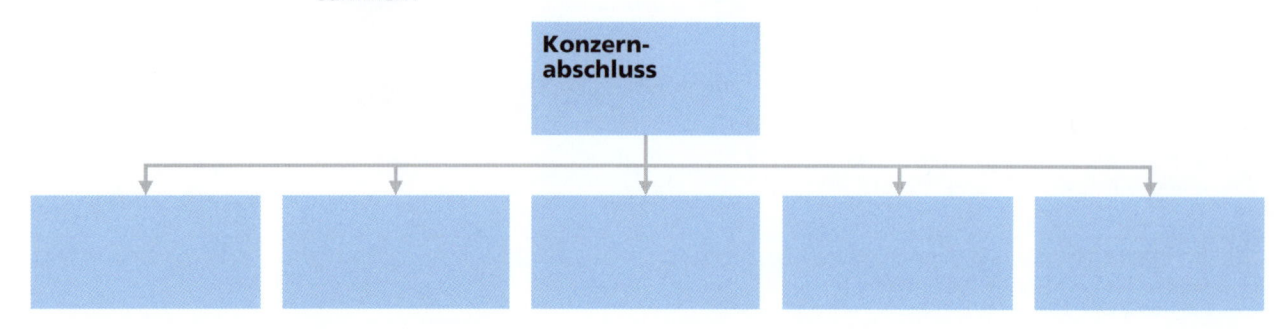

Konzernabschluss

10.04

Diese Übersicht zeigt die kumulierten Werte aller Konzerngesellschaften:

Jahr	20_4	20_5	20_6	20_7	20_8	20_9
Bilanzsumme in Mio.	21	21	20	20	19	21
Umsatz in Mio.	39	41	40	39	39	39
Mitarbeiterzahl	240	240	250	240	240	260

Beurteilen Sie, in welchen Jahren nach OR 963a Abs. 1 Ziff. 1 eine Konzernrechnung zu erstellen ist. Als Antwort ist für jedes Jahr ein Ja oder ein Nein in die Tabelle einzutragen. Es wird vorausgesetzt, dass für die Jahre 20_1 bis 20_3 eine Konsolidierungspflicht bestand.

Jahr	20_4	20_5	20_6	20_7	20_8	20_9
Konsolidierungspflicht?						

10.05

Beurteilen Sie die Konsolidierungspflicht anhand von OR 963 ff.

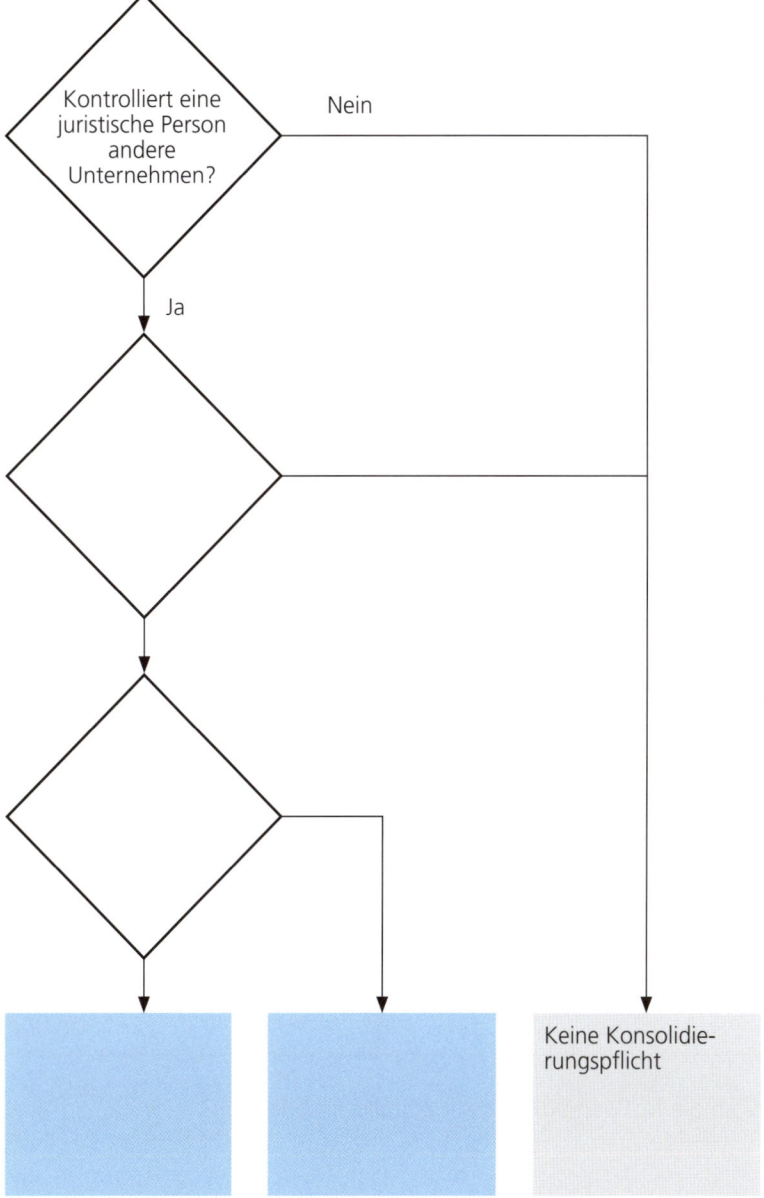

OR 963 Abs. 1
Kontrolliert eine rechnungspflichtige juristische Person ein oder mehrere rechnungspflichtige Unternehmen, so muss sie im Geschäftsbericht für die Gesamtheit der kontrollierten Unternehmen eine konsolidierte Jahresrechnung (Konzernrechnung) erstellen.

OR 963a Abs. 1
Eine juristische Person ist von der Pflicht zur Erstellung einer Konzernrechnung befreit, wenn sie …
zusammen mit den kontrollierten Unternehmen zwei der nachstehenden Grössen in zwei aufeinander folgenden Geschäftsjahren nicht überschreitet:
a. Bilanzsumme von 20 Millionen Franken
b. Umsatzerlös von 40 Millionen Franken
c. 250 Vollzeitstellen im Jahresdurchschnitt

OR 963b Abs. 1
Die Konzernrechnung folgender Unternehmen muss nach einem anerkannten Standard zur Rechnungslegung erstellt werden:
1. Gesellschaften, deren Beteiligungspapiere an einer Börse kotiert sind, wenn die Börse dies verlangt
2. Genossenschaften mit mindestens 2000 Genossenschaftern
…

11 Erstkonsolidierung

a) Kapitalkonsolidierung

11.01

M erwarb Ende Jahr alle Aktien von T zum Preis von 20.

a) Erstellen Sie die Konzernbilanz in zwei Schritten:
  ▷ Zuerst sind die Einzelabschlüsse von M und T in der Summenbilanz zusammenzufassen.
  ▷ Anschliessend ist die Kapitalkonsolidierung durchzuführen.

Die Lösung ist auf dieser Seite buchhalterisch mithilfe von Konsolidierungsbogen und Konsolidierungsjournal abzuwickeln und auf der gegenüberliegenden Seite grafisch zu veranschaulichen.

Konsolidierungsbogen

	Einzelabschluss M		Einzelabschluss T		Summenbilanz		Konsolidierungs-buchungen		Konzernbilanz	
	Aktiven	Passiven	Aktiven	Passiven	Aktiven	Passiven	Soll	Haben	Aktiven	Passiven
Diverse Aktiven	100		60							
Beteiligung an T	20									
Fremdkapital		50		40						
Eigenkapital		70		20						
	120	120	60	60						

Konsolidierungsjournal

Text	Soll	Haben	Betrag
Kapitalkonsolidierung			

b) Wie begründen Sie die Notwendigkeit der Kapitalkonsolidierung?

Erstkonsolidierung — Aufgabe 11.01

Lösungsblatt zu Aufgabe 11.01

Bilanz M

Aktiven	Passiven
Diverse Aktiven	Fremdkapital ....
Beteiligung an T	Eigenkapital ....

Bilanz T

Aktiven	Passiven
Diverse Aktiven	Fremdkapital ....
	Eigenkapital ....

Summenbilanz

Aktiven	Passiven
Diverse Aktiven	Fremdkapital ....
	Eigenkapital M ....
Beteiligung an T	Eigenkapital T ....

Konzernbilanz

Aktiven	Passiven
Diverse Aktiven	Fremdkapital ....
	Eigenkapital ....

Erstkonsolidierung 11

11.02

M erwarb Anfang Jahr alle Aktien von T für 15.

a) Erstellen Sie die Konzernbilanz, wenn der Goodwill nach Swiss GAAP FER linear auf 5 Jahre abgeschrieben wird.

Konsolidierungsjournal 31. 12. 20_1

Text	Soll	Haben	Betrag
Kapitalkonsolidierung			
Abschreibung Goodwill			

Konsolidierungsbogen 31. 12. 20_1

Bilanz	Einzelabschluss M Aktiven	Einzelabschluss M Passiven	Einzelabschluss T Aktiven	Einzelabschluss T Passiven	Summenbilanz Aktiven	Summenbilanz Passiven	Konsolidierungsbuchungen Soll	Konsolidierungsbuchungen Haben	Konzern Aktiven	Konzern Passiven
Diverse Aktiven	140		30							
Beteiligung an T	15									
Goodwill										
Fremdkapital		70		18						
Aktienkapital		40		6						
Kapitalreserven		8		4						
Gewinnreserven		25								
Gewinn Bilanz		12		2						
	155	155	30	30						

Erfolgsrechnung	Einzelabschluss M Aufwand	Einzelabschluss M Ertrag	Einzelabschluss T Aufwand	Einzelabschluss T Ertrag	Summenbilanz Aufwand	Summenbilanz Ertrag	Konsolidierungsbuchungen Soll	Konsolidierungsbuchungen Haben	Konzern Aufwand	Konzern Ertrag
Warenertrag		300		60						
Warenaufwand	200		40							
Goodwill-Abschreibung										
Diverser Aufwand	88		18							
Gewinn Erfolgsrechnung	12		2							
	300	300	60	60						

b) Erklären Sie den Begriff Goodwill.

c) Weshalb werden in der Praxis viele Akquisitionen mit Goodwill abgewickelt?

d) Warum weist die Bilanz von T keine Gewinnreserven auf?

e) Warum ist der Eigenfinanzierungsgrad in der Konzernbilanz tiefer als in der Summenbilanz?

Erstkonsolidierung 11

11.03

Die Muttergesellschaft M gründet oder kauft die Tochtergesellschaft T, sodass ein Konzern entsteht. Dabei sind im Vergleich zwischen dem Kaufpreis von M und dem Eigenkapital von T drei Fälle zu unterscheiden:

Fall 1: Keine Differenz

Fall 2: Goodwill

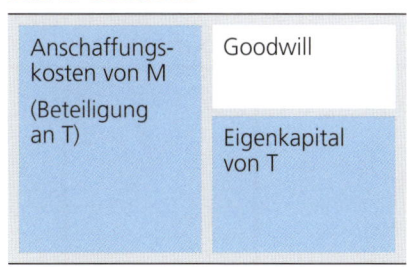

Fall 3: Negativer Goodwill

Fall 1 Die Muttergesellschaft M gründete Anfang 20_1 die Tochtergesellschaft T durch Einzahlung des Aktienkapitals von 10.

a) Wie lautet die Kapitalkonsolidierung bei der Erstkonsolidierung per Ende 20_1?

Konsolidierungsbogen Ende 20_1

Bilanz	M Aktiven	M Passiven	T Aktiven	T Passiven	Summenbilanz Aktiven	Summenbilanz Passiven	Konsolidierung Soll	Konsolidierung Haben	Konzern Aktiven	Konzern Passiven
Diverse Aktiven	100		20							
Beteiligung an T	10									
Fremdkapital		60		8						
Aktienkapital		25		10						
Kapitalreserven		7								
Gewinnreserven		11								
Gewinn Bilanz		7		2						
	110	110	20	20						

Konsolidierungsjournal Ende 20_1

Text	Soll	Haben	Betrag
Kapitalkonsolidierung			

b) In welcher Situation tritt Fall 1 in der Praxis am häufigsten auf?

Erstkonsolidierung

11 Aufgabe 11.03

Fall 2 — Die Muttergesellschaft M kaufte Anfang 20_1 alle Aktien der Tochtergesellschaft T für 20.

c) Wie lautet die Kapitalkonsolidierung bei der Erstkonsolidierung per Ende 20_1? Der **Goodwill** ist linear auf 5 Jahre abzuschreiben.

Konsolidierungsbogen Ende 20_1

Bilanz	M Aktiven	M Passiven	T Aktiven	T Passiven	Summenbilanz Aktiven	Summenbilanz Passiven	Konsolidierung Soll	Konsolidierung Haben	Konzern Aktiven	Konzern Passiven
Diverse Aktiven	90		30		120					
Beteiligung an T	20				20					
Goodwill										
Fremdkapital		60		13		73				
Aktienkapital		25		10		35				
Kapitalreserven		7		5		12				
Gewinnreserven		11				11				
Gewinn Bilanz		7		2		9				
	110	110	30	30	140	140				

Erfolgsrechnung	M Aufwand	M Ertrag	T Aufwand	T Ertrag	Summenbilanz Aufwand	Summenbilanz Ertrag	Konsolidierung Soll	Konsolidierung Haben	Konzern Aufwand	Konzern Ertrag
Diverser Ertrag		250		50		300				
Diverser Aufwand	243		48		291					
Goodwill-Abschreibung										
Gewinn ER	7		2		9					
	250	250	50	50	300	300				

Konsolidierungsjournal Ende 20_1

Text	Soll	Haben	Betrag
Kapitalkonsolidierung			
Goodwill-Abschreibung			

d) Aus welchen Gründen wird in der Praxis ein Goodwill bezahlt?

e) Um was für ein Konto handelt es sich beim Goodwill?

f) Nach IFRS wird ein Goodwill im Gegensatz zu den Swiss GAAP FER nicht planmässig abgeschrieben, sondern jedes Jahr einem Werthaltigkeitstest unterstellt.
Was spricht für und gegen die Lösung von IFRS?

Erstkonsolidierung — **11** Aufgabe 11.03

Fall 3

Die Muttergesellschaft M kaufte Anfang 20_1 alle Aktien der Tochtergesellschaft T für 18.

g) Wie lautet die Kapitalkonsolidierung bei der Erstkonsolidierung per Ende 20_1, wenn der **negative Goodwill** als Rückstellung bilanziert und über 5 Jahre linear aufgelöst wird?

Konsolidierungsbogen Ende 20_1

Bilanz	M Aktiven	M Passiven	T Aktiven	T Passiven	Summenbilanz Aktiven	Summenbilanz Passiven	Konsolidierung Soll	Konsolidierung Haben	Konzern Aktiven	Konzern Passiven
Diverse Aktiven	92		35		127					
Beteiligung an T	18				18					
Fremdkapital		60		11		71				
Rückstellung										
Aktienkapital		25		10		35				
Kapitalreserven		7		13		20				
Gewinnreserven		11				11				
Gewinn Bilanz		7		1		8				
	110	110	35	35	145	145				

Erfolgsrechnung	M Aufwand	M Ertrag	T Aufwand	T Ertrag	Summenbilanz Aufwand	Summenbilanz Ertrag	Konsolidierung Soll	Konsolidierung Haben	Konzern Aufwand	Konzern Ertrag
Diverser Ertrag		250		50		300				
Diverser Aufwand	243		49		292					
Auflösung Rückstellung										
Gewinn ER	7		1		8					
	250	250	50	50	300	300				

Konsolidierungsjournal Ende 20_1

Text	Soll	Haben	Betrag
Kapitalkonsolidierung			
Auflösung Rückstellung			

h) In welchen Situationen kommt in der Praxis ein negativer Goodwill vor?

i) Nach IFRS muss ein negativer Goodwill (engl. Bargain Purchase) sofort erfolgswirksam als Gewinn verbucht werden; eine Rückstellungsbildung ist im Gegensatz zu Swiss GAAP FER verboten.

Was spricht für und gegen die Bildung einer Rückstellung?

Erstkonsolidierung 11

11.04

M erwarb per 1. 1. 20_1 alle Aktien von T für 115.

a) Zeigen Sie anhand der drei Fälle die Auswirkungen einer unterschiedlichen Goodwill-Behandlung auf den Konzernabschluss.

Fall 1 — IFRS

Der Goodwill wird aktiviert und nicht abgeschrieben (unter Annahme der Werthaltigkeit).

Konsolidierungsbogen Ende 20_1

Bilanz	M Aktiven	M Passiven	T Aktiven	T Passiven	Summenbilanz Aktiven	Summenbilanz Passiven	Konsolidierung Soll	Konsolidierung Haben	Konzern Aktiven	Konzern Passiven
Diverse Aktiven	200		130							
Beteiligung an T	115									
Goodwill										
Fremdkapital		158		60						
Aktienkapital		60		30						
Kapitalreserven		20		35						
Gewinnreserven		65								
Gewinn Bilanz		12		5						
	315	315	130	130						

Fall 2 — Swiss GAAP FER: Benchmark-Methode

Der Goodwill wird aktiviert und linear über 5 Jahre abgeschrieben.

Konsolidierungsbogen Ende 20_1

Bilanz	M Aktiven	M Passiven	T Aktiven	T Passiven	Summenbilanz Aktiven	Summenbilanz Passiven	Konsolidierung Soll	Konsolidierung Haben	Konzern Aktiven	Konzern Passiven
Diverse Aktiven	200		130		330					
Beteiligung an T	115				115					
Goodwill										
Fremdkapital		158		60		218				
Aktienkapital		60		30		90				
Kapitalreserven		20		35		55				
Gewinnreserven		65				65				
Gewinn Bilanz		12		5		17				
	315	315	130	130	445	445				

Erstkonsolidierung — **11** Aufgabe 11.04

Fall 3

Swiss GAAP FER: erlaubte Alternative

Der Goodwill wird mit dem Eigenkapital verrechnet.

Konsolidierungsbogen Ende 20_1

Bilanz	M Aktiven	M Passiven	T Aktiven	T Passiven	Summenbilanz Aktiven	Summenbilanz Passiven	Konsolidierung Soll	Konsolidierung Haben	Konzern Aktiven	Konzern Passiven
Diverse Aktiven	200		130		330					
Beteiligung an T	115				115					
Goodwill										
Fremdkapital		158		60		218				
Aktienkapital		60		30		90				
Kapitalreserven		20		35		55				
Gewinnreserven		65				65				
Gewinn Bilanz		12		5		17				
	315	315	130	130	445	445				

b) Berechnen Sie aufgrund der Konzernbilanz die Eigenkapitalrendite für die drei Fälle auf eine Dezimalstelle genau (Eigenkapital gemäss Schlussbilanz).

	Fall 1	Fall 2	Fall 3
Eigenkapitalrendite			

c) Geben Sie einen Kurzkommentar zu den Berechnungen von b).

11.05

M erwarb Anfang 20_1 alle Aktien der Gesellschaft T1 für 200 und der Gesellschaft T2 für 150.

Den Einzelabschlüssen der Konzerngesellschaften von Ende 20_1 können folgende Informationen entnommen werden:

Eigenkapital gemäss Einzelabschlüssen 31. 12. 20_1

	M	T1	T2
Aktienkapital	400	100	50
Kapitalreserven	80	60	70
Gewinnreserven	130		
Gewinn	60	20	10
Total Eigenkapital	670	180	130

a) Wie hoch ist der Goodwill gemäss Konzernbilanz?

b) Wie setzt sich das Eigenkapital in der Konzernbilanz zusammen, wenn der Goodwill nach Swiss GAAP FER auf 5 Jahre abgeschrieben wird?

Eigenkapital gemäss Konzernabschluss 31. 12. 20_1

Aktienkapital	
Konzerngewinn	
Total Eigenkapital	

Erstkonsolidierung 11

b) Schulden- und Umsatzkonsolidierung

11.20

M kaufte Anfang Jahr alle Aktien von T und gewährte gleichzeitig ein konzerninternes Darlehen von 50, das T nachschüssig per Ende Jahr zu 6% verzinsen muss. Alle Zahlungen wurden über die Bank abgewickelt.

In den Einzelabschlüssen per Ende Jahr sind jene konzerninternen Beziehungen blau hervorgehoben, die auf dieser Darlehensgewährung beruhen:

Bilanz M

Aktiven		Passiven	
Bank	60	Fremdkapital	250
Aktivdarlehen an T	50	Aktienkapital	120
Beteiligung an T	100	Kapitalreserven	40
Übrige Aktiven	340	Gewinnreserven	110
		Gewinn Bilanz	30
	550		550

Bilanz T

Aktiven		Passiven	
Bank	10	Passivdarlehen von M	50
Übrige Aktiven	120	Übriges Fremdkapital	25
		Aktienkapital	30
		Kapitalreserven	15
		Gewinn Bilanz	10
	130		130

Erfolgsrechnung M

Aufwand		Ertrag	
Diverser Aufwand	773	Diverser Ertrag	800
Gewinn ER	30	Zinsertrag	3
	803		803

Erfolgsrechnung T

Aufwand		Ertrag	
Diverser Aufwand	167	Diverser Ertrag	180
Zinsaufwand	3		
Gewinn ER	10		
	180		180

a) Wie lauten die Konsolidierungsbuchungen bezüglich des Darlehens per Ende Jahr?

Konsolidierungsjournal

Text	Soll	Haben	Betrag
Schuldenkonsolidierung			
Umsatzkonsolidierung			

b) Weshalb werden die Schulden- und die Umsatzkonsolidierung nicht über die Gewinnkonten von Bilanz und Erfolgsrechnung verbucht?

c) Warum müssen die Bankkonten von M und T nicht um die konzerninternen Zahlungen bereinigt werden?

d) Wie lauten die Konzern-Bilanz und die Konzern-Erfolgsrechnung per Ende Jahr, wenn der Goodwill nach Swiss GAAP FER linear auf 5 Jahre abgeschrieben wird?

Konzern-Bilanz

Aktiven		Passiven	
Bank	___	Fremdkapital	___
___	___	Aktienkapital	___
Übrige Aktiven	___	Kapitalreserven	___
		Gewinnreserven	___
		Gewinn Bilanz	___

Konzern-Erfolgsrechnung

Aufwand		Ertrag	
Diverser Aufwand	___	Diverser Ertrag	___
___	___		
Gewinn ER	___		

11 Erstkonsolidierung

11.21

M besitzt seit Anfang Jahr alle Aktien von T.

Erstellen Sie den Konzernabschluss nach Swiss GAAP FER mithilfe von Konsolidierungsjournal und Konsolidierungsbogen.

Konsolidierungsjournal 31. 12. 20_1

Text	Soll	Haben	Betrag
Kapitalkonsolidierung			
Der Goodwill wird auf 20 Jahre linear abgeschrieben.			
Das Darlehen wurde am 31. März 20_1 gewährt und muss halbjährlich am 31. März und am 30. September zu 5% verzinst werden.			
M fakturierte T Management-Fees von 8.			
M lieferte T Handelswaren für 60, die T an Dritte verkaufte.			
Die konzerninternen Forderungen und Verbindlichkeiten L+L sind zu verrechnen.			

Erstkonsolidierung — Aufgabe 11.21

Konsolidierungsbogen 31. 12. 20_1

Schlussbilanzen	M Aktiven	M Passiven	T Aktiven	T Passiven	Summen Aktiven	Summen Passiven	Konsolidierung Soll	Konsolidierung Haben	Konzern Aktiven	Konzern Passiven
Diverse Aktiven	300		220							
Forderungen T	10									
ARA	3									
Aktivdarlehen an T	80									
Beteiligung an T	120									
Goodwill										
Diverses Fremdkapital		290		38						
Verbindlichkeiten M				10						
PRA		5		3						
Passivdarlehen von M				80						
Aktienkapital		100		50						
Kapitalreserven		20		30						
Gewinnreserven		70								
Gewinn Bilanz		28		9						
	513	513	220	220						

Erfolgsrechnungen	M Aufwand	M Ertrag	T Aufwand	T Ertrag	Summen Aufwand	Summen Ertrag	Konsolidierung Soll	Konsolidierung Haben	Konzern Aufwand	Konzern Ertrag
Warenertrag		900		400						
Dienstleistungsertrag		8								
Finanzertrag		20								
Warenaufwand	600		300							
Goodwill-Abschreibung										
Finanzaufwand	6		5							
Übriger Aufwand	294		86							
Gewinn ER	28		9							
	928	928	400	400						

ARA = Aktive Rechnungsabgrenzung
PRA = Passive Rechnungsabgrenzung

Erstkonsolidierung 11

11.22

M kaufte Mitte 20_1 alle Aktien von T für 400.

Das Eigenkapital von T setzte sich im Erwerbszeitpunkt aus dem Aktienkapital von 200 und Kapitalreserven von 140 zusammen.

Der Goodwill wird nach Swiss GAAP FER linear auf 5 Jahre abgeschrieben.

a) Führen Sie das Konsolidierungsjournal im Rahmen der Erstkonsolidierung Ende 20_1.

Konsolidierungsjournal 31. 12. 20_1

Text	Soll	Haben	Betrag
Kapitalkonsolidierung			
Der Goodwill wird über 5 Jahre linear abgeschrieben.			
T zahlte eine Lizenzgebühr von 20 an M.			
T lieferte M Handelswaren für 70, die M an Dritte verkaufte. Daraus resultieren konzerninterne Forderungen und Verbindlichkeiten L+L von 3.			
M gewährte T am 31. Juli ein Darlehen von 150, das von T vierteljährlich mit 8% zu verzinsen ist.			

b) Wie setzt sich das Konzern-Eigenkapital nach Gewinnverbuchung per Ende 20_1 zusammen, wenn aus den Einzelabschlüssen folgende Zusatzinformationen vorliegen?

Bei M betragen das Aktienkapital 400, die Kapitalreserven 50, die Gewinnreserven 80 und der Gewinn 60. Der Gewinn von T beträgt 10.

Erstkonsolidierung

c) Elimination von Zwischengewinnen

11.40

M besitzt seit Anfang Jahr alle Aktien von T.

Zum Warenverkehr liegen folgende Informationen vor:

Nr.	Tatbestand
1	T kaufte von Dritten Handelswaren für 120 gegen Rechnung.
2	T verkaufte die Hälfte davon an M gegen Bankzahlung von 80.
3	M verkaufte davon Waren im Einstandswert von 64 für 75 gegen Rechnung an Dritte weiter.
4	M aktivierte die unverkauften Waren aus konzerninterner Lieferung mit 16.

a) Wie lauten die Buchungen bei M und T?

Buchungen bei M

Nr.	Soll	Haben	Betrag
1			
2			
3			
4			

Buchungen bei T

Nr.	Soll	Haben	Betrag
1			
2			
3			
4			

b) Ermitteln Sie den Zwischengewinn auf dem Warenvorrat.

Bewertung des Warenvorrats

	Bewertung bei M	Bewertung Konzern	Zwischengewinn
Bestand Eröffnungsbilanz	0	0	0
Bestand Schlussbilanz			
Veränderung			

c) Wie lauten die Konsolidierungsbuchungen?

Konsolidierungsjournal

Geschäftsfälle	Soll	Haben	Betrag
Elimination konzerninterner Umsätze			
Zwischengewinnelimination			

Erstkonsolidierung 11

11.41

M kaufte per 1. 1. 20_1 alle Aktien von T.

a) Führen Sie das Journal, und vervollständigen Sie den Konsolidierungsbogen.

Der Goodwill wird nach IFRS nicht abgeschrieben, da die Werthaltigkeit gegeben ist.

Um mehr Platz für die Konsolidierungsbuchungen zu gewinnen, wurde die Kolonne für die Summenbilanz in dieser Aufgabe weggelassen.

Konsolidierungsjournal per 31. 12. 20_1

Nr.	Text	Soll	Haben	Betrag
1	Die Kapitalkonsolidierung ist durchzuführen.			
2	Das am 30. April 20_1 (= halbjährlicher Zinstermin) gewährte konzerninterne Darlehen wird zu 5% verzinst.			
3	Für Management Fees entrichtete T an M 13.			
4	M verkaufte an T Waren für 40 mit derselben Bruttogewinnmarge wie bei Dritten. T verkaufte davon 28 an konzernexterne Kunden weiter.			
5	Die Kontokorrente werden nicht verzinst.			

b) Weshalb entstand bei der konzerninternen Verrechnung des Darlehenszinses kein Zwischengewinn?

Erstkonsolidierung — Aufgabe 11.41

Konsolidierungsbogen per 31. 12. 20_1

Schlussbilanz	M Aktiven	M Passiven	T Aktiven	T Passiven	Konsolidierungsbuchungen Soll	Konsolidierungsbuchungen Haben	Konzern Aktiven	Konzern Passiven
Diverse Aktiven	400		200					
Kontokorrent mit T	5							
Warenvorrat	75		58					
Aktive Rechnungsabgrenzungen	3							
Aktivdarlehen an T	120							
Beteiligung an T	130							
Goodwill								
Diverses Fremdkapital		410		19				
Kontokorrent mit M				5				
Passive Rechnungsabgrenzungen				3				
Passivdarlehen von M				120				
Aktienkapital		240		80				
Kapitalreserven		9		24				
Gewinnreserven		49						
Gewinn		25		7				
	733	733	258	258				

Erfolgsrechnung	M Aufwand	M Ertrag	T Aufwand	T Ertrag	Konsolidierungsbuchungen Soll	Konsolidierungsbuchungen Haben	Konzern Aufwand	Konzern Ertrag
Warenertrag		1 200		380				
Dienstleistungsertrag		13						
Finanzertrag		5						
Warenaufwand	900		240					
Finanzaufwand	15		6					
Übriger Aufwand	278		127					
Gewinn	25		7					
	1 218	1 218	380	380				

Erstkonsolidierung 11

11.42

M besitzt seit Anfang Jahr alle Aktien von T.

Zum Verkehr mit Fabrikaten und Waren liegen diese Tatbestände vor:

Nr.	Tatbestand
1	T lieferte M selbst hergestellte Fabrikate zum Verkaufspreis von 100 gegen Bankzahlung. Die Herstellkosten betrugen 80.
2	M verkaufte 60% dieser Fabrikate als Handelswaren zu einem Verkaufspreis von 70 auf Kredit an Dritte weiter.
3	M aktivierte die unverkauften Waren Ende Jahr.

a) Wie lauten die Buchungen bei M und T?

Buchungen bei M

Nr.	Soll	Haben	Betrag
1			
2			
3			

Buchungen bei T

Nr.	Soll	Haben	Betrag
1			
2			
3			

b) Ermitteln Sie die Bestände an Vorräten und den Zwischengewinn.

Vorräte und Zwischengewinne

	Warenvorrat bei M	Fabrikatevorrat Konzern	Zwischengewinn
Bestand Eröffnungsbilanz	0	0	0
Bestand Schlussbilanz			
Veränderung			

c) Wie lauten die Konsolidierungsbuchungen?

Konsolidierungsjournal

Geschäftsfälle	Soll	Haben	Betrag
Elimination konzerninterner Umsätze			
Umbuchung der Erträge			
Storno Warenvorratskorrektur			
Bestandeszunahme Fabrikate			

Erstkonsolidierung

11.43

M besitzt seit Anfang Jahr alle Aktien von T.

Über die konzerninterne Lieferung einer Sachanlage liegen folgende Informationen vor:

Nr.	Tatbestand
1	T verkaufte M Anfang Jahr eine selbst hergestellte Produktionsmaschine für 400 gegen Bankzahlung. Die Herstellkosten betrugen 300.
2	M schreibt diese Anlage linear, indirekt über eine Nutzungsdauer von 10 Jahren ab.

a) Wie lauten die Buchungen bei M und T?

Buchungen bei M

Nr.	Soll	Haben	Betrag
1			
2			

Buchungen bei T

Nr.	Soll	Haben	Betrag
1			
2			

b) Ermitteln Sie den Zwischengewinn.

Zwischengewinn und Abschreibungsdifferenz

	Anschaffungswert		Wertberichtigung		Zwischengewinn
	M	Konzern	M	Konzern	
Bei Lieferung					
Abschreibung					
Schlussbilanz					

c) Wie lauten die Konsolidierungsbuchungen?

Konsolidierungsjournal

Geschäftsfälle	Soll	Haben	Betrag
Storno konzerninterne Lieferung			
Aktivierte Eigenleistung			
Korrektur Abschreibungen			

11.44

M besitzt seit 01. 01. 20_1 alle Aktien von T.

M lieferte T selbst hergestellte Fabrikate für 431 nach folgendem Kalkulationsschema:

Kalkulation bei M

	Materialkosten	100
+	Material-Gemeinkosten	20
+	Fertigungs-Gemeinkosten	180
=	**Herstellkosten**	**300**
+	Verwaltungs- und Vertriebs-Gemeinkosten	60
=	**Selbstkosten**	**360**
+	Gewinn	40
=	**Verkaufspreis ohne MWST**	**400**
+	MWST 7,7%	31
=	**Verkaufspreis inkl. MWST**	**431**

T verkaufte vier Fünftel der konzernintern erworbenen Fabrikate als Handelswaren mit einem Bruttogewinnzuschlag von 20% an Dritte weiter.

a) Wie lauten die Konsolidierungsbuchungen per 31. 12. 20_1?

Konsolidierungsjournal per 31. 12. 20_1

Geschäftsfälle	Soll	Haben	Betrag
Elimination konzerninterner Umsatz			
Umbuchung der Erträge			
Storno Warenvorratskorrektur			
Bestandeszunahme Fabrikate			

b) Warum wird die MWST nicht konsolidiert?

c) Zusätzlich zur bisherigen Aufgabenstellung entstanden bei der konzerninternen Lieferung von M an T noch Transportkosten von 25, die durch einen konzernexternen Spediteur direkt an T fakturiert wurden.

Wie lauten die Konsolidierungsbuchungen per 31. 12. 20_1?

Konsolidierungsjournal per 31. 12. 20_1

Geschäftsfälle	Soll	Haben	Betrag
Elimination konzerninterner Umsatz			
Umbuchung der Erträge			
Storno Warenvorratskorrektur			
Bestandeszunahme Fabrikate			

Erstkonsolidierung 11

11.45

M besitzt seit Anfang 20_1 alle Aktien von T.

Mitte 20_1 lieferte T eine selbst hergestellte Sachanlage nach folgendem Schema an M:

Anschaffungswert von M

	Herstellkosten bei T	360
+	Verwaltungs- und Vertriebs-Gemeinkosten	90
+	Forschungskosten	20
+	Transportkosten	40
=	**Selbstkosten**	**510**
+	Gewinn	50
=	**Fakturawert von T = Anschaffungswert von M**	**560**

Die Sachanlage wird im Einzel- und im Konzernabschluss linear, indirekt über eine gesamte Nutzungsdauer von vier Jahren abgeschrieben.

Wie lauten die Konsolidierungsbuchungen per 31. 12. 20_1?

Konsolidierungsjournal per 31. 12. 20_1

Geschäftsfälle	Soll	Haben	Betrag
Storno konzerninterne Lieferung			
Aktivierte Eigenleistung			
Korrektur Abschreibungen			

Erstkonsolidierung 11

11.46

M kaufte Anfang Jahr alle Aktien von T für 250.

Wie lauten die Konsolidierungsbuchungen Ende Jahr?

Konsolidierungsjournal

Nr.	Text	Soll	Haben	Betrag
1	Das Eigenkapital von T setzte sich im Erwerbszeitpunkt wie folgt zusammen: Aktienkapital 160, Kapitalreserven 50.			
2	Der Goodwill ist auf 5 Jahre abzuschreiben.			
3	T lieferte M Waren zum Verkaufspreis von 40. Die Bruttogewinnmarge von T betrug 20%. M verkaufte von dieser Ware drei Viertel an konzernexterne Käufer für 36 weiter.			
4	M gewährte T am 31. Oktober dieses Jahres ein Darlehen von 100. Zinsfuss 6%, Zinstermin 31. Oktober.			
5	M lieferte T selbst hergestellte Fabrikate zum Verkaufspreis von 80. Die Herstellkosten betrugen 72. T veräusserte davon 60 als Handelsware zum Verkaufspreis von 73 an Dritte.			
6	M lieferte T Anfang Jahr eine selbst hergestellte Sachanlage für 50 (Herstellkosten 30). Die Abschreibung erfolgt linear und indirekt auf 5 Jahre.			

Erstkonsolidierung 11

d) Konzerninterne Gewinnausschüttungen

11.60

M besitzt alle Aktien von T.

T schüttete an M eine Dividende von 20 durch Bankzahlung aus. Die Verrechnungssteuer ist zu vernachlässigen.

a) Zu welchen Buchungen führte die Dividendenzahlung?

Buchungen bei M

Nr.	Soll	Haben	Betrag
1			

Buchungen bei T

Nr.	Soll	Haben	Betrag
1			

b) Wie würden sich die Einzelabschlüsse durch das Weglassen der Gewinnausschüttung verändern?

	Einzelabschluss M	Einzelabschluss T
Konto Bank		
Konto Gewinnvortrag		
Konto Beteiligungsertrag		

c) Wie lauten die Konsolidierungsbuchungen?

Konsolidierungsjournal

Geschäftsfälle	Soll	Haben	Betrag
Elimination Dividendenauszahlung			

Erstkonsolidierung 11

11.61

M kaufte Anfang Jahr alle Aktien von T für 230. Das Eigenkapital von T setzte sich im Erwerbszeitpunkt wie folgt zusammen: Aktienkapital 200, Kapitalreserven 50.

Wie lauten die Konsolidierungsbuchungen Ende Jahr?

Konsolidierungsjournal 31. 12. 20_1

Nr.	Text	Soll	Haben	Betrag
1	Kapitalkonsolidierung. Der negative Goodwill ist als Rückstellung zu bilanzieren.			
2	Die Rückstellung ist linear über 5 Jahre aufzulösen.			
3	T lieferte M Handelswaren zum Verkaufspreis von 90. Die Bruttogewinnmarge von T betrug 33⅓%. M verkaufte von dieser Ware zwei Drittel an konzernexterne Käufer mit einem Bruttogewinnzuschlag von 20%.			
4	M gewährte T am 31. März dieses Jahres ein Darlehen von 200. Zinsfuss 4%, Zinstermine 31. März und 30. September.			
5	M lieferte T selbst hergestellte Fabrikate zum Verkaufspreis von 150. Die Herstellkosten betrugen 120. T veräusserte davon 110 als Handelswaren zum Verkaufspreis von 130 an Dritte.			
6	M lieferte T Anfang Jahr eine selbst hergestellte Sachanlage für 70 (Herstellkosten 40). Die Abschreibung erfolgt linear, indirekt auf 10 Jahre.			
7	T zahlte an M eine Dividende von 15.			

12

Folgekonsolidierung

a) Kapitalkonsolidierung

12.01

M erwarb Anfang 20_1 alle Aktien von T für 250. Alle Reserven von T sind im Erwerbszeitpunkt als Kapitalreserven zu betrachten, weil sie aus Konzernsicht nicht erarbeitet, sondern gekauft worden sind.

Eigenkapital im Erwerbszeitpunkt Anfang 20_1

	M	T
Aktienkapital	500	150
Kapitalreserven	70	90
Gewinnreserven	170	0
Total	740	240

Der Goodwill ist im Erwerbszeitpunkt zu aktivieren. Er wird in der Folge als werthaltig erachtet, weshalb nach IFRS keine Abschreibung erfolgt. Beide Gesellschaften thesaurieren jeweils ihre Gewinne.

a) Führen Sie die Kapitalkonsolidierung per Ende 20_1 durch (Erstkonsolidierung).

Konsolidierungsjournal Ende 20_1

Text	Soll	Haben	Betrag
Kapitalkonsolidierung			

Konsolidierungsbogen Ende 20_1

Bilanz	M Aktiven	M Passiven	T Aktiven	T Passiven	Konsolidierung Soll	Konsolidierung Haben	Konzern Aktiven	Konzern Passiven
Diverse Aktiven	1 350		600					
Beteiligung an T	250							
Goodwill								
Fremdkapital		840		350				
Aktienkapital		500		150				
Kapitalreserven		70		90				
Gewinnreserven		170		0				
Gewinn		20		10				
	1 600	1 600	600	600				

Folgekonsolidierung

Aufgabe 12.01

b) Führen Sie die Kapitalkonsolidierung per Ende 20_2 durch (Folgekonsolidierung).

Konsolidierungsjournal Ende 20_2

Text	Soll	Haben	Betrag
Kapitalkonsolidierung			

Konsolidierungsbogen Ende 20_2

Bilanz	M Aktiven	M Passiven	T Aktiven	T Passiven	Konsolidierung Soll	Konsolidierung Haben	Konzern Aktiven	Konzern Passiven
Diverse Aktiven	1 400		620					
Beteiligung an T	250							
Goodwill								
Fremdkapital		850		340				
Aktienkapital		500		150				
Kapitalreserven		70		90				
Gewinnreserven		190		10				
Gewinn		40		30				
	1 650	1 650	620	620				

Folgekonsolidierung

12 Aufgabe 12.01

c) Führen Sie die Kapitalkonsolidierung per Ende 20_3 durch (Folgekonsolidierung).

Übersicht über die Kapitalerhöhung bei T

	Anfang 20_1	Kapitalerhöhung	Ende 20_3
Aktienkapital von T			
Kapitalreserven von T			
Eigenkapital von T			
Kaufpreis von M			
Goodwill im Konzern			

Konsolidierungsjournal Ende 20_3 (Variante 1)

Text	Soll	Haben	Betrag
Kapitalkonsolidierung im Erwerbszeitpunkt			
Kapitalkonsolidierung der Kapitalerhöhung			

Konsolidierungsjournal Ende 20_3 (Variante 2)

Text	Soll	Haben	Betrag
Kapitalkonsolidierung			

Konsolidierungsbogen Ende 20_3 (nach Variante 2)

Bilanz	M Aktiven	M Passiven	T Aktiven	T Passiven	Konsolidierung Soll	Konsolidierung Haben	Konzern Aktiven	Konzern Passiven
Diverse Aktiven	1 300		750					
Beteiligung an T	400							
Goodwill								
Fremdkapital		850		300				
Aktienkapital		500		250				
Kapitalreserven		70		140				
Gewinnreserven		230		40				
Gewinn		50		20				
	1 700	1 700	750	750				

Folgekonsolidierung 12

12.02

M kaufte Anfang 20_1 alle Aktien von T.

Ausgewählte Positionen aus den Schlussbilanzen von M und T entwickelten sich wie folgt:

Mutterunternehmen M

	20_1	20_2	20_3
Beteiligung an T	100	100	130
Aktienkapital	500	600	600
Kapitalreserven	80	120	120
Gewinnreserven	200	230	280
Gewinn	90	110	100

Tochterunternehmen T

	20_1	20_2	20_3
Aktienkapital	40	40	60
Kapitalreserven	50	50	60
Gewinnreserven	0	4	10
Gewinn	6	7	9

Der Goodwill ist im Erwerbszeitpunkt zu aktivieren. Er wird nach Swiss GAAP FER linear auf fünf Jahre abgeschrieben.

a) Wie hoch war die im Anschluss an die Generalversammlung vom 23. April 20_2 den Holdingaktionären überwiesene Bardividende?

b) Wie viel Prozent betrug das Agio bei der Kapitalerhöhung von T?

c) Berechnen Sie den Goodwill.

d) Führen Sie die Kapitalkonsolidierung per Ende 20_3 durch, und schreiben Sie den Goodwill ab.

Konsolidierungsjournal Ende 20_3

Text	Soll	Haben	Betrag
Kapitalkonsolidierung			
Goodwill-Abschreibung			

e) Wie setzt sich das Konzern-Eigenkapital nach Gewinnverbuchung per Ende 20_3 zusammen, sofern keine weiteren erfolgswirksamen Konsolidierungsbuchungen vorgenommen wurden?

Folgekonsolidierung 12

b) Elimination von Zwischengewinnen

12.20

M besitzt seit Anfang 20_1 alle Aktien von T.

T kauft konzernextern Waren ein und verkauft davon das Meiste an Dritte weiter. Ein Teil wird konzernintern mit einer Bruttogewinnmarge von 20% an M geliefert.

Dabei entstehen Zwischengewinne (Gewinne auf konzerninternen Lieferungen). Solange die Waren noch am Lager bei M liegen, sind die Zwischengewinne aus Konzernsicht nicht realisiert, weshalb sie eliminiert werden müssen.

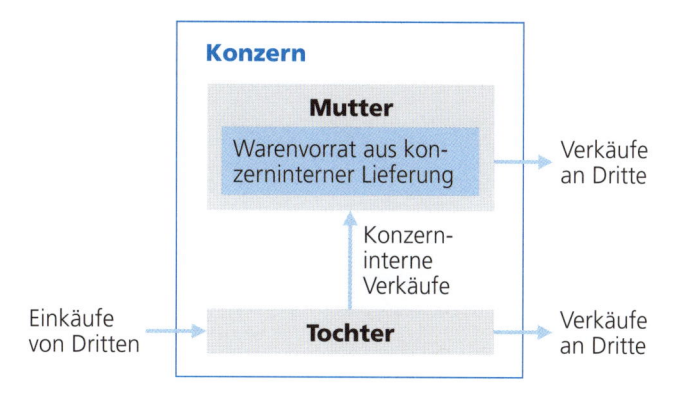

Lieferungen und Zwischengewinne

	20_1	20_2	20_3
Konzerninterne Lieferungen zu Verkaufspreisen von T	600	700	500
Warenvorräte Ende Jahr gemäss Einzelabschluss von M	50	60	40
Warenvorräte Ende Jahr zu Konzerneinstandspreisen	40	48	32
Unrealisierte Zwischengewinne Ende Jahr	10	12	8

Wie lauten die Konsolidierungsbuchungen?

Konsolidierungsjournal Ende 20_1 (Erstkonsolidierung)

Text	Soll	Haben	Betrag
Umsatzkonsolidierung			
Unrealisierte Zwischengewinne			

Konsolidierungsjournal Ende 20_2 (Folgekonsolidierung)

Text	Soll	Haben	Betrag
Umsatzkonsolidierung			
Anfangsbestand unrealisierte Zwischengewinne			
Zunahme unrealisierte Zwischengewinne			

Folgekonsolidierung — Aufgabe 12.20

Konsolidierungsjournal Ende 20_3 (Folgekonsolidierung)

Text	Soll	Haben	Betrag
Umsatzkonsolidierung			
Anfangsbestand unrealisierte Zwischengewinne			
Abnahme unrealisierte Zwischengewinne			

12.21

M besitzt seit Anfang 20_1 alle Aktien von T.

T liefert an M Waren mit einer Bruttogewinnmarge von 20%.

	20_1	20_2	20_3
Konzerninterne Lieferungen zu Verkaufspreisen von T	250	300	400
Warenvorrat Ende Jahr bei M gemäss Einzelabschluss von M	30	40	60
Warenvorrat Ende Jahr bei M gemäss Bewertung Konzern			
Nicht realisierte Zwischengewinne Ende Jahr			

Vervollständigen Sie die Tabelle, und führen Sie das Konsolidierungsjournal per Ende 20_3.

Konsolidierungsjournal Ende 20_3

Text	Soll	Haben	Betrag
Konzerninterner Umsatz			
Zwischengewinn aus Vorperiode			
Erhöhung des Zwischengewinns 20_3			

Folgekonsolidierung 12

12.22

M besitzt seit Anfang 20_1 alle Aktien von T.

Der Fabrikationsbetrieb T lieferte an den Handelsbetrieb M Fabrikate mit einer Bruttogewinnmarge von 25%. M verkaufte diese grundsätzlich an Dritte weiter mit einem Bruttogewinn-Zuschlag von 30%.

	20_1	20_2
Konzerninterne Lieferungen zu Verkaufspreisen von T	200	300
Warenvorrat Ende Jahr bei M gemäss Einzelabschluss von M	40	60
Fabrikatevorrat Ende Jahr bei M gemäss Bewertung Konzern		
Nicht realisierte Zwischengewinne Ende Jahr		

Vervollständigen Sie die Tabelle und die Konsolidierungsjournale.

Konsolidierungsjournal per Ende 20_1

Text	Soll	Haben	Betrag
Konzerninterner Umsatz			
Umbuchung Drittumsatz von M			
Storno Warenbestandskorrektur			
Bestandeszunahme Fabrikate			

Konsolidierungsjournal per Ende 20_2

Text	Soll	Haben	Betrag
Konzerninterner Umsatz			
Umbuchung Drittumsatz von M			
Zwischengewinn aus Vorperiode			
Storno Warenbestandskorrektur			
Bestandeszunahme Fabrikate			

Folgekonsolidierung 12

12.23

M besitzt seit Anfang 20_1 alle Aktien von T.

T lieferte M Anfang 20_1 eine selbst hergestellte Produktionsanlage zum Verkaufspreis von 60 (Konzernherstellkosten 50), die über fünf Jahre abzuschreiben ist.

a) Wie lauten die Konsolidierungsbuchungen bei **direkter Abschreibung**?

	Buchwerte		Zwischen-gewinn
	M	Konzern	
Beträge bei Lieferung	60	50	10
./. Abschreibung 20_1	−12	−10	− 2
= Schlussbilanz 20_1	48	40	8
./. Abschreibung 20_2	−12	−10	− 2
= Schlussbilanz 20_2	36	30	6
./. Abschreibung 20_3	−12	−10	− 2
= Schlussbilanz 20_3	24	20	4

Konsolidierungsjournal Ende 20_1

Text	Soll	Haben	Betrag

Konsolidierungsjournal Ende 20_3

Text	Soll	Haben	Betrag

Folgekonsolidierung — **12** Aufgabe 12.23

b) Wie lauten die Konsolidierungsbuchungen bei **indirekter Abschreibung**?

	Anschaffungswert		Wertberichtigung		Zwischengewinn
	M	Konzern	M	Konzern	
Beträge bei Lieferung	60	50	0	0	10
Abschreibung 20_1			12	10	− 2
Schlussbilanz 20_1	60	50	12	10	8
Abschreibung 20_2			12	10	− 2
Schlussbilanz 20_2	60	50	24	20	6
Abschreibung 20_3			12	10	− 2
Schlussbilanz 20_3	60	50	36	30	4

Konsolidierungsjournal Ende 20_1

Text	Soll	Haben	Betrag

Konsolidierungsjournal Ende 20_3

Text	Soll	Haben	Betrag

Folgekonsolidierung 12

12.24

M besitzt alle Aktien von T. Am 01. 01. 20_1 lieferte T eine selbst erstellte Anlage zum Preis von 500 an M. Die Herstellkosten von T betrugen 420.

Vervollständigen Sie die Tabelle, und führen Sie die Konsolidierungsjournale bei indirekter Abschreibung, wenn

▷ die Maschine im Einzelabschluss von M degressiv mit einem Abschreibungssatz von 20% abgeschrieben wird.

▷ aus Konzernsicht eine lineare Abschreibung über eine Nutzungsdauer von 6 Jahren als true and fair erscheint.

	M	Konzern	Zwischen-gewinn
Anschaffungswert Anfang 20_1			
./. Abschreibung 20_1			
= Buchwert Ende 20_1			
./. Abschreibung 20_2			
= Buchwert Ende 20_2			
./. Abschreibung 20_3			
= Buchwert Ende 20_3			

Konsolidierungsjournal Ende 20_1

Text	Soll	Haben	Betrag

Konsolidierungsjournal Ende 20_3

Text	Soll	Haben	Betrag

Folgekonsolidierung 12

12.25

M erwarb Anfang 20_1 alle Aktien von T.

Wie lauten die Konsolidierungsbuchungen per Ende 20_7?

Konsolidierungsjournal Ende 20_7

Nr.	Text	Soll	Haben	Betrag
1	M lieferte T Waren im Fakturawert von 250, die T grundsätzlich mit einem Bruttogewinnzuschlag von 15% an Dritte weiterverkaufte. Der Warenvorrat aus konzerninternen Lieferungen betrug bei T: 24 (Ende 20_6) bzw. 36 (Ende 20_7). M kalkuliert konstant mit einem Bruttogewinn-Zuschlag von 20%.			
2	T lieferte M Fabrikate für 160 (Konzernherstellkosten 120), die M grundsätzlich als Handelswaren mit einer Bruttogewinnmarge von 20% an Dritte weiter verkaufte. Die Warenvorräte aus konzerninternen Lieferungen betrugen bei M: 60 (Ende 20_6) bzw. 40 (Ende 20_7). Die Bruttomarge von T ist gleichbleibend.			
3	T lieferte M Anfang 20_4 eine selbst hergestellte Sachanlage für 150 (Konzernherstellkosten 120). Die indirekte Abschreibung erfolgt linear über 6 Jahre.			
4	T lieferte M *Mitte* 20_7 eine selbst hergestellte Anlage für 60 (Konzernherstellkosten 50). Die indirekte Abschreibung erfolgt linear über 5 Jahre.			

Folgekonsolidierung 12

12.26

M besitzt seit Anfang 20_1 alle Aktien der T.

Wie lauten die Konsolidierungsbuchungen für diesen Handelskonzern?

Konsolidierungsjournal Ende 20_1

Nr.	Text	Soll	Haben	Betrag
1	T liefert M Waren für 400 (Konzerneinstandswert 320).			
2	Der Warenvorrat aus konzerninternen Lieferungen bei M beträgt Ende Jahr 80.			

Konsolidierungsjournal Ende 20_2

Nr.	Text	Soll	Haben	Betrag
1	T liefert M Waren für 600 (Konzerneinstandswert 450).			
2	Zwischengewinn aus Vorperiode			
3	Der Warenvorrat aus konzerninternen Lieferungen bei M beträgt Ende Jahr 100. Der Vorjahresbestand wurde vollständig an Konzernexterne verkauft.			

Konsolidierungsjournal Ende 20_3

Nr.	Text	Soll	Haben	Betrag
1	T liefert M Waren für 1 000 (Konzerneinstandswert 800).			
2	Zwischengewinn aus Vorperiode			
3	Der Warenvorrat aus konzerninternen Lieferungen bei M beträgt Ende Jahr 190, davon 40 aus dem Vorjahresbestand.			

Konsolidierungsjournal Ende 20_4

Nr.	Text	Soll	Haben	Betrag
1	T liefert M Waren für 300 (Konzerneinstandswert 200).			
2	Zwischengewinn aus Vorperiode			
3	Der Warenvorrat aus konzerninternen Lieferungen bei M beträgt Ende Jahr 100, davon 10 aus dem Vorjahresbestand.			

Folgekonsolidierung

c) Konzerninterne Gewinnausschüttungen

12.40

M besitzt seit Anfang 20_1 alle Aktien von T.

M und T zahlten aufgrund der jeweiligen Vorjahresgewinne folgende Dividenden aus:

	20_1	20_2	20_3
Gewinnausschüttungen von M	50	70	80
Gewinnausschüttungen von T	15	18	20

Holdingaktionäre
Equity Holders of the Parent

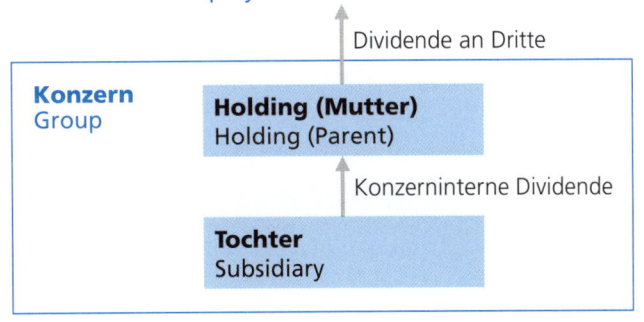

↑ Dividende an Dritte

Konzern / Group

Holding (Mutter)
Holding (Parent)

↑ Konzerninterne Dividende

Tochter
Subsidiary

a) Warum werden die Gewinnausschüttungen von M nicht konsolidiert?

b) Wie lauten die Konsolidierungsbuchungen für die konzerninternen Gewinnausschüttungen per Ende 20_3?

Konsolidierungsjournal 20_3

Text	Soll	Haben	Betrag
Elimination Gewinnausschüttung			

c) Warum führten die früheren konzerninternen Dividendenzahlungen von T bei der Konsolidierung per Ende 20_3 zu keiner Buchung?

Folgekonsolidierung 12

12.41

M erwarb Anfang 20_1 alle Aktien von T für 240 und ist seither alleinige Aktionärin. 20_3 fand eine Aktienkapitalerhöhung statt.

Die Goodwill-Abschreibung erfolgt nach IFRS. Der Goodwill wird jährlich einem Werthaltigkeitstest unterzogen. Eine Abschreibung erfolgt nur, wenn dabei Wertbeeinträchtigungen festgestellt werden.

Erstellen Sie den Konzernabschluss per Ende 20_5.

Konsolidierungsjournal Ende 20_5

Nr.	Text	Soll	Haben	Betrag
1	Das Eigenkapital von T betrug bei Erwerb: ▷ Aktienkapital 150 ▷ Kapitalreserven 50			
2	Der Goodwill musste wertberichtigt werden: ▷ 20_3 um 14 ▷ 20_5 um 9			
3	T schüttete im laufenden Jahr eine Dividende von 10% aus.			
4	T lieferte an M Waren für 160 mit einer Bruttogewinnmarge von 25%. M verkaufte diese teilweise mit einem Bruttogewinnzuschlag von 20% weiter. Die Warenvorräte aus konzerninternen Lieferungen betrugen bei M: 24 (Ende 20_4), 28 (Ende 20_5).			
5	M gewährte T im Jahr 20_3 ein zu 5% verzinsliches Darlehen. Zinstermin 30. April.			
6	Ausgleich der konzerninternen Forderungen und Verbindlichkeiten L+L.			

Folgekonsolidierung — Aufgabe 12.41

Konsolidierungsbogen Ende 20_5

Bilanz	M Aktiven	M Passiven	T Aktiven	T Passiven	Konsolidierung Soll	Konsolidierung Haben	Konzern Aktiven	Konzern Passiven
Diverse Aktiven	700		450					
Forderungen M			7					
Aktive Rechnungsabgrenzungen	8							
Warenvorrat	130		77					
Aktivdarlehen an T	60							
Beteiligung an T	310							
Goodwill								
Diverses Fremdkapital		426		155				
Verbindlichkeiten T		7						
Passive Rechnungsabgrenzungen				4				
Passivdarlehen von M				60				
Aktienkapital		400		200				
Kapitalreserven		50		70				
Gewinnreserven		215		32				
Gewinn		110		13				
	1 208	1 208	534	534				

Erfolgsrechnung	M Aufwand	M Ertrag	T Aufwand	T Ertrag	Konsolidierung Soll	Konsolidierung Haben	Konzern Aufwand	Konzern Ertrag
Warenertrag		2 700		920				
Finanzertrag		38						
Warenaufwand	1 690		670					
Abschreibung Sachanlagen	65		44					
Goodwill-Abschreibung								
Finanzaufwand	18		11					
Diverser Aufwand	855		182					
Gewinn	110		13					
	2 738	2 738	920	920				

Folgekonsolidierung 12

12.42

Führen Sie das Konsolidierungsjournal per Ende 20_4. Die Anzahl Hilfszeilen entspricht nicht der Musterlösung.

Konsolidierungsjournal Ende 20_4

Nr.	Text	Soll	Haben	Betrag
1	Der Goodwill musste wertberichtigt werden: ▷ 20_3 um 5 ▷ 20_4 um 7			
2	T schüttete im laufenden Jahr eine Dividende von 14 aus und im Vorjahr eine solche von 11.			
3	M lieferte T Handelswaren für 80 mit einer Bruttomarge von 25%. Die Waren sind zum Weiterverkauf an Dritte mit einem Bruttogewinnzuschlag von 30% bestimmt. Der Warenvorrat aus IC-Lieferungen betrug bei T 20 (Anfang 20_4) bzw. 16 (Ende 20_4).			
4	T lieferte M Fabrikate für 150 (Konzernherstellkosten 120), die M bis auf die Lagerveränderung als Handelswaren mit einer Bruttogewinnmarge von 33,33% an Dritte weiterverkaufte. Die Warenvorräte aus konzerninternen Lieferungen betrugen bei M: 30 (Ende 20_3), 40 (Ende 20_4).			
5	T lieferte M Anfang 20_1 eine selbst hergestellte Anlage für 100 (Konzernherstellkosten 70). Die indirekte Abschreibung erfolgt linear über 10 Jahre.			
6	M lieferte T Anfang 20_4 eine selbst hergestellte Anlage für 60 (Konzernherstellkosten 50). Die indirekte Abschreibung erfolgt linear über 5 Jahre.			

Folgekonsolidierung 12

12.43

M kaufte Mitte 20_1 alle Aktien von T für 200. Das Eigenkapital von T setzte sich im Erwerbszeitpunkt wie folgt zusammen: Aktienkapital 100, Kapitalreserven 70.

Wie lauten die Konsolidierungsbuchungen Ende 20_3, wenn der Goodwill aktiviert und nach Swiss GAAP FER linear auf 5 Jahre abgeschrieben wird?

Konsolidierungsjournal 31. 12. 20_3

Nr.	Text	Soll	Haben	Betrag
1	Kapitalkonsolidierung			
2	Goodwill-Abschreibung			
3	T schüttete im laufenden Jahr eine Dividende von 15 aus, im Vorjahr 20.			
4	M gewährte T vor zwei Jahren ein jeweils am 31. März zu 4% verzinsliches Darlehen von 100.			
5	T lieferte M Anfang 20_2 eine selbst hergestellte Anlage für 120 (Konzernherstellkosten 90). Die indirekte Abschreibung erfolgt linear über 4 Jahre im Einzelabschluss, über 6 Jahre im Konzernabschluss.			
6	T lieferte M im Jahr 20_3 Fabrikate im Fakturawert von 200 (Konzernherstellkosten 150). M verkaufte einen Teil davon als Waren mit einem Bruttogewinnzuschlag von 40% zum Fakturawert von 252 an Dritte weiter. Die Warenvorräte aus konzerninternen Lieferungen betrugen bei M Anfang Jahr 40.			
7	M lieferte T Handelswaren im Fakturawert von 60 mit einem Bruttogewinnzuschlag von 20%. Der Warenvorrat aus IC-Lieferungen betrug bei T 24 (Anfang 20_3) bzw. 18 (Ende 20_3).			

Folgekonsolidierung 12

12.44

M erwarb Anfang 20_1 alle Aktien von T für 194 und ist seither alleinige Aktionärin. Erstellen Sie den Konzernabschluss nach IFRS per Ende 20_6.

Konsolidierungsjournal Ende 20_6

Nr.	Text	Soll	Haben	Betrag
1	Das Eigenkapital von T betrug bei Erwerb: ▷ Aktienkapital 120 ▷ Kapitalreserven 60			
2	Der Goodwill musste wertberichtigt werden: ▷ 20_2 um 7 ▷ 20_6 um 4			
3	T schüttete im laufenden Jahr eine Dividende von 13 aus.			
4	M lieferte T Fabrikate für 220 (Konzernherstellkosten 176), die T grundsätzlich als Handelswaren mit der gleichen Marge wie bei Dritten weiterverkauft. Die Warenvorräte aus konzerninternen Lieferungen betrugen bei T: 60 (Ende 20_5), 40 (Ende 20_6).			
5	M lieferte T Anfang 20_4 eine selbst hergestellte Anlage für 90 (Konzernherstellkosten 60). Die indirekte Abschreibung erfolgt linear über 6 Jahre.			
6	M lieferte T Anfang 20_6 eine selbst hergestellte Anlage für 50 (Konzernherstellkosten 40). Die indirekte Abschreibung erfolgt linear über 5 Jahre.			

Folgekonsolidierung — Aufgabe 12.44

Konsolidierungsbogen Ende 20_6

Bilanz	M Soll	M Haben	T Soll	T Haben	Konsolidierung Soll	Konsolidierung Haben	Konzern Soll	Konzern Haben
Diverse Aktiven	700		190					
Fabrikatevorrat	290							
Warenvorrat			130					
Sachanlagen	600		300					
WB Sachanlagen		140		70				
Beteiligung an T	224							
Goodwill								
Diverses Fremdkapital		589		321				
Aktienkapital		600		140				
Kapitalreserven		45		70				
Gewinnreserven		385		17				
Gewinn		55		2				
	1 814	1 814	620	620				

ER	M Aufwand	M Ertrag	T Aufwand	T Ertrag	Konsolidierung Soll	Konsolidierung Haben	Konzern Aufwand	Konzern Ertrag
Fabrikateertrag		2 000						
Bestandesänderung		70						
Ertrag Eigenleistung		34						
Warenertrag				1 200				
Beteiligungsertrag		13						
Warenaufwand			800					
Materialaufwand	795							
Abschreibungen	95		55					
Goodwill-Abschreibung								
Diverser Aufwand	1 172		343					
Gewinn	55		2					
	2 117	2 117	1 200	1 200				

13

Handelsbilanz 1 und 2

13.01

Anfang 20_1 erwarb M alle Aktien von T für 350.

Auf den Erwerbszeitpunkt ist die Bilanz der Tochter zu bereinigen. Dabei werden die Nettoaktiven (Vermögenswerte und Schulden) neu bewertet und die Reserven umgegliedert.

Bereinigung

Neubewertung (Purchase Price Allocation)

Bereits bilanzierte Nettoaktiven

Die von T in der HB 1 bereits bilanzierten Nettoaktiven sind auf den Erwerbszeitpunkt zu tatsächlichen Werten (Fair Values) zu bewerten. Aus didaktischen Gründen werden die Wertanpassungen in dieser Aufgabe auf drei Bilanzpositionen beschränkt:

▷ Aus steuerlichen Überlegungen bilanziert T die **Warenvorräte** in der HB 1 stets um einen Drittel unter dem Einstandswert, der als Fair Value zu betrachten ist.

▷ Der geschätzte Verkehrswert der **Immobilien** beträgt 180. Die Abschreibung erfolgt linear über eine erwartete Restnutzungsdauer von 30 Jahren.

▷ Als Folge der Übernahme entstehen zusätzliche **Rückstellungen** von 5, weil die geplante Entlassung eines Teils der bisherigen Geschäftsleitung zu Entschädigungszahlungen führen wird.

Noch nicht bilanzierte immaterielle Vermögenswerte

T besitzt ein in der HB 1 nicht bilanziertes **Patent,** dessen Nutzungswert auf 40 geschätzt wird. Die Abschreibung erfolgt linear über eine erwartete Restnutzungsdauer von 5 Jahren.

Reservenumgliederung

Alle zum Erwerbszeitpunkt in der HB 1 ausgewiesenen Reserven sind aus Sicht des Konzerns gekauft und müssen deshalb in **Kapitalreserven** umgegliedert werden.

Handelsbilanz 1 und 2 — 13

Aufgabe 13.01

a) Erstellen Sie die HB 2 von T im Erwerbszeitpunkt.

Bereinigungstabelle für T per Anfang 20_1 (Erwerbszeitpunkt)

	HB 1 Soll	HB 1 Haben	Bereinigung Soll	Bereinigung Haben	HB 2 Soll	HB 2 Haben
Diverse Aktiven	150					
Warenvorrat	70					
Immobilien	160					
./. WB Immobilien		60				
Patente						
Fremdkapital		140				
Aktienkapital		100				
Gesetzliche Gewinnreserve		50				
Freiwillige Gewinnreserven		30				
Kapitalreserven						
	380	380				

b) Berechnen Sie den Goodwill.

c) Wie hoch wäre der Goodwill, wenn – wie früher üblich – keine Neubewertung auf den Erwerbszeitpunkt vorgenommen worden wäre?

Handelsbilanz 1 und 2 — 13 — Aufgabe 13.01

d) Bereinigen Sie die HB 1 von T per Ende 20_1.

Die Tochter leistete im Jahr 20_1 Abfindungszahlungen wegen Entlassungen im Umfang des im Erwerbszeitpunkt geschätzten Betrags. Die Verbuchung in der HB 1 erfolgte zulasten des Personalaufwands.

Bereinigungstabelle für T per Ende 20_1

Bilanz	HB 1		Bereinigung im Erwerbszeitpunkt		Bereinigung 20_1		HB 2	
	Soll	Haben	Soll	Haben	Soll	Haben	Soll	Haben
Diverse Aktiven	170							
Warenvorrat	90							
Immobilien	160							
./. WB Immobilien		64						
Patente								
Fremdkapital		156						
Aktienkapital		100						
Gesetzliche Gewinnreserve		50						
Freiwillige Gewinnreserven		30						
Kapitalreserven								
Gewinn Bilanz		20						
	420	420						

ER	HB 1				Bereinigung 20_1		HB 2	
	Soll	Haben			Soll	Haben	Soll	Haben
Warenertrag		1 400						
Warenaufwand	920							
Personalaufwand	220							
Abschreibungen	30							
Diverser Aufwand	210							
Gewinn ER	20							
	1 400	1 400						

13 Handelsbilanz 1 und 2 — Aufgabe 13.01

e) Wie lautet die HB 2 per Ende 20_2?

Bereinigungstabelle für T per 20_2

Bilanz	HB 1		Bereinigung im Erwerbszeitpunkt		Bereinigung 20_1 (Vorjahr)		Bereinigung 20_2		HB 2	
	Soll	Haben	Soll	Haben	Soll	Haben	Soll	Haben	Soll	Haben
Diverse Aktiven	180									
Warenvorrat	100									
Immobilien	160									
./. WB Immobilien		68								
Patente										
Fremdkapital		132								
Aktienkapital		100								
Gesetzliche Gewinnreserve		50								
Freiwillige Gewinnreserven		50								
Kapitalreserven										
Gewinnreserven										
Gewinn Bilanz		40								
	440	440								

ER	HB 1				Bereinigung 20_2		HB 2	
	Soll	Haben			Soll	Haben	Soll	Haben
Warenertrag		1 700						
Warenaufwand	1 100							
Personalaufwand	250							
Abschreibungen	35							
Diverser Aufwand	275							
Gewinn ER	40							
	1 700	1 700						

13.02

M erwarb per 01. 01. 20_1 alle Aktien von T zum Kaufpreis von 700.

a) Auf den Erwerbszeitpunkt ist eine PPA **(Purchase Price Allocation** = Zuteilung des Kaufpreises auf die einzelnen Aktiven und Schulden der akquirierten Tochter) wie folgt durchzuführen:

Neubewertung der bestehenden Bilanzpositionen

Im vorliegenden Fall sind drei Bereinigungen vorzunehmen:

▷ Die **Warenvorräte** sind aus Konzernsicht zu den Einstandswerten anzusetzen. In der HB 1 werden die Warenvorräte generell um den Steuerdrittel unterbewertet.

▷ Der geschätzte Nutzungswert der **Immobilien** beträgt 400. Die Abschreibung erfolgt im Konzernabschluss linear über eine erwartete Restnutzungsdauer von 40 Jahren.

▷ Die **Rückstellungen** werden in der HB 1 generell um 20% überbewertet.

Aktivierung immaterieller Vermögenswerte

Ein wichtiges Motiv beim Kauf von T war der Erwerb eines Patents, dessen Fair Value nach der DCF-Methode auf 60 geschätzt wird. Eine lineare Abschreibung auf die 6 Jahre Restlaufzeit erscheint betriebswirtschaftlich richtig.

Handelsbilanz 1 und 2 — **13** Aufgabe 13.02

Bereinigungstabelle von T per 01. 01. 20_1 (Erwerbszeitpunkt)

	HB 1 Soll	Haben	Bereinigung Soll	Haben	HB 2 Soll	Haben
Diverse Aktiven	270					
Warenvorrat	100					
Immobilien	280					
WB Immobilien		98				
Patent						
Diverses Fremdkapital		210				
Rückstellungen		12				
Aktienkapital		200				
Gesetzliche Gewinnreserve		60				
Freiwillige Gewinnreserven		70				
Kapitalreserven						
	650	650				

13 Aufgabe 13.02

Handelsbilanz 1 und 2

b) Als Basis für die Erstkonsolidierung per 31. 12. 20_1 ist die HB 2 zu erstellen.

Bereinigungstabelle von T per 31. 12. 20_1

Bilanz	HB 1 Soll	Haben	Bereinigung Soll	Haben	HB 2 Soll	Haben
Diverse Aktiven	310					
Warenvorrat	60					
Immobilien	280					
WB Immobilien		105				
Patent						
Diverses Fremdkapital		164				
Rückstellungen		18				
Aktienkapital		200				
Gesetzliche Gewinnreserve		60				
Freiwillige Gewinnreserven		70				
Kapitalreserven						
Gewinnreserven						
Gewinn Bilanz		33				
	650	650				

Erfolgsrechnung	HB 1 Soll	Haben	Bereinigung Soll	Haben	HB 2 Soll	Haben
Warenertrag		1 500				
Warenaufwand	900					
Abschreibungen	45					
Bildung Rückstellungen	6					
Diverser Aufwand	516					
Gewinn ER	33					
	1 500	1 500				

13 Aufgabe 13.02

Handelsbilanz 1 und 2

c) Erstellen Sie die Konzernrechnung per 31. 12. 20_1 mithilfe dieser zusätzlichen Angaben:

▷ M lieferte T Handelswaren im Fakturawert von 300. Die seit langem konstante Bruttogewinnmarge auf IC-Lieferungen ist dieselbe wie bei Lieferungen an Dritte. Die Warenvorräte aus IC-Lieferungen betrugen bei T Ende Jahr 28.

▷ Der Goodwill ist nach Swiss GAAP FER linear auf 5 Jahre abzuschreiben.

Konsolidierungsbogen per 31. 12. 20_1

Bilanzen	M (HB 2) Soll	M (HB 2) Haben	T (HB 2) Soll	T (HB 2) Haben	Konsolidierung Soll	Konsolidierung Haben	Konzern Soll	Konzern Haben
Diverse Aktiven	900							
Warenvorrat	500							
Immobilien	800							
WB Immobilien		440						
Beteiligung an T	700							
Patent								
Goodwill								
Diverses Fremdkapital		760						
Rückstellungen		40						
Aktienkapital		900						
Kapitalreserven		250						
Gewinnreserven		350						
Gewinn Bilanz		160						
	2 900	2 900						

Erfolgsrechnungen	M (HB 2) Soll	M (HB 2) Haben	T (HB 2) Soll	T (HB 2) Haben	Konsolidierung Soll	Konsolidierung Haben	Konzern Soll	Konzern Haben
Warenertrag		6 000						
Warenaufwand	4 500							
Abschreibungen	150							
Goodwill-Abschreibung								
Bildung Rückstellungen	10							
Diverser Aufwand	1 180							
Gewinn ER	160							
	6 000	6 000						

Aufgabe 13.02

d) Als Basis für die Folgekonsolidierung per 31. 12. 20_2 ist eine bereinigte HB 2 zu erstellen.

Bereinigungstabelle von T per 31. 12. 20_2

Bilanz	HB 1 Soll	Haben	Bereinigung Soll	Haben	HB 2 Soll	Haben
Diverse Aktiven	421					
Warenvorrat	68					
Immobilien	280					
WB Immobilien		112				
Patent						
Diverses Fremdkapital		240				
Rückstellungen		24				
Aktienkapital		200				
Gesetzliche Gewinnreserve		73				
Freiwillige Gewinnreserven		80				
Kapitalreserven						
Gewinnreserven						
Gewinn Bilanz		40				
	769	769				

Erfolgsrechnung	HB 1 Soll	Haben	Bereinigung Soll	Haben	HB 2 Soll	Haben
Warenertrag		1 600				
Warenaufwand	960					
Abschreibungen	50					
Bildung Rückstellungen	6					
Diverser Aufwand	544					
Gewinn ER	40					
	1 600	1 600				

13 Aufgabe 13.02

Handelsbilanz 1 und 2

e) Erstellen Sie die Konzernrechnung per 31. 12. 20_2 mithilfe dieser zusätzlichen Angabe:

M lieferte T Handelswaren im Fakturawert von 240. Die seit langem konstante Handelsmarge auf IC-Lieferungen ist dieselbe wie bei Lieferungen an Dritte. Ende Jahr betrugen die Warenvorräte aus IC-Lieferungen bei T 16.

Konsolidierungsbogen per 31. 12. 20_2

Bilanzen	M (HB 2) Soll	Haben	T (HB 2) Soll	Haben	Konsolidierung Soll	Haben	Konzern Soll	Haben
Diverse Aktiven	950		421					
Warenvorrat	510		102					
Immobilien	800		400					
WB Immobilien		460		20				
Beteiligung an T	700							
Patent			40					
Goodwill								
Diverses Fremdkapital		706		240				
Rückstellungen		44		20				
Aktienkapital		900		200				
Kapitalreserven		250		460				
Gewinnreserven		430	9					
Gewinn Bilanz		170		32				
	2 960	2 960	972	972				

Erfolgsrechnungen	M (HB 2) Soll	Haben	T (HB 2) Soll	Haben	Konsolidierung Soll	Haben	Konzern Soll	Haben
Warenertrag		6 400		1 600				
Warenaufwand	4 800		956					
Finanzertrag		10						
Abschreibungen	160		63					
Goodwill-Abschreibung								
Bildung Rückstellungen	4		5					
Diverser Aufwand	1 276		544					
Gewinn ER	170		32					
	6 410	6 410	1 600	1 600				

Handelsbilanz 1 und 2

13.03

Per 1. 1. 20_1 erwarb M alle Aktien von T zum Preis von 390.

Bei Erwerb ergab sich bei der akquirierten Tochter aufgrund der HB 1 folgendes Bild:

Bilanz T per 01. 01. 20_1 (HB 1)

Umlaufvermögen			Fremdkapital		
Flüssige Mittel	15		Diverses Fremdkapital	156	
Forderungen L+L	55		Garantierückstellungen	24	180
Warenvorrat	40	110			
Anlagevermögen			**Eigenkapital**		
Mobilien	80		Aktienkapital	100	
Immobilien	240		Gesetzliche Kapitalreserve	12	
./. WB Immobilien	− 90	230	Gesetzliche Gewinnreserve	22	
			Freiwillige Gewinnreserven	26	160
		340			340

Die **Purchase Price Allocation** führte zu folgenden Erkenntnissen:

▷ Die Vorräte sind um einen Drittel unterbewertet (was in der HB 1 von T aus steuerlichen Gründen auch in den Folgejahren konsequent der Fall sein wird).

▷ Der Marktwert der Immobilien beträgt 280. Sie sind über eine geschätzte Restnutzungsdauer von 40 Jahren linear abzuschreiben.

▷ T verfügt über ein selbst geschaffenes Patent, dessen Wert mit 40 beziffert wird. Es ist über die Restlaufzeit von 5 Jahren linear abzuschreiben.

▷ Die Garantierückstellungen sind betriebswirtschaftlich betrachtet um 10 zu hoch angesetzt.

a) Wie hoch sind die Kapitalreserven und der Goodwill bei Erwerb?

b) Die Bewertungsdifferenzen sind im Verlaufe der Bereinigungsarbeiten Schritt für Schritt nachzuführen.

Bewertungsdifferenzen

	Erwerb 1. 1. 20_1	Δ bis Ende 20_2	Ende 20_2	Δ 20_3	Ende 20_3
Vorräte					
Immobilien					
WB Immobilien					
Patent					
Garantierückstellungen					
Total					

Aufgabe 13.03

Ende 20_3 ergibt sich die in der Bereinigungstabelle dargestellte Situation. Ausserdem sind diese Zusatzinformationen zur HB 1 verfügbar:

▷ Der Wert des Warenvorrats wurde Anfang 20_3 mit 60 ausgewiesen.
▷ Die als Erlösminderungen verbuchten Garantierückstellungen werden aus steuerlichen Gründen konsequent zu hoch angesetzt, Anfang 20_3 um 9, Ende 20_3 um 12.
▷ 20_3 wurde eine Dividende von 9 ausgeschüttet.

c) Wie lautet die HB 2 per Ende 20_3?

Bereinigungstabelle von T per 31. 12. 20_3

Bilanz	HB 1 Soll	HB 1 Haben	Bereinigung Soll	Bereinigung Haben	HB 2 Soll	HB 2 Haben
Diverse Aktiven	230					
Vorräte	50					
Immobilien	240					
./. WB Immobilien		108				
Patent						
Fremdkapital (inkl. Rückstellungen)		107				
Aktienkapital		200				
Gesetzliche Kapitalreserve		18				
Gesetzliche Gewinnreserve		29				
Freiwillige Gewinnreserven		39				
Kapitalreserven						
Gewinnreserven						
Gewinn Bilanz		19				
	520	520				

Erfolgsrechnung	HB 1 Soll	HB 1 Haben	Bereinigung Soll	Bereinigung Haben	HB 2 Soll	HB 2 Haben
Warenertrag		1 200				
Warenaufwand	900					
Abschreibungen	30					
Diverser Aufwand	251					
Gewinn ER	19					
	1 200	1 200				

13.04

Kreuzen Sie die Aussagen als richtig an, oder begründen Sie, weshalb diese falsch sind.

Nr.	Aussage	Richtig	Begründung bei falscher Aussage
1	Das von der Konsolidierungsstelle eines Konzerns erstellte Konsolidierungshandbuch enthält detaillierte Anweisungen zu Verbuchungen von Geschäftsfällen, zum zeitlichen Ablauf der Konsolidierung sowie zur Gliederung und Bewertung der Abschlussrechnungen.		
2	Die HB 2 basiert vor allem auf der im betreffenden Land geltenden Handels- und Steuergesetzgebung.		
3	Alle zum Erwerbszeitpunkt in der HB 1 einer Tochter ausgewiesenen Kapitalreserven gelten aus Konzernsicht als Gewinnreserven, weshalb sie umzugliedern sind.		
4	Auf den Erwerbszeitpunkt einer Tochter ist eine HB 2 zu erstellen. Dabei werden allenfalls bisher nicht bilanzierte immaterielle Vermögenswerte identifiziert und bewertet.		
5	Der Goodwill ist der Überschuss des Kaufpreises über die erworbenen Nettoaktiven gemäss HB 1.		
6	Eine früher vorgenommene Impairment-Abschreibung auf Goodwill darf später durch Zuschreibung wieder rückgängig gemacht werden (Reversal), wenn die Wertbeeinträchtigung nicht mehr gegeben ist.		
7	Für mögliche spätere Restrukturierungen sind beim Erwerb einer Tochter im Zweifelsfalle genügend Rückstellungen zu bilden, auch wenn konkrete Massnahmen noch nicht beschlossen worden sind.		

Handelsbilanz 1 und 2

13.05

M kaufte Anfang 20_1 alle Aktien von T.

Bei der **Purchase Price Allocation** im Erwerbszeitpunkt sind folgende Neubewertungen vorzunehmen:

▷ Der Fair Value der Immobilien von T wird auf 300 geschätzt. Sie sind linear über eine erwartete Restnutzungsdauer von 30 Jahren abzuschreiben.

▷ Zur Vereinfachung der Aufgabe ist davon auszugehen, dass der gesamte Maschinenpark von T per Ende 20_0 neu gekauft wurde.

▷ Für alle an Lager liegenden Fabrikatevorräte liegen Kundenbestellungen vor, die im Verlauf des Jahres 20_1 ausgeliefert werden. Der Nettoveräusserungswert wird auf 65 geschätzt.

▷ Der Nutzungswert eines Patents von T wird mit 80 veranschlagt. Die Abschreibung erfolgt linear über eine Restnutzungsdauer von 5 Jahren.

Es liegen u. a. folgende **Konsolidierungstatbestände** vor:

▷ T lieferte M im Jahr 20_1 Fabrikate im Fakturawert von 120 (Herstellkosten 90), die von M grundsätzlich als Ware mit einem Bruttogewinnzuschlag von 20% an Dritte weiterveräussert werden. Im Jahr 20_2 betrugen die Lieferungen von T an M 200 (Herstellkosten 150). Die Warenvorräte aus konzerninternen Lieferungen betrugen bei M: 40 (Ende 20_1) bzw. 60 (Ende 20_2).

▷ T lieferte M Anfang 20_1 eine selbst hergestellte Verpackungsmaschine im Fakturawert von 60 (Herstellkosten 50), die linear auf 5 Jahre abzuschreiben ist.

a) Wie lautet die HB 2 im Erwerbszeitpunkt?

Bereinigungstabelle von T per 01. 01. 20_1 (Erwerbszeitpunkt)

	HB 1 Soll	Haben	Bereinigung Soll	Haben	HB 2 Soll	Haben
Diverse Aktiven	210					
Fabrikatevorrat	50					
Maschinen	110					
./. WB Maschinen		0				
Immobilien	240					
./. WB Immobilien		90				
Patent						
Fremdkapital		180				
Aktienkapital		200				
Gesetzliche Gewinnreserve		80				
Freiwillige Gewinnreserven		60				
Kapitalreserven						
	610	610				

Handelsbilanz 1 und 2 — Aufgabe 13.05

b) Wie lautet die HB 2 per Ende 20_1?

Bereinigungstabelle von T per Ende 20_1

Bilanz	HB 1 Soll	Haben	Bereinigung Soll	Haben	HB 2 Soll	Haben
Diverse Aktiven	230					
Fabrikatevorrat	70					
Maschinen	170					
./. WB Maschinen		20				
Immobilien	240					
./. WB Immobilien		96				
Patent						
Fremdkapital		212				
Aktienkapital		200				
Gesetzliche Gewinnreserve		80				
Freiwillige Gewinnreserven		60				
Kapitalreserven						
Gewinn Bilanz		42				
	710	710				

Erfolgsrechnung	HB 1 Soll	Haben	Bereinigung Soll	Haben	HB 2 Soll	Haben
Fabrikateertrag		900				
Bestandesänderungen		20				
Ertrag Eigenleistungen		30				
Diverser Aufwand	868					
Abschreibungen	40					
Gewinn ER	42					
	950	950				

Handelsbilanz 1 und 2 — Aufgabe 13.05

c) Wie lautet der Konzernabschluss per Ende 20_1, wenn der Goodwill nach Swiss GAAP FER linear auf fünf Jahre abgeschrieben wird?

Konsolidierungsbogen per Ende 20_1

Bilanzen	M (HB 2) Soll	M (HB 2) Haben	T (HB 2) Soll	T (HB 2) Haben	Konsolidierung Soll	Konsolidierung Haben	Konzern Soll	Konzern Haben
Diverse Aktiven	1 000							
Warenvorrat	500							
Fabrikatevorrat								
Maschinen	200							
./. WB Maschinen		110						
Immobilien	1 400							
./. WB Immobilien		400						
Beteiligung an T	700							
Patent								
Goodwill								
Fremdkapital		1 400						
Aktienkapital		1 000						
Kapitalreserven		160						
Gewinnreserven		500						
Gewinn Bilanz		230						
	3 800	3 800						

Erfolgsrechnungen	M (HB 2) Soll	M (HB 2) Haben	T (HB 2) Soll	T (HB 2) Haben	Konsolidierung Soll	Konsolidierung Haben	Konzern Soll	Konzern Haben
Warenertrag		7 000						
Fabrikateertrag								
Bestandesänderungen								
Ertrag Eigenleistungen								
Diverser Aufwand	1 590							
Warenaufwand	5 000							
Abschreibungen	180							
Goodwill-Abschreibung								
Gewinn ER	230							
	7 000	7 000						

Aufgabe 13.05

d) Wie lautet die HB 2 per Ende 20_2?

Bereinigungstabelle von T per Ende 20_2

Bilanz	HB 1 Soll	HB 1 Haben	Bereinigung Soll	Bereinigung Haben	HB 2 Soll	HB 2 Haben
Diverse Aktiven	260					
Fabrikatevorrat	80					
Maschinen	220					
./. WB Maschinen		35				
Immobilien	240					
./. WB Immobilien		102				
Patent						
Fremdkapital		247				
Aktienkapital		200				
Gesetzliche Gewinnreserve		85				
Freiwillige Gewinnreserven		75				
Kapitalreserven						
Gewinnreserven						
Gewinn Bilanz		56				
	800	800				

Erfolgsrechnung	HB 1 Soll	HB 1 Haben	Bereinigung Soll	Bereinigung Haben	HB 2 Soll	HB 2 Haben
Fabrikateertrag		1 000				
Bestandesänderungen		10				
Ertrag Eigenleistungen		40				
Diverser Aufwand	949					
Abschreibungen	45					
Gewinn ER	56					
	1 050	1 050				

Handelsbilanz 1 und 2 — **13** Aufgabe 13.05

e) Wie lautet der Konzernabschluss per Ende 20_2?

Konsolidierungsbogen per Ende 20_2

Bilanzen	M (HB 2) Soll	M (HB 2) Haben	T (HB 2) Soll	T (HB 2) Haben	Konsolidierung Soll	Konsolidierung Haben	Konzern Soll	Konzern Haben
Diverse Aktiven	1 100		260					
Warenvorrat	550							
Fabrikatevorrat			80					
Maschinen	210		220					
./. WB Maschinen		130		35				
Immobilien	1 400		300					
./. WB Immobilien		435		20				
Beteiligung an T	700							
Patent			48					
Goodwill								
Fremdkapital		1 435		247				
Aktienkapital		1 000		200				
Kapitalreserven		160		385				
Gewinnreserven		550	15					
Gewinn Bilanz		250		36				
	3 960	3 960	923	923				

Erfolgsrechnungen	M (HB 2) Soll	M (HB 2) Haben	T (HB 2) Soll	T (HB 2) Haben	Konsolidierung Soll	Konsolidierung Haben	Konzern Soll	Konzern Haben
Warenertrag		7 400						
Fabrikateertrag				1 000				
Bestandesänderungen				10				
Ertrag Eigenleistungen				40				
Beteiligungsertrag		22						
Diverser Aufwand	1 722		949					
Warenaufwand	5 300							
Abschreibungen	150		65					
Goodwill-Abschreibung								
Gewinn ER	250		36					
	7 422	7 422	1 050	1 050				

Handelsbilanz 1 und 2 — 13

13.06

Ende Q2 müssen im Rahmen der Konsolidierung die konzerninternen Forderungen und Verpflichtungen abgestimmt werden und die Differenzen in der HB 1 nachgebucht werden.

Die Kontierung basiert auf dem Kontenrahmen KMU. Die Kontonummer für Geld in Transit ist 1027 und für Waren in Transit 1207. Die Bankkonten sind bei der CS (1020) bzw. bei der UBS (1021). Es liegen folgende Kontoauszüge vor:

Forderungen T (Konto 1110)

Datum	Beleg #	Gegenkonto	Buchungstext	Soll	Haben	Saldo
01.04.		9100	Eröffnung	2 000		2 000
04.04.	B-2322	1020	Banküberweisung von T		2 000	0
23.04.	R-21820	4205	Rechnung von T für Warenlieferungen		740	– 740
27.05.	F-8713	3405	Rechnung an T für Management-Fees	2 300		1 560
28.05.	R-29320	4205	Rechnung von T für Warenlieferungen		640	920
02.06.	F-9120	6500	Rechnung an T für Büromateriallieferung	20		940
08.06.	F-9288	3600	Rechnung an T für Weiterverrechnung Werbung	330		1 270
25.06.	R-34877	4205	Rechnung von T für Warenlieferungen		420	850
30.06.	B-3044	1020	Banküberweisung an T	1 380		2 230
30.06.		9100	Saldo		**2 230**	
				6 030	6 030	

Verbindlichkeiten M (Konto 2050)

Datum	Beleg #	Gegenkonto	Buchungstext	Soll	Haben	Saldo
01.04.		9100	Eröffnung		2 000	– 2 000
04.04.	B-829	1021	Banküberweisung an M	2 000		0
23.04.	F-4332	3205	Rechnung an M für Warenlieferungen	740		740
27.05.	R-2498	6705	Rechnung von M für Management-Fees		2 300	– 1 560
28.05.	F-5122	3205	Rechnung an M für Warenlieferungen	630		– 930
08.06.	R-3268	6600	Rechnung von M für Werbung		330	– 1 260
25.06.	F-6632	3205	Rechnung an M für Warenlieferungen	420		– 840
30.06.	F-6948	3205	Rechnung an M für Expresswarenlieferung	80		– 760
30.06.		9100	Saldo	**760**		
				4 630	4 630	

Handelsbilanz 1 und 2 — **13** — Aufgabe 13.06

a) Ermitteln Sie die (wahrscheinlichen) Ursachen für die Differenzen, und nennen Sie die Korrekturbuchungen in der HB 1 von M bzw. T.

Datum des Fehlers	Fehlerursachen bzw. Massnahmen	Sollbuchung	Habenbuchung	Betrag

b) Wie hoch ist der Saldo in den konzerninternen Forderungen und Verbindlichkeiten L+L nach Durchführung der Korrekturbuchungen?

13.07

Konzerninterne Lieferungen und Leistungen verursachen gegenseitige Forderungs- und Schuldverhältnisse, die zwischen den Konzerngesellschaften beim Abschluss abzustimmen sind.

a) Wie lauten die Korrekturbuchungen bei M (oder auf Konzernstufe) für folgende Tatbestände per Ende 20_1?

Konsolidierungsjournal Ende 20_1

Nr.	Text	Soll	Haben	Betrag
1	M zahlte am 31. 12. 20_1 eine Rechnung von T durch Banküberweisung von 40. Die Bank von M belastete den Betrag, die Gutschrift bei T erfolgte hingegen im neuen Jahr.			
2	T lieferte M am 30. 12. 20_1 Waren für 30, die bei M bis Ende 20_1 noch nicht eingetroffen waren und deshalb nicht erfasst wurden.			
3	M bildete im Jahr 20_0 eine Wertberichtigung von 7 auf einem gefährdeten konzerninternen Darlehen und erhöhte diese im Jahr 20_1 um 4.			

b) Zu welcher Kontengruppe gehören
  ▷ Geld in Transit?
  ▷ Waren in Transit?

14

Minderheitsanteile

14.01

Anfang 20_1 erwarb M einen Anteil von 75% der Aktien von T für 128. Für die Erstkonsolidierung per Ende 20_1 liegen folgende zusätzliche Informationen vor:

▷ Seit Erwerb fanden bei T keine Kapitalerhöhungen statt.
▷ Der Goodwill wird nach IFRS erfasst und erweist sich als werthaltig.
▷ Im Jahr 20_1 schüttete M eine Dividende von 33 aus; T thesaurierte den Vorjahresgewinn vollständig.
▷ M lieferte T Waren im Fakturawert von 80 (Konzerneinstandswert 60), die T an konzernexterne Kunden weiterverkaufte.
▷ Die bereinigten Einzelabschlüsse (HB 2) von M und T sind bereits im Konsolidierungsbogen eingetragen.

a) Vervollständigen Sie die Aufteilung des Eigenkapitals per 31. 12. 20_1.

Aufteilung des Eigenkapitals von T per 31. 12. 20_1

	Total 100%	Holding (Mutter) 75%	Minderheiten 25%
Aktienkapital	120		
Kapitalreserven	40		
Gewinn Bilanz	20		
Total	180		

b) Berechnen Sie den Goodwill.

c) Führen Sie das Konsolidierungsjournal.

Konsolidierungsjournal 31. 12. 20_1

Text	Soll	Haben	Betrag
Kapitalkonsolidierung Holding (75%)			
Minderheitsanteile am EK (25%)			
Minderheitsanteile am Ergebnis (25%)			
Umsatzkonsolidierung			

d) Vervollständigen Sie den Konsolidierungsbogen auf der nächsten Seite.

Minderheitsanteile — 14 — Aufgabe 14.01

Konsolidierungsbogen Ende 20_1

Bilanzen	M Aktiven	M Passiven	T Aktiven	T Passiven	Konsolidierungsbuchungen Soll	Konsolidierungsbuchungen Haben	Konzern Aktiven	Konzern Passiven
Diverse Aktiven	612		320					
Beteiligung an T	128							
Goodwill								
Fremdkapital		310		140				
Aktienkapital		200		120				
Kapitalreserven		70		40				
Gewinnreserven		110						
MAK								
Gewinn Bilanz		50		20				
MAG Bilanz								
	740	740	320	320				

Erfolgsrechnungen	M Aufwand	M Ertrag	T Aufwand	T Ertrag	Konsolidierungsbuchungen Soll	Konsolidierungsbuchungen Haben	Konzern Aufwand	Konzern Ertrag
Warenertrag		1 400		800				
Warenaufwand	900		500					
Übriger Aufwand	450		280					
Gewinn ER	50		20					
MAG ER								
	1 400	1 400	800	800				

e) Wie sind die Minderheiten in der Konzernbilanz und der Konzern-Erfolgsrechnung darzustellen?

Eigenkapital (nach Gewinnverbuchung) per 31. 12. 20_1

	Aktienkapital	....
+	Kapitalreserven	....
+	Gewinnreserven	....
=	Den Holdingaktionären zurechenbares Eigenkapital	....
+	Minderheitsanteile am Eigenkapital	....
=	**Total Eigenkapital**	....

Konzern-Erfolgsrechnung 20_1

	Warenertrag	....
./.	Warenaufwand	....
./.	Übriger Aufwand	....
=	**Konzerngewinn**	....
	Davon:	
	▷ Anteil Holdingaktionäre	....
	▷ Anteil Minderheitsaktionäre von T	....

Minderheitsanteile

14.02

M kaufte Anfang 20_1 einen Anteil von 60% an T. Der Goodwill wird nach Swiss GAAP FER auf 5 Jahre abgeschrieben. Die bereinigten Einzelabschlüsse von M und T sind bereits in den Konsolidierungsbögen eingetragen.

Führen Sie per Ende 20_1 und 20_2 folgende Arbeiten aus:

▷ Vollenden Sie den Konsolidierungsbogen.

▷ Vervollständigen Sie die Ausschnitte aus der Konzernbilanz und der Konzern-Erfolgsrechnung.

Konsolidierungsbogen Ende 20_1 (Erstkonsolidierung)

Bilanzen	M Aktiven	M Passiven	T Aktiven	T Passiven	Konsolidierungsbuchungen Soll	Konsolidierungsbuchungen Haben	Konzern Aktiven	Konzern Passiven
Diverse Aktiven	800		700					
Beteiligung an T	190							
Goodwill								
Fremdkapital		430		370				
Aktienkapital		300		200				
Kapitalreserven		80		100				
Gewinnreserven		130						
MAK								
Gewinn Bilanz		50		30				
MAG Bilanz								
	990	990	700	700				

Eigenkapital (nach Gewinnverbuchung) per 31.12. 20_1

	....	
+	....	
+	....	....
=	Den Holdingaktionären zurechenbares Eigenkapital	....
+	....	....
=	**Total Eigenkapital**	....

Konzern-Erfolgsrechnung 20_1

	Diverser Ertrag	2 000
./.	Diverser Aufwand	....
=	**Konzerngewinn**	....
	Davon:	
	▷ Anteil	
	▷ Anteil	

Minderheitsanteile — 14 — Aufgabe 14.02

Für das Jahr 20_2 sind zusätzlich folgende Tatbestände zu berücksichtigen:
- ▷ M beteiligte sich bei der Aktienkapitalerhöhung von T im Umfang ihrer Quote.
- ▷ T schüttete eine Dividende von 20 aus.
- ▷ Der Goodwill erwies sich beim Impairment Test als werthaltig.

Konsolidierungsbogen Ende 20_2 (Folgekonsolidierung)

Bilanzen	M Aktiven	M Passiven	T Aktiven	T Passiven	Konsolidierungsbuchungen Soll	Konsolidierungsbuchungen Haben	Konzern Aktiven	Konzern Passiven
Diverse Aktiven								
Beteiligung an T								
Goodwill								
Fremdkapital		553		385				
Aktienkapital		300		250				
Kapitalreserven		80		130				
Gewinnreserven		145						
MAK								
Gewinn Bilanz		60		25				
MAG Bilanz								
	1 138	1 138						

Eigenkapital (nach Gewinnverbuchung) per 31. 12. 20_2

+ ....
+ ....
=
+ ....
= **Total Eigenkapital**

Konzern-Erfolgsrechnung 20_2

Diverser Ertrag	
./. Diverser Aufwand	– 2 029
= **Konzerngewinn**	

Minderheitsanteile 14

14.03

M besitzt seit 20_1 eine Beteiligung an T, die 90% der Stimmen und 60% des Kapitals umfasst.

Zu welchen Konsolidierungsbuchungen führen folgende Tatbestände per Ende 20_8?
- Im Jahr 20_8 fanden konzerninterne Warenlieferungen zum Fakturawert von 500 (Konzerneinstand 400) statt.
- Anfang 20_8 betrug der Zwischengewinn auf den Warenvorräten aus konzerninternen Lieferungen 50, Ende 20_8 noch 40.

a) Die Lieferungen erfolgten von T an M; die Vorräte befinden sich bei M.

Konsolidierungsjournal 31. 12. 20_8

Text	Soll	Haben	Betrag
Umsatzkonsolidierung			
Zwischengewinn Anfang 20_8			
Abnahme Zwischengewinn 20_8			

b) Die Lieferungen erfolgten von M an T; die Vorräte befinden sich bei T.

Konsolidierungsjournal 31. 12. 20_8

Text	Soll	Haben	Betrag
Umsatzkonsolidierung			
Zwischengewinn Anfang 20_8			
Abnahme Zwischengewinn 20_8			

Minderheitsanteile 14

14.04

M besitzt seit langem Kapitalanteile von 60% an T1 und 80% an T2.
Führen Sie das Konsolidierungsjournal per Ende 20_4.

Konsolidierungsjournal 31.12. 20_4

Nr.	Text	Soll	Haben	Betrag
1	Warenlieferung von T1 an T2 im Fakturawert von 600			
	Zwischengewinne bei T2 Anfang Jahr 30			
	Zunahme Zwischengewinne bei T2 10			
2	Lieferung einer selbst hergestellten Maschine von M an T1 Anfang 20_4: ▷ Fakturawert 300 ▷ Konzernherstellkosten 200			
	Die indirekte Abschreibung erfolgt linear über 10 Jahre			
3	Dividendenausschüttung von T1 50			
4	M gewährte T2 im Vorjahr ein Darlehen von 100			
	Zinsfuss 6%, Zinstermin 30. April			
5	Goodwill-Abschreibungen der Vorjahre T1 17			
	Goodwill-Abschreibung laufendes Jahr T2 6			
	Zuschreibung früherer Goodwill-Abschreibung T1 (Reversal of Impairments) 3			

14 Minderheitsanteile

14.05

M besitzt seit 20_1 eine Beteiligung von 75% an T. Im Jahr 20_5 fanden u. a. folgende Transaktionen statt:

▷ Konzerninterne Lieferungen von Fabrikaten zum Fakturawert von 1000 mit einer seit langem konstanten Bruttogewinnmarge von 10%

▷ Teilweiser Weiterverkauf der gelieferten Fabrikate als Handelswaren an konzernexterne Kunden mit einer Bruttogewinnmarge von 20%

▷ Bestände an Warenvorräten aus konzerninternen Lieferungen: 200 (Anfang 20_5) bzw. 240 (Ende 20_5).

Wie lauten die Konsolidierungsbuchungen per Ende 20_5 bei

a) Die Lieferungen erfolgten von T an M; die Vorräte befinden sich bei M.

Konsolidierungsjournal 31. 12. 20_5

Text	Soll	Haben	Betrag
Umsatzkonsolidierung			
Umbuchung Umsatz mit Dritten			
Zwischengewinn Anfang 20_5			
Zunahme Zwischengewinn 20_5			

Minderheitsanteile — 14 — Aufgabe 14.05

b) Die Lieferungen erfolgten von M an T; die Vorräte befinden sich bei T.

Konsolidierungsjournal 31.12. 20_5

Text	Soll	Haben	Betrag
Umsatzkonsolidierung			
Umbuchung Umsatz mit Dritten			
Zwischengewinn Anfang 20_5			
Zunahme Zwischengewinn 20_5			

Minderheitsanteile 14

14.06

Anfang 20_1 erwarb M 80% der Aktien von T für 330. Im Erwerbszeitpunkt betrug das neu bewertete Eigenkapital von T 400 (Aktienkapital 300 und Kapitalreserven 100).

Ende 20_4 liegen die bereinigten Einzelabschlüsse (HB 2) von M und T gemäss Konsolidierungsbogen vor (mit zwei Lücken in der Erfolgsrechnung von M). Ausserdem stehen diese zusätzlichen Angaben zur Verfügung:

▷ M liefert Waren an T mit derselben Bruttogewinnmarge wie gegenüber Dritten.

	20_3	20_4
Konzerninterne Lieferungen zu Verkaufspreisen von M	340	280
Warenvorrat aus konzerninternen Lieferungen Ende Jahr bei T gemäss Einzelabschluss von T	60	40
Nicht realisierte Zwischengewinne Ende Jahr		
Holdinganteile an nicht realisierten Zwischengewinnen (80%)		
Minderheitsanteile an nicht realisierten Zwischengewinnen (20%)		

▷ T schüttete im Jahr 20_4 eine Dividende von 10% aus.

▷ Der Goodwill wird nach IFRS erfasst und kann als werthaltig betrachtet werden.

Erstellen Sie die Konzernrechnung per Ende 20_4.

Konsolidierungsjournal 31. 12. 20_4

Text	Soll	Haben	Betrag
Kapitalkonsolidierung Holding			
Minderheitsanteil am Eigenkapital			
Minderheitsanteil am Ergebnis			
Umsatzkonsolidierung			
Anfangsbestand Zwischengewinn			
Verminderung Zwischengewinn			
Elimination konzerninterne Gewinnausschüttung			

Minderheitsanteile — 14 — Aufgabe 14.06

Konsolidierungsbogen Ende 20_4

Bilanzen	M Aktiven	M Passiven	T Aktiven	T Passiven	Konsolidierungsbuchungen Soll	Konsolidierungsbuchungen Haben	Konzern Aktiven	Konzern Passiven
Diverse Aktiven	800		580					
Warenvorräte	90		80					
Beteiligung an T	330							
Goodwill								
Fremdkapital		530		210				
Aktienkapital		500		300				
Kapitalreserven		60		100				
Gewinnreserven		80		40				
MAK								
Gewinn Bilanz		50		10				
MAG Bilanz								
	1 220	1 220	660	660				

Erfolgsrechnungen	M Aufwand	M Ertrag	T Aufwand	T Ertrag	Konsolidierungsbuchungen Soll	Konsolidierungsbuchungen Haben	Konzern Aufwand	Konzern Ertrag
Warenertrag				900				
Beteiligungsertrag								
Warenaufwand	1 350		600					
Übriger Aufwand	424		290					
Gewinn ER	50		10					
MAG ER								
	1 824	1 824	900	900				

14 Aufgabe 14.06

Minderheitsanteile

Eigenkapital in der Konzernbilanz per 31. 12. 20_4

	....	
+	....	
+	....	....
=	....	
+	....	....
=	**Total Eigenkapital**	....

Konzern-Erfolgsrechnung 20_4

	....	
./.	....	
./.	....	....
=	**Konzerngewinn**	....
	Davon:	
	▷	....
	▷	

Minderheitsanteile 14

14.07

M besitzt seit langem Kapitalanteile von 80% an T1 und 60% an T2.

Führen Sie das Konsolidierungsjournal per Ende 20_5.

Konsolidierungsjournal 31.12. 20_5

Nr.	Text	Soll	Haben	Betrag
1	M verrechnete 20_5 Management-Fees an T1 von 44 und an T2 von 25.			
2	T1 lieferte 20_5 Handelswaren für 400 an T2 mit einer seit Jahren konstanten Bruttogewinnmarge von 25%. T2 verkauft diese Waren grundsätzlich (d. h. abgesehen von der Warenvorratsveränderung) an konzernexterne Kunden weiter. Die Warenvorräte aus konzerninternen Lieferungen betrugen im Einzelabschluss von T2 Anfang Jahr 40 und Ende Jahr 60.			
3	Der Goodwill von T2 musste bereits 20_3 ein erstes Mal um 15 abgeschrieben werden, und 20_5 ist nochmals eine Wertbeeinträchtigung von 5 zu berücksichtigen.			
4	M lieferte T2 Anfang 20_2 eine selbst hergestellte Verpackungsmaschine zum Verkaufspreis von 300 (Konzernherstellkosten 200). Die Nutzungsdauer beträgt 10 Jahre. Es wird indirekt, linear abgeschrieben.			
5	T1 zahlte 20_5 eine Dividende von total 50.			
6	M gewährte T2 im Jahr 20_2 ein nachschüssig am 30.11. zu 6% verzinsliches konzerninternes Darlehen von 200.			

Minderheitsanteile 14

14.08

Anfang 20_1 erwarb M eine Beteiligung von 80% an T zum Preis von 300.

Im Erwerbszeitpunkt wiesen die bereinigten Einzelabschlüsse von M und T folgende Bestände an Eigenkapital auf:

	M	T
Aktienkapital	400	200
Kapitalreserven	50	100
Gewinnreserven	150	?
Total Eigenkapital	600	?

Im Jahr 20_2 wurde bei M eine Aktienkapitalerhöhung von nominell 150 mit einem Agio von 120 durchgeführt.

Im Jahr 20_3 fand bei T eine Aktienkapitalerhöhung von nominell 50 mit einem Agio von 30 statt. M partizipierte an dieser Kapitalerhöhung im Umfang ihrer Beteiligung.

Die sich bei Erwerb ergebende Kapitalaufrechnungsdifferenz ist im Erwerbszeitpunkt nach IFRS als Goodwill zu interpretieren. Ein Impairment Test ergab im Jahr 20_4, dass die Werthaltigkeit dieses Goodwills nicht mehr vollständig gegeben war, weshalb der Goodwill im Jahr 20_4 um 25 abgeschrieben werden musste.

In den Warenvorräten von T sind Anfang 20_6 Zwischengewinne von 60 aus konzerninternen Lieferungen enthalten. Infolge Reduktion der Vorräte aus konzerninternen Lieferungen haben die Zwischengewinne im Jahr 20_6 um 20 abgenommen.

T zahlte 20_6 eine Dividende von 20% aus.

Die Gewinnreserven gemäss den bereinigten Einzelabschlüssen vor Gewinnverbuchung per 31.12. 20_6 betragen 250 (M) bzw. 30 (T).

In den bereinigten Einzelabschlüssen wurden 20_6 Gewinne von 55 (M) bzw. 25 (T) ausgewiesen.

Aufgaben

a) Wie hoch sind die Gewinnreserven im Erwerbszeitpunkt gemäss bereinigtem Einzelabschluss von T?

b) Wie hoch ist der Goodwill in der Konzernbilanz vom 31.12. 20_6?

c) Wie hoch ist der Beteiligungswert von M an T gemäss Konzernbilanz per Ende 20_6?

d) Wie hoch ist der Konzerngewinn 20_6, und wie ist dieser auf die Holding- und Minderheitsaktionäre aufzuteilen?

e) Wie wird das Konzerneigenkapital nach Gewinnverbuchung per Ende 20_6 in der Konzernrechnung ausgewiesen? Es wird eine detaillierte Aufstellung verlangt.

Minderheitsanteile 14

14.09

M erwarb vor einigen Jahren Kapitalanteile von 75% an T1 (Kaufpreis 250) sowie 60% an T2 (Kaufpreis 800). Seither fanden keine Aktienkapitalveränderungen statt. Der Goodwill wird nach IFRS aktiviert und nicht planmässig abgeschrieben.

Führen Sie das Konsolidierungsjournal.

Konsolidierungsjournal 31.12.20_5

Nr.	Text	Soll	Haben	Betrag
1	Das Eigenkapital von T1 setzte sich Ende 20_5 wie folgt zusammen: ▷ Aktienkapital 200 ▷ Kapitalreserven 120 ▷ Gewinnreserven 160 ▷ Jahresgewinn 44 Wie lauten die Buchungen für die ▷ Kapitalkonsolidierung ▷ Aussonderung der Minderheitsanteile?			
2	T1 lieferte T2 in der Berichtsperiode Handelswaren für 700 mit einer seit langem konstanten Bruttomarge von 20%. Die Warenvorräte aus konzerninternen Lieferungen betrugen bei T2 Anfang Jahr 100 und Ende Jahr 150.			
3	M lieferte T1 am 01.01.20_3 eine Sachanlage für 72 (Herstellkosten 60). Die Abschreibung erfolgt indirekt linear über einen Zeitraum von drei Jahren.			
4	T1 schüttete 20_5 eine Dividende von 20% aus.			
5	Der Goodwill von T2 musste im Vorjahr um 25 und im laufenden Jahr um 20 abgeschrieben werden.			

15

Quotenkonsolidierung

15.01

Die Holding H gründete Anfang 20_1 zusammen mit zwei konzernexternen Partnern das Joint Venture JV.

▷ H zahlte bei der Gründung 100 zum Erwerb einer Quote von 25% am Aktienkapital von JV. Seither fanden keine Aktienkapitalerhöhungen statt.

▷ H gewährte JV im Jahr 20_2 ein Darlehen von 200, das jeweils nachschüssig auf Ende August zu 6% verzinst werden muss.

▷ Im Jahr 20_4 lieferte H Waren an JV im Fakturawert von 560 (Bruttogewinnmarge konstant 20%), die von JV bis auf die Lagerveränderung an konzernexterne Kunden weiterverkauft wurden.

Die Bestände an konzernintern gelieferten Waren im Einzelabschluss von JV betrugen 100 (per 01. 01. 20_4) bzw. 140 (per 31. 12. 20_4).

▷ JV schüttete eine Dividende von 10% aus.

▷ Die bereinigten Abschlusszahlen von H und JV per 31. 12. 20_4 sind im Konsolidierungsbogen bereits eingetragen.

a) Vervollständigen Sie die Einzelabschlüsse von H und JV, und erstellen Sie die Konzernrechnung des Handelskonzerns per Ende 20_4.

Die Aufgabe beschränkt sich der Übersichtlichkeit wegen auf die Konsolidierung von H und JV. Die übrigen Konzerngesellschaften sind zu vernachlässigen.

b) Weshalb wird in dieser Aufgabe kein Goodwill bilanziert?

c) Warum werden bei der Quotenkonsolidierung keine Minderheitsanteile ausgewiesen?

d) Nennen Sie zwei Argumente, die gegen die Methode der Quotenkonsolidierung sprechen.

Quotenkonsolidierung — **15** Aufgabe 15.01

Konsolidierungsjournal 20_4

Nr.	Text	Soll	Haben	Betrag
1	Kapitalkonsolidierung			
2	Schuldenkonsolidierung			
3	Umsatzkonsolidierung			
	Zwischengewinn auf Warenvorrat			
4	Dividendenausschüttung			

Konsolidierungsbogen 31. 12. 20_4

Schlussbilanzen	H Aktiven	H Passiven	JV (100%) Aktiven	JV (100%) Passiven	JV (25%) Soll	JV (25%) Haben	Konsolidierung Soll	Konsolidierung Haben	Konzern Aktiven	Konzern Passiven
Diverse Aktiven			620							
Warenvorrat	300		280							
Aktivdarlehen an JV										
Beteiligung an JV										
Diverses Fremdkapital		1 300		240						
Passivdarlehen von H										
Aktienkapital		700		400						
Kapitalreserven		200								
Gewinnreserven		500								
Gewinn		300		20						
	3 000	3 000	900	900						

Erfolgsrechnungen	H Aufwand	H Ertrag	JV (100%) Aufwand	JV (100%) Ertrag	JV (25%) Aufwand	JV (25%) Ertrag	Konsolidierung Soll	Konsolidierung Haben	Konzern Aufwand	Konzern Ertrag
Warenertrag		5 000		1 400						
Finanzertrag		410								
Warenaufwand	3 000		800							
Finanzaufwand	110		12							
Übriger Aufwand	2 000		568							
Gewinn	300		20							
	5 410	5 410	1 400	1 400						

249

Quotenkonsolidierung 15

15.02

Die Holding H des Getränkekonzerns gründete Anfang 20_1 zusammen mit der Holding eines Nahrungsmittelkonzerns (in dieser Aufgabe als Partner P bezeichnet) das Gemeinschaftsunternehmen G, um kalten Kaffee in Dosen als neuartiges Getränk weltweit zu vermarkten.

Beide Partner beteiligten sich mit je 50% an G und bezahlten je 100 für die Liberierung des Aktienkapitals ein. Im Jahr 20_2 fand eine Kapitalerhöhung von total 50 mit einem Agio von 20% statt, an der beide im Umfang ihrer bisherigen Quoten partizipierten.

Die bereinigten Einzelabschlüsse von H und G sind – noch nicht ganz vollständig – im Konsolidierungsbogen eingetragen, wobei G im Hinblick auf die Quotenkonsolidierung bereits mit einem Anteil von 50% erfasst wurde.

Zu erstellen ist der Konzernabschluss des Getränkekonzerns, wobei der Einfachheit halber nur H und G zu konsolidieren sind und die restlichen Konzerngesellschaften vernachlässigt werden können.

Konsolidierungsjournal 20_3

Nr.	Text	Soll	Haben	Betrag
1	Kapitalkonsolidierung			
2	H gewährte G im Vorjahr ein langfristiges Darlehen, das jeweils am 30. November mit 6% zu verzinsen ist.			
3	H lieferte G Waren für total 340. Die Zwischengewinne im Lager von G betrugen insgesamt: ▷ Anfang Jahr 26 ▷ Ende Jahr 18			
4	P lieferte G Waren für 180 (Bruttomarge von 30%).			
5	G schüttete eine Dividende von 20% aus.			

Quotenkonsolidierung

Aufgabe 15.02

Konsolidierungsbogen Ende 20_3

Bilanzen	H Aktiven	H Passiven	50% von G Aktiven	50% von G Passiven	Konsolidierungsbuchungen Soll	Konsolidierungsbuchungen Haben	Konzern Aktiven	Konzern Passiven
Diverse Aktiven			650					
Warenvorrat	370		90					
Beteiligung an G								
Darlehen an G								
Diverses Fremdkapital		2 500		340				
Darlehen von H								
Aktienkapital		1 000						
Kapitalreserven		800						
Gewinnreserven		1 200		30				
Gewinn Bilanz		500		40				
	6 000	6 000	740	740				

Erfolgsrechnungen	H Aufwand	H Ertrag	50% von G Aufwand	50% von G Ertrag	Konsolidierungsbuchungen Soll	Konsolidierungsbuchungen Haben	Konzern Aufwand	Konzern Ertrag
Warenertrag		7 000		1 400				
Finanzertrag		1 300						
Warenaufwand	4 500		900					
Finanzaufwand	300		30					
Übriger Aufwand	3 000		430					
Gewinn ER	500		40					
	8 300	8 300	1 400	1 400				

16 Equity-Methode

16.01

Die buchhalterische Behandlung einer Beteiligung im Rahmen des Konzernabschlusses hängt vom Umfang der Einflussmöglichkeit der Holding auf die Finanz- und Geschäftspolitik eines Unternehmens ab.

a) Vervollständigen Sie die Tabelle mit den Angaben zu Tochtergesellschaften und Gemeinschaftsunternehmen auf der Grundlage von Swiss GAAP FER.

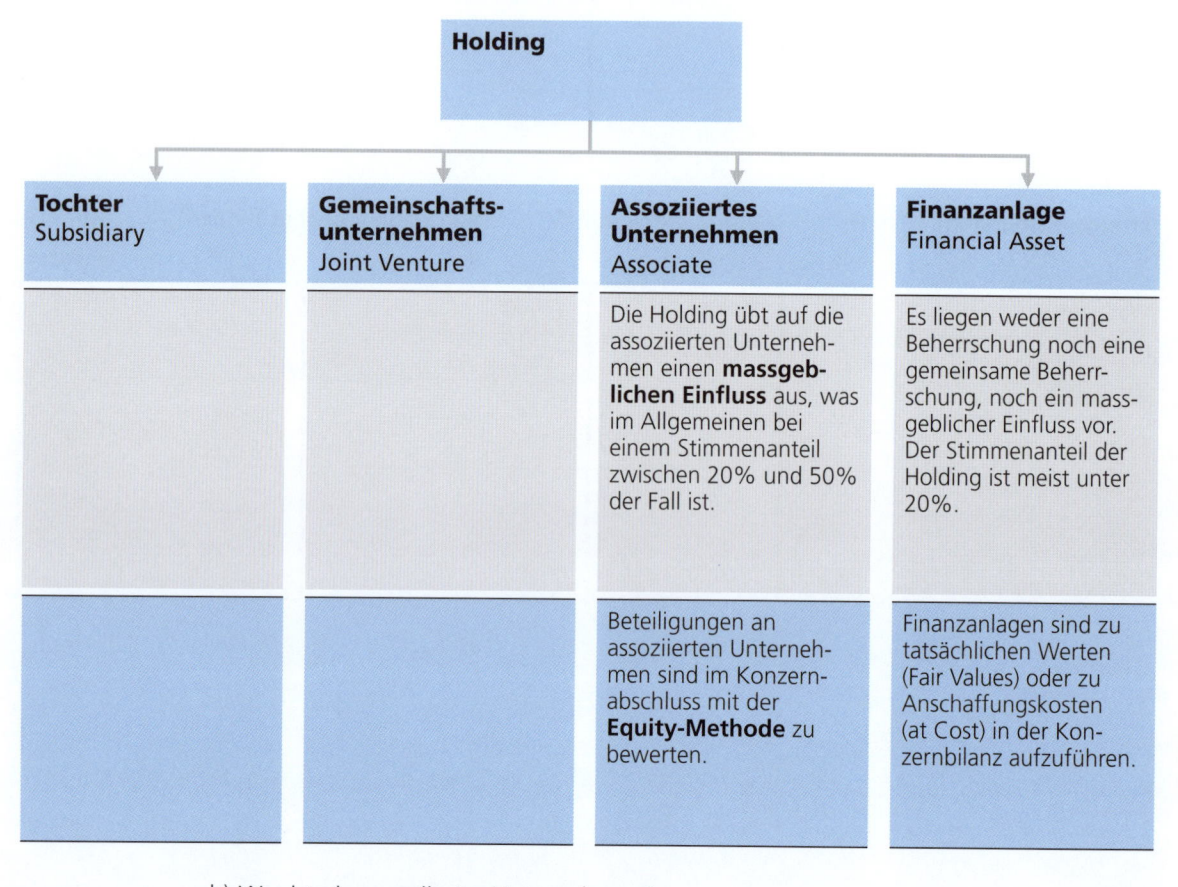

Holding			
Tochter Subsidiary	**Gemeinschaftsunternehmen** Joint Venture	**Assoziiertes Unternehmen** Associate	**Finanzanlage** Financial Asset
		Die Holding übt auf die assoziierten Unternehmen einen **massgeblichen Einfluss** aus, was im Allgemeinen bei einem Stimmenanteil zwischen 20% und 50% der Fall ist.	Es liegen weder eine Beherrschung noch eine gemeinsame Beherrschung, noch ein massgeblicher Einfluss vor. Der Stimmenanteil der Holding ist meist unter 20%.
		Beteiligungen an assoziierten Unternehmen sind im Konzernabschluss mit der **Equity-Methode** zu bewerten.	Finanzanlagen sind zu tatsächlichen Werten (Fair Values) oder zu Anschaffungskosten (at Cost) in der Konzernbilanz aufzuführen.

b) Was ist ein assoziiertes Unternehmen?

c) Wie kann massgeblicher Einfluss definiert werden?

d) Welche Merkmale lassen auf einen massgeblichen Einfluss schliessen?

Equity-Methode 16

16.02

Die Holding H erwarb am 01. 01. 20_1 einen Anteil von 25% an der assoziierten Gesellschaft A zum Kaufpreis von 50. H beteiligte sich bei der Kapitalerhöhung Mitte 20_3 im Umfang ihrer Quote.[1]

A schüttete auf der Basis der jeweiligen Vorjahresgewinne folgende Bardividenden aus:

Dividendenauszahlungen von A

Jahr	20_1	20_2	20_3
Dividende in %	?	?	20%

Das Eigenkapital von A setzte sich wie folgt zusammen:

Eigenkapital A

	01. 01. 20_1	31. 12. 20_1	31. 12. 20_2	31. 12. 20_3
Aktienkapital	100	100	100	120
Reserven	60	56	64	88
Gewinn		24	28	32
Eigenkapital	160	180	192	240

a) Berechnen Sie den Goodwill.

= Goodwill

b) Wie verbucht H die Dividendenausschüttung von A in den Jahren 20_1 bis 20_3?

Text	Soll	Haben	Betrag
Dividende 20_1			
Dividende 20_2			
Dividende 20_3			

c) Zu welchem Wert darf H die Beteiligung an A im Einzelabschluss nach OR höchstens bilanzieren?

	31. 12. 20_1	31. 12. 20_2	31. 12. 20_3
Bewertungsobergrenzen bei H			

d) Wie hoch sind die Equity-Werte im Konzernabschluss, sofern sich der Goodwill als werthaltig erweist?

	31. 12. 20_1	31. 12. 20_2	31. 12. 20_3
Equity-Werte			

---

[1] Aus methodischen Gründen beschränkt sich die Aufgabenstellung auf die Beziehung zwischen H und A. Nicht berücksichtigt werden die übrigen Konzerngesellschaften.

Equity-Methode — 16 — Aufgabe 16.02

e) Berechnen Sie die Equity-Werte für jedes Jahr in Form einer Staffel.

Fortschreibung des Equity-Werts per 31. 12. 20_3

Text	Betrag
Kaufpreis der Beteiligung = Equity-Wert am 01. 01. 20_1	
= Equity-Wert am 31. 12. 20_1	
= Equity-Wert am 31. 12. 20_2	
= Equity-Wert am 31. 12. 20_3	

f) Welche Konsolidierungsbuchungen sind per Ende 20_1 nötig?

Konsolidierungsjournal Ende 20_1

Text	Soll	Haben	Betrag
Differenz des Equity-Werts gegenüber dem Erwerbszeitpunkt			

Konsolidierungsbogen Ende 20_1

Bilanz	H Aktiven	H Passiven	Konsolidierung Soll	Konsolidierung Haben	Konzern Aktiven	Konzern Passiven
Beteiligung an assoziierter Gesellschaft						

Erfolgsrechnung	H Aufwand	H Ertrag	Konsolidierung Soll	Konsolidierung Haben	Konzern Aufwand	Konzern Ertrag
Ertrag aus assoziierter Gesellschaft						

Equity-Methode — Aufgabe 16.02

g) Welche Konsolidierungsbuchungen sind per Ende 20_2 nötig?

Konsolidierungsjournal Ende 20_2

Text	Soll	Haben	Betrag
Erfolgsneutrale Aufdeckung früherer Anpassungen des Equity-Werts			
Differenz des Equity-Werts gegenüber der Vorperiode			

Konsolidierungsbogen Ende 20_2

Bilanz	H Aktiven	H Passiven	Konsolidierung Soll	Konsolidierung Haben	Konzern Aktiven	Konzern Passiven
Beteiligung an assoziierter Gesellschaft						

Erfolgsrechnung	H Aufwand	H Ertrag	Konsolidierung Soll	Konsolidierung Haben	Konzern Aufwand	Konzern Ertrag
Ertrag aus assoziierter Gesellschaft						

h) Welche Konsolidierungsbuchungen sind per Ende 20_3 nötig?

Konsolidierungsjournal Ende 20_3

Text	Soll	Haben	Betrag
Erfolgsneutrale Aufdeckung früherer Anpassungen des Equity-Werts			
Differenz des Equity-Werts gegenüber der Vorperiode			

Konsolidierungsbogen Ende 20_3

Bilanz	H Aktiven	H Passiven	Konsolidierung Soll	Konsolidierung Haben	Konzern Aktiven	Konzern Passiven
Beteiligung an assoziierter Gesellschaft						

Erfolgsrechnung	H Aufwand	H Ertrag	Konsolidierung Soll	Konsolidierung Haben	Konzern Aufwand	Konzern Ertrag
Ertrag aus assoziierter Gesellschaft						

i) Die Equity-Methode ist keine Konsolidierungstechnik, sondern ein Bewertungsverfahren für assoziierte Gesellschaften (und als Wahlrecht auch für Joint Ventures).

Welches sind die zwei bestimmenden Merkmale der Equity-Methode?

16 Equity-Methode

16.03

Anfang 20_1 kaufte die Holding H für einen Kaufpreis von 213 einen Anteil von 25% an der assoziierten Gesellschaft A. Das Eigenkapital von A betrug im Erwerbszeitpunkt 800 (Aktienkapital 500, Reserven 300).

Mitte 20_3 führte A eine Kapitalerhöhung von nominell 100 mit einem Agio von 60% durch, an der sich H im Umfang ihrer Quote beteiligte.

Über die Gewinnerzielung und die Dividendenausschüttung der assoziierten Gesellschaft liegen diese Informationen vor:

	20_1	20_2	20_3
Dividendenausschüttung aus dem Vorjahresgewinn	8	16	20
Gewinn des laufenden Jahres	24	28	52

a) Ermitteln Sie die Equity-Werte in Form einer Staffel.

Fortschreibung der Equity-Werte von A

Text	Betrag
Anteiliges Eigenkapital im Erwerbszeitpunkt	
= Equity-Wert am 1. 1. 20_1	
= Equity-Wert am 31. 12. 20_1	
= Equity-Wert am 31. 12. 20_2	
= Equity-Wert am 31. 12. 20_3	

b) Wie lauten die Konsolidierungsbuchungen Ende 20_1?

Konsolidierungsjournal Ende 20_1

Text	Soll	Haben	Betrag
Anpassung Equity-Wert 20_1			

Konsolidierungsbogen Ende 20_1

Bilanz	H Aktiven	H Passiven	Konsolidierung Soll	Konsolidierung Haben	Konzern Aktiven	Konzern Passiven
Beteiligung an assoz. Gesellschaft						

Erfolgsrechnung	H Aufwand	H Ertrag	Konsolidierung Soll	Konsolidierung Haben	Konzern Aufwand	Konzern Ertrag
Ertrag aus assoziierter Gesellschaft						

Equity-Methode — Aufgabe 16.03

c) Wie lauten die Konsolidierungsbuchungen Ende 20_2?

Konsolidierungsjournal Ende 20_2

Text	Soll	Haben	Betrag
Aufdeckung der früheren Anpassungen des Equity-Werts			
Anpassung Equity-Wert 20_2			

Konsolidierungsbogen Ende 20_2

Bilanz	H Aktiven	Passiven	Konsolidierung Soll	Haben	Konzern Aktiven	Passiven
Beteiligung an assoz. Gesellschaft						

Erfolgsrechnung	H Aufwand	Ertrag	Konsolidierung Soll	Haben	Konzern Aufwand	Ertrag
Ertrag aus assoziierter Gesellschaft						

d) Wie lauten die Konsolidierungsbuchungen Ende 20_3?

Konsolidierungsjournal Ende 20_3

Text	Soll	Haben	Betrag
Aufdeckung der früheren Anpassungen des Equity-Werts			
Anpassung Equity-Wert 20_3			

Konsolidierungsbogen Ende 20_3

Bilanz	H Aktiven	Passiven	Konsolidierung Soll	Haben	Konzern Aktiven	Passiven
Beteiligung an assoz. Gesellschaft						

Erfolgsrechnung	H Aufwand	Ertrag	Konsolidierung Soll	Haben	Konzern Aufwand	Ertrag
Ertrag aus assoziierter Gesellschaft						

16 Equity-Methode

16.04

Anfang 20_1 erwarb die Holding H 20% der Aktien der assoziierten Gesellschaft A zum Preis von 103. Das von A ausgewiesene Eigenkapital betrug im Erwerbszeitpunkt 400.

Hauptsächliches Kaufmotiv für H war ein Patent, das im Einzelabschluss von A nicht bilanziert wird. Von Experten wird der tatsächliche Wert des Patents im Erwerbszeitpunkt mithilfe der DCF-Methode (Discounted Cash Flow) auf 50 geschätzt. Die Restlaufzeit beträgt zehn Jahre.

Im Mai 20_1 bezahlte A eine Dividende von 10. Der Jahresgewinn 20_1 betrug 40.

Im Mai 20_2 bezahlte A eine Dividende von 15. Der Jahresgewinn 20_2 betrug 65.

a) Führen Sie den Equity-Wert in Form einer Staffel nach.

Fortschreibung der Equity-Werte von A

Text	Betrag
Ausgewiesenes Eigenkapital im Erwerbszeitpunkt	
+ Bewertung Patent	
= **Equity-Wert am 1. 1. 20_1**	
= **Equity-Wert am 31. 12. 20_1**	
= **Equity-Wert am 31. 12. 20_2**	

Equity-Methode — Aufgabe 16.04

b) Führen Sie das Konsolidierungsjournal und den Konsolidierungsbogen per Ende 20_1.

Konsolidierungsjournal Ende 20_1

Text	Soll	Haben	Betrag

Konsolidierungsbogen Ende 20_1

Bilanz	H Aktiven	H Passiven	Konsolidierung Soll	Konsolidierung Haben	Konzern Aktiven	Konzern Passiven
Beteiligung an assoz. Gesellschaft						

Erfolgsrechnung	H Aufwand	H Ertrag	Konsolidierung Soll	Konsolidierung Haben	Konzern Aufwand	Konzern Ertrag
Ertrag aus assoziierter Gesellschaft						

c) Führen Sie das Konsolidierungsjournal und den Konsolidierungsbogen per Ende 20_2.

Konsolidierungsjournal Ende 20_2

Text	Soll	Haben	Betrag

Konsolidierungsbogen Ende 20_2

Bilanz	H Aktiven	H Passiven	Konsolidierung Soll	Konsolidierung Haben	Konzern Aktiven	Konzern Passiven
Beteiligung an assoz. Gesellschaft						

Erfolgsrechnung	H Aufwand	H Ertrag	Konsolidierung Soll	Konsolidierung Haben	Konzern Aufwand	Konzern Ertrag
Ertrag aus assoziierter Gesellschaft						

d) Angenommen, die assoziierte Gesellschaft habe unter sonst gleichen Umständen im Jahr 20_1 einen Verlust von 40 statt eines Gewinns von 40 ausgewiesen.

Welches wären die buchhalterischen Folgen für den Einzelabschluss von H und den Konzernabschluss?

Equity-Methode

16.05

Kreuzen Sie jede Aussage als richtig an, oder begründen Sie, warum sie falsch ist.

Nr.	Aussage	Richtig	Begründung bei falscher Aussage
1	Ein assoziiertes Unternehmen ist ein Unternehmen, auf welches der Investor massgeblichen Einfluss ausüben kann und welches weder eine Tochtergesellschaft noch ein Gemeinschaftsunternehmen (Joint Venture) des Investors darstellt.		
2	Die Equity-Methode ist keine Konsolidierung, sondern eine Bewertungsmethode für assoziierte Unternehmen im Rahmen von Konzernabschlüssen.		
3	Die obligationenrechtlichen Bewertungsobergrenzen dürfen auch bei Anwendung der Equity-Methode im Rahmen des Konzernabschlusses nicht überschritten werden.		
4	Beteiligungen im Umfang von 20% bis 50% der Stimmen werden auf jeden Fall nach der Equity-Methode in den Konzernabschluss einbezogen.		
5	Bei der Equity-Methode kann kein Goodwill entstehen.		
6	Der in der Konzern-Erfolgsrechnung ausgewiesene Verkaufsumsatz ist bei Anwendung der Equity-Methode grundsätzlich kleiner als bei Quotenkonsolidierung.		
7	Die Schulden des Konzerns sind bei Anwendung der Equity-Methode prinzipiell kleiner als bei Quotenkonsolidierung.		
8	Bei der Equity-Methode werden die Minderheitsanteile am Kapital separat als Teil des Eigenkapitals ausgewiesen.		
9	Bei Anwendung der Equity-Methode sind die Aktiven im Konzernabschluss grundsätzlich höher als bei der Quotenkonsolidierung, da der Equity-Wert aktiviert wird.		

Equity-Methode

16.06

Ordnen Sie die Begriffe den zutreffenden Beschreibungen zu. Die Tochter ist als Muster bereits eingetragen.

Begriff	Beschreibung
Konzern	Verrechnung des Erwerbspreises der Mutter mit dem anteiligen Eigenkapital der Tochter im Erwerbszeitpunkt
Tochter	Gewinne auf Lieferungen zwischen den Konzerngesellschaften
Mutter	Betrag, zu dem ein Vermögenswert zwischen sachverständigen, vertragswilligen und voneinander unabhängigen Geschäftspartnern getauscht bzw. eine Schuld getilgt werden könnte
Konzernrechnung	Gesellschaft, die von einer Mutter beherrscht wird
Kapitalkonsolidierung	Zusammenfassung rechtlich selbstständiger Unternehmen unter einheitlicher Leitung
Goodwill	Vertragliche Vereinbarung zwischen zwei oder mehr Parteien zur gemeinschaftlichen Führung eines Unternehmens
Zwischengewinne	Unternehmen mit einer oder mehreren Tochtergesellschaften
(Voll-)Konsolidierung	Abschluss, der die Konzernunternehmen so darstellt, als ob es sich um ein einziges Unternehmen handeln würde
Minderheitsanteile	Der Teil des Kaufpreises einer Beteiligung, welcher den tatsächlichen Wert des anteiligen Nettovermögens der Tochter übersteigt
Equity-Methode	Verfahren zur Erstellung der Konzernrechnung durch Addition der Einzelabschlüsse unter Eliminierung der konzerninternen Beziehungen
Fair Value	Anteile am Nettovermögen und am Ergebnis einer Tochter, die weder direkt noch indirekt im Besitz der Mutter sind
Joint Venture	Bewertungsverfahren für assoziierte Unternehmen und Joint Ventures

Equity-Methode 16

Exkurs

16.07

H hält zwei Beteiligungen gemäss Schaubild.

Konzern
- Holding H
  - Beteiligung 100% → Tochter T (100%)
  - Beteiligung 20% → Assoziierte Gesellschaft A

Konzernexterne Aktionäre
- Beteiligung 80% → Assoziierte Gesellschaft A

Der Aufgabenstellung liegt eine Warenlieferung zwischen A und T zugrunde. Der Fakturawert beträgt 40, der Konzerneinstand 30. Ende Jahr liegt die Ware noch beim Empfänger am Lager.

a) Mit welcher Buchung wird die Umsatzkonsolidierung durchgeführt?

b) Nennen Sie die Buchungssätze für die Zwischengewinnelimination, und begründen Sie Ihre Lösung.

Elimination der Zwischengewinne

Upstream-Lieferung
A liefert an T. Die Waren sind Ende Jahr bei T an Lager.

Buchungssätze:

Begründung:

Downstream-Lieferung
T liefert an A. Die Waren sind Ende Jahr bei A an Lager.

Buchungssätze:

Begründung:

c) Weshalb wird in der Praxis im Zusammenhang mit assoziierten Unternehmen oft auf eine Elimination von Zwischengewinnen verzichtet?

17

Eigenkapitalnachweis

17.01

Der Konzern besteht aus der Holding H und der 100%igen Tochter T.

Über die Bestände und Veränderungen im Eigenkapital liegen folgende Informationen vor:

Konzerneigenkapital per 31. 12.

	20_0	20_1
Aktienkapital	440	500
+ Kapitalreserven	150	180
+ Gewinnreserven	180	220
= **Total Eigenkapital**	**770**	**900**

Gewinn

Konzerngewinn	70

Gewinnausschüttungen

Dividendenauszahlung der Holding	30
Dividendenzahlungen der Tochter	20

Kapitalerhöhungen

Kapitalerhöhung bei Holding (Aktienkapital 60 + Agio 30)	90
Kapitalerhöhung der Tochter (Aktienkapital 18 + Agio 6)	24

Erstellen Sie den Eigenkapitalnachweis für 20_1.

Eigenkapitalnachweis 20_1

	Aktienkapital	Kapitalreserven	Gewinnreserven	Total Eigenkapital
Anfangsbestand				
+ Kapitalerhöhung				
./. Dividenden				
+ Gewinn				
= **Schlussbestand**				

17 Eigenkapitalnachweis

17.02

M besitzt 60% der Aktien von T. Über den Konzernabschluss liegen folgende Informationen vor:

Eigenkapital

	01.01.20_3	31.12.20_3
Aktienkapital	300	400
+ Kapitalreserven	40	70
+ Gewinnreserven	110	130
= Den Holdingaktionären zurechenbares Eigenkapital	450	600
+ Minderheitsanteile am Eigenkapital	50	60
= **Total Eigenkapital**	**500**	**660**

Erfolgsrechnung 20_3

Diverser Ertrag	2 000
./. Diverser Aufwand	–1 925
= **Konzerngewinn**	**75**
Davon:	
▷ Anteil Holdingaktionäre (Aktionäre von M)	?
▷ Anteil Minderheitsaktionäre von T	?

Gewinnausschüttungen 20_3

Dividendenauszahlung von M	50
Dividendenauszahlung von T	10

Wie lautet der Eigenkapitalnachweis?

Eigenkapitalnachweis 20_1

	Aktienkapital	Kapitalreserven	Gewinnreserven	Total Holdingaktionäre	Minderheiten	Total Eigenkapital
Anfangsbestand						
+ Kapitalerhöhung						
./. Dividendenauszahlungen						
+ Gewinn						
= Schlussbestand						

17 Eigenkapitalnachweis

17.03

Lösen Sie die Aufgaben zum Konzernabschluss.

a) Vervollständigen Sie den Eigenkapitalnachweis.

Eigenkapitalnachweis

	Aktien-kapital			Total-Holding-aktionäre		Total Eigen-kapital
	1 800	400	800			3 200
+	100	30			5	
./.				–40		–43
+					8	68
=						

b) Kreuzen Sie die Aussagen zum Eigenkapitalnachweis von Teilaufgabe a) als richtig an, oder begründen Sie, weshalb diese falsch sind.

Nr.	Aussage	Richtig	Begründung bei falscher Aussage
1	Die Dividendenausschüttungen der Holding an die Holdingaktionäre betrugen 40.		
2	Die Dividendenausschüttungen von Tochtergesellschaften, an denen die Holding nicht zu 100% beteiligt ist, an die Holding betrugen 3.		
3	Der Anfangsbestand von 200 setzt sich grundsätzlich aus den Anteilen der Minderheiten am Aktienkapital, an den Agio-Reserven sowie den Gewinnreserven von Tochtergesellschaften zusammen, an denen die Holding nicht 100% der Kapitalanteile besitzt.		
4	Die Kapitalerhöhungen inkl. Agio-Einzahlungen betrugen im gesamten Konsolidierungskreis 135.		
5	Die Aktienkapitalerhöhung von nominell 100 betrifft nur die Holding.		
6	Eigene Aktien würden in einer zusätzlichen Kolonne im Eigenkapitalnachweis als Minusposten aufgeführt.		

18

Anhang

18.01

Von einem Schweizer Industriekonzern liegen für das Jahr 20_4 folgende Informationen vor:

▷ Aufgrund eines Gutachtens des beauftragten Anwalts ist für eine Patentverletzung eine Rückstellung von 35 zu bilden.
▷ Die Reparaturen aus Garantiefällen verursachten Kosten von 40.
▷ Auf den getätigten Umsätzen sind neue Garantierückstellungen von 50 zu bilden.
▷ Bei der Akquisition einer Tochter wurden Garantierückstellungen von 60 und Prozessrückstellungen von 30 übernommen.
▷ Im Anfangsbestand der übrigen Rückstellungen war eine Rückstellung von 30 für Abfindungszahlungen enthalten. In der Berichtsperiode wurden zulasten dieser Rückstellung Zahlungen von 20 geleistet; der Rest ist Ende Jahr aufzulösen.

Vervollständigen Sie den Rückstellungsspiegel als Teil des Anhangs zum Konzernabschluss.

Rückstellungsspiegel 20_4

	Garantierückstellungen	Prozessrückstellungen	Übrige Rückstellungen	Total Rückstellungen
Anfangsbestand 01.01.20_4	110		80	190
+ Bildung			25	
./. Auflösung				
./. Verbrauch (Verwendung)				
± Veränderung Konsolidierungskreis				
= Schlussbestand 31.12.20_4				

Anhang 18

18.02

Vervollständigen Sie den Anlagenspiegel für das Jahr 20_2 gemäss folgenden Angaben:
▷ Kauf einer neuen Software durch die Holding für 10.
▷ Verkauf eines Bürogebäudes durch eine Tochtergesellschaft für 8 (Anschaffungswert 20, kumulierte Abschreibungen 15).
▷ Kauf einer Tochtergesellschaft: Kaufpreis 160, Aktienkapital 80, Kapitalreserven 70.
▷ In den Aktiven der neu erworbenen Tochter ist ein Gebäude enthalten: Der geschätzte aktuelle Nutzungs- bzw. Verkehrswert beträgt 35; die Liegenschaft war bisher zum Anschaffungswert von 32 und kumulierten Abschreibungen von 9 bilanziert.
▷ Aufgrund eines Impairment-Tests bei einer Tochter muss der Goodwill um 8 abgeschrieben werden.
▷ Fertig gestellte Anlageprojekte mit aufgelaufenen Kosten von 10 wurden umklassiert.

Anlagenspiegel in Mio. CHF

	Grundstücke und Bauten	Anlagen und Einrichtungen	Anlagen im Bau	Übrige Sachanlagen	Total Sachanlagen	Goodwill	Übrige immaterielle Anlagen	Total immaterielle Anlagen
Anschaffungswerte								
Anfangsbestand 01.01.20_2	160	70	40		290	30	15	45
Investitionen	35	10	5	10	60			10
Abgänge		– 5		– 5				0
Veränderung Konsolidierungskreis		10		5	50		5	
Umklassierungen					0			0
Schlussbestand 31.12.20_2								
Kumulierte Abschreibungen								
Anfangsbestand 01.01.20_2								
Abschreibungen	–18	–16	0	– 6	– 40		– 5	– 5
Impairment-Verluste					0			
Abschreibungen auf Abgängen		5			20			0
Veränderung Konsolidierungskreis					0			0
Umklassierungen					0			0
Schlussbestand 31.12.20_2	–53	–31	0	–16	–100	–8	–15	–23
Nettobuchwerte								
Anfangsbestand 01.01.20_2	110	50	40	10	210	30	5	35
Schlussbestand 31.12.20_2								

Anhang

18.03

Der Anhang eines internationalen Industriekonzerns enthält diesen Anlagenspiegel:

Anlagenspiegel

	Grundstücke und Bauten	Anlagen und Einrichtungen	Anlagen im Bau	Übrige Sachanlagen	Total Sachanlagen	Goodwill	Patente	Übrige immaterielle Anlagen	Total immaterielle Anlagen
Anschaffungswerte									
Anfangsbestand 01.01.20_4	310	120	70	40	540	80	50	20	150
+ Investitionen	+ 65	+ 30	+15	+10	+120			+ 5	+ 5
./. Abgänge	– 50	– 20		– 5	– 75			–10	– 10
± Veränderung Konsolidierungskreis	+ 40	+ 15	+ 5	+10	+ 70	+ 20	+30	+15	+ 65
± Umklassierungen		+ 10	–10		–				–
± Währungsumrechnungsdifferenzen	– 3	– 2		– 1	– 6				–
= Schlussbestand 31.12.20_4	362	153	80	54	649	100	80	30	210
Kumulierte Abschreibungen									
Anfangsbestand 01.01.20_4	–150	– 80		–20	–250		–20	–10	– 30
+ Abschreibungen	– 28	– 30		–15	– 73		–10	– 5	– 15
+ Impairment-Verluste					–	– 25	–10		– 35
./. Abschreibungen auf Abgängen	20	13		5	38			5	5
± Veränderung Konsolidierungskreis									
± Umklassierungen					–				–
± Währungsumrechnungsdifferenzen					–				–
= Schlussbestand 31.12.20_4	–158	– 97		–30	–285	– 25	–40	–10	– 75
Nettobuchwerte									
Anfangsbestand 01.01.20_4	160	40	70	20	290	80	30	10	120
Schlussbestand 31.12.20_4	204	56	80	24	364	75	40	20	135

Anhang — Aufgabe 18.03

Kreuzen Sie jede Aussage zum abgebildeten Anlagespiegel als richtig an, oder begründen Sie, warum sie falsch ist.

Nr.	Aussage	Richtig	Begründung bei falscher Aussage
1	Die Investitionen umfassen Käufe von Anlagevermögen sowie den Erwerb von Anlagevermögen im Rahmen von Akquisitionen.	☐	
2	Fertig gestellte Anlagen im Bau von 10 wurden umklassiert.	☐	
3	Der Buchwert aus veräusserten Grundstücken und Bauten betrug 50.	☐	
4	Die neu gekaufte Software wurde unter den übrigen immateriellen Anlagen aktiviert.	☐	
5	Der Impairment-Verlust auf Patenten von 10 kann in späteren Perioden rückgängig gemacht werden, falls sich der Wert der Patente aufgrund geänderter Umstände erhöht.	☐	
6	Der Impairment-Verlust auf Goodwill von 25 kann in späteren Perioden rückgängig gemacht werden, falls sich der Wert des Goodwills aufgrund geänderter Umstände erhöht.	☐	
7	Bei den Zugängen an Sachanlagen aus Akquisition von 70 handelt es sich um neuwertige Anlagen, da keine kumulierten Abschreibungen übernommen wurden.	☐	
8	Aus dem Umstand, dass die Investitionen wesentlich höher waren als die Abschreibungen, lässt sich schliessen, dass sich das Unternehmen in einer Wachstumsphase befindet.	☐	

19

Gesamtaufgaben

19.01

Anfang 20_1 erwarb M 80% der Aktien von T für 433. Ende 20_5 liegen die bereinigten Einzelabschlüsse (HB 2) von M und T gemäss Konsolidierungsbogen vor. Ausserdem ist bekannt, dass M im Jahr 20_5 eine Aktienkapitalerhöhung von nominal 80 mit einem Agio von 40% durchführte und eine Dividende von 24 ausschüttete. Die bisher einzige Kapitalerhöhung von T fand im Jahr 20_5 statt, wobei sich M im Umfang ihrer Quote beteiligte. Der Goodwill wird nach IFRS aktiviert.

Erstellen Sie die Konzernrechnung per Ende 20_5.

Konsolidierungsjournal 31.12. 20_5

Nr.	Text	Soll	Haben	Betrag
1	Kapitalkonsolidierung Holding: Das neu bewertete Eigenkapital von T betrug im Erwerbszeitpunkt 500 (Aktienkapital 360, Kapitalreserven 140).			
2	Minderheitsanteile am Eigenkapital (MAK) und am Gewinn (MAG)			
3	Der Goodwill wurde aufgrund der jährlichen Werthaltigkeitsprüfung im Jahr 20_3 um 9 wertberichtigt und muss im laufenden Jahr um weitere 7 abgeschrieben werden.			
4	Konzerninterne Warenlieferungen von M an T: ▷ Fakturawert des Umsatzes 250 ▷ Anfangsbestand 20_5 an Zwischengewinnen 40 ▷ Verminderung der Zwischengewinne während des Jahres 15			
5	T schüttete eine Dividende von 20 aus.			
6	Das seit 20_3 bestehende konzerninterne Darlehen wird jeweils Ende Februar zu 5% verzinst.			

Gesamtaufgaben 19 — Aufgabe 19.01

Konsolidierungsbogen Ende 20_5

Bilanzen	M Aktiven	M Passiven	T Aktiven	T Passiven	Konsolidierung Soll	Konsolidierung Haben	Konzern Aktiven	Konzern Passiven
Diverse Aktiven	1 700		1 000					
Warenvorräte	247		180					
Beteiligung an T	593							
Aktivdarlehen an T	120							
Goodwill								
Diverses Fremdkapital		1 400		300				
Passivdarlehen von M				120				
Aktienkapital		800		500				
Kapitalreserven		150		200				
Gewinnreserven		230		50				
MAK								
Gewinn Bilanz		80		10				
MAG Bilanz								
	2 660	2 660	1 180	1 180				

Erfolgsrechnungen	M Aufwand	M Ertrag	T Aufwand	T Ertrag	Konsolidierung Soll	Konsolidierung Haben	Konzern Aufwand	Konzern Ertrag
Warenertrag		4 000		3 000				
Finanzertrag		90						
Warenaufwand	2 500		2 000					
Finanzaufwand	70		20					
Übriger Aufwand	1 440		970					
Gewinn ER	80		10					
MAG ER								
	4 090	4 090	3 000	3 000				

Gesamtaufgaben

19 Aufgabe 19.01

Eigenkapital in der Konzernbilanz per 31.12. 20_5

	....	
+	....	
+	....	_____
=	....	
+	....	_____
=	**Total Eigenkapital**	....

Konzern-Erfolgsrechnung 20_5

	....	
./.	....	_____
=	Bruttogewinn	....
./.	....	_____
=	Operatives Ergebnis (EBIT)①	....
+	....	
./.	....	_____
=	**Konzerngewinn**	....
	Davon:	
	▷	
	▷	

Eigenkapitalnachweis 20_5

	Aktien-kapital	Kapital-reserven	Gewinn-reserven	Total Holding-aktionäre	Minder-heiten	Total Eigen-kapital
Anfangsbestand	720	118	269	1 107	106	1 213
+ Kapitalerhöhung						
./. Dividendenauszahlungen						
+ Gewinn						
= Schlussbestand						

---

① Die Steuern (Taxes) werden hier vernachlässigt.

Gesamtaufgaben 19

19.02

M erwarb per 01. 01. 20_1 alle Aktien der T für 1 000.

Für die Zurechnung des Kaufpreises auf die Aktiven der akquirierten Tochter (Purchase price allocation) sind folgende Tatbestände zu berücksichtigen:

▷ Der Warenvorrat wird von T aus steuerlichen Gründen konsequent um einen Drittel unterbewertet.

▷ Die Liegenschaften weisen einen tatsächlichen Wert (Fair Value) von 600 auf. Sie sind im Konzernabschluss linear über 40 Jahre abzuschreiben.

▷ Das von T originär entwickelte Patent ist aus Konzernsicht derivativ. Die Bewertung erfolgt zum Nutzwert (Value in use) von 30, der über die Restlaufzeit von fünf Jahren linear abgeschrieben wird.

▷ Die Rückstellungen betragen nach True and fair view 20.

a) Erstellen Sie die HB 2 von T zum Erwerbszeitpunkt, und berechnen Sie den Goodwill.

Bereinigungstabelle von T Anfang 20_1

	HB 1 Soll	HB 1 Haben	Bereinigung Soll	Bereinigung Haben	HB 2 Soll	HB 2 Haben
Diverse Aktiven	420					
Warenvorrat	180					
Immobilien	400					
WB Immobilien		100				
Patent						
Diverses Fremdkapital		390				
Rückstellungen		30				
Aktienkapital		300				
Gesetzliche Kapitalreserve		50				
Gesetzliche Gewinnreserve		35				
Freiwillige Gewinnreserven		55				
Gewinnvortrag		40				
Kapitalreserven						
Gewinnreserven						
	1 000	1 000				

Aufgabe 19.02

b) Bereinigen Sie den Einzelabschluss von T, und erstellen Sie den Konzernabschluss per 31. 12. 20_2 unter Berücksichtigung folgender zusätzlicher Informationen:

▷ Die Rückstellungen von T waren am 01. 01. 20_2 um 8 und am 31. 12. 20_2 um 15 zu hoch.

▷ Anfang 20_2 bilanzierte T den Warenvorrat in der HB 1 mit 240.

▷ Im Jahr 20_2 lieferte T Waren im Fakturawert von 70 an M. Die Zwischengewinne auf den Warenvorräten von M betrugen 14 (Anfang 20_2) bzw. 17 (Ende 20_2).

▷ T erzielte 20_1 einen Gewinn von 20 und schüttete an M Dividenden von 17 (20_1) bzw. 12 (20_2) aus.

▷ Der nach IFRS aktivierte Goodwill erwies sich im Impairment Test Ende 20_2 als nicht werthaltig und musste um 25 abgeschrieben werden.

Bereinigungs- und Konsolidierungstabelle per 31. 12. 20_2

Bilanz	T (HB 1) Soll	Haben
Diverse Aktiven	484	
Warenvorrat	220	
Immobilien	400	
WB Immobilien		1
Beteiligung an T		
Goodwill		
Patent		
Diverses Fremdkapital		4
Rückstellungen		
Aktienkapital		3
Gesetzliche Kapitalreserve		
Gesetzliche Gewinnreserve		
Freiwillige Gewinnreserven		
Gewinnvortrag		
Kapitalreserven		
Gewinnreserven		
Gewinn		
	1 104	1 1

Erfolgsrechnung	T (HB 1) Soll	Haben
Warenertrag		1 6
Beteiligungsertrag		
Warenaufwand	1 200	
Abschreibungen	41	
Übriger Aufwand	340	
Gewinn	19	
	1 600	1 6

Gesamtaufgaben — 19 Aufgabe 19.02

...reinigung T		T (HB 2)		M (HB 2)		Konsolidierung		Konzern	
Soll	Haben	Soll	Haben	Soll	Haben	Soll	Haben	Soll	Haben
				1 050					
				550					
				900					
					270				
				1 000					
					1 600				
					800				
					280				
					510				
					40				
				3 500	3 500				

...reinigung T		T (HB 2)		M (HB 2)		Konsolidierung		Konzern	
Soll	Haben	Soll	Haben	Soll	Haben	Soll	Haben	Soll	Haben
					5 000				
					12				
				3 500					
				110					
				1 362					
				40					
				5 012	5 012				

Gesamtaufgaben 19

19.03

Die Muttergesellschaft M kaufte Anfang 20_1 für den Kaufpreis von 290 einen Anteil von 75% an der Tochtergesellschaft T. Das Aktienkapital von T betrug im Erwerbszeitpunkt 200, die Kapitalreserven 80. Bei T fand im Jahr 20_2 eine Aktienkapitalerhöhung von 40 mit einem Agio von 20 statt. Ende 20_4 wies T Gewinnreserven von 80 und einen Gewinn von 20 aus.

Nennen Sie die Buchungssätze für die Konsolidierung Ende 20_4. Die Anzahl Hilfszeilen entspricht nicht immer der Musterlösung.

Konsolidierungsjournal 31. 12. 20_4

Nr.	Text	Soll	Haben	Betrag
1	Kapitalkonsolidierung			
2	Goodwill-Abschreibung nach Swiss GAAP FER linear auf 5 Jahre.			
3	Minderheitsanteile an T			
4	M lieferte T 20_4 Fabrikate für 180 (Konzern-Herstellkosten 120), die T als Handelswaren mit einem Bruttogewinnzuschlag von 33,3% an Dritte weiterverkaufte. Warenvorrat aus IC-Lieferungen bei T: 48 (Anfang 20_4) bzw. 36 (Ende 20_4). Die Bruttomarge von M ist konstant.			

Gesamtaufgaben — **19** Aufgabe 19.03

Konsolidierungsjournal 31. 12. 20_4 (Fortsetzung)

Nr.	Text	Soll	Haben	Betrag
5	T schüttete 20_4 eine Dividende von total 32 aus.			
6	M gewährte T 20_2 ein zu 6% p.a. verzinsliches Darlehen von 100. Zinstermine Ende Februar und Ende August.			
7	M lieferte T Anfang 20_2 einen selbst hergestellten Verpackungsautomaten für 120 (Konzern-Herstellkosten 80). Die Abschreibung erfolgt indirekt linear über 10 Jahre.			

19.04

In dieser Aufgabe wird der Einbezug einer Untergesellschaft in den Konzernabschluss per Ende 20_4 mittels Voll- und Quotenkonsolidierung miteinander verglichen. Aus didaktischen Gründen basieren beide Teilaufgaben auf demselben Zahlenmaterial, und der Fokus wird auf zwei Konzerngesellschaften beschränkt.

▷ Die Holding H erwarb per 1. 1. 20_1 für einen Kaufpreis von 60 einen Anteil von 40% am Kapital einer Untergesellschaft. Es fanden seit Erwerb keine Kapitalerhöhungen statt. Der Goodwill wird nach Swiss GAAP FER linear über 5 Jahre abgeschrieben.

▷ H gewährte der Untergesellschaft 20_2 ein Darlehen von 50, das jeweils per Ende Jahr zu 10% verzinslich ist.

▷ H lieferte 20_4 Handelswaren an die Untergesellschaft im Fakturawert von 240. Die unrealisierten Zwischengewinne auf dem Warenvorrat von T betrugen 5 (Anfang 20_4) bzw. 15 (Ende 20_4).

▷ Die Untergesellschaft schüttete 20_4 eine Dividende von 5 aus.

Auf den nächsten beiden Seiten sind die Konsolidierungsbögen vorbereitet.

Gesamtaufgaben

19 Aufgabe 19.04

Teilaufgabe 1 **Vollkonsolidierung**

Sofern mit dem erworbenen Kapitalanteil von 40% ein Stimmenanteil von über 50% verbunden ist oder H die Beherrschung auf andere Weise erreicht, ist die Untergesellschaft eine Tochtergesellschaft, die mittels Vollkonsolidierung in den Konzernabschluss einbezogen werden muss.

Konsolidierungsbogen Ende 20_4

Bilanzen	H Aktiven	H Passiven	T Aktiven	T Passiven	Konsolidierungsbuchungen Soll	Konsolidierungsbuchungen Haben	Konzern Aktiven	Konzern Passiven
Diverse Aktiven	380		160					
Warenvorräte	120		60					
Beteiligung an T	60							
Aktivdarlehen an T	50							
Goodwill								
Diverses Fremdkapital		250		35				
Passivdarlehen von H				50				
Aktienkapital		200		60				
Kapitalreserven		35		40				
Gewinnreserven		80		20				
MAK								
Gewinn Bilanz		45		15				
MAG Bilanz								
	610	610	220	220				

Erfolgsrechnungen	H Aufwand	H Ertrag	T Aufwand	T Ertrag	Konsolidierungsbuchungen Soll	Konsolidierungsbuchungen Haben	Konzern Aufwand	Konzern Ertrag
Warenertrag		1 500		400				
Finanzertrag		13						
Warenaufwand	1 000		300					
Finanzaufwand	8		5					
Goodwill-Abschreibung								
Übriger Aufwand	460		80					
Gewinn ER	45		15					
MAG ER								
	1 513	1 513	400	400				

Gesamtaufgaben | **19** Aufgabe 19.04

Teilaufgabe 2 — Quotenkonsolidierung

Sofern der Kapitalanteil von 40% die Beteiligung an einem Joint Venture JV darstellt, kann nach Swiss GAAP die Quotenkonsolidierung angewandt werden.[1]

Konsolidierungsbogen Ende 20_4

Bilanzen	H Aktiven	H Passiven	JV (40%) Aktiven	JV (40%) Passiven	Konsolidierungsbuchungen Soll	Konsolidierungsbuchungen Haben	Konzern Aktiven	Konzern Passiven
Diverse Aktiven	380							
Warenvorräte	120							
Beteiligung an JV	60							
Aktivdarlehen an JV	50							
Goodwill								
Diverses Fremdkapital		250						
Passivdarlehen von H								
Aktienkapital		200						
Kapitalreserven		35						
Gewinnreserven		80						
Gewinn Bilanz		45						
	610	610						

Erfolgsrechnungen	H Aufwand	H Ertrag	JV (40%) Aufwand	JV (40%) Ertrag	Konsolidierungsbuchungen Soll	Konsolidierungsbuchungen Haben	Konzern Aufwand	Konzern Ertrag
Warenertrag		1 500						
Finanzertrag		13						
Warenaufwand	1 000							
Finanzaufwand	8							
Goodwill-Abschreibung								
Übriger Aufwand	460							
Gewinn ER	45							
	1 513	1 513						

---

[1] Alternativ wäre auch eine Bewertung der Beteiligung nach der Equity-Methode möglich.

Gesamtaufgaben

19

19.05

Das Schaubild zeigt die seit neun Jahren bestehenden Beteiligungen von H am Kapital von drei verschiedenen Untergesellschaften.

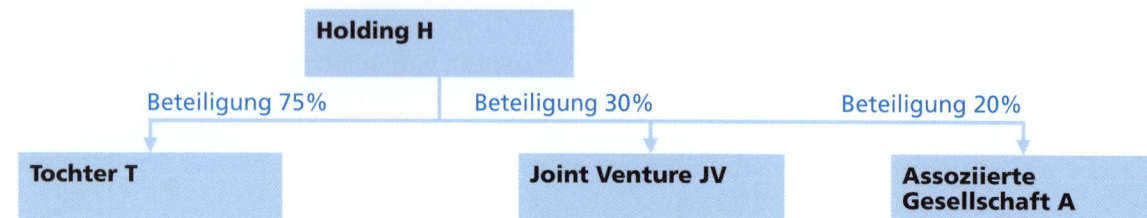

```
                    Holding H
        ┌───────────────┼───────────────┐
   Beteiligung 75%  Beteiligung 30%  Beteiligung 20%
        ▼               ▼                ▼
    Tochter T      Joint Venture JV    Assoziierte
                                       Gesellschaft A
```

Vervollständigen Sie das Konsolidierungsjournal für 20_9. Die Anzahl der Zeilen stimmt nicht zwingend mit den notwendigen Buchungen überein. Das Joint Venture ist zu quotenkonsolidieren.

Konsolidierungsjournal 20_9

Nr.	Text	Soll	Haben	Betrag
1	Ende 20_9 betrug der Beteiligungswert von H an T 630, und das Eigenkapital von T bestand aus: ▷ Aktienkapital 640 ▷ Kapitalreserven 160 ▷ Gewinnreserven 360 ▷ Gewinn 80 Für den Kauf von T bezahlte M seinerzeit 180. Das Eigenkapital von T betrug im Erwerbszeitpunkt 200. An den Kapitalerhöhungen von T beteiligte sich H stets im Umfang ihrer Beteiligungsquote. Zu buchen sind die Kapitalkonsolidierung sowie die Ausscheidung der Minderheitsanteile.			
2	H verrechnete T eine Managementgebühr von 44.			
3	H lieferte T Anfang 20_7 eine selbst hergestellte Verpackungsmaschine zum Verkaufspreis von 300 (Konzernherstellkosten 200). Die Nutzungsdauer beträgt 5 Jahre. Es wird indirekt, linear abgeschrieben.			
4	T zahlte eine Dividende von total 60.			

Gesamtaufgaben

19 Aufgabe 19.05

Konsolidierungsjournal 20_9 (Fortsetzung)

Nr.	Text	Soll	Haben	Betrag
5	Seit Erwerb bis Anfang 20_9 betrug die Zunahme des Equity-Werts von A 57. 20_9 zahlte A eine Dividende von total 40 und erzielte einen Gewinn von insgesamt 70.			
6	H gewährte A vor Jahren ein am 31. 5. zu 6% verzinsliches Darlehen von 200.			
7	T lieferte JV Handelswaren im Fakturawert von 200. Die Zwischengewinne auf den Warenvorräten aus solchen Lieferungen betrugen bei JV Anfang Jahr 20 und Ende Jahr 30.			
8	T lieferte H Anfang 20_9 eine selbst hergestellte Produktionsmaschine zum Verkaufspreis von 120 (Konzernherstellkosten 90). Die Nutzungsdauer beträgt 10 Jahre. Es wird indirekt, linear abgeschrieben.			
9	H gewährte JV vor zwei Jahren ein am 30. April zu 5% verzinsliches Darlehen von 200.			
10	Der Goodwill an T wurde aktiviert und linear auf 5 Jahre abgeschrieben.			

Gesamtaufgaben 19

19.06

Anfang 20_1 erwarb die Holding H 40% von A für 170 und übt dadurch einen massgeblichen Einfluss auf A aus. Das gesamte Eigenkapital von A betrug im Erwerbszeitpunkt 400; es wurden keine Neubewertungen vorgenommen.

Geschäftsfälle 20_4

▷ A schüttete eine Dividende von 20 aus.
▷ A erwirtschaftete einen Gewinn von 30.

Geschäftsfälle 20_5

▷ A schüttete eine Dividende von 25 aus.
▷ A führte eine Kapitalerhöhung durch (Aktienkapital 100, Agio 60), an welcher sich H zu 40% beteiligte.
▷ A erwirtschaftete einen Gewinn von 40.

a) Ermitteln Sie den Equity-Wert von A per 31.12.20_5 in Form einer Staffel.

Fortschreibung des Equity-Werts von A per 31.12.20_5

Text		Betrag
	Equity-Wert am 01.01.20_1	
+	Kumulierte Anpassungen der Vorjahre	
=	Equity-Wert am 31.12.20_3	204
=	Equity-Wert am 31.12.20_4	
=	Equity-Wert am 31.12.20_5	

b) Nennen Sie die notwendigen Buchungen für die Equity-Bewertung von A im Konzernabschluss per 31.12.20_5. H bewertet die Beteiligungen nach den Höchstbewertungsvorschriften gemäss Obligationenrecht.

Konsolidierungsjournal 20_5

Text	Soll	Haben	Betrag
Aufdeckung der früheren Anpassungen des Equity-Werts			
Anpassung Equity-Wert 20_5			

19.07

H besitzt seit langem alle Aktien von T. Wie lauten die Konsolidierungsbuchungen?

Konsolidierungsjournal Ende 20_4

Nr.	Text	Soll	Haben	Betrag
1	H gewährte T am 31. März 20_1 ein jährlich am 31. März zu 4% verzinsliches Darlehen von 300.			
2	Der Goodwill musste nach IFRS wertberichtigt werden: ▷ in den Vorjahren kumuliert um 9 ▷ im laufenden Jahr um 3			
3	Dividendenausschüttungen: | | 20_3 | 20_4 | |---|---|---| | H | 6 | 8 | | T | 2 | 5 |			
4	H lieferte T im Jahr 20_4 Fabrikate für 360 (Konzernherstellkosten 300). Die Gewinnmarge ist seit Jahren konstant. T ist ein Handelsunternehmen und verkauft die Handelswaren mit einer Bruttogewinnmarge von 40% an Dritte weiter. Die Warenvorräte aus konzerninternen Lieferungen betrugen im Einzelabschluss von T: ▷ Ende 20_3 120 ▷ Ende 20_4 90			
5	H lieferte T Anfang 20_2 eine selbst hergestellte Verpackungsmaschine für 90 (Konzernherstellkosten 66). Diese wurde aktiviert. Die Abschreibung erfolgt indirekt über die geschätzte Nutzungsdauer von 6 Jahren.			
6	H lieferte T Anfang 20_4 eine selbst hergestellte Förderanlage für 160 (Konzernherstellkosten 120). Diese wurde aktiviert. Die Abschreibung erfolgt indirekt über die geschätzte Nutzungsdauer von 8 Jahren.			

Gesamtaufgaben 19

19.08

Die Muttergesellschaft M erwarb per 01. 01. 20_1 einen Aktienanteil von 75% an der Tochtergesellschaft T zum Kaufpreis von 410.

Auf den Erwerbszeitpunkt werden die Nettoaktiven von T wie folgt neu bewertet:

▷ In der HB 1 werden die **Warenvorräte** aus steuerlichen Überlegungen generell um einen Drittel unterbewertet. In der HB 2 sind sie nach True-and-Fair-View zu bilanzieren.

▷ Der geschätzte Nutzungswert der **Immobilien** beträgt 210. Die Abschreibung erfolgt im Konzernabschluss linear über die erwartete Restnutzungsdauer von 30 Jahren. In der HB 1 erfolgen die Abschreibungen linear.

▷ Der tatsächliche Wert eines in der HB 1 von T nicht bilanzierten **Patents** wird mithilfe der DCF-Methode auf 91 angesetzt. Eine lineare Abschreibung über die Restlaufzeit von 7 Jahren erscheint als betriebswirtschaftlich korrekt.

▷ Die als Warenertragsminderungen erfassten **Rückstellungen** sind in der HB 1 jeweils doppelt so hoch, wie es betriebswirtschaftlich nach True-and-Fair-View korrekt wäre.

a) Führen Sie die Bereinigung im Erwerbszeitpunkt durch.

Bereinigungstabelle von T per 01. 01. 20_1

	HB 1 Soll	HB 1 Haben	Bereinigung Soll	Bereinigung Haben	HB 2 Soll	HB 2 Haben
Diverse Aktiven	221					
Warenvorrat	90					
Immobilien	120					
WB Immobilien		33				
Patent						
WB Patent						
Diverses Fremdkapital		206				
Rückstellungen		22				
Aktienkapital		80				
Gesetzliche Gewinnreserve		40				
Freiwillige Gewinnreserven		50				
Kapitalreserven						
	431	431				

Gesamtaufgaben — Aufgabe 19.08

b) Führen Sie die Bereinigung per 31. 12. 20_3 durch.

In der HB 1 vom 31. 12. 20_2 betrugen der Warenvorrat 100 und die Rückstellungen 26. Die Bildung von Rückstellungen wird als Warenertragsminderung erfasst. Die Aktienkapitalerhöhung mit einem Agio von 50 % wurde von der Muttergesellschaft im Umfang ihrer Quote liberiert.

Bereinigungstabelle für T per 31. 12. 20_3

Bilanz	HB 1 Soll	HB 1 Haben	Bereinigung Soll	Bereinigung Haben	HB 2 Soll	HB 2 Haben
Diverse Aktiven	330					
Warenvorrat	60					
Immobilien	120					
WB Immobilien		42				
Patent						
WB Patent						
Diverses Fremdkapital		161				
Rückstellungen		12				
Aktienkapital		100				
Gesetzliche Kapitalreserve		10				
Gesetzliche Gewinnreserve		50				
Freiwillige Gewinnreserven		85				
Kapitalreserven						
Gewinnreserven						
Gewinn		50				
	510	510				

Erfolgsrechnung	HB 1 Soll	HB 1 Haben	Bereinigung Soll	Bereinigung Haben	HB 2 Soll	HB 2 Haben
Warenertrag		1 000				
Warenaufwand	600					
Diverser Aufwand	330					
Abschreibungen	20					
Gewinn	50					
	1 000	1 000				

c) Wie hoch ist der Goodwill Ende 20_3, wenn dieser nach Swiss GAAP FER linear auf 20 Jahre abgeschrieben wird?

19.09

Die Holding H hält folgende Beteiligungen:

Name	Kaufdatum	Kapitalanteil	Kaufpreis	Aktienkapital im Erwerbszeitpunkt	Kapitalreserven im Erwerbszeitpunkt
Tochtergesellschaft T	01. 01. 20_1	75%	155	100	40
Assoziierte Gesellschaft A	01. 01. 20_2	20%	30	75	50

Für die Konsolidierung per Ende 20_4 sind folgende Tatbestände zu berücksichtigen:

▷ Bei T fand 20_2 eine Aktienkapitalerhöhung von nominal 60 mit einem Agio statt, an der H im Umfang ihrer Beteiligung partizipierte.

▷ Bei T musste der Goodwill im Jahr 20_2 um 13 und im Jahr 20_4 um 11 abgeschrieben werden. Der Goodwill bei A ist werthaltig und wird nicht abgeschrieben.

▷ Von den in der Summenbilanz ausgewiesenen Gewinnreserven entfallen 40 auf T.

▷ Der Gewinn von T betrug in der Berichtsperiode 28.

▷ Im Jahr 20_4 lieferte H an T Fabrikate für 180 (Konzernherstellkosten 120), die T grundsätzlich mit einem Bruttogewinnzuschlag von 25% als Handelswaren an Dritte weiterveräusserte. Bei konstanter Bruttogewinnmarge von H betrugen die Vorräte aus den Lieferungen von H an T Anfang Jahr 24 und Ende Jahr 36.

▷ In der Berichtsperiode wurden Dividenden ausgeschüttet: H = 40, T = 20, A = ?

▷ A erwirtschaftete 20_4 einen Gewinn von insgesamt 35.

▷ Ende 20_4 beträgt der Equity-Wert von A 40.

▷ H gewährte T am 30. August 20_3 (= halbjährlicher Zinstermin) ein Darlehen von 50, das zu 6% p.a. verzinslich ist.

▷ Anfang 20_2 lieferte H an T eine selbst hergestellte Sachanlage für 90 (Konzern-Herstellkosten 50), die linear auf 5 Jahre indirekt abgeschrieben wird.

▷ T lieferte im Jahr 20_4 für 30 Waren an A. Der Konzern-Einstandswert betrug 20. A veräusserte diese Waren an Dritte weiter mit einem Bruttogewinnzuschlag von 33,33%.

Erstellen Sie den Konzernabschluss per 31. 12. 20_4.

Gesamtaufgaben — Aufgabe 19.09

Konsolidierungsbogen Ende 20_4

Bilanz	Summenbilanz Soll	Summenbilanz Haben	Konsolidierungsbuchungen Soll	Konsolidierungsbuchungen Haben	Konzern Aktiven	Konzern Passiven
Diverse Aktiven	278					
Aktive Rechnungsabgrenzung	3					
Warenvorrat	90					
Fabrikatevorrat	170					
Aktivdarlehen an T	50					
Sachanlagen	400					
Wertberichtigung Sachanlagen		250				
Beteiligung an T	215					
Beteiligung assoz. Gesellschaft	30					
Goodwill						
Diverses Fremdkapital		280				
Passive Rechnungsabgrenzung		6				
Passivdarlehen von H		50				
Aktienkapital		350				
Kapitalreserven		80				
Gewinnreserven		130				
Minderheitsanteile MAK						
Gewinn Bilanz		90				
MAG Bilanz						
	1 236	1 236				

Erfolgsrechnung	Summenbilanz Soll	Summenbilanz Haben	Konsolidierungsbuchungen Soll	Konsolidierungsbuchungen Haben	Konzern Aufwand	Konzern Ertrag
Warenertrag		600				
Fabrikateertrag		1 000				
Bestandesänderungen		30				
Ertrag Eigenleistungen		60				
Finanzertrag		24				
Ertrag assoziierte Gesellschaft		2				
Warenaufwand	400					
Abschreibungen Sachanlagen	50					
Abschreibung Goodwill						
Finanzaufwand	16					
Diverser Aufwand	1 160					
Gewinn ER	90					
MAG ER						
	1 716	1 716				

19.10

Seit Anfang 20_1 besitzt H 80% der Aktien von T1 (Kaufpreis 320) sowie 70% der Aktien von T2 (Kaufpreis 260).

An der Kapitalerhöhung der T1 im Jahre 20_3 partizipierte H in der Höhe der Beteiligungsquote.

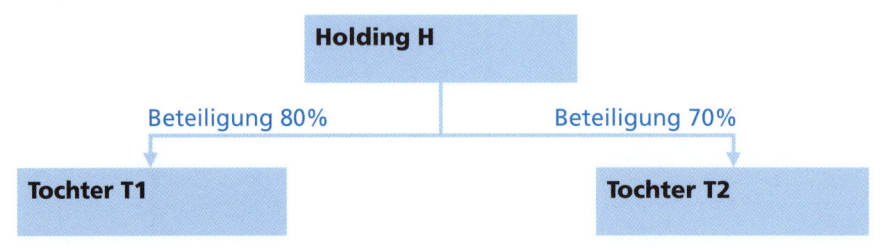

```
                    Holding H
         Beteiligung 80%    Beteiligung 70%
         Tochter T1          Tochter T2
```

Führen Sie das Konsolidierungsjournal per Ende 20_4 für die ausgewählten Geschäftsfälle. Verwenden Sie dabei ausschliesslich diese Konten:

Bilanzkonten

Umlaufvermögen
▷ Flüssige Mittel
▷ Warenvorrat
▷ Fabrikatevorrat
▷ ARA (Aktive Rechnungsabgrenzungen)

Anlagevermögen
▷ Aktivdarlehen
▷ Beteiligung an T1
▷ Beteiligung an T2
▷ Sachanlagen
▷ WB (Wertberichtigung) Sachanlagen
▷ Goodwill

Fremdkapital
▷ PRA (Passive Rechnungsabgrenzungen)
▷ Passivdarlehen
▷ Rückstellungen

Eigenkapital
▷ Aktienkapital
▷ Kapitalreserven
▷ Gewinnreserven
▷ MAK (Minderheitsanteile am Kapital)
▷ Gewinn Bilanz
▷ MAG Bilanz (Minderheitsanteile am Gewinn)

Erfolgskonten

Ertrag
▷ Fabrikateertrag
▷ Bestandesänderung Fabrikate
▷ Ertrag Eigenleistung
▷ Warenertrag
▷ Finanzertrag
▷ Übrige Erträge

Aufwand
▷ Warenaufwand
▷ Abschreibung SA (Sachanlagen)
▷ Abschreibung Goodwill
▷ Finanzaufwand
▷ Übriger Aufwand
▷ Gewinn ER (Gewinn Erfolgsrechnung)
▷ MAG ER (Minderheitsanteile am Gewinn)

Gesamtaufgaben — Aufgabe 19.10

Konsolidierungsjournal 31.12.20_4

Nr.	Text	Soll	Haben	Betrag
1	Führen Sie für T1 die Kapitalkonsolidierung und die Umbuchung der Minderheitsanteile durch:			
2	Der Goodwill von T1 ist nach Swiss GAAP FER in 5 Jahren linear abzuschreiben.			
3	H fakturierte T2 Lizenzgebühren von 8 (Vorjahr 6).			
4	H gewährte T2 am 31. August 20_4 ein jährlich nachschüssig am 31. August zu 6% verzinsliches Darlehen von 200.			
5	T1 lieferte an T2 Handelswaren im Fakturawert von 800. Die nicht realisierten Zwischengewinne auf konzerninternen Warenvorräten nahmen bei T2 von 30 auf 20 ab.			
6	T2 lieferte T1 Anfang 20_4 eine selbst hergestellte Produktionsmaschine zum Verkaufspreis von 150 (Konzern-Herstellkosten 100). Die Nutzungsdauer beträgt 5 Jahre. Es wird indirekt, linear abgeschrieben.			

Tabelle innerhalb Nr. 1:

	01.01.20_1	31.12.20_4
Aktienkapital	250	300
Kapitalreserven	125	150
Gewinnreserven		60
Gewinn		20
Total	**375**	**530**

Gesamtaufgaben 19

19.11

M erwarb Anfang 20_1

▷ alle Aktien von T1 für 135. Das Eigenkapital von T1 betrug im Erwerbszeitpunkt 160 (Aktienkapital 100, Kapitalreserven 60).

▷ 60% der Aktien von T2.

Nennen Sie die Buchungssätze für den Konzernabschluss nach Swiss GAAP FER per Ende 20_3. Verwenden Sie die Konten von Aufgabe 19.10.

Konsolidierungsjournal Ende 20_3

Nr.	Text	Soll	Haben	Betrag
1	Kapitalkonsolidierung mit T1. Der negative Goodwill ist als Rückstellung zu erfassen.			
2	Auflösung der bei Nr. 1 gebildeten Rückstellung linear über fünf Jahre.			
3	M gewährte T2 am 31. August 20_2 (= jährlicher Zinstermin) ein zu 5% verzinsliches Darlehen von 60.			
4	Die Dividendenzahlungen von T2 waren: 20_2 = 10, 20_3 = 15			
5	T2 lieferte M Fabrikate für 200 (Konzernherstellkosten 120), die M als Handelswaren mit einem Bruttogewinnzuschlag von 20% an Dritte weiterverkauft. Die Warenvorräte aus konzerninternen Lieferungen betrugen bei M: 40 (Ende 20_2) bzw. 30 (Ende 20_3). Die Bruttogewinnmarge ist seit Jahren konstant.			
6	T2 lieferte M Mitte 20_1 eine selbst hergestellte Sachanlage für 40 (Konzernherstellkosten 32). Die indirekte Abschreibung erfolgt linear über 4 Jahre.			

Gesamtaufgaben — **19** Aufgabe 19.11

Konsolidierungsjournal Ende 20_3

Nr.	Text	Soll	Haben	Betrag
7	M lieferte T1 Mitte 20_3 eine selbst hergestellte Sachanlage für 80 (Konzernherstellkosten 60). Die indirekte Abschreibung erfolgt linear über 5 Jahre.			
8	T1 lieferte T2 Anfang 20_1 eine selbst hergestellte Sachanlage für 100 (Konzernherstellkosten 75). Die indirekte Abschreibung erfolgt linear über 5 Jahre.			
9	T1 lieferte T2 Fabrikate für 120 (Konzernherstellkosten 80), die T2 als Handelswaren mit einem Bruttogewinnzuschlag von 40% an Dritte weiterverkauft. Die Warenvorräte aus konzerninternen Lieferungen betrugen bei T2: 30 (Ende 20_2) bzw. 45 (Ende 20_3). Die Bruttogewinnmarge ist seit Jahren konstant.			

Gesamtaufgaben

19.12

At the beginning of 20_1, the parent company P acquired 60% of the capital of subsidiary company S. The purchase price was 140. At the end of 20_6 the financial statements for consolidation purposes of P and S are as stated in the consolidation journal.

Please present the consolidation entries and the consolidated balance sheet and income statement as of 31 December 20_6.

Consolidation journal as of 31 December 20_6

No.	Text	Debit	Credit	Amount
1	The following additional information for the consolidation is available: The net assets of S restated at fair values at the acquisition date were 200 (share capital 130, capital reserves 70). P participated at the capital increase of S with its participation (60%).			
2	Calculate and present the non-controlling interest in shareholders' equity and net profit of S.			
3	Two years ago an impairment test was performed on the goodwill purchased. An impairment loss of 11 was booked on consolidation level.			
4	S regularly sells trading goods to P. For the year 20_6 the following amounts apply: ▷ Invoice price of net sales 400 ▷ Beginning balance of interim profits 14 ▷ Decrease of interim profits during the year 5			
5	S paid a dividend of 5% of the nominal share capital.			
6	In 20_4, P has granted an intercompany loan of 60 to S. The interest of 5% is payable on 30 April of each year.			
7	S sold a machine which it manufactured itself to P at the beginning of 20_6. The following details are available: ▷ The invoiced price was 160. ▷ The manufacturing cost of the group was 120. ▷ The estimated useful life is 10 years. ▷ The straight-line (linear) depreciation method is applied both for individual and group accounting purposes. The indirect method for the accumulated depreciation is used.			

Gesamtaufgaben 19 — Aufgabe 19.12

Consolidation sheet as of 31 December 20_6

Balance sheets (B/S)	P Debit	P Credit	S Debit	S Credit	Consolidation entries Debit	Consolidation entries Credit	Group Debit	Group Credit
Other assets	1 500		450					
Merchandise (inventories)	180		130					
Property, plant and equipment	1 130		600					
Accumulated depreciation		430		280				
Investment in S	260							
Loan receivable from S	60							
Goodwill								
Other liabilities		1 600		240				
Loan payable to P				60				
Share capital		500		300				
Capital reserves		160		100				
Retained earnings		380		160				
Non-controlling interests in equity of S								
Net profit (B/S)		60		40				
Non-controlling interests in net profit of S (B/S)								
	3 130	3 130	1 180	1 180				

Income statements (I/S)	P Expense	P Income	S Expense	S Income	Consolidation entries Debit	Consolidation entries Credit	Group Expense	Group Income
Net sales of merchandise		2 800		600				
Net sales of goods produced		2 200		700				
Income from own work capitalised								
Financial income		80						
Merchandise expense	1 500		380					
Raw material expense	900		190					
Depreciation	110		36					
Financial expense	50		14					
Other expense	2 460		640					
Net profit (I/S)	60		40					
Non-controlling interests in net profit of S (I/S)								
	5 080	5 080	1 300	1 300				

Aufgabe 19.12

Presentation of shareholders' equity in the consolidated balance sheet as of 31 December 20_6

....	....
+	
+	....
= Share of parents' shareholders	....
+	....
= **Total equity**	....

Presentation of the profit in the consolidated income statement 20_6

Net profit of the year	....
Attributable to:	
▷	
▷	

19.13

Anfang 20_1 erwarb die Holding H für einen Kaufpreis von 150 einen Anteil von 40% an der assoziierten Gesellschaft A. Das gesamte unbereinigte Eigenkapital von A betrug im Erwerbszeitpunkt 250 (Aktienkapital 200, Reserven 50). Der Goodwill erweist sich über die Folgeperioden als werthaltig.

Als hauptsächliches Kaufmotiv für H galt ein sich im Besitz von A befindendes Patent, aus dem die Holding einen Nutzen zu ziehen hoffte. Dieses Patent wurde im Rahmen der Bilanzbereinigung im Erwerbszeitpunkt von A mit einem Betrag von gesamthaft 50 eingesetzt. Eine Abschreibung des Patents auf 10 Jahre erscheint betriebswirtschaftlich gerechtfertigt.

Über die Gewinnerzielung bzw. Dividendenausschüttung von A liegen folgende Informationen vor:

	20_4	20_5	20_6
Gewinnausschüttung	10%	10%	15%
Gesamter Jahresgewinn	35	50	55

Im Jahre 20_6 fand bei A eine Aktienkapitalerhöhung von nominal 60 mit einem Agio von 40 statt, an der sich H im Umfang ihrer Quote beteiligte.

Gesamtaufgaben

19 Aufgabe 19.13

a) Ermitteln Sie den Equity-Wert von A per 31. 12. 20_6 in Form einer Staffel.

Fortschreibung des Equity-Werts von A

Text	Betrag
Equity-Wert am 01. 01. 20_1	
+ Kumulierte Anpassungen der Vorjahre	
= **Equity-Wert am 31. 12. 20_4**	190
= **Equity-Wert am 31. 12. 20_5**	
= **Schlussbestand Equity-Wert am 31. 12. 20_6**	

b) Nennen Sie die notwendigen Buchungen für die Equity-Bewertung im Konzernabschluss per 31. 12. 20_6.

H bewertet die Beteiligungen zum obligationenrechtlichen Höchstwert.

Konsolidierungsjournal 20_6

Text	Soll	Haben	Betrag
Aufdeckung der früheren Anpassungen des Equity-Werts			
Anpassung Equity-Wert 20_6			

19.14

Anfang 20_1 kaufte die Holding H für den Kaufpreis von 500 alle Aktien der Tochtergesellschaft T. Die Nettoaktiven von T betrugen im Erwerbszeitpunkt 400. Der Goodwill wird grundsätzlich nach Swiss GAAP FER 30/14 aktiviert und auf fünf Jahre linear abgeschrieben. T besteht aus einer einzigen Geld generierenden Einheit.

Nach Swiss GAAP FER 10/11 sind immaterielle Werte an jedem Bilanzstichtag auf ihre Werthaltigkeit zu prüfen.

Es liegen diese Informationen zu T vor:

	Ende 20_1	Ende 20_2	Ende 20_3	Ende 20_4
Netto-Marktwerte (Verkaufspreis netto)	470	440	490	470
Nutzwerte (Barwert künftiger Cashflows)	500	470	480	490
Nettoaktiven von T (= Buchwert ohne Goodwill)	410	435	400	420

Wie hoch sind die Goodwill-Abschreibungen in den Jahren 20_1 bis 20_5?

19.15

Parent P purchased all shares of Subsidiary S for a price of 900 as of 1 January 20_1.

The purchase price allocation at the acquisition date to the assets and liabilities of S showed the following result:

▷ The book value of inventories of S is 200 at the acquisition date.
S has valued the inventories consistently one third below the real value (as allowed for tax purposes). This has created hidden reserves in the balance sheets and the changes of inventories have resulted automatically in the creation and dissolution of hidden reserves in the income statement.

▷ Buildings have a fair market value of 400. They will be depreciated on a straight-line (linear) basis over an estimated useful life of 40 years both in the individual accounts and group accounts (consolidated financial statements).

▷ S has certain registered brand names. These will allow the group to increase the sales price of certain goods. Their value is calculated at 50 based on a DCF calculation.

▷ The warranty provisions that are booked in the individual accounts (HB 1) are overstated by 30 compared to the amount which is economically necessary. Therefore, they are considered hidden reserves.

▷ The legal reserves contain an amount additionally paid in of 15 (in addition to the nominal value of the shares).

Aufgabe 19.15

The following additional information is known about the financial years 20_1 and 20_2:
- ▷ Based on the profit of last year of 20 a first dividend of 12 was paid out 20_2. 5 were appropriated to legal reserves.
- ▷ The share capital remained unchanged in 20_1 and 20_2.
- ▷ The book value of inventories of S was 260 as of 31 December 20_1.
- ▷ No buildings were acquired or sold in 20_1 and 20_2.
- ▷ The hidden reserves on the warranty provisions of S increased by 3 in 20_1 and decreased by 8 in 20_2.

Please calculate the HB 2 values of S as of 31 December 20_2 for consolidation purposes.

HB 1 to HB 2 bridge for S as of 31 December 20_2

Balance sheet	HB 1 for legal/tax purposes		Adjustments (corrections)		HB 2 for consolidation purposes	
	Debit	Credit	Debit	Credit	Debit	Credit
Other assets	617					
Inventories	300					
Buildings	240					
Accumulated depreciations buildings		72				
Brand names						
Other liabilities		480				
Warranty provisions		80				
Share capital		350				
Legal reserves (share premium)		60				
Unrestricted reserves and profit brought forward		70				
Capital reserves						
Retained earnings						
Net profit for the year		45				
	1 157	1 157				

19.16

Seit Anfang 20_1 besitzt M 60% der Aktien von T. Beide Unternehmen sind bei der Mehrwertsteuer zum Abzug von Vorsteuern berechtigt.

Im März 20_3 lieferte M für 432 eine selbst hergestellte Maschine an T. Die Berechnung des Verkaufspreises erfolgte nach folgendem Kalkulationsschema:

Kalkulation bei M

	Materialkosten	120
+	Material-Gemeinkosten	30
+	Fertigungs-Gemeinkosten	150
=	**Herstellkosten**	**300**
+	Verwaltungs- und Vertriebs-Gemeinkosten	60
=	**Selbstkosten**	**360**
+	Gewinn	40
=	**Verkaufspreis ohne MWST**	**400**
+	MWST 8%	32
=	**Verkaufspreis inkl. MWST**	**432**

T setzt die Maschine für die eigene Produktion ein. Für den Transport sowie die Montage der Anlage durch eine Drittfirma entstanden Ausgaben von 54 (inkl. 8% MWST), die T bezahlte. Die Inbetriebnahme der Maschine erfolgte per 1. April 20_3.

Die Abschreibungen erfolgen im Einzelabschluss und im Konzernabschluss linear indirekt über die geschätzte Nutzungsdauer von 5 Jahren.

a) Wie hoch ist der Anschaffungswert der Maschine für T gemäss OR?

b) Wie hoch ist der Anschaffungswert der Maschine aus Sicht des Konzerns?

c) Wie hoch ist der unrealisierte Zwischengewinn im Zeitpunkt der Lieferung?

d) Wie lauten die Konsolidierungsbuchungen für den Konzernabschluss per Ende 20_3?

e) Wie lauten die Konsolidierungsbuchungen für den Konzernabschluss per Ende 20_6?

19.17

Am 01. 07. 20_1 erwarb M einen Anteil von 75% des Aktienkapitals von T zum Preis von 156.

Das tatsächliche Eigenkapital von T entwickelte sich aus der Sicht von T wie folgt:

	30. 06. 20_1	31. 12. 20_1	31. 12. 20_2	31. 12. 20_3	31. 12. 20_4
Aktienkapital	100	100	100	160	160
Kapitalreserven				40	40
Gewinnreserven	60	64	82	80	88
Gewinn/Verlust	8	26	−2	12	−4
Total	168	190	180	292	284

Im Jahr 20_3 fand bei der Muttergesellschaft eine Kapitalerhöhung von nominell 200 mit einem Agio von 80 statt. An der Kapitalerhöhung von T im Jahr 20_3 beteiligte sich M entsprechend ihrer Quote.

M schüttete 20_3 eine Dividende von 50 aus und erzielte einen Gewinn von 67.

Der Goodwill wird nach Swiss GAAP FER linear in fünf Jahren abgeschrieben.

a) Berechnen Sie den Goodwill im Erwerbszeitpunkt.

b) Nennen Sie die Buchungen für die Wertkorrekturen des Goodwills im Konzernabschluss per 31. 12. 20_4.

c) Wie setzen sich die Minderheitsanteile am Eigenkapital per 31. 12. 20_4 zusammen (verlangt sind Texte mit Beträgen)?

d) Wie viel Dividende wurde im Jahr 20_2 von T an M ausgeschüttet?

e) Vervollständigen Sie den Eigenkapitalnachweis für das Jahr 20_3.

Eigenkapitalnachweis 20_3

	Aktien-kapital	Kapital-reserven	Gewinn-reserven	Total Holding-aktionäre	Minder-heiten	Total Eigen-kapital
Anfangsbestand						
+ Kapitalerhöhungen						
./. Dividendenauszahlungen						
= Schlussbestand	800	200	300	1 300		

Gesamtaufgaben 19

19.18

Die Holding H erwarb per 1. 1. 20_1 für einen Kaufpreis von 30 einen Anteil von 25% am Kapital des Joint Ventures X AG. Es fanden seit Erwerb keine Kapitalerhöhungen statt. Aus methodischen Gründen wird der Konzernabschluss auf die Gesellschaften H und X beschränkt.

a) Wie lautet der Konzernabschluss per 31. 12. 20_3, wenn das Joint Venture nach Swiss GAAP FER mittels **Quotenkonsolidierung** einbezogen wird?
  ▷ Der Goodwill wird aktiviert und linear über 5 Jahre abgeschrieben.
  ▷ H gewährte X im Vorjahr ein Darlehen von 80, das jeweils per Ende Jahr zu 5% verzinslich ist.
  ▷ H lieferte 20_3 Handelswaren für 24 an X, die X an Dritte weiterveräusserte.
  ▷ X schüttete 20_3 eine Dividende von 12 aus.

Konsolidierungsbogen Ende 20_3

Bilanz	H Aktiven	H Passiven	X (100%) Aktiven	X (100%) Passiven	X (25%) Aktiven	X (25%) Passiven	Konsolidierung Soll	Konsolidierung Haben	Konzern Aktiven	Konzern Passiven
Diverse Aktiven	360		260							
Warenvorräte	90		24							
Beteiligung an X	30									
Aktivdarlehen an X	80									
Goodwill										
Diverses Fremdkapital		353		60						
Passivdarlehen von H				80						
Aktienkapital		100		60						
Kapitalreserven		10		40						
Gewinnreserven		70		24						
Gewinn Bilanz		27		20						
	560	560	284	284						

Erfolgsrechnung	H Aufwand	H Ertrag	X (100%) Aufwand	X (100%) Ertrag	X (25%) Aufwand	X (25%) Ertrag	Konsolidierung Soll	Konsolidierung Haben	Konzern Aufwand	Konzern Ertrag
Warenertrag		900		360						
Beteiligungsertrag		3								
Zinsertrag		4								
Warenaufwand	600		240							
Goodwill-Abschreibung										
Zinsaufwand	6		4							
Diverser Aufwand	274		96							
Gewinn ER	27		20							
	907	907	360	360						

Aufgabe 19.18

b) Wie lautet der Konzernabschluss per 31. 12. 20_3, wenn das Joint Venture nach IFRS mittels **Equity-Methode** einbezogen wird? H bilanziert die Beteiligung an der assoziierten Gesellschaft zum Anschaffungswert.

Fortschreibung des Equity-Werts

Equity-Wert am 1. 1. 20_1	
= Equity-Wert am 1. 1. 20_3	
= Equity-Wert am 31. 12. 20_3	

Konsolidierungsbogen Ende 20_3

Bilanz	H Aktiven	H Passiven	Konsolidierung Soll	Konsolidierung Haben	Konzern Aktiven	Konzern Passiven
Diverse Aktiven						

Erfolgsrechnung	H Aufwand	H Ertrag	Konsolidierung Soll	Konsolidierung Haben	Konzern Aufwand	Konzern Ertrag
Warenertrag						

Gesamtaufgaben

19.19

Erstellen Sie die Konzernrechnung per Ende 20_3 nach Swiss GAAP FER.

▷ Anfang 20_1 kaufte die Holding H alle Aktien der Tochter T zum Preis von 85. Das Eigenkapital von T betrug im Erwerbszeitpunkt 50 (Aktienkapital 30, Kapitalreserven 20). Der Goodwill wurde aktiviert und ist linear in 5 Jahren abzuschreiben. Es fanden bei T keine Kapitalerhöhungen statt.

▷ Anfang 20_2 kaufte H einen Anteil von 25% an der assoziierten Gesellschaft A zum Preis von 17. Das anteilige Eigenkapital von A betrug im Kaufzeitpunkt 14. Der Goodwill wird zusammen mit dem Beteiligungswert aktiviert und nicht abgeschrieben. Anfang 20_3 betrug der Equity-Wert 20. A schüttete in der Rechnungsperiode eine Dividende von total 4 aus und erzielte einen Gewinn von total 16.

▷ H lieferte T in der Rechnungsperiode Waren im Fakturawert von 60 (Einstand 45). Die Vorräte aus konzerninternen Lieferungen bei T betrugen 8 (Anfang 20_3) bzw. 12 (Ende 20_3). Die Marge von H ist konstant.

▷ In der Rechnungsperiode schüttete T eine Dividende von 5 aus, in der Vorperiode eine solche von 4.

Konsolidierungsbogen Ende 20_3

Bilanz	Summenbilanz		Konsolidierungsbuchungen		Konzern	
	Aktiven	Passiven	Soll	Haben	Aktiven	Passiven
Diverse Aktiven	300					
Warenvorrat	100					
Beteiligung an T	85					
Beteiligung an A	17					
Goodwill						
Diverses Fremdkapital		227				
Aktienkapital		130				
Kapitalreserven		45				
Gewinnreserven		75				
Gewinn Bilanz		25				
	502	502				

Gesamtaufgaben

19.20

Erstellen Sie den Konzernabschluss per Ende 20_3.

▷ Die Mutter M kaufte Anfang 20_1 einen Anteil von 60% der Aktien der Tochter T. Der Goodwill wurde nach Swiss GAAP FER aktiviert und muss linear auf 5 Jahre abgeschrieben werden.
▷ Am 31. Mai 20_2 gewährte die Mutter der Tochter ein Darlehen von 200, das halbjährlich am 31. Mai und am 30. November nachschüssig zu 6% verzinst werden muss.
▷ M lieferte T 20_3 Handelswaren im Fakturawert von 300. Der Einstandswert von M betrug 200. Die Bestände an Handelswaren aus konzerninternen Lieferungen bei T betrugen 60 (Anfang 20_3) bzw. 90 (Ende 20_3). Die Bruttogewinnmarge ist konstant.
▷ T zahlte M eine Dividende von 30.

Die Einzelabschlüsse von M und T lauten:

Bilanz M 31.12.20_3

Aktiven		Passiven	
Bank	70	Fremdkapital	400
Warenvorrat	90	Aktienkapital	300
Aktivdarlehen	200	Kapitalreserven	40
Beteiligung an T	120	Gewinnreserven	90
Übrige Aktiven	400	Gewinn Bilanz	50
	880		880

Erfolgsrechnung M 20_3

Aufwand		Ertrag	
Warenaufwand	2 000	Warenertrag	3 000
Übriger Aufwand	980	Zinsertrag	12
Gewinn ER	50	Beteiligungsertrag	18
	3 030		3 030

Bilanz T 31.12.20_3

Aktiven		Passiven	
Bank	20	Fremdkapital	270
Warenvorrat	120	Aktienkapital	100
Übrige Aktiven	400	Kapitalreserven	50
		Gewinnreserven	80
		Gewinn Bilanz	40
	540		540

Erfolgsrechnung T 20_3

Aufwand		Ertrag	
Warenaufwand	700	Warenertrag	1 200
Übriger Aufwand	448		
Zinsaufwand	12		
Gewinn ER	40		
	1 200		1 200

Konzern-Bilanz T 31.12.20_3

Aktiven	Passiven
Bank	Fremdkapital
Warenvorrat	Aktienkapital
	Kapitalreserven
	Gewinnreserven
	MAK
	Gewinn Bilanz
	MAG Bilanz

Konzern-Erfolgsrechnung T 20_3

Aufwand	Ertrag
Warenaufwand	Warenertrag

Gesamtaufgaben 19

19.21

Beantworten Sie die Fragen zur Konzernrechnung.

1. Was ist ein Konzern?

2. Wie lässt sich eine einheitliche Leitung umschreiben?

3. Wie kann eine Unternehmung die Beherrschung über eine andere Unternehmung erlangen?

4. Welche Gesellschaften aus dem Stammbaum des Schuhkonzerns werden durch die Schuh AG beherrscht?

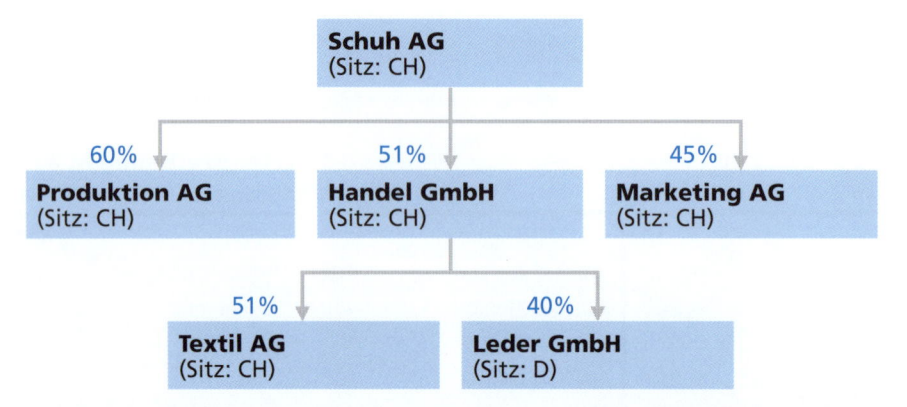

```
                    Schuh AG
                    (Sitz: CH)
         ┌──────────────┼──────────────┐
       60%            51%            45%
         ▼              ▼              ▼
   Produktion AG   Handel GmbH    Marketing AG
   (Sitz: CH)      (Sitz: CH)     (Sitz: CH)
                   ┌──────┴──────┐
                  51%           40%
                   ▼             ▼
              Textil AG      Leder GmbH
              (Sitz: CH)     (Sitz: D)
```

Die Prozentwerte entsprechen den Stimmrechts- und den Kapitalanteilen.

Die Produktion AG ist ein Joint Venture, das vor 4 Jahren zusammen mit der Stiefel AG gegründet wurde. Die Stiefel AG besitzt die übrigen 40% der Anteile.

Die Schuh AG besitzt jederzeit ausübbare Optionen für den Kauf von zusätzlichen 10% des stimmberechtigten Aktienkapitals der Marketing AG.

5. Die folgenden Fragen basieren auf dem Stammbaum von Aufgabe 4.
   a) Welche Aktien kauft ein Investor, wenn er sich am Schuh-Konzern beteiligen möchte?
   b) Für welche Jahresabschlüsse sind das Obligationenrecht bzw. die schweizerische Steuergesetzgebung massgeblich?
   c) Warum gibt der Konzernabschluss besser Aufschluss über den Wert einer Aktie der Schuh AG als ihr Einzelabschluss?

6. Grundsätzlich ist gemäss Obligationenrecht jeder Konzern dazu verpflichtet, eine Konzernrechnung zu erstellen.

   Welche Voraussetzungen bezüglich der Konzerngrösse müssen erfüllt sein, damit auf eine Konzernrechnung verzichtet werden kann?

7. Was ist eine Konzernrechnung?

8. Aus welchen Teilen besteht ein Konzernabschluss nach Swiss GAAP FER?

9. Was bedeutet Konsolidierung?

10. Die beherrschten Unternehmen werden nach der Methode der Vollkonsolidierung in die Konzernrechnung einbezogen.

    Wie lässt sich die Vollkonsolidierung umschreiben?

Gesamtaufgaben — Aufgabe 19.21

11 Ein Joint Venture (Gemeinschaftsorganisation) ist eine vertragliche Vereinbarung, in der zwei oder mehr Parteien eine wirtschaftliche Tätigkeit durchführen, die einer gemeinschaftlichen Leitung unterliegt.
   a) Bei welchem Stimmenanteil liegt eine gemeinschaftliche Leitung vor?
   b) Wie wird ein Joint Venture nach Swiss GAAP FER in die Konzernrechnung einbezogen?

12 Ein assoziiertes Unternehmen ist ein Unternehmen, auf welches der Investor einen massgeblichen Einfluss ausüben kann und welches weder ein Tochter- noch ein Gemeinschaftsunternehmen darstellt.
   a) Bei welchem Stimmenanteil wird ein massgeblicher Einfluss vermutet?
   b) Zählen Sie zwei Merkmale auf, woraus auf einen massgeblichen Einfluss geschlossen werden kann.
   c) Wie wird ein assoziiertes Unternehmen in die Konzernrechnung einbezogen?

13 Wie lässt sich die Kapitalkonsolidierung umschreiben?

14 Was sind Gewinnreserven?

15 Was sind Kapitalreserven?

16 Beim Kauf eines Unternehmens wird oft ein Goodwill bezahlt.
   a) Welches sind die Gründe?
   b) Wie wird der Goodwill ermittelt?
   c) Wie wird der Goodwill im Konzernabschluss bilanziert?
   d) Wie wird der Goodwill nach Swiss GAAP FER abgeschrieben?
   e) Wie wird der Goodwill nach IFRS abgeschrieben?
   f) Unter welchen Umständen darf ein abgeschriebener Goodwill wieder aufgewertet werden?

17 In einzelnen Fällen wird beim Kauf einer Unternehmung weniger als das anteilige Eigenkapital der Tochter bezahlt.
   Wie wird dieser negative Goodwill in den Regelwerken behandelt?
   a) IFRS
   b) Swiss GAAP FER

18 Bei einer Akquisition sind die übernommenen Nettoaktiven der Tochter zu tatsächlichen Werten (Fair Values) zu bewerten.
   Was wird mit dieser Vorschrift bezweckt?

19 Wie wird ein Patent im Rahmen einer Akquisition bewertet?

20 Weshalb müssen konzerninterne Schulden und Umsätze im Rahmen der Konsolidierung eliminiert werden?

21 Welches sind typische Beispiele für Schuld- und Forderungsverhältnisse innerhalb eines Konzerns?

22 Welche Auswirkungen hat die Schuldenkonsolidierung auf den Konzerngewinn bzw. das Konzern-Eigenkapital?

23 Bei der Abstimmung von Konten mit konzerninternen Forderungen und Schulden entstehen manchmal Differenzen.
   Mit welchen Buchungen werden folgende Tatbestände bereinigt?
   a) T überweist Ende 20_1 den Betrag von 50 an M. Die Gutschrift bei M erfolgt Anfang 20_2.
   b) T liefert Ende 20_1 Waren für 30 an M. Die Waren treffen Anfang 20_2 bei M ein.

Aufgabe 19.21

24. Welches sind drei typische Beispiele für Umsatzkonsolidierungen?
25. Welche Auswirkungen hat die Umsatzkonsolidierung auf den Konzerngewinn bzw. das Konzern-Eigenkapital?
26. Weshalb ist die Konsolidierung der konzerninternen Beteiligungserträge erfolgswirksam?
27. Was sind Zwischengewinne?
28. Was sind nicht realisierte Zwischengewinne?
29. Wie wird der nicht realisierte Zwischengewinn ermittelt?
30. Weshalb schreiben alle Regelwerke vor, dass nicht realisierte Zwischengewinne eliminiert werden müssen?
31. Wie kann durch den konzerninternen Verkauf einer Immobilie das Konzernergebnis geschönt werden?
32. Aus einer Warenlieferung besteht bei der Erstkonsolidierung ein nicht realisierter Zwischengewinn von 50.
    a) Welches Bestandeskonto muss aus Konzernsicht korrigiert werden?
    b) Mit welchen Buchungen muss der nicht realisierte Zwischengewinn eliminiert werden?
33. Im Rahmen der Folgekonsolidierung erhöht sich der nicht realisierte Zwischengewinn auf dem Warenvorrat von 50 auf 70.
    a) Welche Buchungen sind zur Elimination des Zwischengewinns notwendig?
    b) Weshalb wird der Anfangsbestand des nicht realisierten Zwischengewinns über die Gewinnreserven korrigiert?
34. Wodurch unterscheidet sich die Kapitalkonsolidierung in der Erst- und der Folgekonsolidierung?
35. Weshalb verändert sich der Goodwill bei einer Kapitalerhöhung grundsätzlich nicht?
36. Wie müssen konzerninterne Beteiligungserträge aus den Vorjahren in der Konsolidierung berücksichtigt werden?
37. Weshalb unterscheiden sich die Bewertungsvorschriften des Konzerns häufig gegenüber der schweizerischen Gesetzgebung?
38. Welche Art von stillen Reserven ist nach True-and-Fair-View verboten?
39. Was sind Beispiele für immaterielle Aktiven, die im Rahmen einer Akquisition aktivierungspflichtig sind?
40. Wie müssen immaterielle Aktiven mit unbestimmter Nutzungsdauer abgeschrieben werden?
41. Was sind nicht kontrollierende Aktionäre (Minderheitsaktionäre)?
42. Weshalb müssen unrealisierte Zwischengewinne auf die Holding- und Minderheitsaktionäre aufgeteilt werden?
43. Weshalb verzichten einige Konzerne auf die Zwischengewinnelimination?
44. Was zeigt der Eigenkapitalnachweis?
45. Wozu dient der Anhang?
46. Welche Informationen enthält der Anhang zur Konzernrechnung?

**2. Teil
Vertiefung**

20

Geldflussrechnung

20.01

M besitzt seit 01. 01. 20_1 alle Aktien von T. Es liegen per 31. 12. 20_3 folgende Informationen vor:

Konzern-Schlussbilanzen

Aktiven	20_2	20_3	Passiven	20_2	20_3
Umlaufvermögen			**Fremdkapital**		
Flüssige Mittel	5	9	Verbindlichkeiten L+L	71	79
Forderungen L+L	65	70	Hypotheken	75	66
Warenvorrat	54	57	Aufgelaufene Zinsen	2	3
			Steuerrückstellungen	6	4
Anlagevermögen			**Eigenkapital**		
Sachanlagen	200	240	Aktienkapital	100	120
Goodwill	15	11	Kapitalreserven	30	38
Patente	32	26	Gewinnreserven	60	70
			Konzerngewinn	27	33
	371	413		371	413

Konzern-Erfolgsrechnung 20_3

Warenertrag	605
./. Warenaufwand	–305
./. Personalaufwand (= Ausgaben)	–100
./. Diverser Aufwand (= Ausgaben)	–128
= **Operatives Ergebnis vor Abschreibungen (EBITDA)**	72
+ Veräusserungsgewinn	12
./. Abschreibung Sachanlagen	– 30
./. Abschreibung Patente	– 6
./. Goodwill-Impairment	– 4
= **Ergebnis vor Zinsen und Steuern (EBIT)**	44
./. Zinsaufwand	– 3
= **Gewinn vor Steuern**	41
./. Steueraufwand	– 8
= **Konzerngewinn**	33

Die Anschaffungswerte der gekauften (und bezahlten) Sachanlagen betrugen gemäss Anlagespiegel 90.

Erstellen Sie die Konzern-Geldflussrechnung 20_3 mit direktem Nachweis des operativen Cashflows. In einer separaten Rechnung ist der operative Cashflow nach der indirekten Methode auszuweisen.

Geldflussrechnung — Aufgabe 20.01

Konzern-Geldflussrechnung 20_3

Betriebsbereich (direkt)

Zahlungen von Kunden ....

./. ....
./. ....
./. ....
./. ....
./. ....

= Geldfluss aus Betriebstätigkeit ....

Investitionsbereich

./. ....
\+ ....

= Geldfluss aus Investitionstätigkeit ....

Finanzierungsbereich

\+ ....
....
....
....

= Geldfluss aus Finanzierungstätigkeit ....

= **Zunahme flüssige Mittel** ....

\+ ....

= Schlussbestand flüssige Mittel ....

Betriebsbereich (indirekt)

Konzerngewinn ....

\+ ....
\+ ....
....
....
....
....
....
....
....
....

= Geldfluss aus Betriebstätigkeit ....

Geldflussrechnung 20

20.02

M besitzt seit 01. 01. 20_1 alle Aktien von T.

Als Ausgangslage für die Konsolidierung per 31. 12. 20_3 liegen die bereinigten Geldflussrechnungen von M und T vor. Über die konzerninternen Beziehungen sind folgende Zusatzangaben verfügbar:

▷ M lieferte T in der Berichtsperiode Handelswaren für 40.

Die Warenvorräte aus konzerninternen Lieferungen bei T betrugen Anfang Jahr 11 (Konzerneinstand 7) und Ende Jahr 15 (Konzerneinstand 10).

Die konzerninternen Kundenforderungen bzw. Lieferantenverbindlichkeiten betrugen Anfang Jahr 8 und Ende Jahr 6.

▷ T bezahlte an M in der Berichtsperiode eine Managementgebühr von 9.

▷ T schüttete 20_3 eine Dividende von 5 aus.

▷ Der Goodwill musste aufgrund eines Werthaltigkeitstests um 4 abgeschrieben werden.

Erstellen Sie die Geldflussrechnung 20_3 mit direktem Nachweis des operativen Cashflows. In einer separaten Rechnung ist der operative Cashflow nach der indirekten Methode auszuweisen.

Konsolidierungsbogen für den indirekten Nachweis des operativen Cashflows 20_3

	M	T	Summen	Konsolidierung	Konzern
Gewinn	35	8	43		
+ Abschreibung Sachanlagen	21	9	30		
+ Abschreibung Patente	6		6		
./. Zunahme Forderungen L+L	– 3	0	– 3		
./. Zunahme Warenvorrat	– 2	– 2	– 4		
+ Zunahme Verbindlichkeiten L+L	5	1	6		
./. Veräusserungsgewinn	–12		–12		
+ Zunahme aufgelaufene Zinsen	1		1		
./. Abnahme Steuerrückstellungen	– 1	– 1	– 2		
= **Geldfluss aus Betriebstätigkeit**	50	15	65		

Geldflussrechnung — Aufgabe 20.02

Konsolidierungsbogen für die Geldflussrechnung 20_3

	M	T	Summen	Konsolidierung	Konzern
Betriebsbereich					
Zahlungen von Kunden	442	200	642		
+ Dividendeneinnahmen	5		5		
+ Dienstleistungserträge	9		9		
./. Zahlungen an Lieferanten	−230	−112	−342		
./. Zahlungen ans Personal	− 70	− 30	−100		
./. Zahlungen für diversen Aufwand	− 97	− 40	−137		
./. Bezahlte Zinsen	− 2		− 2		
./. Bezahlte Steuern	− 7	− 3	− 10		
= Geldfluss aus Betriebstätigkeit	**50**	**15**	**65**		
Investitionsbereich					
./. Käufe von Sachanlagen	− 55	− 35	− 90		
./. Kauf von Beteiligungen	− 12		− 12		
+ Verkäufe von Sachanlagen	18	14	32		
= Geldfluss aus Investitionstätigkeit	− 49	− 21	− 70		
Finanzierungsbereich					
+ Aktienkapitalerhöhung (nominal)	20	10	30		
+ Agio bei Aktienkapitalerhöhung	8	2	10		
./. Rückzahlung Hypotheken	− 9		− 9		
./. Dividendenausschüttung	− 17	− 5	− 22		
= Geldfluss aus Finanzierungstätigkeit	2	7	9		
= **Zunahme flüssige Mittel**	**3**	**1**	**4**		
+ Anfangsbestand flüssige Mittel	4	1	5	0	5
= Schlussbestand flüssige Mittel	7	2	9	0	9

Geldflussrechnung

20.03

Die Holding H besitzt alle Aktien von T1 (seit 30. 03. 20_3) und T2 (seit 01. 01. 20_6). H hält seit 30. 09. 20_2 ausserdem einen Anteil von 30% am Kapital der assoziierten Gesellschaft A.

Erstellen Sie aufgrund folgender Angaben eine Konzern-Geldflussrechnung mit indirektem Nachweis des Geldflusses aus Geschäftstätigkeit.

Konzern-Schlussbilanzen

Aktiven

	20_5	20_6
Umlaufvermögen		
Flüssige Mittel	20	18
Forderungen L+L	53	77
Vorräte	77	97
Anlagevermögen		
Sachanlagen	370	472
Goodwill	65	72
Beteiligung an A	33	37
	618	773

Passiven

	20_5	20_6
Fremdkapital		
Verbindlichkeiten L+L	32	43
Bankdarlehen	52	73
Hypotheken	180	237
Rückstellungen	9	8
Eigenkapital		
Aktienkapital	200	240
Kapitalreserven	50	65
Gewinnreserven	70	75
Konzerngewinn	25	32
	618	773

Konzern-Erfolgsrechnung 20_6

	Verkaufsertrag	1 300
./.	Herstellaufwand (ohne Abschreibungen und Zinsen)	− 900
./.	Verwaltungs- und Vertriebsaufwand (ohne Abschreibungen und Zinsen)	− 300
=	**EBITDA**	**100**
./.	Abschreibung Sachanlagen	− 45
./.	Abschreibung Goodwill	− 5
+	Veräusserungsgewinn auf Sachanlagen	1
=	**EBIT**	**51**
+	Ertrag aus assoziierter Gesellschaft	6
./.	Zinsergebnis (Ausgaben)	− 13
=	**Gewinn vor Steuern**	**44**
./.	Steuern (= Ausgaben)	− 12
=	**Gewinn**	**32**

Akquisition von T2 per 01. 01. 20_6 (Anhang)

	Flüssige Mittel	9
+	Forderungen L+L	10
+	Vorräte	13
+	Sachanlagen	60
./.	Verbindlichkeiten L+L	−14
./.	Hypotheken	−20
./.	Rückstellungen	− 3
=	**Nettoaktiven**	**55**
+	Goodwill	12
=	**Kaufpreis**	**67**

Zusätzliche Angaben

▷ Zwischen den Konzerngesellschaften und A fanden ausser der Dividendenausschüttung keine Transaktionen statt.

▷ In der Berichtsperiode wurden Sachanlagen im Buchwert von 6 gegen bar verkauft.

▷ Eine Übersicht über die per 01. 01. 20_6 übernommenen Nettoaktiven von T2 sowie den Kaufpreis findet sich im Anhang zur Konzernrechnung vom 31. 12. 20_6.

Aufgabe 20.03

Konzern-Geldflussrechnung 20_6

Geldfluss aus Betriebstätigkeit

= Operativer Cashflow

Geldfluss aus Investitionstätigkeit

./.

= Nettoinvestitionen

Geldfluss aus Finanzierungstätigkeit

= Total Finanzierungsbereich

= **Abnahme flüssige Mittel**

+

=

20.04

Die Holding H besitzt per Ende 20_8 folgende Beteiligungen:

Gesellschaft	Stimmenanteil	Kapitalanteil	Erwerbsdatum
T1	100%	100%	01. 01. 20_1
T2	80%	60%	30. 06. 20_4
T3	75%	75%	01. 01. 20_8
A	30%	20%	30. 09. 20_5

Erstellen Sie aufgrund folgender Angaben eine Konzern-Geldflussrechnung mit indirektem Nachweis des Geldflusses aus Geschäftstätigkeit.

Konzern-Schlussbilanzen

Aktiven

	20_7	20_8
Umlaufvermögen		
Flüssige Mittel	8	13
Forderungen L+L	98	112
Vorräte	118	130
Anlagevermögen		
Sachanlagen	650	718
Goodwill	66	61
Beteiligung an A	32	33
	972	1 067

Passiven

	20_7	20_8
Fremdkapital		
Verbindlichkeiten L+L	110	113
Finanzschulden	330	331
Eigenkapital		
Aktienkapital	250	280
Kapitalreserven	50	60
Gewinnreserven	160	169
Minderheitsanteile am Kapital	40	67
Gewinnanteil Holdingaktionäre	24	35
Gewinnanteil Minderheiten	8	12
	972	1 067

Konzern-Erfolgsrechnung 20_8

Verkaufsertrag	1 100
./. Warenaufwand	− 700
./. Personalaufwand (= Ausgaben)	− 184
./. Diverser Aufwand (= Ausgaben)	− 90
./. Abschreibung Sachanlagen	− 55
./. Wertminderung Goodwill	− 12
+ Veräusserungsgewinn auf Sachanlagen	9
+ Ertrag aus assoziierter Gesellschaft	4
./. Zinsaufwand (= Ausgaben)	− 11
./. Steueraufwand (= Ausgaben)	− 14
= **Konzerngewinn**	**47**
Davon:	
▷ Anteil Holdingaktionäre	35
▷ Anteil Minderheitsaktionäre	12

Akquisition von T3 per 01. 01. 20_8 (Anhang)

	100%	75%
Flüssige Mittel	4	3
+ Forderungen L+L	8	6
+ Vorräte	16	12
+ Sachanlagen	60	45
./. Verbindlichkeiten L+L	−12	− 9
./. Finanzschulden	−40	−30
= **Nettoaktiven**	36	27
+ Goodwill		7
= **Kaufpreis**		34

Zusätzliche Angaben

▷ T2 führte in der Berichtsperiode eine Aktienkapitalerhöhung von 20 mit einem Agio von 10 durch, an der sich H im Umfang ihrer Quote beteiligte.

▷ Zwischen den Konzerngesellschaften und A fanden ausser der Dividendenausschüttung keine Transaktionen statt.

▷ 20_8 wurden Sachanlagen im Buchwert von 62 gegen bar verkauft.

▷ Eine Übersicht über die per 01. 01. 20_8 übernommenen Nettoaktiven von T3 sowie den Kaufpreis findet sich im Anhang zur Konzernrechnung vom 31. 12. 20_8. T3 schüttete im Berichtsjahr keine Dividenden aus.

Geldflussrechnung 20 — Aufgabe 20.04

Konzern-Geldflussrechnung 20_8

Geldfluss aus Betriebstätigkeit	

= Operativer Cashflow

Geldfluss aus Investitionstätigkeit	

= Nettoinvestitionen

Geldfluss aus Finanzierungstätigkeit	

= Total Finanzierungsbereich

= **Zunahme flüssige Mittel**

+ ....

= ....

20.05

Die bereinigte Summenbilanz umfasst die Geldflussrechnungen aller Konzerngesellschaften per 31. 12. 20_5:

▷ H ist die Holding.
▷ T1 bis T4 sind 100-prozentige Tochtergesellschaften von H.
▷ Bei T5 beträgt der Kapital- und Stimmenanteil von H 75%.
▷ An der assoziierten Gesellschaft A ist H mit 40% beteiligt.

Für die Konsolidierung per 31. 12. 20_5 sind folgende Tatbestände zu berücksichtigen:

▷ T1 bezahlt an H eine Lizenzgebühr von 14.
▷ T4 lieferte T3 Handelswaren zum Weiterverkauf für 300. Die Zwischengewinne auf den Vorräten solcher Waren betrugen 23 (am 01. 01. 20_5) bzw. 16 (am 31. 12. 20_5). Die konzerninternen Forderungen und Verbindlichkeiten L+L betrugen 15 (am 01. 01. 20_5) bzw. 12 (am 31. 12. 20_5).
▷ T2 lieferte T1 am 01. 01. 20_5 gegen bar eine selbst hergestellte Produktionsmaschine für 300 (Konzernherstellkosten 200), die linear, indirekt über eine Nutzungsdauer von fünf Jahren abzuschreiben ist.
▷ H gewährte T3 am 30. 08. 20_5 ein Darlehen von 60, das per 30. 08. nachschüssig zu 5% verzinslich ist.
▷ Am 01. 01. 20_5 akquirierte H die Tochtergesellschaft T5 durch Barkauf eines Anteils von 75% am Kapital. Dabei wurden folgende Nettoaktiven übernommen:

		100%	75%
	Flüssige Mittel	12	9
+	Forderungen L+L	32	24
+	Vorräte	40	30
+	Sachanlagen	164	123
+	Immaterielle Anlagen	20	15
./.	Verbindlichkeiten L+L	– 48	– 36
./.	Finanzschulden	– 60	– 45
=	Nettoaktiven	160	120
+	Goodwill		10
=	Kaufpreis		130

▷ Am 31. 10. 20_5 wurde bei T5 eine Kapitalerhöhung mit Barliberierung durchgeführt (Aktienkapital 100, Agio 20%), an der sich H im Umfang ihrer Quote beteiligte.
▷ T2 lieferte am 15. 12. 20_5 Handelswaren für 24 (Konzerneinstand 16) gegen bar an T5, die sich per 31. 12. 20_5 noch im Lager beim Empfänger befanden.
▷ T1 bis T4 zahlten in der Berichtsperiode insgesamt Dividenden von 70.
▷ T5 schüttete am 23. 04. 20_5 eine Dividende von 12 aus.
▷ H vereinnahmte von A eine Dividende von 10. Der anteilige Ertrag aus assoziierter Gesellschaft beträgt 15.
▷ Der Goodwill von T3 erwies sich per 31. 12. 20_5 als nicht werthaltig, weshalb in der Konzernrechnung eine Abschreibung von 18 notwendig ist.

Geldflussrechnung 20 — Aufgabe 20.05

Konsolidierungsbogen für die Geldflussrechnung 20_5

	Summen	Konsolidierung	Konzern
Betriebsbereich			
Gewinnanteile Holdingaktionäre	375		
+ Gewinnanteile Minderheiten	20		
+ Abschreibungen	576		
+ Werteinbusse Goodwill			
./. Zunahme Forderungen L+L	− 80		
+ Abnahme Warenvorrat	30		
+ Zunahme Verbindlichkeiten L+L	70		
./. Zunahme aufgelaufene Aktivzinsen	− 1		
+ Zunahme aufgelaufene Passivzinsen	10		
./. Nicht liquiditätswirksamer Ertrag aus assoziierter Gesellschaft			
= Geldfluss aus Betriebstätigkeit	**1 000**		
Investitionsbereich			
./. Zugänge von Sachanlagen	−1 100		
./. Selbst hergestellte Sachanlagen	− 50		
./. Zugänge immaterielles Anlagevermögen	− 65		
./. Gewährung von Darlehen	− 60		
./. Kauf von Beteiligungen	− 220		
./. Akquisition von T5			
+ Abgänge von Sachanlagen	110		
= Geldfluss aus Investitionstätigkeit	**−1 385**		
Finanzierungsbereich			
+ Aktienkapitalerhöhungen (nominal)	190		
+ Agio bei Aktienkapitalerhöhungen	80		
+ Erhöhungen Finanzschulden	250		
./. Dividendenausschüttungen	− 150		
= Geldfluss aus Finanzierungstätigkeit	**370**		
= **Abnahme flüssige Mittel**	**− 15**		
+ Anfangsbestand flüssige Mittel	100		
= Schlussbestand flüssige Mittel	85		

21

Ertragssteuern

21.01

T kaufte am 01. 01. 20_1 eine Sachanlage für 180, die linear abgeschrieben wird:
▷ in der Konzernbilanz auf drei Jahre
▷ in der Steuerbilanz auf zwei Jahre

Vereinfachend ist davon auszugehen, dass der Gewinn vor Abschreibungen und Steuern sowohl in der Konzern- als auch in der Steuerbilanz in jedem Jahr 100 beträgt. Der Steuersatz ist konstant 30% des Gewinns vor Steuern.

a) Ermitteln Sie die temporären Differenzen.

Sachanlagen Ende Jahr

	20_1	20_2	20_3
Sachanlagen gemäss Konzernbilanz			
./. Sachanlagen gemäss Steuerbilanz			
= Temporäre Differenzen			

b) Im ersten Jahr entsteht eine temporäre Differenz von 30, auf der im Konzernabschluss eine latente Steuerschuld zu bilden ist.

Begründen Sie die betriebswirtschaftliche Notwendigkeit dieser latenten Steuerrückstellung.

c) Ermitteln Sie die Bestände an latenten Steuerschulden sowie die erfolgswirksam zu erfassenden Veränderungen an latenten Steuerschulden.

Latente Steuern

	20_1	20_2	20_3
Latente Steuerschuld Ende Jahr			
./. Latente Steuerschuld Anfang Jahr			
= **Latenter Steueraufwand** (Zunahme latente Steuerschulden) bzw.			
Latenter Steuerertrag (Abnahme latente Steuerschulden)			

Ertragssteuern

21 Aufgabe 21.01

d) Wie lauten die Erfolgsrechnungen?

Erfolgsrechnung gemäss Steuerabschluss

	20_1	20_2	20_3
Gewinn vor Steuern und Abschreibungen	100	100	100
./. Abschreibungen			
= **Gewinn vor Steuern**			
= **Gewinn nach Steuern**			

Erfolgsrechnung aus Konzernsicht

	20_1	20_2	20_3
Gewinn vor Steuern und Abschreibungen	100	100	100
./. Abschreibungen			
= **Gewinn vor Steuern**			
= **Gewinn nach Steuern**			

e) Wie hoch ist der gesamte Steueraufwand über die drei Perioden aus steuerlicher Sicht und aus Sicht des Konzerns?

f) Wie hoch ist die Steuerquote (Gesamtsteueraufwand in % des Gewinns vor Steuern) im Steuerabschluss und aus Sicht des Konzerns für jedes Jahr einzeln?

	20_1	20_2	20_3
Steuerquote im Steuerabschluss			
Steuerquote aus Konzernsicht			

Ertragssteuern

21.02

M erwarb am 01. 01. 20_1 alle Aktien von T für 320.

a) Führen Sie die **Bereinigung im Erwerbszeitpunkt** durch.

▷ Die durch T erarbeiteten Patente gelten aus Konzernsicht als gekauft. Sie werden zum Nutzungswert von 40 aktiviert und über die Restlaufzeit von fünf Jahren abgeschrieben.

▷ Die Rückstellungen sind betriebswirtschaftlich nicht gerechtfertigt.

▷ Für die Berechnung der latenten Steuern gilt der lokale Steuersatz bei T von 25% des Gewinns vor Steuern.

Bereinigungstabelle für T per 01. 01. 20_1

Bilanzen	HB 1 Soll	HB 1 Haben	Bereinigung Soll	Bereinigung Haben	HB 2 Soll	HB 2 Haben
Diverse Aktiven	400					
Patente						
Diverses Fremdkapital		118				
Rückstellungen		12				
Latente Steuerschulden						
Aktienkapital		200				
Gesetzliche Reserven		50				
Gewinnvortrag		20				
Kapitalreserven						
	400	400				

Bereinigungsjournal T

Text	Soll	Haben	Betrag
Neubewertung der Aktiven und des Fremdkapitals			
Latente Steuerschuld auf der Neubewertung			
Umgliederung der gekauften Reserven in Kapitalreserven			

Ertragssteuern

21 Aufgabe 21.02

Berechnung der latenten Steuern im Erwerbszeitpunkt

	HB 1 Steuerwerte	HB 2 Konzernsicht	Temporäre Differenzen
Aktiven			
Diverse Aktiven			
Patente			
Passiven			
Diverses Fremdkapital			
Rückstellungen			
Latente Steuerschuld			
Eigenkapital			
Temporäre Differenzen			
Latente Steuerschuld 01. 01. 20_1			

Warum sind bei Patenten und Rückstellungen aus Konzernsicht latente Steuern zu bilden?

Aufgabe 21.02

b) Führen Sie die **Bereinigung im Zeitpunkt der Erstkonsolidierung** per 31.12. 20_1 durch.

▷ Die Rückstellungen wurden in der HB 1 über den diversen Ertrag aufgelöst.
▷ Es erfolgten weder Reservezuweisungen noch Dividendenausschüttungen.

Bereinigungstabelle für T per 31.12. 20_1

Bilanzen	HB 1 Soll	HB 1 Haben	Bereinigung Soll	Bereinigung Haben	HB 2 Soll	HB 2 Haben
Diverse Aktiven	440					
Patente						
Diverses Fremdkapital		149				
Rückstellungen		0				
Latente Steuerschulden						
Aktienkapital		200				
Gesetzliche Reserven		50				
Gewinnvortrag		20				
Kapitalreserven						
Gewinn Bilanz		21				
	440	440				

Erfolgsrechnungen	HB 1 Soll	HB 1 Haben	Bereinigung Soll	Bereinigung Haben	HB 2 Soll	HB 2 Haben
Diverser Ertrag		900				
Warenaufwand	500					
Abschreibungen	40					
Diverser Aufwand	332					
Tatsächliche Ertragssteuern	7					
Latenter Steuerertrag						
Gewinn ER	21					
	900	900				

Bereinigungsjournal T (nur erfolgswirksame Buchungen)

Text	Soll	Haben	Betrag
Abschreibung Patente			
Auflösung der Rückstellungsbereinigung			
Reduktion latente Steuerschuld			

Ertragssteuern — Aufgabe 21.02

Berechnung der latenten Steuerabgrenzung T per 31.12. 20_1

	HB 1 Steuerwerte	HB 2 Konzernsicht	Temporäre Differenzen
Aktiven			
Diverse Aktiven			
Patente			
Passiven			
Diverses Fremdkapital			
Rückstellungen			
Latente Steuerschuld			
Eigenkapital			
Temporäre Differenzen			
Latente Steuerschuld 31.12. 20_1			
./. Latente Steuerschuld per 01.01. 20_1			
Latenter Steuerertrag			

Vervollständigen Sie die Erfolgsrechnungen, und berechnen Sie die Steuerquoten (in Prozenten des Gewinns vor Steuern) in HB 1 und HB 2.

Erfolgsrechnungen T für 20_1

	HB 1	HB 2
Ertrag		
./. Aufwand		
= **Gewinn vor Steuern**		
= **Gewinn nach Steuern**		

Aufgabe 21.02

c) Führen Sie die **Erstkonsolidierung** per 31. 12. 20_1 durch.

▷ Um ein Zurückblättern und Abschreiben von der Vorseite zu vermeiden, ist der bereinigte Abschluss von T gemäss Teilaufgabe b) bereits im Konsolidierungsbogen eingetragen.

▷ Der Goodwill wird nach IFRS aktiviert und erweist sich als werthaltig.

▷ M lieferte T Handelswaren im Fakturawert von 100 (Konzerneinstandswert 60). Ende Jahr betragen die unter den diversen Aktiven von T bilanzierten Warenvorräte aus konzerninterner Lieferung 10.

Konsolidierungsjournal per 31. 12. 20_1

Text	Soll	Haben	Betrag
Kapitalkonsolidierung			
Elimination des konzerninternen Umsatzes			
Nicht realisierter Zwischengewinn auf Vorräten			
Latente Steuern auf Zwischengewinn			

Weshalb muss auf dem Zwischengewinn eine latente Steuer abgegrenzt werden?

Ertragssteuern 21 — Aufgabe 21.02

Konsolidierungsbogen per Ende 20_1

Bilanzen	M (HB 2) Aktiven	M (HB 2) Passiven	T (HB 2) Aktiven	T (HB 2) Passiven	Konsolidierungsbuchungen Soll	Konsolidierungsbuchungen Haben	Konzern Aktiven	Konzern Passiven
Diverse Aktiven	1 000		440					
Beteiligung an T	320							
Goodwill								
Patente			32					
Diverses Fremdkapital		663		149				
Rückstellungen		40		0				
Latente Steuerschulden		7		8				
Aktienkapital		300		200				
Kapitalreserven		100		109				
Gewinnreserven		150						
Gewinn Bilanz		60		6				
	1 320	1 320	472	472				

Erfolgsrechnungen	M (HB 2) Aufwand	M (HB 2) Ertrag	T (HB 2) Aufwand	T (HB 2) Ertrag	Konsolidierungsbuchungen Soll	Konsolidierungsbuchungen Haben	Konzern Aufwand	Konzern Ertrag
Diverser Ertrag		2 500		888				
Warenaufwand	1 500		500					
Abschreibungen	90		48					
Diverser Aufwand	830		332					
Tatsächliche Ertragssteuern	23		7					
Latenter Steuerertrag		3		5				
Gewinn Erfolgsrechnung	60		6					
	2 503	2 503	893	893				

Darstellung der Konzern-Erfolgsrechnung im Geschäftsbericht

Diverser Ertrag	....
./. Warenaufwand	....
./. Abschreibungen	....
./. Diverser Aufwand	....
= **Konzerngewinn vor Steuern**	
./. Steueraufwand	....
= **Konzerngewinn nach Steuern**	....

Ertragssteuern

21.03

M kaufte am 01. 01. 20_1 alle Aktien von T für 356. Der Goodwill wird nach IFRS aktiviert und erweist sich als werthaltig.

Der Steuersatz betrug bis 31. 12. 20_4 im Einzelabschluss und im Konzern konstant 20 % des Gewinns vor Steuern. Infolge einer 20_4 erfolgten Gesetzesänderung wird der Steuersatz bei T und im Konzern für Geschäftsabschlüsse ab 01. 01. 20_5 auf 25 % angehoben.

a) Bereinigen Sie den Abschluss von T per Ende 20_4:

▷ Die gesetzlichen Reserven betrugen im Erwerbszeitpunkt 40, die freien 30.

▷ Auf den Erwerbszeitpunkt ist ein in der HB 1 von T nicht bilanziertes Patent zum Nutzwert von 80 zu erfassen. Es ist linear über eine geschätzte Restnutzungsdauer von fünf Jahren abzuschreiben.

▷ Die Rückstellungen werden in der HB 1 von T regelmässig doppelt so hoch angesetzt, wie betriebswirtschaftlich gerechtfertigt ist, was im Erwerbszeitpunkt zu einer Bewertungskorrektur von 5 führte. Die Rückstellungen wiesen am 01. 01. 20_4 gemäss HB 1 einen Wert von 16 auf.

Berechnung der latenten Steuerabgrenzung bei T per 31. 12. 20_4

	HB 1 Steuerwerte	HB 2 Konzernsicht	Temporäre Differenzen
Aktiven			
Diverse Aktiven			
Warenvorrat			
Patente			
Passiven			
Diverses Fremdkapital			
Rückstellungen			
Latente Steuerschuld			
Eigenkapital			
Temporäre Differenzen			
Latente Steuerschuld 31. 12. 20_4			
./. Latente Steuerschuld per 01. 01. 20_4			
Latenter Steuerertrag 20_4			

Ertragssteuern

21 Aufgabe 21.03

Bereinigungstabelle für T per 31.12.20_4

Bilanzen	HB 1 Aktiven	HB 1 Passiven	Bereinigung Soll	Bereinigung Haben	HB 2 Aktiven	HB 2 Passiven
Diverse Aktiven	600					
Warenvorrat	200					
Patente						
Diverses Fremdkapital		386				
Rückstellungen		24				
Latente Steuerschulden						
Aktienkapital		200				
Gesetzliche Reserven		40				
Freie Reserven		110				
Kapitalreserven						
Gewinnreserven						
Gewinn Bilanz		40				
	800	800				

Erfolgsrechnungen	HB 1 Aufwand	HB 1 Ertrag	Bereinigung Soll	Bereinigung Haben	HB 2 Aufwand	HB 2 Ertrag
Warenertrag		2 000				
Warenaufwand	1 200					
Abschreibungen	70					
Rückstellungsaufwand	17					
Diverser Aufwand	663					
Tatsächliche Ertragssteuern	10					
Latenter Steuerertrag						
Gewinn ER	40					
	2 000	2 000				

b) Führen Sie auf der nächsten Seite die Konsolidierung per Ende 20_4 durch.

Es liegen zusätzlich folgende Tatbestände vor:

▷ M lieferte T im Jahr 20_4 erstmals konzernintern Waren im Fakturawert von 300. Die nicht realisierten Zwischengewinne auf den Warenvorräten bei T betrugen Ende Jahr 20.

▷ T schüttete 20_4 eine Dividende von 8% aus.

Ertragssteuern — Aufgabe 21.03

Konsolidierungsbogen per Ende 20_4

Bilanzen	M (HB 2) Aktiven	M (HB 2) Passiven	T (HB 2) Aktiven	T (HB 2) Passiven	Konsolidierung Soll	Konsolidierung Haben	Konzern Aktiven	Konzern Passiven
Diverse Aktiven	2 000		600					
Warenvorrat	500		200					
Beteiligung an T	356							
Patente			16					
Goodwill								
Latente Steuerguthaben	14							
Diverses Fremdkapital		720		386				
Rückstellungen		70		12				
Latente Steuerschulden				7				
Aktienkapital		1 000		200				
Kapitalreserven		400		138				
Gewinnreserven		600		44				
Gewinn Bilanz		80		29				
	2 870	2 870	816	816				

Erfolgsrechnungen	M (HB 2) Aufwand	M (HB 2) Ertrag	T (HB 2) Aufwand	T (HB 2) Ertrag	Konsolidierung Soll	Konsolidierung Haben	Konzern Aufwand	Konzern Ertrag
Warenertrag		5 000		2 000				
Beteiligungsertrag		16						
Warenaufwand	3 500		1 200					
Abschreibungen	200		86					
Rückstellungsaufwand	70		13					
Diverser Aufwand	1 146		663					
Tatsächliche Ertragssteuern	14		10					
Latenter Steueraufwand	6							
Latenter Steuerertrag				1				
Gewinn Erfolgsrechnung	80		29					
	5 016	5 016	2 001	2 001				

Beantworten Sie diese Fragen:
1. Welches könnten die Gründe für das latente Steuerguthaben der Mutter sein?
2. Weshalb besteht bei der Mutter trotz Steuerguthaben ein latenter Steueraufwand?
3. Warum wird auf der Rückbuchung der Gewinnausschüttung keine latente Steuer ausgeschieden?
4. Unter welchen Bedingungen könnten die latenten Steuerguthaben mit den latenten Steuerschulden verrechnet werden?

Ertragssteuern 21

21.04

Anfang 20_1 erwarb M 75% der Aktien von T.

Nennen Sie per Ende 20_4 alle Bereinigungsbuchungen zwischen HB 1 und HB 2.

Da der Steuersatz konstant 20% des Gewinns vor Steuern beträgt, werden die latenten Steuern bei jeder Bereinigungsbuchung einzeln erfasst.

a) Der Warenvorrat wird in der HB 1 konsequent um den steuerlich zulässigen Drittel unterbewertet. Gemäss HB 1 betrugen die Warenvorräte 480 (im Erwerbszeitpunkt), 720 (Ende 20_3) bzw. 880 (Ende 20_4).

b) Auf den Erwerbszeitpunkt wurde im Rahmen der Purchase Price Allocation ein in der HB 1 nicht erfasstes Patent mit 600 bewertet. Eine lineare indirekte Abschreibung über die Restlaufzeit von 6 Jahren erscheint betriebswirtschaftlich als zweckmässig.

c) Mitte 20_3 lieferte M eine selbst hergestellte Sachanlage für 1000 an T. Die Konzernherstellkosten betrugen 720. Die Anlage wird linear indirekt abgeschrieben, in der HB 1 auf 5 Jahre, in der HB 2 auf 6 Jahre.[1]

21.05

Kreuzen Sie die folgenden Aussagen zu den latenten Steuern als richtig oder falsch an.

Nr.	Aussage	Richtig	Falsch
1	Latente Steuerabgrenzungen ergeben sich grundsätzlich aufgrund von temporären Differenzen bei Aktiven und Verbindlichkeiten in Steuer- und Konzernbilanz.	☐	☐
2	Latente Steuerschulden sind als kurzfristiges Fremdkapital auszuweisen.	☐	☐
3	Permanente Differenzen lösen sich im Zeitablauf nicht auf, weshalb keine latenten Steuerabgrenzungen vorzunehmen sind.	☐	☐
4	Auf dem Goodwill ist keine latente Steuerabgrenzung zu bilden, weil der Goodwill eine Residualgrösse darstellt.	☐	☐
5	Verlustvorträge können zu einer aktiven latenten Steuerabgrenzung führen.	☐	☐
6	Die im Konzernabschluss tieferen Garantierückstellungen führen zu einer aktiven latenten Steuerabgrenzung.	☐	☐
7	Bei Beteiligungen an assoziierten Gesellschaften (Equity-Methode) werden keine latenten Steuerabgrenzungen vorgenommen.	☐	☐
8	Nicht realisierte Zwischengewinne aus konzerninternen Warenlieferungen führen zu latenten Steuerguthaben.	☐	☐
9	Für die Berechnung der latenten Steuern ist nicht der aktuelle Steuersatz massgeblich, sondern der tatsächlich zu erwartende.	☐	☐
10	Aktive und passive latente Ertragssteuern dürfen saldiert werden, soweit sie dasselbe Steuersubjekt und dieselbe Steuerhoheit betreffen.	☐	☐

---

[1] In Aufgabe c) ist der sogenannte Push-down-Ansatz anzuwenden, d. h., die Zwischengewinne werden bereits auf Stufe Bereinigung zwischen HB 1 und 2 eliminiert (statt erst auf Stufe Konsolidierung; vgl. Kapitel 25).

22

Währungsumrechnung

22.01

Anfang 20_1 erwarb die Mutter M sämtliche Anteile an der ausländischen Tochter T zum Preis von CHF 150 (USD 100 zum Kurs CHF 1.50/USD). Weitere Transaktionen fanden nicht statt.

Der CHF ist die Darstellungswährung des Konzerns sowie die funktionale Währung von M. Die funktionale Währung von T ist der USD.

Die latenten Steuern sind bei allen Aufgaben von Kapitel 22 zu vernachlässigen.

	Eröffnung	Durchschnitt	Schluss
Kurse in CHF/USD	1.50	1.30	1.20

Für die Erstellung des Konzernabschlusses wurden die Zahlen der Einzelabschlüsse von M und T bereinigt. Dazu gehörte auch die Umrechnung des Abschlusses von T von der funktionalen Währung USD in die Darstellungswährung CHF.

Schlussbilanzen 31. 12. 20_0

	M	T		
	CHF	USD	Kurs	CHF
Aktiven				
Flüssige Mittel	80	20	1.50	30
Forderungen L+L	160	30	1.50	45
Sachanlagen	250	50	1.50	75
	490	100		150
Passiven				
Aktienkapital	400	60	1.50	90
Reserven	90	40	1.50	60
	490	100		150

Schlussbilanzen 31. 12. 20_1

	M	T		
	CHF	USD	Kurs	CHF
Aktiven				
Flüssige Mittel	32	30	1.20	36
Forderungen L+L	151	50	1.20	60
Sachanlagen	240	40	1.20	48
Beteiligung an T	150			
	573	120		144
Passiven				
Aktienkapital	450	60	1.50	90
Reserven	90	40	1.50	60
Umrechnungsdifferenzen				−32
Gewinn Bilanz	33	20	1.30	26
	573	120		144

Erfolgsrechnungen 20_1

	M	T		
	CHF	USD	Kurs	CHF
Ertrag	400	200	1.30	260
./. Diverser Baraufwand	−322	−170	1.30	−221
./. Abschreibungen	−45	−10	1.30	−13
= **Gewinn ER**	**33**	**20**	**1.30**	**26**

Währungsumrechnung

22 Aufgabe 22.01

Vervollständigen Sie den Konzernabschluss, und weisen Sie die Umrechnungsdifferenzen rechnerisch nach.

Für die Berechnung der Umrechnungsdifferenzen sowie der Zunahme Forderungen L+L stehen auf der nächsten Seite Lösungshilfen zur Verfügung.

Konzern-Schlussbilanzen

	20_0	20_1
Aktiven		
Flüssige Mittel		
Forderungen L+L		
Sachanlagen		
Passiven		
Aktienkapital		
Reserven		
Umrechnungsdifferenzen		
Gewinn Bilanz		

Konzern-Erfolgsrechnung 20_1

Ertrag	
./. Diverser Baraufwand	
./. Abschreibungen	
= Gewinn ER	

Konzern-Geldflussrechnung 20_1

Geldfluss aus Betriebstätigkeit	
Gewinn	
+ Abschreibungen	
./. Zunahme Forderungen L+L	
Geldfluss aus Investitionstätigkeit	
./. Akquisition von T	
./. Kauf Sachanlagen	
Geldfluss aus Finanzierungstätigkeit	
+ Zunahme Aktienkapital	
./. Umrechnungsdifferenzen auf den flüssigen Mitteln	
= Abnahme flüssige Mittel	
+ Anfangsbestand flüssige Mittel	
= Schlussbestand flüssige Mittel	

Währungsumrechnung

Aufgabe 22.01

Umrechnungsdifferenzen auf den Nettoaktiven von T

Text	Berechnung	Betrag
Währungsverlust auf dem Anfangsbestand der Nettoaktiven von T		
Währungsverlust auf dem Jahresgewinn von T		
= Umrechnungsdifferenzen auf den Nettoaktiven von T		

Zunahme Forderungen L+L

Text	Berechnung	Betrag
Zunahme der Forderungen L+L gemäss Konzernbilanz		
Bei Akquisition übernommene Forderungen L+L von T		
Kursverlust auf übernommenen Forderungen L+L von T		
Kursverlust auf Zunahme Forderungen L+L von T		
= Zunahme der Forderungen L+L aus Geschäftstätigkeit		

Umrechnungsdifferenzen auf den flüssigen Mitteln von T

Text	Berechnung	Betrag
Kursverlust auf übernommenen flüssigen Mitteln von T		
Kursverlust auf Zunahme der flüssigen Mittel von T		
= Umrechnungsdifferenzen auf den flüssigen Mitteln von T		

Währungsumrechnung 22

22.02

M kaufte per 01. 01. 20_1 sämtliche Aktien von T zum Kaufpreis von USD 200. Im Erwerbszeitpunkt betrugen die Nettoaktiven von T USD 180 bei einem Wechselkurs von CHF 2.00/USD. Der Goodwill ist werthaltig.

Der CHF ist sowohl die Darstellungswährung im Konzern als auch die funktionale Währung von M. Der USD ist die funktionale Währung von T.

Als Vorbereitung zur Konsolidierung per Ende 20_5 ist der Einzelabschluss von T auf Basis dieser Kurse in die Darstellungswährung des Konzerns umzurechnen:

	20_3	20_4	20_5
Durchschnittskurse in CHF/USD	1.70	1.50	1.20
Schlusskurse in CHF/USD	1.65	1.40	1.10

a) Wie lauten die bereinigten Abschlussrechnungen von T?

Bilanz T (HB 2) per 31.12. 20_4

	USD	Kurs	CHF
Aktiven			
Diverse Aktiven	120		
Warenvorrat	90		
Sachanlagen	150		
	360		
Passiven			
Fremdkapital	130		
Aktienkapital	100		
Kapitalreserven	80		
Gewinnreserven[1]	40		
Umrechnungsdifferenzen			
Gewinn Bilanz	10		
	360		

Bilanz T (HB 2) per 31.12. 20_5

	USD	Kurs	CHF
Aktiven			
Diverse Aktiven	140		
Warenvorrat	80		
Sachanlagen	200		
	420		
Passiven			
Fremdkapital	170		
Aktienkapital	100		
Kapitalreserven	80		
Gewinnreserven	50		
Umrechnungsdifferenzen			
Gewinn Bilanz	20		
	420		

Erfolgsrechnung T (HB 2) für 20_5

	USD	Kurs	CHF
Warenertrag	800		
./. Warenaufwand	−500		
./. Abschreibungen	−30		
./. Diverser Aufwand	−250		
= **Gewinn**	**20**		

[1] Die Gewinnreserven bestehen aus noch nicht ausgeschütteten Gewinnen aus dem Jahr 20_3.

22 Währungsumrechnung

Aufgabe 22.02

b) Führen Sie das Konsolidierungsjournal, und erstellen Sie den Konzernabschluss.

Konsolidierungsjournal 31.12.20_5

Nr.	Text	Soll	Haben	Betrag
1	Kapitalkonsolidierung			
2	T lieferte M Handelswaren im Fakturawert von USD 100 (Konzerneinstand USD 75), von denen M 80% an Dritte weiterverkaufte.			
	Der Anfangsbestand an Warenvorräten aus konzerninterner Lieferung betrug CHF 8 (Konzerneinstand CHF 6); er wurde während des Jahres an Dritte veräussert.			
3	M zahlte im April eine Dividende von 10% aus und erhöhte das Aktienkapital Mitte Jahr um nominal 100 mit einem Agio von 50%.			

Konzern-Eigenkapitalnachweis per 31.12.20_5

	Aktienkapital	Kapitalreserven	Gewinnreserven (inkl. Gewinn)	Umrechnungs-differenzen	Total
Anfangsbestand per 01.01.20_5					
Zunahme Umrechnungsdifferenzen					
= Schlussbestand per 31.12.20_5					

Währungsumrechnung — Aufgabe 22.02

Konsolidierungsbogen Ende 20_5

Bilanzen	M Aktiven	M Passiven	T① Aktiven	T① Passiven	Konsolidierungsbuchungen Soll	Konsolidierungsbuchungen Haben	Konzern Aktiven	Konzern Passiven
Diverse Aktiven	600		154					
Warenvorrat	130		88					
Sachanlagen	800		220					
Beteiligung an T	400							
Goodwill								
Fremdkapital		650		187				
Aktienkapital		500		200				
Kapitalreserven		300		160				
Gewinnreserven		370		83				
Umrechnungsdifferenzen				−192				
Gewinn Bilanz		110		24				
	1 930	1 930	462	462				

Erfolgsrechnungen	M Aufwand	M Ertrag	T Aufwand	T Ertrag	Konsolidierungsbuchungen Soll	Konsolidierungsbuchungen Haben	Konzern Aufwand	Konzern Ertrag
Warenertrag		4 000		960				
Warenaufwand	2 500		600					
Abschreibungen	150		36					
Diverser Aufwand	1 240		300					
Gewinn ER	110		24					
	4 000	4 000	960	960				

① Um ein Zurückblättern zu vermeiden, ist der bereinigte Jahresabschluss von T gemäss Teilaufgabe a) bereits im Konsolidierungsbogen eingetragen.

22 Währungsumrechnung

22.03

Die Holding H erwarb am 01.01.20_1 einen Anteil von 25% am Kapital der assoziierten Gesellschaft A für CHF 2 800 (FCU 2 000 zum Kurs CHF 1.40/FCU). Das anteilige Eigenkapital von A betrug FCU 1 800.

a) Rechnen Sie die Equity-Werte in die Darstellungswährung CHF um.

Fortschreibung der Beteiligung an A

	Text	FCU	Umrechnung	CHF
	Kauf Beteiligung an A	2 000		
./.	Dividendenausschüttung	− 100	Transaktionskurs 1.42	
+	Gewinnanteil	400	Durchschnittskurs 1.48	
	Umrechnungsdifferenzen			
=	Bestand am 31.12.20_1	2 300	Schlusskurs 1.50	
./.	Dividendenausschüttung	− 200	Transaktionskurs 1.55	
+	Gewinnanteil	300	Durchschnittskurs 1.58	
	Umrechnungsdifferenzen			
=	Bestand am 31.12.20_2	2 400	Schlusskurs 1.60	
./.	Dividendenausschüttung	− 200	Transaktionskurs 1.62	
./.	Verlustanteil	− 100	Durchschnittskurs 1.56	
	Umrechnungsdifferenzen			
=	Bestand am 31.12.20_3	2 100	Schlusskurs 1.50	

b) Wie lauten bei H die Buchungen im Jahr 20_2 nach schweizerischem Obligationenrecht?

Text	Soll	Haben	Betrag
Eröffnung per 01.01.20_2			
Übertrag auf Bilanz per 31.12.20_2			

c) Wie lauten die Konsolidierungsbuchungen per Ende 20_2?

Text	Soll	Haben	Betrag

d) Weisen Sie die kumulierte Umrechnungsdifferenz per Ende 20_2 nach.

Währungsumrechnung 22

22.04

M kaufte per 01. 01. 20_1 sämtliche Aktien von T zum Kaufpreis von FCU 320. Im Erwerbszeitpunkt betrugen die Nettoaktiven von T FCU 290, der Wechselkurs CHF 1.70/FCU. Der Goodwill ist werthaltig.

Der CHF ist sowohl die Darstellungswährung im Konzern als auch die funktionale Währung von M. Die FCU ist die funktionale Währung von T.

Als Vorbereitung zur Konsolidierung per Ende 20_4 ist der Einzelabschluss von T auf Basis dieser Kurse in die Darstellungswährung des Konzerns umzurechnen:

	20_2	20_3	20_4
Durchschnittskurse in CHF/FCU	1.65	1.45	1.50
Schlusskurse in CHF/FCU	1.62	1.40	1.60

a) Wie lauten die bereinigten Abschlussrechnungen von T?

Bilanz T (HB 2) per 31. 12. 20_3

	FCU	Kurs	CHF
Aktiven			
Diverse Aktiven	230		
Warenvorrat	90		
Sachanlagen	340		
WB Sachanlagen	−120		
	540		
Passiven			
Fremdkapital	150		
Aktienkapital	200		
Kapitalreserven	90		
Gewinnreserven	①60		
Umrechnungsdifferenzen			
Gewinn Bilanz	40		
	540		

Bilanz T (HB 2) per 31. 12. 20_4

	FCU	Kurs	CHF
Aktiven			
Diverse Aktiven	230		
Warenvorrat	100		
Sachanlagen	430		
WB Sachanlagen	−160		
	600		
Passiven			
Fremdkapital	180		
Aktienkapital	200		
Kapitalreserven	90		
Gewinnreserven	80		
Umrechnungsdifferenzen			
Gewinn Bilanz	50		
	600		

Erfolgsrechnung T (HB 2) für 20_4

	FCU	Kurs	CHF
Warenertrag	1 200		
./. Warenaufwand	− 700		
./. Abschreibungen	− 40		
./. Diverser Aufwand	− 410		
= Gewinn	**50**		

① Die FCU 60 stellen zurückbehaltene Gewinne aus dem Jahr 20_2 dar.

Währungsumrechnung

22 Aufgabe 22.04

b) Führen Sie das Konsolidierungsjournal, und erstellen Sie den Konzernabschluss.

Konsolidierungsjournal 31.12.20_4

Nr.	Text	Soll	Haben	Betrag
1	Kapitalkonsolidierung			
2	Währungsdifferenzen auf Goodwill (Anfang 20_4 und Veränderung 20_4)			
3	M lieferte T Handelswaren im Fakturawert von CHF 100 mit einer seit langem konstanten Bruttomarge von 25%, die von T teilweise an Dritte weiterverkauft wurden. Die Warenvorräte aus konzerninternen Lieferungen betrugen bei T Anfang Jahr FCU 20 und Ende Jahr FCU 30.①			
4	T lieferte M am 01.01.20_2 eine selbst hergestellte Sachanlage für FCU 30 (Herstellkosten FCU 20), die M zum damaligen Transaktionskurs von CHF 1.80/FCU erfasste. Die Abschreibung erfolgt linear über eine Nutzungsdauer von sechs Jahren.			
5	Dividendenausschüttung von T an M zum Transaktionskurs von CHF 1.55/FCU.			
6	M führte im April eine Aktienkapitalerhöhung von nominal 100 mit einem Agio von 50 durch. Die Dividendenausschüttung betrug 15%, wobei die neuen Aktien noch nicht berechtigt waren.			

Konzern-Eigenkapitalnachweis per 31.12.20_4

	Aktienkapital	Kapitalreserven	Gewinnreserven (inkl. Gewinn)	Umrechnungs-differenzen	Total Eigenkapital
Anfangsbestand per 01.01.20_4					
= Schlussbestand per 31.12.20_4					

---

① Weil T die Vorräte in CHF rapportiert, werden auf Konzernebene bei Zwischengewinnveränderungen keine Währungseinflüsse erfasst. Deshalb ist die gesamte Veränderung erfolgswirksam zu buchen.

Währungsumrechnung 22 Aufgabe 22.04

Konsolidierungsbogen per Ende 20_4

Bilanzen	M Aktiven	M Passiven	T[1] Aktiven	T[1] Passiven	Konsolidierungsbuchungen Soll	Konsolidierungsbuchungen Haben	Konzern Aktiven	Konzern Passiven
Diverse Aktiven	800		368					
Warenvorrat	200		160					
Sachanlagen	1 200		688					
WB Sachanlagen	− 300		−256					
Beteiligung an T	544							
Goodwill								
Fremdkapital		844		288				
Aktienkapital		700		340				
Kapitalreserven		200		153				
Gewinnreserven		539		124				
Umrechnungsdifferenzen				− 20				
Gewinn Bilanz		161		75				
	2 444	2 444	960	960				

Erfolgsrechnungen	M Aufwand	M Ertrag	T Aufwand	T Ertrag	Konsolidierungsbuchungen Soll	Konsolidierungsbuchungen Haben	Konzern Aufwand	Konzern Ertrag
Warenertrag		3 000		1 800				
Beteiligungsertrag		31						
Warenaufwand	1 800		1 050					
Abschreibungen	160		60					
Diverser Aufwand	910		615					
Gewinn ER	161		75					
	3 031	3 031	1 800	1 800				

[1] Um ein Zurückblättern zu vermeiden, ist der bereinigte Jahresabschluss von T gemäss Teilaufgabe a) bereits im Konsolidierungsbogen eingetragen.

23

Mehrstufige Konsolidierung

23.01

Gegeben ist folgende Konzernstruktur:

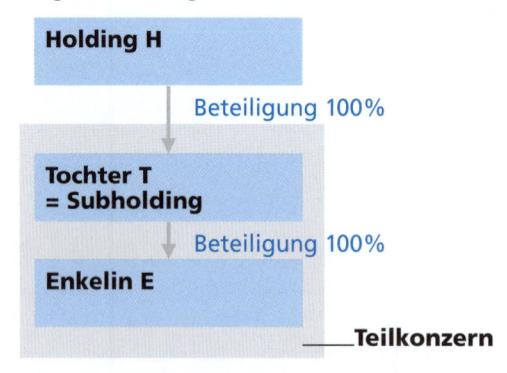

```
Holding H
   │ Beteiligung 100%
   ▼
Tochter T
= Subholding
   │ Beteiligung 100%
   ▼
Enkelin E
                Teilkonzern
```

Zu erstellen ist die Konzernrechnung 20_4 nach zwei Methoden:
▷ stufenweise Konsolidierung
▷ simultane Konsolidierung

Die latenten Steuern sind zu vernachlässigen. Der Goodwill wird nicht abgeschrieben.

Es liegen folgende Zusatzinformationen vor:

Übersicht über die Beteiligungen

Beteiligung	Erwerbs-zeitpunkt	Kaufpreis	Eigenkapital	Aktienkapital	Kapitalreserven
H an T	01.01.20_1	109	100	60	40
T an E	01.01.20_2	47	40	30	10

Konzerninterne Warenlieferungen 20_4

Lieferant	Empfänger	Umsatz	Konstante Bruttomarge	Vorrat am 01.01.20_4	Vorrat am 31.12.20_4
T	H	140	20%	25	15
E	T	48	25%	8	12

Dividendenausschüttungen 20_4

Gesellschaft	Prozentsatz
H	30%
T	20%
E	10%

Mehrstufige Konsolidierung

23 Aufgabe 23.01

a) Führen Sie im Rahmen der stufenweisen Konsolidierung die **Vorkonsolidierung** des Teilkonzerns durch.

Konsolidierungsjournal 31.12. 20_4

Text	Soll	Haben	Betrag
Kapitalkonsolidierung Beteiligung T an E			
Umsatzkonsolidierung			
Anfangsbestand Zwischengewinn			
Zunahme Zwischengewinn			
Elimination konzerninterne Gewinnausschüttung durch E			

Konsolidierungsbogen Ende 20_4

Bilanzen	T Aktiven	T Passiven	E Aktiven	E Passiven	Konsolidierung Soll	Konsolidierung Haben	Teilkonzern T/E Aktiven	Teilkonzern T/E Passiven
Diverse Aktiven	130		90					
Warenvorrat	73		44					
Beteiligung an E	47							
Goodwill								
Fremdkapital		110		70				
Aktienkapital		60		30				
Kapitalreserven		40		10				
Gewinnreserven		23		13				
Gewinn Bilanz		17		11				
	250	250	134	134				

Erfolgsrechnungen	T Aufwand	T Ertrag	E Aufwand	E Ertrag	Konsolidierung Soll	Konsolidierung Haben	Teilkonzern T/E Aufwand	Teilkonzern T/E Ertrag
Warenertrag		600		240				
Finanzertrag		8						
Warenaufwand	400		170					
Übriger Aufwand	191		59					
Gewinn ER	17		11					
	608	608	240	240				

Mehrstufige Konsolidierung

23 Aufgabe 23.01

Um das Zurückblättern auf ein Minimum zu reduzieren, werden hier die wichtigsten Informationen wiederholt. Ausserdem ist der Abschluss des Teilkonzerns bereits im Konsolidierungsbogen eingetragen.

Übersicht über die Beteiligungen

Beteiligung	Erwerbszeitpunkt	Kaufpreis	Eigenkapital	Aktienkapital	Kapitalreserven
H an T	01.01.20_1	109	100	60	40
T an E	01.01.20_2	47	40	30	10

Konzerninterne Warenlieferungen 20_4

Lieferant	Empfänger	Umsatz	Konstante Bruttomarge	Vorrat am 01.01.20_4	Vorrat am 31.12.20_4
T	H	140	20%	25	15
E	T	48	25%	8	12

Dividendenausschüttungen 20_4

Gesellschaft	Prozentsatz
H	30%
T	20%
E	10%

b) Führen Sie im Rahmen der stufenweisen Konsolidierung die **Hauptkonsolidierung** durch.

Konsolidierungsjournal 31.12.20_4

Text	Soll	Haben	Betrag
Kapitalkonsolidierung Beteiligung H an T			
Umsatzkonsolidierung			
Anfangsbestand Zwischengewinn			
Abnahme Zwischengewinn			
Elimination konzerninterne Gewinnausschüttung durch T			

Mehrstufige Konsolidierung

23 Aufgabe 23.01

Konsolidierungsbogen Ende 20_4

Bilanzen	H Aktiven	H Passiven	Teilkonzern T/E Aktiven	Teilkonzern T/E Passiven	Konsolidierung Soll	Konsolidierung Haben	Konzern Aktiven	Konzern Passiven
Diverse Aktiven	300							
Warenvorrat	95							
Beteiligung an T	109							
Goodwill								
Fremdkapital		195						
Aktienkapital		150						
Kapitalreserven		70						
Gewinnreserven		55						
Gewinn Bilanz		34						
	504	504						

Erfolgsrechnungen	H Aufwand	H Ertrag	Teilkonzern T/E Aufwand	Teilkonzern T/E Ertrag	Konsolidierung Soll	Konsolidierung Haben	Konzern Aufwand	Konzern Ertrag
Warenertrag		900						
Finanzertrag		16						
Warenaufwand	500							
Übriger Aufwand	382							
Gewinn ER	34							
	916	916						

Mehrstufige Konsolidierung

23 Aufgabe 23.01

Um das Zurückblättern möglichst zu vermeiden, werden hier die wichtigsten Informationen wiederholt.

Übersicht über die Beteiligungen

Beteiligung	Erwerbs-zeitpunkt	Kaufpreis	Eigenkapital	Aktienkapital	Kapitalreserven
H an T	01.01.20_1	109	100	60	40
T an E	01.01.20_2	47	40	30	10

Konzerninterne Warenlieferungen 20_4

Lieferant	Empfänger	Umsatz	Konstante Bruttomarge	Vorrat am 01.01.20_4	Vorrat am 31.12.20_4
T	H	140	20%	25	15
E	T	48	25%	8	12

Dividendenausschüttungen 20_4

H schüttet 30%, T 20% und E 10% Dividenden aus.

c) Erstellen Sie die Konzernrechnung nach der Methode der **simultanen Konsolidierung**.

Konsolidierungsjournal 31.12.20_4

Text	Soll	Haben	Betrag
Kapitalkonsolidierung Beteiligung H an T			
Kapitalkonsolidierung Beteiligung T an E			
Umsatzkonsolidierung T an H / E an T			
Anfangsbestand Zwischengewinn bei H / bei T			
Abnahme Zwischengewinn bei H			
Zunahme Zwischengewinn bei T			
Elimination konzerninterne Gewinnausschüttung durch T			
Elimination konzerninterne Gewinnausschüttung durch E			

344

Mehrstufige Konsolidierung

23 Aufgabe 23.01

Konsolidierungsbogen Ende 20_4

Bilanzen	H Aktiven	H Passiven	T Aktiven	T Passiven	E Aktiven	E Passiven	Konsolidierung Soll	Konsolidierung Haben	Konzern Aktiven	Konzern Passiven
Diverse Aktiven	300		130		90					
Warenvorrat	95		73		44					
Beteiligung an T	109									
Beteiligung an E			47							
Goodwill										
Fremdkapital		195		110		70				
Aktienkapital		150		60		30				
Kapitalreserven		70		40		10				
Gewinnreserven		55		23		13				
Gewinn Bilanz		34		17		11				
	504	504	250	250	134	134				

Erfolgs-rechnungen	H Aufwand	H Ertrag	T Aufwand	T Ertrag	E Aufwand	E Ertrag	Konsolidierung Soll	Konsolidierung Haben	Konzern Aufwand	Konzern Ertrag
Warenertrag		900		600		240				
Finanzertrag		16		8						
Warenaufwand	500		400		170					
Übriger Aufwand	382		191		59					
Gewinn ER	34		17		11					
	916	916	608	608	240	240				

Mehrstufige Konsolidierung 23

23.02

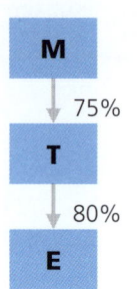

Bei einem Konzern bestehen folgende Beteiligungsverhältnisse:

M →75% **T** →80% **E**

Übersicht über die Beteiligungen

Beteiligung	Kapitalanteil	Erwerbszeitpunkt	Kaufpreis	Eigenkapital	Aktienkapital	Kapitalreserven
M an T	75%	01.01.20_1	164	200	120	80
T an E	80%	01.01.20_3	129	150	100	50

Dividendenausschüttungen 20_7

M und T schütteten je 10% Dividenden aus, E 15%.

Konzerninterne Warenlieferungen 20_7

▷ M lieferte E 20_7 Handelswaren im Fakturawert von 130.
▷ Die Bestände an nicht realisierten Zwischengewinnen im Vorrat von E betrugen Anfang Jahr 20, Ende Jahr 30.

Goodwill

Der Goodwill ist werthaltig und wird nicht abgeschrieben.

a) Führen Sie im Rahmen der stufenweisen Konsolidierung die **Vorkonsolidierung** des Teilkonzerns durch.

Konsolidierungsjournal Ende 20_7

Text	Soll	Haben	Betrag
Kapitalkonsolidierung			
Minderheitsanteile am Eigenkapital			
Minderheitsanteile am Ergebnis			
Dividendenausschüttung			

Mehrstufige Konsolidierung

23 Aufgabe 23.02

Konsolidierungsbogen Ende 20_7

Bilanzen	Subholding T Aktiven	Subholding T Passiven	E Aktiven	E Passiven	Konsolidierung Soll	Konsolidierung Haben	Teilkonzern T/E Aktiven	Teilkonzern T/E Passiven
Diverse Aktiven	210		280					
Warenvorrat	89		105					
Beteiligung an E	129							
Goodwill								
Fremdkapital		160		140				
Aktienkapital		120		100				
Kapitalreserven		80		50				
Gewinnreserven		44		70				
MAK								
Gewinn Bilanz		24		25				
MAG Bilanz								
	428	428	385	385				

Erfolgsrechnungen	Subholding T Aufwand	Subholding T Ertrag	E Aufwand	E Ertrag	Konsolidierung Soll	Konsolidierung Haben	Teilkonzern T/E Aufwand	Teilkonzern T/E Ertrag
Warenertrag		900		1 200				
Finanzertrag		16						
Warenaufwand	550		700					
Übriger Aufwand	342		475					
Gewinn ER	24		25					
MAG ER								
	916	916	1 200	1 200				

Mehrstufige Konsolidierung

23 Aufgabe 23.02

b) Führen Sie die **Hauptkonsolidierung** durch.

Als Hilfe sind hier die allgemeinen Angaben zur Aufgabenstellung wiederholt:

Übersicht über die Beteiligungen

Beteiligung	Kapitalanteil	Erwerbszeitpunkt	Kaufpreis	Eigenkapital	Aktienkapital	Kapitalreserven
M an T	75%	01.01.20_1	164	200	120	80
T an E	80%	01.01.20_3	129	150	100	50

Dividendenausschüttungen 20_7

M und T schütteten je 10% Dividenden aus, E 15%.

Konzerninterne Warenlieferungen 20_7

▷ M lieferte E 20_7 Handelswaren im Fakturawert von 130.
▷ Die Bestände an nicht realisierten Zwischengewinnen im Vorrat von E betrugen Anfang Jahr 20, Ende Jahr 30.

Konsolidierungsjournal 31.12.20_7

Text	Soll	Haben	Betrag
Kapitalkonsolidierung			
Minderheitsanteile am Eigenkapital			
Minderheitsanteile am Ergebnis			
Umsatzkonsolidierung			
Zwischengewinn Anfangsbestand			
Zunahme Zwischengewinn			
Dividendenausschüttung			

Mehrstufige Konsolidierung

23 Aufgabe 23.02

Konsolidierungsbogen Ende 20_7

Bilanzen	M Aktiven	M Passiven	Teilkonzern T/E Aktiven	Teilkonzern T/E Passiven	Konsolidierung Soll	Konsolidierung Haben	Konzern Aktiven	Konzern Passiven
Diverse Aktiven	515		490					
Warenvorrat	230		194					
Beteiligung an T	164							
Goodwill			9					
Fremdkapital		400		300				
Aktienkapital		250						
Kapitalreserven		90						
Gewinnreserven		130						
MAK								
Gewinn Bilanz		39						
MAG Bilanz								
	909	909	693	693				

Erfolgsrechnungen	M Aufwand	M Ertrag	Teilkonzern T/E Aufwand	Teilkonzern T/E Ertrag	Konsolidierung Soll	Konsolidierung Haben	Konzern Aufwand	Konzern Ertrag
Warenertrag		1 600		2 100				
Finanzertrag		26		4				
Warenaufwand	1 000		1 250					
Übriger Aufwand	587		817					
Gewinn ER	39		32					
MAG ER			5					
	1 626	1 626	2 104	2 104				

Konzern-Eigenkapital (nach Gewinnverbuchung) per 31.12. 20_7

= Den Holdingaktionären zurechenbares Eigenkapital

= Total Eigenkapital 722

Konzern-Erfolgsrechnung 20_7

= Konzerngewinn

Davon:

Mehrstufige Konsolidierung

23 Aufgabe 23.02

c) Erstellen Sie die Konzernrechnung mithilfe der **simultanen Konsolidierung** in einem Schritt.

Um ein Zurückblättern zu vermeiden, werden die allgemeinen Angaben zur Aufgabenstellung auf dieser Doppelseite wiederholt (Beteiligungen und Dividenden sind rechts unten):

Konzerninterne Warenlieferungen 20_7

▷ M lieferte E 20_7 Handelswaren im Fakturawert von 130.
▷ Die Bestände an nicht realisierten Zwischengewinnen im Vorrat von E betrugen Anfang Jahr 20, Ende Jahr 30.

Konsolidierungsjournal 31.12. 20_7

Text	Soll	Haben	Betrag
Kapitalkonsolidierung Beteiligung T an E			
Minderheitsanteile am Eigenkapital von E			
Minderheitsanteile am Ergebnis von E			
Kapitalkonsolidierung Beteiligung M an T			
Minderheitsanteile am Eigenkapital des Teilkonzerns T/E			
Minderheitsanteile am Ergebnis des Teilkonzerns T/E			
Umsatzkonsolidierung			
Zwischengewinn Anfangsbestand			
Zunahme Zwischengewinn			
Dividendenausschüttung E			
Dividendenausschüttung T			

Mehrstufige Konsolidierung

23 Aufgabe 23.02

Konsolidierungsbogen Ende 20_7

Bilanzen	M		T		E		Konsolidierung		Konzern	
Diverse Aktiven	515		210		280					
Warenvorrat	230		89		105					
Beteiligung an T	164									
Beteiligung an E			129							
Goodwill										
Fremdkapital		400		160		140				
Aktienkapital		250		120		100				
Kapitalreserven		90		80		50				
Gewinnreserven		130		44		70				
MAK										
Gewinn Bilanz		39		24		25				
MAG Bilanz										
	909	909	428	428	385	385				

ER	M		T		E		Konsolidierung		Konzern	
Warenertrag		1 600		900		1 200				
Finanzertrag		26		16						
Warenaufwand	1 000		550		700					
Übriger Aufwand	587		342		475					
Gewinn ER	39		24		25					
MAG ER										
	1 626	1 626	916	916	1 200	1 200				

Übersicht über die Beteiligungen

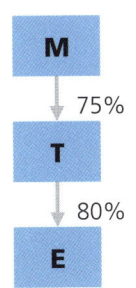

M
↓ 75%
T
↓ 80%
E

Beteiligung	Kapitalanteil	Erwerbszeitpunkt	Kaufpreis	Eigenkapital	Aktienkapital	Kapitalreserven
M an T	75%	01.01.20_1	164	200	120	80
T an E	80%	01.01.20_3	129	150	100	50

Dividendenausschüttungen 20_7

M und T schütteten je 10% Dividenden aus, E 15%.

24

Veränderungen von Beteiligungsquoten

24.01

Teilaufgabe 1 — **Kauf einer assoziierten Gesellschaft**

Die Holding H kaufte Anfang 20_1 für 50 ein Aktienpaket von 20% der Unternehmung X, wodurch ein massgeblicher Einfluss entstand.

Die Nettoaktiven von X betrugen im Erwerbszeitpunkt 200. Im Jahr 20_1 schüttete X eine Dividende von 15 aus und erwirtschaftete einen Gewinn von 25.

a) Vervollständigen Sie die Fortschreibungstabelle.

Equity-Wert von X per Ende 20_1

Anteiliges Eigenkapital im Erwerbszeitpunkt	
+	
= **Kaufpreis = Equity-Wert Anfang 20_1**	
+ Anpassung Equity-Wert 20_1	
= **Equity-Wert per Ende 20_1**	

Teilaufgabe 2 — **Die assoziierte Gesellschaft wird zur Tochter**

Anfang 20_2 kaufte H für den Preis von 120 ein zusätzliches Aktienpakt von 40%, wodurch sich die Beteiligung von H an X auf 60% erhöhte und H die Kontrolle über X erlangte.

b) Berechnen Sie das Entgelt für den Erwerb der insgesamt 60% der Aktien von X. Es ist nach der klassischen Erwerbsmethode gemäss IFRS vorzugehen.

Entgelt für den Erwerb von X per Anfang 20_2

Kaufpreis für die zusätzliche Tranche von 40%	
+ Fair Value für die bereits gehaltene 20%-Beteiligung	
= **Entgelt für 60% der Aktien von X**	

c) Berechnen Sie den Gewinn, der durch die Aufwertung der bisherigen 20%-Beteiligung vom Equity-Wert auf den Fair Value entsteht.

Wertanpassung der 20%-Beteiligung

Fair Value der 20%-Beteiligung	
./. Equity-Wert der 20%-Beteiligung	
= **Gewinn**	

Veränderungen von Beteiligungsquoten

24 Aufgabe 24.01

Die Neubewertung der Nettoaktiven von X auf den Zeitpunkt, an dem H die Kontrollmehrheit erwirbt, ergibt einen Fair Value von 250.

d) Wie hoch ist der Goodwill?

Berechnung des Goodwills per Anfang 20_2

Entgelt für 60% der Aktien von X	
./. Anteiliges Eigenkapital (Nettoaktiven) von X zum Fair Value	
= Goodwill	

e) Führen Sie die Erstkonsolidierung per Ende 20_2 durch. Vereinfachend ist davon auszugehen, dass keine weiteren Konsolidierungstatbestände vorliegen.

Konsolidierungsbogen Ende 20_2

Bilanzen	H Aktiven	H Passiven	X Aktiven	X Passiven	Konsolidierung Soll	Konsolidierung Haben	Konzern Aktiven	Konzern Passiven
Diverse Aktiven	1 400		420					
Beteiligung an X	170							
Goodwill								
Fremdkapital		600		120				
Aktienkapital		500		100				
Kapitalreserven		180		150				
Gewinnreserven		220						
MAK								
Gewinn Bilanz		70		50				
MAG Bilanz								
	1 570	1 570	420	420				

24 Veränderungen von Beteiligungsquoten

Aufgabe 24.01

Teilaufgabe 3 — **Erhöhung der Beteiligungsquote an einer Tochter**

Anfang 20_3 kaufte H zum Preis von 100 ein weiteres Aktienpaket von 30% hinzu. Dadurch erhöhte sich die Beteiligungsquote auf 90%.

f) Berechnen Sie den bezahlten Aufpreis.

Kaufpreisdifferenz per 01. 01. 20_3

Kaufpreis für zusätzliche Tranche von 30%	
./. Gekaufte Minderheitsanteile an X	
= **Bezahlter Aufpreis**	

g) Führen Sie die Konsolidierung per Ende 20_3 durch. Vereinfachend ist davon auszugehen, dass keine weiteren Konsolidierungstatbestände vorliegen.

Konsolidierungsbogen Ende 20_3

Bilanzen	H Aktiven	H Passiven	X Aktiven	X Passiven	Konsolidierung Soll	Konsolidierung Haben	Konzern Aktiven	Konzern Passiven
Diverse Aktiven	1 410		470					
Beteiligung an X	270							
Goodwill								
Fremdkapital		620		130				
Aktienkapital		500		100				
Kapitalreserven		180		150				
Gewinnreserven		290		50				
MAK								
Gewinn Bilanz		90		40				
MAG Bilanz								
	1 680	1 680	470	470				

h) Erstellen Sie den Eigenkapitalnachweis.

Eigenkapitalnachweis per 31. 12. 20_3

	Aktienkapital	Kapitalreserven	Gewinnreserven	Total Holdingaktionäre	Minderheiten	Total Eigenkapital
Anfangsbestand						
./. Kauf 30% Minderheiten						
./. Aufpreis für den Kauf von Minderheitsanteilen						
+ Gewinn						
= Schlussbestand						

Veränderungen von Beteiligungsquoten — 24

24.02

Die Holding H erwarb Anfang 20_1 sämtliche Aktien von T für 100. Die Nettoaktiven von T betrugen im Erwerbszeitpunkt 80, was einen Goodwill von 20 ergab, der sich in der Folge als werthaltig erwies.

Anfang 20_6 verkaufte H 40% der Aktien von T zum Preis von 47.

a) Berechnen Sie den Veräusserungsgewinn aus Sicht von H.

Veräusserungsgewinn aus Sicht von H

= Veräusserungsgewinn	

b) Wie verbucht H den Verkauf?

Text	Soll	Haben	Betrag
Verkauf von 40% der Beteiligung an T			

c) Führen Sie die Konsolidierung per Ende 20_6 unter der Annahme durch, dass keine weiteren Konsolidierungstatbestände vorliegen.

Konsolidierungsbogen Ende 20_6

Bilanzen	H Aktiven	H Passiven	T Aktiven	T Passiven	Konsolidierung Soll	Konsolidierung Haben	Konzern Aktiven	Konzern Passiven
Diverse Aktiven	605		220					
Beteiligung an T	60							
Goodwill								
Fremdkapital		280		90				
Aktienkapital		200		50				
Kapitalreserven		70		30				
Gewinnreserven		80		40				
MAK								
Gewinn Bilanz		35		10				
MAG Bilanz								
	665	665	220	220				

d) Wie lautet der Eigenkapitalnachweis?

Eigenkapitalnachweis Ende 20_6

	Aktienkapital	Kapital-reserven	Gewinn-reserven	Total Holding-aktionäre	Minderheiten	Total Eigenkapital

24.03

Anfang 20_1 erwarb M 80% der Aktien von T für 220. Die Nettoaktiven von T betrugen im Erwerbszeitpunkt 200. Der Goodwill wird auf 5 Jahre abgeschrieben.

M verkaufte T 20_4 Waren für 70. Es bestehen keine unrealisierten Zwischengewinne.

Die Beteiligung an T wird am 30.06.20_4 zum Preis von 300 verkauft.

a) Führen Sie die **Dekonsolidierung** auf der nächsten Seite in folgenden Schritten durch:
   ▷ Kapitalkonsolidierung über das Abwicklungskonto Mutter
   ▷ Goodwill-Abschreibung
   ▷ Übertrag der Minderheitsanteile auf das Abwicklungskonto Minderheiten
   ▷ Elimination konzerninterner Umsatz
   ▷ Dekonsolidierung der anteiligen Nettoaktiven und des Goodwills
   ▷ Dekonsolidierung der Minderheiten
   ▷ Korrektur Veräusserungsgewinn

b) Erstellen Sie den Eigenkapitalnachweis.

c) Wie ist der Verkauf von T in der Geldflussrechnung darzustellen?

Veränderungen von Beteiligungsquoten 24

Aufgabe 24.03

Konsolidierungsbogen Ende 20_4

Bilanzen	M Soll	M Haben	T (30.06.20_4) Soll	T (30.06.20_4) Haben	Konsolidierung Soll	Konsolidierung Haben	Konzern Soll	Konzern Haben
Diverse Aktiven	510		250					
Flüssige Mittel	320		30					
Abwicklung Mutter								
Abwicklung Minderheiten								
Goodwill								
Verbindlichkeiten		240		25				
Aktienkapital		300		150				
Kapitalreserven		80		50				
Gewinnreserven		90		35				
Gewinn Bilanz		120		20				
	830	830	280	280				

Erfolgsrechnungen	M Soll	M Haben	T (bis 30.06.20_4) Soll	T (bis 30.06.20_4) Haben	Konsolidierung Soll	Konsolidierung Haben	Konzern Soll	Konzern Haben
Warenertrag		1 500		500				
Veräusserungsgewinn		80						
Warenaufwand	1 000		300					
Goodwill-Abschreibung								
Diverser Aufwand	460		180					
Gewinn ER	120		20					
MAG ER								
	1 580	1 580	500	500				

Eigenkapitalnachweis Ende 20_4

	Aktien-kapital	Kapital-reserven	Gewinn-reserven	Total Holding-aktionäre	Minder-heiten	Total Eigen-kapital
Anfangsbestand						
= Schlussbestand						

25

Push-down Accounting

25.01

Anfang 20_1 erwarb H 75% der Aktien von T zum Kaufpreis von 370.

T besitzt ein in der HB 1 nicht bilanziertes Patent, dessen Nutzungswert auf 100 geschätzt wird. Die Abschreibung erfolgt linear über eine erwartete Restnutzungsdauer von 5 Jahren. Die übrigen Nettoaktiven sind in der HB 1 nach True and Fair View bewertet.

Der Steuersatz für die Berechnung der latenten Steuern beträgt 20%.

Der sich aus der Kapitalkonsolidierung im Erwerbszeitpunkt ergebende Goodwill ist nach Swiss GAAP FER linear auf fünf Jahre abzuschreiben.

Im Jahr 20_4 lieferte M zum ersten Mal Handelswaren für 900 an T. Aus dieser Lieferung verbleiben bei T nicht realisierte Zwischengewinne von 40.

a) Wie lautet die bereinigte Bilanz von T im Erwerbszeitpunkt?

Bereinigungstabelle per 01. 01. 20_1

	HB 1 Aktiven	HB 1 Passiven	Bereinigung Soll	Bereinigung Haben	HB 2 Aktiven	HB 2 Passiven
Diverse Aktiven	365					
Warenvorrat	105					
Patent						
Goodwill						
Diverses Fremdkapital		110				
Latente Steuerschulden						
Aktienkapital		240				
Gesetzliche Reserven		50				
Freie Reserven		70				
Kapitalreserven						
HAK im Erwerbszeitpunkt						
MAK						
	470	470				

HAK = Holdinganteile am Eigenkapital von T zum Erwerbszeitpunkt

Push-down Accounting — Aufgabe 25.01

b) Wie lautet der bereinigte Abschluss von T per Ende 20_4?

Bereinigungstabelle für T per 31. 12. 20_4

	HB 1 Aktiven	HB 1 Passiven	Bereinigung Soll	Bereinigung Haben	HB 2 Aktiven	HB 2 Passiven
Diverse Aktiven	392					
Warenvorrat	160					
Patent						
Goodwill						
Diverses Fremdkapital		140				
Latente Steuern						
Aktienkapital		240				
Gesetzliche Reserven		50				
Freie Reserven		94				
Kapitalreserven						
HAK im Erwerbszeitpunkt						
Gewinnreserven						
MAK						
Gewinn Bilanz		28				
MAG Bilanz						
	552	552				

Erfolgsrechnung	HB 1 Aufwand	HB 1 Ertrag	Bereinigung Soll	Bereinigung Haben	HB 2 Aufwand	HB 2 Ertrag
Warenertrag		1 600				
Latenter Steuerertrag						
Warenaufwand	1 300					
Goodwill-Abschreibung						
Abschreibung Patent						
Diverser Aufwand	272					
Gewinn ER	28					
MAG ER						
	1 600	1 600				

c) Wie lauten die Konsolidierungsbuchungssätze?

26

Full Goodwill Accounting

26.01

H erwarb Anfang 20_1 einen Anteil von 60% an T zum Preis von 600.

Das Eigenkapital in der HB 1 von T betrug im Erwerbszeitpunkt 830 (Aktienkapital 500, gesetzliche Reserven 120 und freie Reserven 210).

Im Rahmen der Purchase Price Allocation wurden in der HB 1 von T nicht bilanzierte Markennamen im Wert von 70 identifiziert, die sich später als werthaltig erweisen. Vereinfachend ist davon auszugehen, dass die übrigen Nettoaktiven bereits in der HB 1 nach True and Fair View bewertet worden sind. Die latenten Steuern sind zu vernachlässigen.

Der Goodwill wird nach IFRS aktiviert. Ein Werthaltigkeitstest per Ende 20_4 führt zu einer erstmaligen Wertberichtigung des Goodwills um 30%.

a) Führen Sie die Bilanzbereinigung per Ende 20_4 nach der **klassischen Erwerbsmethode** durch.

Goodwill-Berechnung

Kaufpreis für 60% der Aktien von T	600
./.	_____
=	....

Bilanzbereinigung per Ende 20_4

Bilanz	HB 1 Aktiven	HB 1 Passiven	Bereinigung Soll	Bereinigung Haben	HB 2 Aktiven	HB 2 Passiven
Diverse Aktiven	1 305					
Marken						
Goodwill						
Fremdkapital		300				
Aktienkapital		500				
Gesetzliche Reserven		120				
Freie Reserven		275				
Kapitalreserven						
HAK im Erwerbszeitpunkt						
Gewinnreserven						
MAK						
Gewinn Bilanz		110				
MAG Bilanz						
	1 305	1 305				

Full Goodwill Accounting — Aufgabe 26.01

b) Führen Sie die Bilanzbereinigung per Ende 20_4 nach der **Full-Goodwill-Methode** durch. Es ist davon auszugehen, dass beim Kauf der 60%-Beteiligung keine Kontrollprämie bezahlt werden musste.

Goodwill-Berechnung

Errechneter Kaufpreis für 100% der Aktien von T (= Unternehmenswert)	....
./.	_____
=	....

Bilanzbereinigung per Ende 20_4

Bilanz	HB 1 Aktiven	HB 1 Passiven	Bereinigung Soll	Bereinigung Haben	HB 2 Aktiven	HB 2 Passiven
Diverse Aktiven	1 305					
Marken						
Goodwill						
Fremdkapital		300				
Aktienkapital		500				
Gesetzliche Reserven		120				
Freie Reserven		275				
Kapitalreserven						
HAK im Erwerbszeitpunkt						
Gewinnreserven						
MAK						
Gewinn Bilanz		110				
MAG Bilanz						
	1 305	1 305				

c) Warum wird vom Wahlrecht des Full Goodwill Accountings in der Praxis wenig Gebrauch gemacht?

27

Gesamtaufgaben

27.01

Die Übersicht zeigt die Konzernstruktur, die Beteiligungsverhältnisse, die funktionale Währung der Gesellschaften und das jeweilige Steuerdomizil.

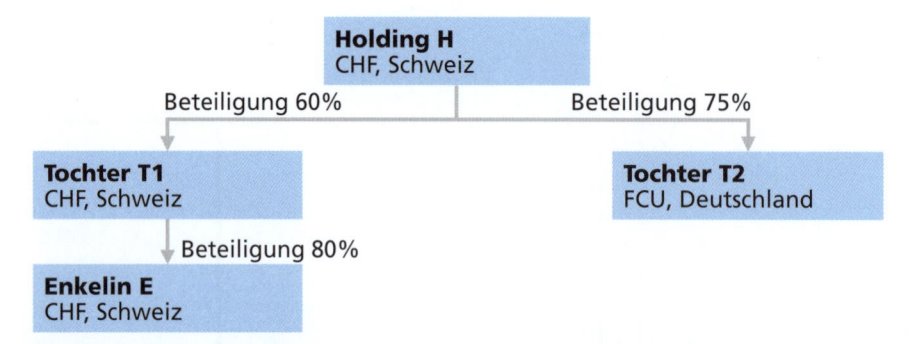

```
                    Holding H
                    CHF, Schweiz
        Beteiligung 60%        Beteiligung 75%
     Tochter T1                     Tochter T2
     CHF, Schweiz                   FCU, Deutschland
        Beteiligung 80%
     Enkelin E
     CHF, Schweiz
```

Übersicht über die Beteiligungskäufe zum Erwerbszeitpunkt

Beteiligung	Datum	Anteil	Kaufpreis	Eigenkapital im Erwerbszeitpunkt		Goodwill
				Aktienkapital	Kapitalreserven[1]	
H kauft T1	01.01.20_1	60%	CHF 100	CHF 100	CHF 50	CHF
H kauft T2	01.01.20_2	75%	FCU 200	FCU 160	FCU 80	FCU 2
T1 kauft E	01.01.20_3	80%	CHF 190	CHF 100	CHF 120	CHF 1

Diese Angaben gelten für die gesamte Aufgabe:

▷ Im ganzen Konzern erfolgten seit Anfang 20_1 keine Aktienkapitalveränderungen.
▷ Die Steuersätze für die Berechnung der latenten Steuern betragen für Deutschland (D) 40% und für die Schweiz (CH) 25% des Gewinns vor Steuern.
▷ Die bestehenden Gewinnreserven sind nicht zur Ausschüttung vorgesehen, sodass keine latenten Steuern abzugrenzen sind.
▷ Beim Kauf der T2 wurden die FCU zu CHF 1.40/FCU umgerechnet.
▷ Für die Währungsumrechnung des Jahres 20_4 gelten diese Umrechnungskurse:

	Eröffnung	Durch-schnitt	Schluss
Kurse in CHF/FCU	1.45	1.50	1.60

[1] Die Kapitalreserven der Gesellschaften errechnen sich im Erwerbszeitpunkt wie folgt:

	T1 (CHF)	T2 (FCU)	E (CHF)
Gekaufte Reserven gemäss HB 1	20	20	60
+ Aufwertungen im Rahmen der Purchase Price Allocation	40	100	80
./. Latente Steuerschulden auf Aufwertungen (zum Ländersteuersatz)	−10	−40	−20
= **Kapitalreserven nach erfolgter Neubewertung**	**50**	**80**	**120**

Gesamtaufgaben — Aufgabe 27.01

a) Erstellen Sie das Konsolidierungsjournal für die **Vorkonsolidierung** des Teilkonzerns (T1 mit E) per Ende 20_4.

▷ T1 liefert Waren an E mit einem Bruttogewinn-Zuschlag von 50%.

	20_3	20_4
Konzerninterne Lieferungen zu Verkaufspreisen von T1	240	280
Warenvorrat Ende Jahr bei E gemäss Einzelabschluss von E	120	180
Warenvorrat Ende Jahr bei E gemäss Bewertung Konzern		
Nicht realisierte Zwischengewinne Ende Jahr		
Anteile von T1 an nicht realisierten Zwischengewinnen		
Minderheitsanteile an nicht realisierten Zwischengewinnen		

▷ E erzielte im Jahr 20_4 einen Gewinn von 40. Die Gewinnreserven aus der Eröffnungsbilanz betragen 30. Es erfolgte keine Dividendenausschüttung.

▷ Latente Steuern sind nur bezüglich der genannten Zwischengewinne zu buchen.

Konsolidierungsjournal 31.12. 20_4 (Vorkonsolidierung T1 und E)

Text	Soll	Haben	Betrag
Kapitalkonsolidierung Beteiligung T1 an E			
Minderheitsanteil am Eigenkapital E			
Minderheitsanteil am Ergebnis E			
Umsatzkonsolidierung			
Anfangsbestand Zwischengewinn			
Erhöhung Zwischengewinn			
Anfangsbestand latente Steuerguthaben auf nicht realisiertem Zwischengewinn			
Erhöhung der latenten Steuerguthaben auf Zunahme des Zwischengewinns			

Gesamtaufgaben — Aufgabe 27.01

b) Führen Sie die **Hauptkonsolidierung** per Ende 20_4 durch.

▷ Der Abschluss von H, die Vorkonsolidierung des Teilkonzerns T1/E sowie der in die Berichtswährung umgerechnete Abschluss von T2 sind bereits im Konsolidierungsbogen eingetragen.

▷ H schüttete im Jahr 20_4 eine Dividende von 40 aus, T1 eine solche von 30, T2 keine.

▷ Das latente Steuerguthaben auf den nicht realisierten Zwischengewinnen von E wurde mit den latenten Steuerschulden verrechnet.

Konsolidierungsjournal 31.12.20_4 (Hauptkonsolidierung)

Text	Soll	Haben	Betrag
Kapitalkonsolidierung Beteiligung H an T1			
Minderheitsanteil am Eigenkapital T1			
Minderheitsanteil am Ergebnis T1			
Kapitalkonsolidierung Beteiligung H an T2			
Korrektur Goodwill			
Minderheitsanteil am Eigenkapital T2			
Minderheitsanteil am Ergebnis T2			
Elimination konzerninterne Gewinnausschüttung T1			

Gesamtaufgaben 27 Aufgabe 27.01

Konsolidierungsbogen Ende 20_4

Bilanzen	H		Teilkonzern T1/E		T2		Konsolidierung		Konzern	
Diverse Aktiven	320		276		424					
Warenvorrat			160		76					
Beteiligung an T1	100									
Beteiligung an T2	280									
Goodwill			14							
Fremdkapital		149		90		61				
Latente Steuerschulden		13		22		35				
Aktienkapital		350		100		224				
Kapitalreserven		120		50		112				
Gewinnreserven		43		70		24				
Umrechnungsdifferenzen						16				
MAK					50					
Gewinn Bilanz		25		60		28				
MAG Bilanz				8						
	700	700	450	450	500	500				

ER	H		Teilkonzern T1/E		T2		Konsolidierung		Konzern	
Warenertrag				390		410				
Finanzertrag		40								
Warenaufwand			190		220					
Übriger Aufwand	10		113		135					
Laufende Ertragssteuern	5		24		25					
Latenter Steueraufwand					2					
Latenter Steuerertrag				5						
Gewinn ER	25		60		28					
MAG ER			8							
	40	40	395	395	410	410				

27.02

Erstellen Sie für diesen Konzern den Eigenkapitalnachweis sowie die Geldflussrechnung. Der operative Cashflow ist in einer separaten Rechnung auch indirekt nachzuweisen.

Konzern-Schlussbilanz per 31. 12.

	20_3	20_4
Flüssige Mittel	35	50
Forderungen L+L	110	130
Warenvorrat	80	85
Sachanlagen	400	440
Beteiligung an assoziierter Gesellschaft	11	13
Goodwill	60	55
	696	773

	20_3	20_4
Verbindlichkeiten L+L	85	112
Aufgelaufene Zinsen	5	4
Finanzverbindlichkeiten	210	165
Latente Steuerschulden	20	23
Rückstellungen	42	38
Aktienkapital	150	200
Kapitalreserven	85	113
Gewinnreserven	82	96
Minderheitsanteile	17	22
	696	773

Konzern-Erfolgsrechnung 20_4

Warenertrag	2 000
./. Warenaufwand	−1 200
./. Abschreibung Sachanlagen	− 102
./. Abschreibung Goodwill	− 15
./. Übriger operativer Aufwand	− 617
+ Gewinn aus Veräusserung von Sachanlagen	2
= **EBIT**	**68**
+ Ertrag aus assoziierter Gesellschaft	3
./. Finanzaufwand	− 9
./. Steueraufwand	− 12
= **Konzerngewinn**	**50**
Davon:	
▷ Holdingaktionäre	44
▷ Minderheitsaktionäre	6

Konzern-Sachanlagenspiegel 20_4

Anschaffungswerte	
Anfangsbestand	700
Zugänge	125
Abgänge	− 35
Änderungen Konsolidierungskreis	30
Schlussbestand	**820**
Kumulierte Abschreibungen	
Anfangsbestand	−300
Zunahmen	−102
Abgänge	22
Schlussbestand	**−30**
Nettobuchwerte	
Anfangsbestand	400
Schlussbestand	**440**

Am 30. 6. 20_4 kaufte die Holdinggesellschaft eine 80%-Beteiligung an T5 zum Preis von 18. Dabei wurden folgende Nettoaktiven erworben:

Akquisition Tochtergesellschaft T5

	100%	80%
Liquide Mittel	5	4
+ Forderungen L+L	10	8
+ Warenvorräte	15	12
+ Sachanlagen	30	24
./. Verbindlichkeiten L+L	−20	−16
./. Finanzverbindlichkeiten	−20	−16
./. Rückstellungen	− 5	− 4
./. Latente Steuerschulden	− 5	− 4
= **Nettoaktiven**	**10**	**8**

Rückstellungsspiegel 20_4

Anfangsbestand	42
+ Bildung	5
./. Auflösung	−11
./. Verbrauch	− 3
+ Änderungen Konsolidierungskreis	5
= **Schlussbestand**	**38**

Erfolgswirksame Veränderungen der Rückstellungen werden über den übrigen operativen Aufwand verbucht.

Bei den Tochterunternehmen fanden 20_4 keine Aktienkapitalerhöhungen statt.

Anhang 1 Literaturverzeichnis

Grundlagen des Rechnungswesens

Leimgruber, Jürg/ Prochinig, Urs	Das Rechnungswesen der Unternehmung	Verlag SKV, Zürich
Leimgruber, Jürg/ Prochinig, Urs	Das Rechnungswesen als Führungsinstrument	Verlag SKV, Zürich

Konzernrechnung

IASB	IFRS, International Financial Reporting Standards	publications@iasb.org www.iasb.org
IASB	IFRS, International Financial Reporting Standards (deutsche Ausgabe)	Schäffer-Poeschel Verlag, Stuttgart
KPMG	IFRS visuell	Schäffer-Poeschel Verlag, Stuttgart
Meyer, Conrad	Konzernrechnung	Treuhand-Kammer, Zürich
Pfaff, Dieter/ Glanz, Stefan/ Stenz, Thomas/ Zihler, Florian	Rechnungslegung nach Obligationenrecht	Verlag SKV, Zürich und veb.ch
Stiftung für Empfehlungen zur Rechnungslegung	Swiss GAAP FER	FER, Zürich www.fer.ch
Von Gunten, Hansueli/ Winiger, Andreas/ Prochinig, Urs	Konsolidierung	Verlag SKV, Zürich
Winiger, Andreas/ Prochinig, Urs/ Biber, Roger	Best Practice der Finanzbuchhaltung	Verlag SKV, Zürich

Anhang 2 Stichwortverzeichnis

Die Auswahl an Stichwörtern beschränkt sich auf das Wesentliche. In der Regel werden sie nur einmal erwähnt; meist finden sich im Anschluss an diese Stelle noch weitere Informationen. Auf Hinweise wie f. oder ff. wurde verzichtet.

A

Abschlussstichtag 52
Abstimmdifferenzen 54
Acquisition Method 19
Aktienkapitalerhöhung 45
Anhang 88
Anhang, latente Steuern 126
Anlagespiegel 93
Assoziiertes Unternehmen 76
Ausserbilanzgeschäfte 96

B

Badwill 26
Beherrschung 11
Benchmark 24
Bereinigung 53
Bereinigungstabelle 59
Beteiligungsquoten, Veränderungen von B. 150
Bewertung im Erwerbszeitpunkt 57
Börsenkotierte Unternehmen 17

C

Cashflow 103

D

Dachgesellschaft 11
Darstellungswährung 129
Deferred Taxes 113
Dekonsolidierung 158
Dividendenausschüttung 40
Downstream-Lieferung 84

E

Eigenkapitalnachweis 86
Einzelabschluss 13
Equity-Methode 77
Equity-Methode in der Geldflussrechnung 110
Equity-Methode mit Fremdwährung 136
Equity-Methode und latente Steuern 124
Ereignisse nach dem Bilanzstichtag 98
Erhöhung der Beteiligungsquote 150
Erstkonsolidierung 19
Ertragssteuern 113
Eventualschulden 96

F

Fair Value 57
Flüssige Mittel 102
Folgekonsolidierung 42
Fortschreibung des Equity-Werts 78
Freiwillige Gewinnreserven 28
Fremdwährungen 129
Full Goodwill Accounting 163
Funktionale Währung 129

G

Geld in Transit 54
Geldflussrechnung 101
Gemeinschaftsorganisationen 71
Geschäftssegment 94
Gesetzliche Gewinnreserve 28
Gesetzliche Kapitalreserve 28
Gewinnausschüttung 40
Gewinnreserven 28
Gewinnsteuern 113
Goodwill 22
Goodwill-Abschreibung 24

H

HAK, Holdinganteile am Eigenkapital im Erwerbszeitpunkt 161
Handelsbilanz 1 und 2 52
Hauptkonsolidierung 143
HB 1 + 2 52

Holding 11
Holdingaktionär 62

I

IFRS/IAS 16
Immaterielle Vermögenswerte 58
Impairment 24
Income Taxes 113
Intercompany (IC) Transactions 30

J

Joint Arrangements 71
Joint Operations 71
Joint Venture 71

K

Kapitalflussrechnung 101
Kapitalkonsolidierung bei der Erst-
 konsolidierung 19
Kapitalkonsolidierung bei der Folge-
 konsolidierung 40
Kapitalreserven 28
Konsolidierung 14
Konsolidierungsbogen 21
Konsolidierungshandbuch 52
Konsolidierungskreis 13, 90
Konsolidierungsmethoden 91
Konsolidierungsstelle 53
Kontierungsrichtlinien 52
Kontrolle 11
Konzern 10
Konzerninterne Beziehungen 30
Konzernrechnung, Konzernabschluss 13
Konzernrechnung, Bestandteile 14

L

Latente Steuern 113

M

MAG 63
MAK 63

Massgeblicher Einfluss 76
Mehrstufige Konsolidierung 142
Minderheiten, Minderheitsanteile 62
Minderheitsaktionär 62
Minderheitsanteile am Eigenkapital 63
Minderheitsanteile am Gewinn 63
Mutter, Muttergesellschaft 11

N

Nahe stehende Personen 97
Negativer Goodwill 26
Neubewertung 58
Nutzungswert 57

O

Obergesellschaft 11
Obligationenrechtliche Grundlagen 15

P

Permanente Differenzen 125
Präsentationswährung 129
Purchase Price Allocation 57
Push-down Accounting 160

Q

Quotenkonsolidierung 71

R

Rechnungslegungsvorschriften 15
Reporting Package 53
Reserven 28
Rückstellungen 96
Rückstellungsspiegel 96

S

Schuldenkonsolidierung 30
Segmentberichterstattung 94
Simultane Konsolidierung 143
Stichtagmethode 130
Stufenweise Konsolidierung 143

Summenbilanz 20
Swiss GAAP FER 16

T

Tatsächlicher Wert 57
Teilkonzern 142
Temporäre Differenzen 114
Tochter, Tochtergesellschaft 11
Transferpreise 35
True-and-Fair-View 16

U

Umsatzkonsolidierung 30
Untergesellschaft 11
Upstream-Lieferung 84
US GAAP 16

V

Veränderungen von Beteiligungsquoten 150
Verkauf einer Tochter 158

Verminderung der Beteiligungsquote 156
Vollkonsolidierung 63
Vorkonsolidierung 143

W

Wahlrechte 89
Währungsumrechnung 129
Ware in Transit 54
Werthaltigkeit 24

Z

Zahlungsmittel 102
Zwischengewinne bei der Equity-Methode 80
Zwischengewinne bei der Erstkonsolidierung 32
Zwischengewinne bei der Folgekonsolidierung 46
Zwischengewinne bei Minderheiten 66
Zwischengewinne bei Quotenkonsolidierung 72

Von diesen Autoren sind im Verlag SKV auch diese Bücher erschienen:

Andreas Winiger / Urs Prochinig:
Kostenrechnung

Andreas Winiger / Urs Prochinig / Roger Biber:
Best Practice der Finanzbuchhaltung

Hansueli von Gunten / Andreas Winiger / Urs Prochinig:
Konsolidierung